AF432247

9 798348 176310

البقرة2/2:هذا هو الكتاب الذي لا شك فيه (في كونه كلمة‌الله، فهي دليل للمتقين.

آل‌عمران 138/3:هذه (الحقيقة أن الأنظمة تحكم المجتمع البشري، وليس (الإيمان أو الصدفة) هو شرح واضح لجميع الناس، و الهداية‌والنصح للمتقين

صراط المستقيم

معاصر

رؤى‌من

القرآن‌الكريم

يتقدم المؤلف بالشكر إلى السيد مرتضى باريزي من دار نشر بارس والدكتور آر. آر. هاجيجي على مساهمتهما الكبيرة في الترجمة الإنجليزية الأولية و تحرير.

تنصل

جدول المحتويات

مقدمة الترجمة الانجليزية

في هذه الترجمة الإنجليزية لكتاب "الصراط المستقيم وفق القرآن الكريم"، احتفظت بمقدمة الطبعة الأولى باللغة الفارسية، في حال رغب القارئ في التعرف بشكل أكبر على خلفيتي ودوافعي في كتابة هذا الكتاب.

يهدف هذا التقديم الخاص للترجمة الإنجليزية إلى تحديد المواضيع التي تمت مناقشتها على أساس القرآن الكريم ودعوة القراء إلى التأمل في ما ينطوي عليه الإسلام الحقيقي وما ينبغي أن يكون عليه المسلم الحقيقي.

لقد كانت المشكلة التي تواجه المسلمين هي أننا في ما يتصل بالواجبات المهمة تجاه الله، قد سلكنا الطريق السهل من خلال مجرد القيام بها بدلاً من تجسيد جوهرها. لقد تحولت أمثلة مثل الصلاة والتسبيح والدعاء إلى مجرد طقوس تسمى "العبادات". لقد أسأنا فهم المعاني القرآنية للدين والإسلام والمسلم. وكثيراً ما ندعي أننا مسلمون على أساس مكان ميلادنا أو عائلتنا.

عندما نؤدي الصلاة نطلب من الله 10 مرات يومياً أن يهدينا إلى الصراط المستقيم، ولكن ماذا يعني هذا الصراط المستقيم؟ لم يُكتب كتاب عن الصراط المستقيم على حد علمي. وعندما يسُأل المرء عن الصراط المستقيم، تكون الإجابة الشائعة هي "فعل الشيء الصحيح"، بدلاً من فهم ما يوصينا الله به في القرآن الكريم ويتوقع منا أن نفعله من خلال رسالته في صلواتنا اليومية.

كثيراً ما يسيء المسلمون فهم معاني القرآن الكريم في موضوعات مختلفة مثل الدين والإسلام والمسلم والتسبيح والدعاء والصلاة والصراط المستقيم، مما يؤدي إلى ضلالنا الجماعي وتخلفنا الاجتماعي. ويتناول هذا الكتاب هذه الموضوعات لإلقاء الضوء على جوهرها وأهميتها الحقيقية.

أنا

- * **دين**: يتضمن إتباع القوانين التي سنها الله، وهي تعاليم عالمية وواحدة لكل البشر. واليهودية والمسيحية والإسلام هي فروع مختلفة لنفس الدين الأساسي، ولها أوامر مختلفة حسب الزمان والمكان والثقافة.

- * **الإسلام**: يتضمن الخضوع والقبول لله. القوانين الدستورية.

- * **مسلم**: يشير إلى الشخص الذي يقبل ويمارس القوانين الموصى بها.

- * **تسبيحة**: يجب أن يستلزم المشاركة الفعالة في الواجبات إن الكلمات التي تم تكليفها من قبل الله، وليس مجرد التكرار اللفظي.

- * **دعاء**: ينبغي أن يتضمن ذلك طلب المساعدة من الله للوصول إلى أهداف الحياة بمرور الوقت، من خلال العمل الجاد، بهدف نبيل. في هذه الحالة، ستكون قوانين الكون في خدمتك وستسهل عليك الوصول إلى هدفك المنشود.

- * **صلاة**: يعني التواصل والاتصال بالله، طلب الهداية إلى الطريق المستقيم في كافة مناحي الحياة.

- * **الطريق المستقيم**: يشير إلى البقاء في الوسط و اختيار أقصر الطرق لنكون مفيدين وسعداء، كما أوصى به العديد من الأنبياء بما في ذلك موسى، وعيسى، وبوذا، ومحمد.

- * **الأمر بالمعروف والنهي عن المنكر**: يتضمن إن المسؤولية الشخصية والعائلية تقع على عاتق المواطنين، مع التركيز على التعليم والسلوك الملتزم بالقانون. ويقع على عاتق المواطنين واجب توجيه المسؤولين الحكوميين إلى القيام بعمل جيد ومنع الأذى عن مواطنيهم، وليس العكس.

- * **الجهاد**: في القرآن الكريم دفاعية وليست هجومية، مع الجهاد الأكبر هو جهاد النفس ونهوضها.

- * **عبادات**: المسلمون لديهم تصور خاطئ للصلاة اليومية، الصيام وغيره من الطقوس مجرد تمارين، متجاهلين حقيقتها.

الهدف من ذلك هو تجسيد الصفات الإلهية والعمل على جعل العالم مكاناً أفضل.

يدعو هذا الكتاب إلى العودة إلى القرآن والعقل والتعلم من المجتمعات الديمقراطية الناجحة. ويناقش الحاجة إلى الإصلاح في الفقه الإسلامي، وخاصة فيما يتعلق بحقوق المرأة والجوانب الشخصية والاجتماعية والسياسية للشريعة. كما يسلط النص الضوء على إنجازات المجتمعات غير الإسلامية في مختلف المجالات، ويحث المسلمين على الانخراط بشكل أكبر في التطورات الحديثة والانخراط بشكل فعال في الحضارة العالمية.

في جوهره، يعتبر كتاب "الصراط المستقيم" دعوة إلى العمل للمسلمين وغير المسلمين على حد سواء لتنمية عالم من الانسجام والاحترام والتنوير، بما يتماشى مع روح القرآن واحتياجات المجتمع الحديث. ويؤكد الكتاب على القيم الإسلامية العالمية المتمثلة في المعرفة والصدق والرحمة، ويحث القراء على تبني حياة هادفة ونزيهة.

المقدمة- الطبعة الأولى

سألني‌حفيدي كورش الذي ولد في أمريكا وهو في الثالثة عشرة من عمره‌عن معنى (اهدنا الصراط المستقيم) في الصلوات المفروضة، فأجبته بإجابة‌اعتقدت أنها مقنعة، ولكن كان واضحاً من تعبيره أنه لم يكتف بشرحي‌العام وأنه يبحث عن إجابة أكثر شمولاً، ووعدته بأن أحضر له خلال رحلتي‌القادمة إلى إيران كتاباً باللغة الإنجليزية عن الصراط المستقيم، ولكن للأسف‌بعد زيارة العديد من المكتبات وسؤال أصحاب المكتبات والمرجعيات‌الموثوقة وجدت أنه لم يسبق أن كتب مثل هذا الكتاب بالفارسية‌أو العربية أو الإنجليزية.

قررت‌أن أوفي بوعدي وأقوم بنفسي بالبحث في هذه القضية لأقدم له إجابة‌مقبولة مبنية على القرآن الكريم. ومن خلال مصادر موثوقة عديدة، لفت‌انتباهي العديد من الأسئلة المتضاربة المتعلقة بالصراط المستقيم، والتي‌استغرقت وقتاً طويلاً للإجابة عليها. قررت أن أستخدم القرآن الكريم فقط‌كمرجع. وفي تأليف هذا الكتاب، فكرت أنه بالإضافة إلى كورش، وهو مهاجر‌من الجيل الثالث في أمريكا، سيكون مفيداً للجيل الثاني، والعديد من‌المهاجرين من الجيل الأول، وغير المسلمين الذين لا يعرفون القرآن الكريم‌ويريدون معرفة المزيد عنه.

إن‌خلفيتي، مع معرفتي المحدودة للغاية بالقرآن الكريم، وممارسة الطب‌في الولايات المتحدة الأمريكية، ورحلاتي المختلفة إلى البلدان الإسلامية‌وغير الإسلامية للقيام بأنشطة خيرية وعامة، وخاصة في إيران والشرق‌الأوسط والولايات المتحدة الأمريكية، علمتني أن هناك معاني مختلفة‌في بعض المفاهيم الدينية وأساليب الحياة المختلفة، والتي سيتم شرحها‌لاحقاً.

لقد‌ولدت في مدينة نين الصغيرة في محافظة أصفهان بإيران عام 1945‌وعشت هناك حتى أنهيت دراستي الثانوية. ولم يبدو أن نمط الحياة في نين قد تغير بشكل كبير على مدى السنوات الماضية.

لقداعتقدت أن هذا سيحدث قبل ألف عام. وفي السنوات السبع التالية، التحقت بالجامعة في طهران، والتي كانت بيئة مختلفة تماماً مقارنة بمسقط رأسي. وفي سنتي الخامسة في الطب، التقيت بزوجتي وتزوجتها، وكانت من كاشان وطالبة في العلوم الاجتماعية. وفي عام 1970، حصلت على الدكتوراه في الطب، وفي عام 1971، قبل حوالي 8 سنوات من الثورة الإسلامية، هاجرت إلى الولايات المتحدة مع زوجتي وابني سعيد البالغ من العمر عامين للدراسة بعد الدكتوراه.

كانت معرفتي باللغة العربية والقرآن الكريم في ذلك الوقت في مستوى المرحلة الثانوية، مقتصرة على الصلاة والصيام وأصول الدين وفروعه، وسورة الحمد، وسورة قل، وآية الكرسي، وقصة الإمام الحسين، وحادثة كربلاء، ومراسم محرم وعاشوراء، والدعاء الحار في ليالي إحياء شهر رمضان المبارك. كانت صلاتي اليومية المفروضة وصومي قليلين ومتباعدين. كنت أول فرد في عائلتي يحصل على شهادة الثانوية العامة، والكتاب الديني الوحيد الذي قرأته هو نص محدود جداً عن مبادئ الإسلام الذي درسناه في المرحلة الثانوية آنذاك، وتلاوات صلاة ليالي محرم في حسينية الحي. وكان من أهم الدروس الإسلامية الاستماع إلى عدة خطب للمرحوم آية الله العظمى السيد جواد الغروي الأصفهاني (رحمه الله ورحمه الله في الآخرة) الذي كان يلقي خطباً للعامة في فترة ما بعد الظهر من شهر رمضان المبارك لمدة عامين في مسجد الخواجة في السوق.

لقد استهلكني التعليم المستمر في الولايات المتحدة، والانشغال الشديد بالاعتناء بشؤون أسرة صغيرة مكونة من خمسة أفراد ومهاجر، والتعرف على ثقافة وبيئة جديدة والتكيف معها بكل الطرق، والمهنة المسؤولة في الطب الناجح مع التعيينات الأكاديمية في كليات الطب بجامعة بوسطن وجامعة هارفارد، والمسؤوليات كرئيس قسم وعضو مجلس إدارة في مستشفيات مختلفة، في حياتي.

المهنة،لذلك لم أفكر حتى في التفكير ناهيك عن البحث في المواضيع الإسلاميةبسبب عدم الحاجة.

لأسبابتاريخية وثقافية، تعد بوسطن واحدة من أقدم المدن في الولاياتالمتحدة الأمريكية وأقربها إلى تعريف اليوتوبيا و"المدينة على التل معضوء هادٍ". في بوسطن، غالباً ما يكون الناس متعلمين ومثقفين ومحبينللخير وصادقين ويحترمون سيادة القانون. تقع هنا جامعات هارفاردومعهد ماساتشوستس للتكنولوجيا وعشرات الجامعات والكليات المرموقة،وهناك عدد غير قليل من الحائزين على جائزة نوبل في مجالاتمختلفة يعيشون هنا. لقد جعلتني سنوات من الحياة المهنية والاجتماعيةالنشطة هناك منسجماً مع أخلاق وطريقة تفكير سكان بوسطن.

فيالسنوات الأولى بعد الثورة وقبلها بعدة سنوات، غادرت مجموعة منالإيرانيين بلادهم طوعاً أو كرهاً، واختار بعضهم بوسطن كوطن ثانٍ لهم لأسبابمهنية وثقافية وتعليمية. تلقى أغلب هؤلاء تعليمهم في الولايات المتحدة،وكانوا مصدراً لأعمال حكومية وغير حكومية مهمة في إيران قبل الثورة.وكانت هناك أيضاً مجموعة من الرأسماليين الذين هاجروا إلى هناك بعدالمنفى الاختياري بسبب وجود جامعات عالمية مرموقة في بوسطن ومستقبلأبنائهم.

ولأسبابعديدة، مثل العيش في الولايات المتحدة الأمريكية لعدة سنوات،والشهرة وممارسة الطب، والإرشادات المختلفة التي يحتاج إليها الوافدونالجدد، وما إلى ذلك، في التجمعات التي كنت أدعى إليها كثيراً، لاحظتكثيراً أن معظم العائلات تنأى بنفسها تدريجياً عن الإسلام المستورد.على سبيل المثال، كان ارتداء الحجاب يختفي، وكانت التنانير تصبحأقصر وأعلى من الركبتين، وكانت بعض النساء يحملن السجائر في أيديهنوكان الرجال يتناولون مشروبات كحولية مختلفة وباهظة الثمن. بعبارةأخرى، كانوا منغمسين في بيئتهم الفريدة، وكان إسلامهم يتلخص فيوجود مجلد من القرآن الكريم في المنزل. وفي التجمعات الودية المتكررةفي الليل، كانت المناقشة والترفيه تدور غالباً حول السياسة الإيرانيةوالإسلام والسياسة الخارجية الإيرانية.

الحكومةالدينية، ونظام ولاية الفقيه للملالي. لقد خلطوا في كثير من الأحيان بين الإسلام الحقيقي والحكومة الإسلامية في إيران، وداسوا على الدين والحكومة بلغتهم البذيئة. وفي بعض الأحيان، على عكس توقعاتهم، سمعوا مني كلمات مؤيدة للدين، والتي كانت تستند إلى صدقي ومعلوماتي السابقة، أخبرتهم أن الإسلام الحقيقي يجب أن يُفصل عن الدين الذي تمثله الحكومة وسياساتها لأن الاثنين ليسا مترادفين.

في أحد الأيام، أعطاني أحد هؤلاء الأصدقاء الجدد، وهو رجل كبير في السن، متعلم، شريف، مشهور، ومصدر خدمة، ينتمي إلى عائلة دينية وثقافية شهيرة، ومثقف، وحسن الحال، على حد تعبيره، أعطاني كتاباً بعنوان "23 عاماً"، قيل إنه كتبه السيناتور علي دشتي. كانت نسخة مصورة يتم تداولها من يد إلى يد بين كبار السن. أعارني إياه لدراسته وتوضيح أفكاري. في هذا الكتاب، وصف المؤلف حياة محمد خلال الأعوام الثلاثة والعشرين التي عاشها بعد النبوة بفهم متحيز لجزء صغير من الآيات القرآنية، والتي تمت مناقشتها والسخرية منها. كان من الواضح أن هدفه الوحيد هو ارتداد القارئ عن الإسلام. إن قراءة هذا الكتاب من شأنها أن تشبع بسهولة التأثير المطلوب من المؤلف. فكرت في محتوياته ليلاً ونهاراً.

وأخيراً قلت لنفسي إن هذه المحتويات لا يمكن أن تكون كلها صحيحة كما كتبت، لأنه لو كانت كذلك، لكان علماء آخرون وعلماء دين قد أدركوا ذلك خلال الـ 1400 سنة الماضية، ولم يكن للإسلام أكثر من مليار ونصف المليار من الأتباع وآلاف العباقرة والعلماء والفلاسفة والحكماء مثل الإمام علي، والحكيم أبو القاسم الفردوسي، وأبو علي سينا، والفارابي، والرازي، وابن رشد، ومولانا جلال الدين الرومي، والسهروردي، وابن خلدون، والإمام محمد الغزالي، والعطار النيشابوري، وابن عربي، والسعدي، والحافظ، وصدر المطالبين الشيرازي، وإقبال اللاهوري الذين زرعوا مثل هذه الثقافة الغنية داخل الإسلام وفي جميع أنحاء العالم. في ذلك الوقت، في

في بداية الحرب المفروضة بين إيران والعراق، تمكنت بصعوبة من الحصول على كتاب مكون من ثلاثة مجلدات بعنوان "الخيانة في تقارير التاريخ"، وهو الجواب على كتاب "23 عاماً"، الذي كتبه مصطفى حسيني طباطبائي من إيران. أقنعتني قراءته بأن استنتاجات دشتي كانت متحيزة وخاطئة عند كتابة كتاب "23 عاماً". إن قراءة هذين الكتابين، أحدهما ضد الإسلام والآخر لصالحه، أيقظت في نفسي شرارة اكتساب المزيد من المعرفة حول الإسلام والقرآن والنبي وحياته والشريعة والفقه.

لمدة عدة سنوات، بعد عودتي من العمل اليومي في المستشفى والمكتب، كنت أخصص ساعة إلى ساعتين لقراءة نصوص مختارة عن الإسلام، وفي الوقت نفسه، كنت أحاول أن أتعلم اللغة العربية من معلم لطيف للغاية وماهر، وكان يزودني أيضاً بالكتب ذات الصلة.

قراءة "تفسير الميزان"، مؤلفات صدر المطالحين، الشيخ علي نجفي كاشاني، العلامة يوسف علي، المهندس عبد العلي بزركان، تحضيرات عين القوزات الحمداني، جولشان راز، ووصفه للشيخ محمود شبستري، ومؤلفات الشيخ مرتضى مطهري في الإسلام والدراسات القرآنية، وكتب الدكتور علي شريعتي. رسائل ابن عربي، كيمياء السعادة للإمام محمد الغزالي، منطق الطير للعطار، مثنوي مولانا جلال الدين الرومي، فيح مافيه مولوي، مولوي نامه للأستاذ الهمائي، نفحات الأنس جامي، خورشيد معرفة في الذنب، وطاعة آية الله سيد جواد غرافي، واستخدام اليوتيوب للاستماع إلى بعض كتب الدكتور عبد العلي بازركان، والدكتور عبد الكريم سروش، والدكتور حسين إلهي قمشائي، والكتب الإنجليزية عن الإسلام والقرآن وحياة محمد، وخاصة كتابات السيدة كارين أرمسترونج والسيدة آن ماري شيمل، آيات من القرآن عن الخلق والقيامة ونهاية العالم، معلومات علمية وفلكية، أشياء فيزيائية وطبيعية مختلفة لم تكن معروفة في زمن النبي، وحتى وقت قريب عن خلق العالم ونظرية الانفجار العظيم الراحل ستيفن هوكينز، اكتشاف معجزة

الرقم 19 في القرآن للدكتور رشاد خليفة، وعقلانية ما في القرآن، وصلت إلى اليقين بأن القرآن هو وحي الله إلى محمد خاتم أنبيائه.

إن هذا اليقين والإيمان هو الذي غيّر مجرى حياتي، وانتقل بي من أكاديمي في جامعة هارفارد وبوسطن، وقصر، وسيارة رولز رويس، واكتساب الشهرة والثروة والرفاهية إلى تكريس وقتي وطاقتي وممتلكاتي للصالح العام والأعمال الخيرية ابتداءً من أواخر الثمانينيات. بدأ ذلك بخطوات صغيرة من توزيع كسوة العيد على الطلاب الفقراء والأيتام في مدينة نين، ووجبات إفطار للصائمين في ليالي إحياء شهر رمضان المبارك، وما زال مستمراً. وفي وقت زلزالي منجل ورودبار، وبمساعدة محسنين من منطقة بوسطن، تم إنشاء صندوق مساعدة الأيتام المتضررين من الزلزال، تحت إشرافي، واستمر نشاطه في جميع الزلازل اللاحقة في إيران وباكستان وإندونيسيا وهايتي، وحتى بعد زلزال بام لدعم مالي كامل لأكثر من ألفي يتيم حتى سن 18 عاماً وأحياناً ما بعد ذلك (2019-1990 ERFO). واستمر إنشاء اللجنة الإيرانية للجمعية الطبية الإيرانية الأميركية لتعزيز المعرفة الطبية بين المهنيين الطبيين الإيرانيين وتنظيم الرحلات السنوية للأساتذة الإيرانيين والأجانب إلى كليات الطب الكبرى في إيران، ثم تشكيل مجموعة نيكي (شبكة الإيرانيين من أجل المعرفة والإبداع نيكي) لمواصلة التطوير العلمي والعملي للطب، لأكثر من عشر سنوات حتى تحقيق الاكتفاء الذاتي للمجتمع الطبي. (بعد الثورة، تقاعد أساتذة الطب المتميزون أو غادروا إيران، وحتى الكتب المدرسية الحديثة لم تكن متاحة للطلاب بسبب العقوبات أثناء الحرب بعد ذلك، ولم يسُمح للأساتذة الإيرانيين بالسفر إلى الخارج لحضور دورات تدريبية، ولم يكن أي من الأساتذة والأطباء الإيرانيين الذين كانوا يعيشون خارج إيران على استعداد للسفر إلى إيران لأسباب مختلفة، بما في ذلك المخاطر المحتملة للتجنيد العسكري أثناء الحرب الإيرانية العراقية، والاضطهاد السياسي، والانتماءات الدينية، وما إلى ذلك).

تأسيس دار بهار ودار نيجين الخيرية لرعاية الأولاد من سن 7 إلى 12 سنة بدون ولي أمر أو مع أولياء أمور سيئين في كاشان، ودار نرجس في آران بيدجول للفتيات، والتي أصبحت تدريجياً، بدافع الضرورة، سبعة دور لأعمار مختلفة من 3 إلى 18 سنة. هذه الدور تديرها هيئة أمناء وتوافق عليها وتدعمها منظمة الرفاهية. معظم نفقات دور نيجين الخيرية يتم توفيرها من قبل مؤسسة نيجين الخيرية. تم إنشاء مجمع نيجين الفندقي التقليدي، الذي يضم 50 غرفة و20 شقة، و20 داراً تقليدية أخرى في كاشان، من قبلي وزوجتي وتم تخصيصها لمؤسسة نيجين إلى الأبد.

لقد كانت هذه التجارب الحياتية، والخلفية الفكرية والروحية هي التي دفعتني إلى البحث وتأليف هذا الكتاب، عندما لم أجد كتاباً مرجعياً عن الصراط المستقيم. ومن الطبيعي أن تثير الإجابة سؤالاً آخر استغرق توضيحه وقتاً، على الأقل بالنسبة لي. ونتيجة لذلك، فإن هذا الكتاب هو ملخص لفهمي للقرآن والإسلام. وقد يتسبب هذا في سوء فهم لدى معظم المسلمين الذين لا يعرفون القرآن جيداً، وقد يعتبرونه للوهلة الأولى تحليلاً غير حكيم للقرآن وتشجيعاً على الإلحاد، لكن هذه التفسيرات والفهم البديل للآيات ليست جديدة من وجهة نظر عامة الناس وقد طبقها العديد من الخبراء. هنا، دون نفي واضح للطقوس والعبادات المعروفة بشكل عام، بدلاً من ذلك، تمت مناقشة معنى وهدف بعض أعمال العبادة الإلزامية بشكل أعمق. كان هذا الإجراء شائعاً في القرون الثلاثة الأولى للإسلام، وفي الديانات الإبراهيمية الأخرى لليهودية والمسيحية، يتم قبول فروع ومدارس فكرية مختلفة ومتعددة تماماً وتشجيعها.

والآن بعد أن أصبح العالم أصغر من قرية تقريباً، وأصبحت هجرة المسلمين، وخاصة إلى الدول الغربية بحثاً عن حياة أفضل، أمراً شائعاً، فإن القوانين المرهقة وغير القابلة للتنفيذ أصبحت أكثر تعقيداً.

إكس

إنالقوانين الفقهية التي يسنها كثير من الناس في أماكن عملهم والقوانين المدنيةالمختلفة في الدول الغربية تتعارض، وكثيراً ما تنتصر القوانين الأكثرليبرالية والقيم الأخلاقية، مما يترك الشخص في حيرة من أمره ويشعربالذنب، فيختار بين البقاء في المنزل وممارسة الدين المحرم كما يراهأو الهجرة إلى مكان لن يكون من السهل فيه ممارسة الصلاة وارتداء الحجابفي المدرسة ومكان العمل أو اختيار حياة ومستقبل أفضل للعائلة.إن هدفي من كتابة هذا هو جذب الشباب والمثقفين المزعومين والمسلمينالمتغربين إلى حضن ما هو الإسلام الحقيقي، وهي الممارسة التييقبلها الله وفقاً للقرآن، بناءً على دراستي. ويعتبر هذا الإسلام ضئيلاً في رأي بعض الجماعات بسبب عدم وجود تدخل من السنة والحديث ورواياتالأئمة الأثني عشر الأبرياء. والسبب الرئيسي وراء ذلك هو محدوديةمعرفتي بهذه الأمور. بالإضافة إلى ذلك، فإن بعض سنة النبي الكريم،مثل تعدد الزوجات في الغرب والعديد من الدول الإسلامية اليوم، ليستقانونية ولا مقبولة. وإذا كان الحديث صحيحاًفمن المحتمل أن الزمنقد أخرجه عن الاستخدام. لذلك (ربما أقصى ما يمكن أن يكون عليه الإسلاماليوم) لأن القرآن حديث لا نجد فيه إلا كلام الله وتوقعاته من بني آدمإلى الأبد. إن الإسلام القرآني العقلاني الاستشاري يمكن أن يساعد أغلب المهاجرينوأبناءهم الذين لا يستطيعون تنفيذ الشعائر في مكان العمل بسببالعوامل البيئية وقواعد البلد المختلفة، ولا يستطيعون اتباع توصياتالفقه الإسلامي. على أمل أن يصبح المسلمون التقليديون أكثر وعياًبمعنى خلقهم وأعمال العبادة مثل الصلاة اليومية المتكررة والصيام والوصاياوما إلى ذلك، حتى يصبحوا بإذن الله مسلمين أفضل يتمتع المجتمعبمزيد من المكافآت بسبب عبادتهم الواعية والهادفة لله.

باختصار،في هذا الكتاب، وبعد شرح موجز عن معنى الدين والإيمان والإسلاموالمسلمين والتسبيح والصلاة وطبيعة الإنسان وهدف خلقه عبداً وخليفةويد الله (يد الله) في الأرض، وحاجة الإنسان إلى التربية والتوجيه

من الله عن طريق المعلمين الأخلاقيين والأنبياء المستندين إلى الكتب المقدسة، ورغبات الإنسان التي هي الشيء الوحيد الذي يميزه عن سائر المخلوقات، والرغبة في الوصول إلى حد الكمال لكل شخص حسب قدرته، وخدمة البشر، والنهوض بالمجتمعات وجميع المخلوقات (عناية الله)، والغرض من الصلاة هو؛ والتي هي اتباع حياة متوازنة وتجنب التجاوزات بالبقاء على الطريق المستقيم، والصيام لتحسين الصحة البدنية والعقلية وممارسة التقوى وضبط النفس، وإيتاء الزكاة التي هي في رأيي من أهم أعمال العبادة، وخاصة في هذا الوقت، بالإضافة إلى ذلك، إعطاء الصدقات لتحسين الحياة الشخصية والاجتماعية للمسلمين، والأمر بالمعروف والنهي عن المنكر، وهذا يعني اتباع واحترام القواعد الاجتماعية للبلد الذي نعيش فيه وتجنب الأعمال المخالفة للقانون والأخلاق، مع الأخذ في الاعتبار أن الفضائل الأخلاقية والرذائل هي الأضواء الخضراء والحمراء التي تهتدي بها الطريق المستقيم، ورحمة الله وعطفه حتى على ارتكاب الخطايا العظيمة قابلة للتوبة إلا الشرك، وأخيرا عدالة الله التي لا تترك أي جهد (خير أوشر) دون مكافأة مناسبة سواء في الدنيا والآخرة، والجحيم والجنة، والتي هي ضرورية لعدالة الله.

وقد خصص فصلاً للفضائل الأخلاقية، كما بحث في سر نجاح اليهود الأسباب التي جعلت من أميركا مهداً للأمل للشباب المستحق في مختلف أنحاء العالم، وذلك من خلال الإشارة إلى نظامها التعليمي، حتى يجد فيه مجموعة من القراء درساً مفيداً. ومن خلال تجربة فريدة من نوعها في حياتي الشخصية في أماكن مختلفة تماماً وأشخاص مختلفين في ثقافاتهم وأديانهم وتقاليدهم وقوانينهم وحياة كل منهم، توصلت إلى الاعتقاد بأن عناية الله وإرادته وقوانينه في العالم تقوم دائماً على الصراط المستقيم، والعيش الأخلاقي، والراحة، والتعزية، والسعي، وطرق التفكير الأخلاقي والمعقول المصحوبة بالعمل المناسب (وليس الشعار) الذي يرفع الإنسان والمجتمع إلى ذروة الكرامة، ويعطي الله إجابة إيجابية للطلبات والصلوات المصحوبة بالصدق والاجتهاد،

إن أغلب المسلمين لا يعرفون ما هي العبادة الحقيقية والصلاة، وأن الخير والشرف في العقل والمشورة في المجتمعات المختلفة اليوم يتعارضان مع الخير والشر، مما يؤدي إلى الإساءة العقلية والجسدية للناس. إن انتشار الخداع والنفاق والكذب والكسل والسرقة والاختلاس من قبل جميع المسميات ومناحي الحياة المختلفة في البلدان الإسلامية قد حوّل المسلمين عن الطريق المستقيم، وكما يمكن ملاحظته بسهولة من الأدلة العديدة في حياتهم الشخصية والاجتماعية، فقد غضب الله عليهم بسبب ضلالهم. ومن المؤسف أنه في عالم اليوم نجد بعض من يسمون بالمسلمين الحقيقيين، وهم غير مطلعين، وأميين، وأصوليين، ومضللين بشأن ما يعنيه الإسلام وتوقعات الله منهم، وغير أكفاء، وكسالى، لدرجة أن القرآن يقارنهم بالحيوانات والجمادات، مستخدماً كلمات مثل مثل الحمار، ومثل الكلب، ومثل الحيوان، ومثل الحجر عنهم، أصبحوا وجه الإسلام الحديث الذي يزدهر بالإرهاب.

ولعل الوقت قد حان لعلماء المسلمين الخبراء أن يراجعوا الفقه الإسلامي ويطهروه من الخرافات من أجل تثقيف الشباب المسلم الذي يريد أن يخدم المجتمع ويسعى إلى الرسالة الحقيقية للإسلام من خلال توجيهه وتنويره، وأن يتصل بالعقل الجماعي لعدة مليارات من البشر الذي يقود الحضارة التقدمية للبشرية حتى يتمكن المسلمون في المستقبل من القيام بواجباتهم تجاه الله والعالمين. وقد ضممت في هذه المجموعة النقاط المتخصصة التي لم يكن لي الحق في التعبير عن رأيي فيها، ولكن كان من الضروري ذكرها مباشرة من الكتب المرجعية حتى لا يكون هناك تدخل غير مصرح به. والواقع أن معظم المواد الدينية عبارة عن ترجمات وتعليقات، وجمع المعلومات والتعديلات من كتب مختلفة لخبراء ذوي صلة. وأنا مدين بأكبر قدر من الفضل والاستفادة لكتابات ومنشورات المهندس عبد العلي بازركان، الذي يعيش في كاليفورنيا. فخلال عدة سنوات من دراسة النصوص الإسلامية والتفاسير العديدة، أدركت أن هناك حاجة إلى المزيد من العمل.

إنمعرفة هذا العالم الحكيم الرباني بالإسلام والقرآن فريدة ومتوافقة مع الحكمةوالعلم الحديث، ولهذا السبب تم الاستعانة بترجمة وتفسير جميع الآياتالقرآنية والبحث عنها من موقعه.

ونأملأن يكون هذا الجهد الصغير والمتواضع مقبولاً.
إنهذا البحث الذي أعرض فيه عن تفسير الآيات القرآنية قد أثمر نفعاً كبيراً،وأسأل الله أن يوفقني لإتمامه برحمته وتوفيقه، وقد حاولت في هذا البحثأن أبتعد عن التفسيرات المتعارف عليها، وأن أتعمق في البحث في الآياتالقرآنية، وإن كان فيه خطأ أو نقص فهو من قلة خبرتي وعظمة الموضوع،والله يهدينا جميعاً إلى صراطه المستقيم، ويوفقنا إلى تحقيق الأهدافالسامية في حياتنا.

الدكتورمحمد فاريفار

صيف2022

المقدمة- الطبعة الثانية

لقدنفدت الطبعة الأولى من كتاب "الصراط المستقيم" بعد فترة وجيزة.ولهذا السبب، وبتوجيه من الأصدقاء المهتمين، صدرت الطبعة الثانية.وفي هذه الطبعة الجديدة، وبسبب عدم إلمام أغلب القراء باللغة العربية،غالباً ما تم استخدام المعاني الفارسية فقط للآيات. ومرة أخرى، أشعرأنه من الضروري تذكير القراء الكرام بأن محتويات هذا الكتاب هي فهميللآيات ذات الصلة من القرآن الكريم بعد التفكير وقراءة العديد من الترجماتوالتفاسير ومطابقتها مع ظروف حياتي الشخصية (العمل، المعلومات،الأسرة، طريقة التفكير)، ولا أقدم أي ادعاءات أو توصيات. وآملأن تكون قراءته مفيدة للأشخاص في وضع مماثل.

ولأنالتدين فطري، وحتى الناس الذين يبدو أنهم غير متدينين يؤمنون بالله،فإن الغرض من تأليف هذا الكتاب هو تعريف الشباب الذين لا يعرفونالإسلام ويهربون منه بالعودة إلى حضن الإسلام القرآني. فالقرآن، علىعكس المصادر الأخرى، يمكن الوصول إليه في أي مكان بكل اللغات منقبل الصغار والكبار، ويمكن التحقق بسهولة من صحة المعلومات الموجودةفي الكتاب. ووجدت أنه من الضروري تسهيل فهم المفاهيم التي يناقشهاالكتاب. أولاً، سأخصص صفحات للمواضيع المهمة التي تمت مناقشتها،بما في ذلك معاني الدين والإسلام والإسلام والتسبيح والصلاة والممارساتالأخلاقية مع تاريخها لأن معظم المسلمين يعتبرون هذه الصفاتهي ميزتهم الوحيدة دون العمل بها. وكما أن إحدى أهم التوصيات الدينيةللشريعة الإسلامية المختلفة في العالم مثل البوذية واليهودية والمسيحيةهي أن تكون متوازناً وأن تظل على المسار المستقيم، فإن الشريعةالمحمدية، التي تكمل الشعائر الأخلاقية، تتوقع نفس الشيء من أتباعها.

المسلمالأخلاقي الحقيقي هو الذي يرحم كل من حوله، ويشعر مخلوقاتالله بالأمان فيما يتعلق به (النفس، المال، الشرف،

إن المسلم الذي لا يتصف بالقيم والأخلاق الحميدة، ويريد العدل، ويتحلى بالحكمة والاعتدال في كل أمور الحياة، ويبتعد عن الرذائل الأخلاقية والتطرف. وطبقاً للقرآن الكريم، فإن المسلم الذي لا يتصف بالقيم والأخلاق الحميدة المذكورة آنفاً قد انحرف عن دين الإسلام والحقيقة.

الدكتور محمد فاريفار

الخريف (2022)

الكلمات المفتاحية في القرآن الكريم

"بسم الله الرحمن الرحيم."

اسم:هو مثل اللقب وهو علامة وألفاظ تطلق على الأشخاص والأشياء والموادواللامادية لتمييز طبيعتها عن غيرها وهو هوية لتمييز الفوارق التي تحدثهاالأنشطة الفردية والتسمية لها وضعان: بدون مضمون مثل بعض أسماءالأطفال ومضمون بحيث يكون تعريفاً حقيقياً لشيء أو شخص. (اسممناسب) ورد في القرآن أن الله علم آدم الأسماء كلها وليس الغرض تعليمهألفاظاً وأسماء مجهولة وإنما وضع الموهبة والقدرة الكامنة في مؤسستهلمعرفة طبيعة كل شيء في العالم ووورد في القرآن أن اسم يحيى الذيلم يعط لأحد من قبل أنبأ به الملائكة من الله لأبيه زكريا.

"يا زكريا إنا نبشرك بغلام اسمه يحيى ما خلقنا من قبله بشرا" (مريم: 7)

إناسم يحيى من أصل كلمة حي يشير إلى حضور يحيى الذي يمنح الحياةويحول بني إسرائيل، وهو الذي هيأ الأرض لرسالة يسوع المسيح. كماأن الملائكة أطلقوا اسم المسيح على مريم.

آلعمران: 45: إذ قال الملائكة يا مريم إن الله يبشرك بكلمة منه اسمهالمسيح عيسى ابن مريم وجيهاً في الدنيا والآخرة ومن المقربين

إنأسماء موسى (المشتقة من الماء)، وعيسى، ومريم، وإسماعيل، ومحمد،وغيرها كلها تمثل طبيعة حقيقية ذات معنى، وهذه هي "الأسماء الحسنى"، وكل منها يدل على صفة من صفات الله، وفي سورة الحمد يشيرإلى:

إلى أهمها أو أحد أهمها، وهي "الرحمة"، بصورتين "رحمانيات" و"رحيميات".

الله: الله هو اسم ذات الله، وسائر الأسماء هي صفاته، وباسم الله الرحمن الرحيم نفهم أن الذي خلقنا ليس بغافل عنا، ورحمته تشرق علينا كنور الشمس على العالم.

الرحمن: إن رحمة الله العامة تشمل الجميع، كأشعة الشمس ونورها وحرارتها التي تشرق بالتساوي على كل أجزاء الأرض. هذه رحمة من جهة واحدة. ولكن الرحمة هي رحمة "ذات اتجاهين". فبقدر ما يبذل المخلوقات أنفسهم/يكسبون رحمته، فكلما أحسنوا الأعمال زاد رحمتهم. وقد ورد في القرآن الكريم عشر مرات أن الله "لطيف رحيم" بجميع عباده أو مخلوقاته، وهذا يعني أن كل الناس لديهم القدرة والموهبة للتواصل بشكل مستقل مع الله وهو لطيف مع الجميع، ولكنهم للأسف لا يقيمون علاقة مع ربهم.

حمد: الحمد هو الشكر والتسبيح (الحمد والثناء والعبادة)، والرحمن عام وشامل. **رحيم** إن الرحمة خاصة، والرحمة هي "العطاء"، الذي أعطاه الله لجميع المخلوقات، والشفقة هي الأخذ وهي محفوظة لأولئك الذين، من خلال الإيمان والأعمال الصالحة، وضعوا أنفسهم في طريق هذه الرحمة الخاصة من الله.

الدين/الدين: تعني قواعد وقوانين الله والبشر. وعدم اتباع القوانين هو طلب للعقاب والله هو مالك يوم القيامة. ومبدأ الدين هو الخضوع لطريق الله وقوانينه وأنظمته في العالم والإيمان بالعقاب والمكافأة. وكان النبي نوح أول شخص متدين يتبع وصايا الله الثمانية. وفي القرآن الكريم، تم ذكر القانون البشري باسم دين مرة واحدة.

سلام: يعني الصحة والسلام.

جين: مجهولون ومخفيون، مخادعون يخفون نيتهم.

إنس:الأشخاص الذين تعرفهم.

الشيطان): من كلمة شيطان، ومعناها بعيد عن الخير، وهذه الكلمة تطلق على من يحرض على الانحراف، وتقال أيضاً على من هو بعيد عن الحق ومرتكب للشر.

إبليس/الشيطان:هو أحد الملائكة خارج الحدود والأنظمة التي وضعها الله.

إرشاد: هو المساعدة في الوصول إلى الهدف وليس مجرد إعطاء عنوان له.

الصلاة:التوجه إلى الله والاتصال به والقيام بما نقوم به من أجل مرضاته وفقاً للدين. وفقاً للقرآن الكريم، كان إبراهيم هو أول من أدى الصلاة.وكان أول شكل من أشكال الصلاة لدى المسلمين هو الصلاة اليومية.

الركوع:(الركوع)) فعل شيء طوعاً، وإظهار التواضع والاحترام وتسليم الذات للحقوق، والركوع في الصلاة، والركوع في أداء الزكاة يعني أداء الزكاة بنية طيبة.

السجود): التواضع وخدمة العناية الإلهية، وسجود القمر والشمس والجبال والأشجار وغيرها من المخلوقات عند عتبة الرب مذكور في القرآن الكريم مرات عديدة.

مسجد:وموضع السجود وموضع السجود والجبهة قد يكون مسجداً.

التسبيح:إن القيام بعمل إيجابي، وتجنب التسبب في خلل، واتخاذ إجراءات تصحيحية عند الضرورة، والإشارة إلى المواهب التي وهبها الله لكل المخلوقات في الكون، هو تمجيد لله.

أداءعمل مدروس، فكل الكائنات والمخلوقات في العالم تولد بواجب، ولذلكفهي ضرورية للوجود.

سبحان:رائع، لا يحتاج إلى شيء، فقط الله لا يحتاج إلى شيء.

ماشية(بروفيدانس)): القوانين والأنظمة الموجودة التي تحكم الكون.

الشريعة:الطرق الموصلة إلى الصراط المستقيم، الدين هو جذع الشجرةوالشريعة هي فروعها لدين واحد قائم على العيش وفق شريعة الله ويتغيربتغير الزمان.

سارات:وهو الطريق الرئيسي والوحيد وأقصر الطرق بين نقطتين، والسبيلهو الطريق الثانوي.

التقوى/التقوى: متقىالإنسان التقي يمتنع عن فعل السيئات ويصر علىفعل الأخلاق والعيش على الطريق المستقيم.

الصيام/سيام:الامتناعات (من أصل 10 امتناعات، واحد منها عن الطعاموالباقي عن الكلام)

شهوة/شهوة:رغبة قوية في أي شيء.

عذاب/ عذاب:الحرمان، المشقة، الألم والمعاناة التي هي عكس الراحة.

مجرم/مجرم:يعني قطع العلاقة، وهناك مصلحون ضد المجرمين.

مُريد/عابد:ترويض الوجود وتسليم الذات إلى الرب.

الزهد): عدم التعلق بأي شيء.

إحسان:عمل جيد و جودة.

بيري:العمل الصالح، كميته، البر هو الخير الذي لا حدود له.

إزن((إذن الله)): شرائع الله.

حكمت(الحكمة: كيفية التعامل السليم مع الآخرين من الأصدقاء إلى الأعداء،وهذا يتطلب الحكمة والمعرفة.

صالحات:الأفعال والأفعال الإيجابية، وهي عكس الفساد.

لانات(لعنة):بعيداً عن الحقيقة.

فاسق(خارج عن القانون): خارج عن القانون، يريد أن يكون حراً من الحدود.

زولم(الاستبداد: المستهلك غير المنتج، وعدم التوازن، والفوضى.

أولي الألباب: ضد المتجاوزين، وحماة القانون، وحراس الخصوصية، والعقلاء.

سافاب(**مكافأة**)): النتيجة والإنجاز.

كفر(**كفر**)): التغطية، عكس الامتنان.

كتاب:**القرآن، الشرائع، الأنظمة، والأحكام.**

انزار(تحذير): للتحذير من الخطر.

إسم:الأنانية هي عكس البر.

يونان:**الخطيئة، يونان الفارسية.**

فحشه:عمل قبيح ومخزي، دعارة.

عواقب الفعل السيئ بحسب نوعه تسمى: إثم، وجريمة، وفجور، وعار.

عربي:سلس وبسيط، القرآن الكريم باللغة العربية يعني القراءة البسيطة.

راب:المدير والرئيس والسلطة وصاحب العمل، الله ليس فقط خالقنا،بل هو أيضاً **رب**(المعلم، المعلم، المدرب).

شكر((الشكر): الاستعمال الصحيح للنعمة هو الذي يكون في جهة ومقصد المنعم، وضده الكفر، وهو تجاهل النعمة وإنكار المنعم.

شيرك: ليس إلحاداً، بل هو تصور الناس أو الأشياء "مثل الله"، وليس "لمكان الله". ووفقاً للإمام علي عليه السلام، فإن الشرك كالنملة السوداء على حجر أسود في ليلة مظلمة، والتعرف عليه أحياناً صعب جداً ويحتاج إلى مساعدة من العلم والحكمة. والشرك ليس فقط عبادة الأصنام، والمحبة المفرطة والرغبة في أي شيء يسبب نسيان الله والانحراف عن الطريق المستقيم هو شرك، فبالنسبة لبعض الناس قد تكون الثروة والأولاد والعمل والعائلة شركاً وشركاً. ووفقاً للقرآن، فإن كل ذنب يغفر إلا الشرك لأنه مقدم على الله.

كلمة: في الأصل تعني التأثير، وفي القرآن الكريم وردت كلمة أو كلمات الله أربع مرات، أي الأنظمة والقوانين النافذة التي وضعها في العالم، ومنها نظام السبب والنتيجة الذي يجعل لكل فعل رد فعل، كالانحراف عن الحق، مما يؤدي إلى فقدان استمرارية الإيمان.

عبادات(العبادة: هي تمهيد الطريق القلبي إلى الله، من غير تردد أو مقاومة داخلية. وأصل كلمة (تعبدٌ) هو نفس أصل كلمة (عابد).

ريجس: آثار الأفكار والسلوكيات الشريرة.

الشريعة: إنها تحتوي على مبادئ عامة (وأحياناً تناقش التفاصيل). إن الضوابط الشرعية هي اختيار الشخص المتدين لطريقة حياته، والتي قد تكون مختلطة بالثقافة المعاصرة، والتقاليد السابقة، والتكنولوجيا الحديثة، وافتراضات أصحاب الشريعة، وإثباتها أو نفيها هو نوع من المواجهة مع العوامل الأربعة المذكورة أعلاه، وليس رفضاً أو إثباتاً للدين.

الفقه/ الفقه: في اللفظ يعني الفهم (28 – طه)، وفي الاصطلاح هي القوانين التي تستخرج احتياجات الحياة اليومية للإنسان من الشريعة، وحين لا تواجهها معوقات من الخارج، وظروف الحياة المتغيرة، تتوافق مع مبادئ الشريعة الثابتة غير القابلة للتغيير.

الجهاد: بذل أقصى جهد ممكن من خلال قبول الصعوبات والحرمان من أجل تحسين أنفسنا أو المجتمع.

المحراب: مكان الحرب والقتال مع "النفس الموبّخة" أو "النفس الموبّخة". المكان في المسجد الذي يصلي فيه الإمام، الجبهة وربما الفص الجبهي الذي يقع خلف عظم الجبهة ويدير الوظيفة التنفيذية العليا واللغة التعبيرية. **عربي**: فصيح، بسيط، وواضح. **دعاء**: طلب، حاجة، أريد.

الفصل الأول:
القرآن هو كلام الله والوحي للنبي صلى الله عليه وسلم

أسئلة:

هل القرآن وحي إلهي أم حلم نبي؟ هل كان النبي أميا؟ هل كان النبي يردد ما تعلمه من الرهبان المسيحيين والحاخامات اليهود؟ هل القرآن معجزة؟

إجابة:

القرآن الكريم كلام الله ووحي للنبي الذي كان أمياً، وسأتحدث باختصار عن اكتشافين حول القرآن الكريم في السنوات الأخيرة يثبتان أنه كلام الله ومعجزة لا شك فيها.

في الماضي كانت بلاغة القرآن وفصاحته، وكون النبي صلى الله عليه وسلم أمياً وغير متعلم، وأنه لا يمكن لأحد غير الله أن يكتب مثل هذا الكتاب دون أية أخطاء نحوية، تعتبر من معجزات القرآن. وقد زعم البعض أن مصطلح "أمي" يعني أن النبي لم يكن من أهل الكتاب (يهوداً أو نصرانياً) ولكنه كان يعرف القراءة والكتابة.

عنكبوت 29/48: "ما قرأت كتاباً قبله ولا خطته بيدك، وإلا لكان للمبطلين شك" (وهذا ينفي أنه قرأ ما يقوله في التوراة والإنجيل)

الشورى 42/52: ﴿وكذلك أوحينا إليك روحا من أمرنا ما كنت تدري ما الكتاب ولا الإيمان﴾.

1.لقد أتاح الله اكتشاف معجزة

ربط الرقم 19 بالقرآن كله بواسطة الدكتور رشاد خليفة في مسجد توسون بأمريكا لييبين أن القرآن نزل من عند الله وحافظ عليه دون أي تغيير (قرآن العهد الأخير ترجمة رشاد خليفة 1992) باختصار كل معالم القرآن قابلة للقسمة على 19 بطريقة ما وهذا غير ممكن ليس فقط للبشر بل وحتى للحواسيب العملاقة ذات الذكاء الاصطناعي فمثلا عدد السور 114 = 6 × 19 وعدد الآيات في القرآن = 6346 = 19 × 334 واسم الله الرحمن الرحيم باللغة العربية 19 حرفا. يذكر الله في القرآن 142 × 19 = 2698 مرة، وكلمات "الله" و"الرحمن" و"الرحيم" هي مضاعفات للرقم 19، والاسم (الإسم) 19 مرة، والرحمن 57 = 3 × 19، والرحيم 114 = 6 × 19. في أول سورة الحمد/الفاتحة باللغة العربية، تغُلق الشفاه 19 مرة (على الباء والميم). لهذا السبب، يرى رشاد خليفة أن سورة الفاتحة هي مفتاح التواصل المباشر مع الله. كل تفاصيل سورة الفاتحة، من كلمات وحروف، هي مضاعفات مذهلة للرقم 19. الآيات الأولى من الوحي (العلق 1 -5:96) بها 19 كلمة، 76 = 19 × 4 أحرف، وهي السورة التاسعة عشر من نهاية القرآن. والآية الأخيرة التي نزلت على محمد (سورة النصر) بها 19 كلمة. لمزيد من المعلومات حول هذا الموضوع، انظر ترجمة لالاه، العهد النهائي للقرآن الكريم، راشد خليفة، مسجد توسان، أريزونا.

إن الآيات الأولى التي نزلت على النبي في غار حراء (الآيات الخمس الأولى من سورة العلق) هي معجزة حقيقية من حيث الزمان والمكان والمعنى والمضمون:

علق1-96/5: "اقْرَأْ بِاسْمِ رَبِّكَ الَّذِي خَلَقَ، خَلَقَ الْإِنسَانَ مِنْ عَلَقٍ، اقْرَأْ وَرَبُّكَ الْأَكْرَمُ، الَّذِي عَلَّمَ بِالْقَلَمِ"

-علم الإنسان ما لم يعلم.

ولذلك أوحى الله إلى شخص أمي في بيئة لا يعرف القراءة والكتابة فيها إلا حفنة قليلة من الناس: {اقرأ باسم مربيك الذي هو خالق كل شيء وعلم بالقلم الناس ما لم يعلموا} وفي موضع آخر (القلم 68/1) أقسم الله بالقلم وبما يكتب.

في الاتصال الأول والوحي يتحدث الله مع محمد عن القراءة والقلم، والتعليم والمعرفة (الطبيعة بالعلم، والخوارق بالوحي والإيمان بالله واليوم الآخر)، والهدف هو البشر جميعا والأجيال القادمة.

2. قام الدكتور موريس بوكاي، وهو عالم فرنسي، ببحث في القرآن الكريم. من وجهة نظر علمية وقارنها بالإنجيل، وخلص إلى أن هناك الكثير من الأخطاء والادعاءات غير العلمية في التوراة والإنجيل. حتى في المحتوى الذي يبدو مشتركًا مع القرآن، مثل قصة الأنبياء، فإن سيناريوهات القرآن لا تتعارض مع العلم الحديث، لكن الإنجيل يتعارض معه. لذلك، لم يكن بإمكان محمد صلى الله عليه وسلم أن يكيف قصص التوراة والإنجيل ليقدم لنا معلومات جديدة وغير معروفة. القرآن لا يأمر بدراسة العلم فحسب، بل لا يوجد موضوع في القرآن لا يتوافق مع العلوم الحديثة.

هناك عدد لا يحصى من محتويات القرآن الكريم التي اكتشفها العلم مؤخرا، ولكن في عهد الرسول صلى الله عليه وسلم وبعده بقرون، وبسبب عدم توفر المعلومات الكافية، لم يفهم المفسرون المعنى العلمي للآيات، وقدموا تفسيرات مختلفة لبعض الكلمات والآيات، والتي تحتاج إلى مراجعة. وفيما يلي بعض الأمثلة:

وفيما يلي بعض الآيات المتعلقة بخلق العالم:

الأعراف 54/7: {إِنَّ رَبَّكُمُ اللَّهُ الَّذِي خَلَقَ السَّمَاوَاتِ وَالْأَرْضَ فِي سِتَّةِ أَيَّامٍ}

فصلت 9-12/41: "قل أتكفرون بالذي خلق الأرض في يومين وتقولون له أندادا ذلك رب العالمين وجعل فيها رواسي من فوقها وبارك فيها وقدر فيها رزقها في أربعة أيام غير تفريق للسائلين ثم استوى إلى السماء وهي دخان فقال لها وللأرض ائتيا طوعا أو كرها قالتا جئنا طائعين فقضاهن سبع سماوات في يومين وأوحى في كل سماء أمرها وزينا السماء الدنيا بمصابيح وحفظا ذلك تقدير العزيز العليم".

ثم أحاط بالسماء وهي دخان فقال لها وللأرض ائتيا طوعا أو كرها قالتا أتينا طوعا فقضاهن سبع سماوات في يومين وجعل لكل سماء أمرها وزينا السماء الدنيا بمصابيح وحفظا ذلك تقدير العزيز العليم

قدرت بقدر حاجة الملتمسين. ثم دخلت الغلاف الجوي للأرض، الذي كان لا يزال دخانًا (غازاً به جزيئات دقيقة). فنظمنا تلك الكتلة الغازية في يومين إلى سبع سماوات وكشفنا لكل (طبقة) من السماء دور خلقها ورتبنا السماء الدنيا بإضاءات [نجوم] و(أ) وقاية (ضد الأجسام والأشعة) وضعنا فيها أشياء تزعج الحياة الأرضية.

(تشتمل طبقات الغلاف الجوي السبع للأرض على طبقة التروبوسفير، والتروبوبوز، والستراتوسفير، والستراتوبوز، والميزوسفير،

الغلاف الحراري والغلاف الخارجي. وتقسيم آخر يعتمد على مكوناته مثل الغلاف الجوي والغلاف المتجانس والغلاف المغناطيسي وما إلى ذلك.

الأنبياء 30/21: "ألم ير الذين كفروا أن السماوات والأرض كانتا رتقا ففتقناهما وجعلنا من الماء كل شيء حي"

الدخان 10/44: فارقب يوم تأتي السماء بدخان مبين.

لقد تشكل الكون من خلال انضغاط الغازات في السديم البدائي ثم انفجاره (الانفجار العظيم)، وتفككت الأنظمة وولدت النجوم، ومن انفجاراتها نشأت الكرات ثم الأقمار، وهي معلقة بالجاذبية (أعمدة غير مرئية)، ويبدو الفراغ بين الكرات والأنظمة فارغاً، ولكن البخار الرقيق جداً الذي يشغل هذا الفراغ الشاسع غير مرئي، ويعتقد العلماء أن وزن هذا الفراغ الغازي بين الأجسام الصلبة في الكون أكبر بكثير من وزن الأجسام نفسها، وكل هذه المعلومات المكتشفة حديثاً موجودة في القرآن الكريم.

مريم 65/19: ﴿مَلِكُ السَّمَاوَاتِ وَالْأَرْضِ وَمَا بَيْنَهُمَا﴾

الأنبياء 33/21: ﴿وَهُوَ الَّذِي خَلَقَ اللَّيْلَ وَالنَّهَارَ وَالشَّمْسَ وَالْقَمَرَ كُلٌّ فِي فَلَكٍ يَسْبَحُونَ﴾

يونس 5/10: "هو الذي جعل الشمس ضياء والقمر نورا وقدره منازل لتعلموا عدد السنين والحساب ما خلق الله ذلك إلا بالحق يفصل الآيات لقوم يعلمون"

وهناك آيات كثيرة أخرى عن خلق الكون ودورة المياه والبحر والنباتات والحيوانات والحليب

إن القرآن الكريم يحتوي على حقائق علمية كثيرة، منها: الإنتاج، والتكاثر البشري، وغير ذلك، وهي حقائق تتفق مع العلم الحديث، ولم يكن شيء من هذه الحقائق معروفاً في زمن النبي صلى الله عليه وسلم، وفي الآيات العشرين الأولى من سورة الرحمن إشارات إلى أن أهل زمن محمد لم يكونوا يعرفون عنها شيئاً، وللمزيد من المعلومات حول المحتوى العلمي في القرآن الكريم يمكن الرجوع إلى كتاب "الإنجيل والقرآن والعلم" للدكتور موريس بوكاي، فرنسا، 1973.

تلاوة وإنشاد وتدبر في القرآن (التلاوة والتجويد والتدبر)

تدبّر، أو التأمل العميق، يعني التفكير العميق والتأمل في العواقب، والنتيجة المترتبة على ذلك هي اكتشاف الحقائق التي لا تخطر على البال في البداية. وهو يتضمن التفكير فيما وراء الظواهر، وتحديد المعاني الخفية للآيات، والانتباه إلى النتائج. وقد وردت هذه الكلمة أربع مرات في ثلاث آيات من القرآن الكريم، داعية مستمعيها إلى التأمل في أعماق وأغراض الرسائل. تحمل لهجة وسياق هذه الآيات نوعاً من التوبيخ والاحتجاج. وبالنسبة للعامة، فإن النظر في ترجمة الآيات يكفي الرسالة الروحية والاجتماعية. وفي الظروف الاستثنائية، فإن النظر في الفقه والاجتهاد وتفسير الآيات ضروري ومخصص للعلماء والقديسين والأئمة. وفي التأمل يشارك العقل والقلب، لكن التفسير هو تدفق فكري وعلمي ولا يصاحبه تدفق قلبي وعاطفي. وفي التأمل يرى المرء نفسه مستمعاً للآيات. ويشارك الكفار والمشركون أيضاً في التدبر. إن التأمل يبدأ بالقراءة، ويستمر بالفهم العميق، وينتهي بالعمل. وبما أن القرآن نزل تدريجياً على مدى 23 عاماً جنباً إلى جنب مع الأحداث وبعلاقة بها من خلال ملاحظتها، وبما أن إشارات القرآن يمكن العثور عليها في حياتنا اليومية وأحداث حياتنا الخاصة، فمن الضروري التأمل في الآيات ومقارنتها، وتركيز تفكيرنا عليها، ويفضل أن يكون ذلك فيما يتعلق بمساعدة الاحتياجات الأساسية للإنسان.

إن التأمل في القرآن الكريم هو الخطوة الأولى، ثم التفكير في معناه وتفسيره المختصر وسبب نزوله، فمجرد الاستماع إلى تلاوة وترديد كلام الله، مع افتراض أنه يتحدث إلينا مباشرة، للحصول على أقصى فائدة وفهم الرسالة، والقبول والصمت، مع تركيز الفكر والسلام الداخلي، العقلي والروحي في فضائنا الفردي، ضروري. وفي هذا التركيز يشارك العقل الواعي واللاواعي في اكتشاف رسالة الآية في لحظات راحة البال، خالية من التوترات الدنيوية. بالطبع هذا لا يرتبط بالضرورة بالعزلة، لكنه يتم أثناء الأنشطة اليومية، في الزحام، حيث يُنظر إلى الشؤون اليومية على أنها درس، ويعُتبر كل حركة وسكون رسالة إلهية للبشر. إن آيات القرآن الكريم تخفي في أعماقها مظاهر العديد من الحقائق، وكل شخص، حسب مستواه من الكفاءة العلمية والروحية، يدرك بعض حقائق الآيات. وهذا المعنى لا يختص به أحد، فالقرآن مائدة واسعة يدعو الله الجميع للمشاركة فيها، والكفاءة الروحية مطلوبة أكثر من الكفاءة العلمية، ولهذا لا ينبغي أن تخضع لأفكار الأقدمين عبر التاريخ أو في زمانك، ولا ينبغي أن تخشى الحصول على نتائج جديدة وغير معلنة، لأن اكتشاف رسالة الآيات هو حياة أبدية ويجلب الفكر إلى النفس من خلال الكلمات، وخاصة بالنسبة للإنسان الذي لديه خبرة أكبر في معرفة نفسه والبيئة من حيث الجوانب العلمية والعملية للحياة ويفهم علامات الآيات ومراقبتها بشكل أفضل من المواقف العاطفية والاجتماعية. وبطبيعة الحال، بالإضافة إلى الشجاعة الفكرية والإبداع والمبادرة، بعد التفكير في الآية وتعلم معاني جديدة، من الضروري استشارة الخبراء والكتب المرجعية المختلفة لراحة البال. الشورى 38/42: " ويقومون بأمورهم بالحكمة والموعظة الحسنة".

إن من أهم أسباب انحدار المجتمعات الإسلامية وتخلفها هو الافتقار إلى الشجاعة الفكرية والإبداع والمشورة. إن حرية الفكر والإبداع والمشورة هي العوامل الأساسية للتقدم العلمي المذهل الذي حققه الغرب في القرنين الأخيرين. ومن المؤسف أن عدم السماح بالاستقلال الفكري والرأي في الأمور الدينية، بالإضافة إلى طغيان الزعماء الدينيين، كان من سمات تخلف المسلمين. والواقع أن العنصرين الأساسيين للتفكير الحر والمشورة اللذين أكد عليهما القرآن قد استخدمهما الغربيون بحرية وبكمال، مما أدى إلى نجاحهم. والفرق بين تلاوة القرآن وقراءته فقط هو أن الاستماع إلى التلاوة، بالإضافة إلى قراءة القرآن، يساعد المستمع على فهم معناه ومحتواه بشكل أفضل.

يأمر الله تعالى النبي صلى الله عليه وسلم بتلاوة القرآن: سورة الفرقان 25/32: {وكذلك أوحينا إليك قرآنا مقطعا لتقرأه على الناس ترتيلا ونزلناه ترتيلا}.

الإسراء 17/106: وقرآناً فرقناه لتقرأه على الناس على مكث ونزلناه تنزلاً.

المزمل 73/4: "ورتل القرآن ترتيلا". وقد أمر الله تعالى في كل العصور والقرون بالتفسير العقلي العميق للآيات، وتوبيخ من يخالفه. وينبغي أن يكون تنفيذ أوامر القرآن بالتدبر (فكراً وفهماً وتخطيطاً وعملاً) كما ينبغي للصلاة أن تكون كذلك.

الزخرف3/43: ولقد يسرنا القرآن للذكر فهل من مدكر

24/47: أفلا يتدبرون القرآن أم على قلوب أقفالها

النساء82/4: أفلا يتدبرون القرآن ولو كان من عند غير الله لوجدوا فيه اختلافاكثيرا

ص29/38: ﴿هذا كتاب أنزلناه إليك مبارك ليدبروا آياته وليتذكر أولو الألباب﴾

الكهف1/18: {الحمد لله الذي أنزل على عبده الكتاب ولم يجعل له عوجا}.

الزمر17-18/39: "ولكن الذين أوتوا العلم يرى الذي أنزل إليك من ربك هوالحق ويهدي إلى صراط العزيز الحميد. ولكن الذين كفروا يقولون هل ندلكمعلى رجل ينبئكم إذا تحللتم تحللا أنكم لفي خلق جديد".

القرآنالكريم هو تجلي الله، مجموعة آيات وكتاب يتضمن الهدى والنور والتذكيروالموعظة والحجة والشفاء والحكمة والمعرفة، غرسها النبي صلى اللهعليه وسلم عن طريق الوحي. وقد استخدمنا القرآن الكريم للتلاوة والتجويدوالحفظ والمسابقات، وكذلك لتزيين مائدة الزفاف وعيد نوروز الفارسي،ووضعه على رأس المسافر لسلامته، أو كوسيلة للقسم، والقراءة علىالقبور، وفي حفل افتتاح جمع المدعوين.

الآيةترشدنا إلى التصرف بطريقة مستقيمة ومتوازنة، وليس مجرد الجلوسوالاستماع إلى القارئ، فما هو أهم من القراءة،

التلاوةوالتجويد هو التدبر والتفكر في الآيات لاتباع الصراط الإلهي المستقيم.

إن‌نظام التأمل والبحث والسؤال الدائم هو لجميع الناس، وخاصة ذوي‌العلم والفكر، في كل العصور والأجيال، حتى لا يظن أحد أن جميع نقاط‌القرآن كانت مفهومة من قبل السلف في كل العصور وأحوال الحياة، ولم‌يعد هناك مجال للتدبر والتأمل.

إن‌معنى الحكمة هو أن يكون فهمنا للقرآن عقلانياً ومتوافقاً مع حكمة العصرفي ما يتعلق بعقائدنا وممارساتنا وأخلاقنا واقتصادنا وسياستنا وقانوننا‌وعلاقاتنا الاجتماعية. فليس في القرآن قواعد اجتماعية أو أسرية أو قضائية‌أو سياسية عابرة للتاريخ، وهذه الأمور متروكة للحكماء والمستشارين‌(العقل والإجماع). يقول الله عن أهل الكتاب الذين آمنوا:

المائدة66/5: وإذا التزموا بالتوراة والإنجيل وما أنزل إليهم تتدفق عليهم‌البركات من كل جانب، أما الذين لا يتبعون الكتاب الإلهي فيقول القرآن:

المائدة68/5: قُلْ يَا أَهَلَ الْكِتَابِ لَسْتُمْ عَلَى شَيْءٍ حَتَّى تُقِيمُوا الْكِتَابَ.

الزمر27/39: ولقد ذكرنا للناس في هذا القرآن كل شيء.

الروم58/30: وضربنا في هذا القرآن من كل الأمثال للناس.

في‌الآيات السابقة، تشير كلمة "زربَنْا" إلى أنه يمكن للناس استخدام الأمثلة‌وفقاً لأعمارهم وأذواقهم وجنسهم وفهمهم وزمانهم ومكانهم ووعيهم الاجتماعي.على سبيل المثال، تأمل الفعل "زربَ" بصيغه الأربعة عشر.

باختصار،القرآن الكريم يرشدنا في حياتنا، وعلى كل منا في مواقف مختلفةأن يقوم بدوره حسب ظروفه الأخلاقية والروحية والفكرية والاجتماعيةوالمالية والمهنية، وأن يختار الطريق المستقيم بذكاء وأن يقوم بدورهفي حياته اليومية على هذا الأساس.

الدين/الدين:

الدينفي القرآن الكريم يشير إلى القوانين، بما في ذلك القوانين الإلهية والقوانينالبشرية. وهو دليل على الحياة المادية والروحية، والتزام بالعيش وفقًالقوانين الله/الطبيعة.

المعراج44/26: والذين يؤمنون باليوم الآخر.

الفاتحة1/4: صاحب يوم الدين

يوسف76/12: فنظر يوسف إلى حمل أخيه (بنيامين) فانتزعه من حملأخيه. كذلك قدرنا ليوسف. لم يكن يجوز في دين ملك مصر أن يقبض علىأخيه بغير سبب إلا أن يشاء الله أن يهديه. هكذا فعلنا بيوسف. لا سبيلللأخ أن يتبع دين الملك إلا أن يشاء الله.

وبحسبهذه الآية فإن كل إنسان يجب أن يلتزم بقوانين البلد الذي يعيشفيه، وإذا لم يوافق عليها فعليه أن يجد وسيلة قانونية وأخلاقية لتغييرها.وفي البلدان المتقدمة يضمن الناس دينهم (قوانينهم) المقبول بأغلبيةأصواتهم ودساتيرهم.

قريش6/109: لكم دينكم، ولي ديني.

الروم30/30: فأقم دينك قائماً بالحق والصدق، هذا الدين هو فطرة اللهالتي فطر الناس عليها.

لاشيء). يستطيع الإنسان أن يصل إلى الله. خلق الله لن يتغير (طبيعة الإنسانثابتة). هذا هو الدين الذي ينمو (ولكن أكثر الناس لا يعلمون) أن طريقالنمو والكمال هو قبول الهدى والسماح لهداية الحق والثبات.

الروم43/30: من قبل أن يأتي يوم القيامة من الله فول وجهك للدين الذيتدين به.

الصافات(20/37): ويقولون يا ويلنا هذا يوم الدين.

النبأ38/78: إن عليك لعنتي إلى يوم العذاب (ولام الله إبليس على عدم السجودلآدم حين قال أنا خير منه خلقتني من نار وخلقته من تراب)

14/39: قلْ أَعْبُدُ اللّٰهَ وَأَخْلِصُ لَهُ دِينِي.

13/42: شرعَ لكم من الدين ما وصى به نوحا والذي أوحينا إليك وما وصينابه إبراهيم وموسى وعيسى أن أقيموا الدين ولا تفرقوا.

193/2: الدين لله، واحتكار التشريع في الدين لله.

256/2: لا إكراه في الدين، ولا يجب قبول الدين، لأن طريق النمو والكمالقد حدد من طريق باطل، ولابد من اتباع أوامر الله ودينه، التي تستلهممنها قوانين المجتمعات المتحضرة، بإخلاص ودون انحراف.

15/13: كل من في السموات والأرض يفعل ذلك طوعا ولا كرها.

83/3: يسَلكُ لِلّهِ مَا في السمَّاوَاتِ وَالأَرَضْ طوَعْاً وكَرَهْاً.

6/109: لكم دينكم، وديني لي.

وهذاهو بيان حرية الاعتقاد والمعتقدات، فالإحجام عن الدين والتمسك
بهفي حالة ارتباطه بقلب الإنسان وطمأنينة نفسه يؤدي إلى نتائج عكسية.

إنإتباع الدين الإلهي/القوانين/الدين/القوانين الطبيعية لجميع
المخلوقاتوتنفيذ قانون بلدك (دين الدولة) أمر إلزامي لكل مواطن. بعض
قوانينالله، فيما يتعلق بالكون والطبيعة، غير قابلة للتغيير، ولكن فيما
يتعلقبالبشر، يمكن لقوانين الدولة أن تتغير بأغلبية الأصوات والمشرعين.

132/2: أوصى إبراهيم بنيه (إسماعيل وإسحاق)، وأوصى إسحاق ابنه
يعقوب:يا بني إن الله اصطفى لكم هذا الدين (الإسلام)، فاعلموا أنه لا
يموتأحد إلا وهو مسلم له (مسلم حي) (بدلاً من أن يسلم لنفسه أو لغيره).

إناختيار الدين يشير إلى تطور الأوهام والأفكار الإنسانية عبر التاريخ،
والتيخلقت تدريجيا الأرضية لتجربة التوحيد والخضوع الإبراهيمي،
والنصيحةبمواصلة الخضوع لقوانين الله حتى الموت.

إنالاستسلام يأتي من السلام والأمن، وهو أمر لا يمكن أن يتحقق إلا
بالانسجاممع الأنظمة التي سنها الخالق واتباع كتابه الإرشادي وشريعته.
وفيالقرآن الكريم يتكرر مراراً وتكراراً أن هناك ديناً واحداً فقط، وهو دين
الاستسلاملله وقوانين الطبيعة/الإسلام (وليس الأنا والشياطين والأعوان
وأربابالسلطة والثروة).

3/19: الدين عند الله الإسلام.

إن دين الإسلام ثابت لم يتغير منذ بداية الزمان، فالإسلام كالنهر الذي ينقسم إلى جداول وشبكات على فترات متباعدة، وهذه الفروع تسمى في المصطلح الديني بالشريعة، والشريعة تختلف فيما بينها باختلاف الزمان والمكان والثقافة وظروف حياة الناس في الفقه والأحكام.

ج45/18: ثم جعلنا لك شريعة فاتبعها ولا تتبع أهواء الذين لا يعلمون

الشورى 42/13: ومن ذلك الدين الواحد (الدين الإبراهيمي) وضع الله شريعة لخاتم الأنبياء، كما وضع من قبل شريعة جديدة لنوح وإبراهيم وموسى وعيسى.

إن معنى الإسلام هو كبح جماح النفس والاستسلام طوعاً لشرائع الله. والاستسلام اللغوي هو الخطوة الأولى في الإسلام، ولا بد من اتباع الخطوات التالية بالأخلاق لتكوين الإيمان. وكان أهل البادية يقولون للنبي صلى الله عليه وسلم: "لقد آمنا بك (لتجنب القتال معك)، وأسلمنا، ولكن الإيمان لم يدخل قلوبهم بعد" (49/14).

الدين قانون إلهي، وهو مثل القوانين البشرية ذو وجهين، ولا يؤثر إلا على من يلتزم بمبادئه. وقد تكررت كلمة الدين القائم في القرآن الكريم أربع مرات بمعنى الدين الثابت المستقر أو الدين القائم المتطور (دور الدين ووجوده هو الحفاظ على المصالح الفردية والاجتماعية). والشرائع الإلهية ثابتة للكون كله ولا تتغير في أي ظرف أو موقف. وكلمة "إقام" تعني إعطاء الأهمية والإثارة والإقامة والإسناد.

إن الكفر بآيات الله هو بمثابة تجاهل وعدم العمل بالآيات التي تأمرنا بالاستسلام لشرع الله، وترك الأنانية والإسراف والجشع والحسد.

لا يعتبر أي مسلم حصل على شهادة ميلاد قبل أن يسلم نفسه طواعية لله مسلماً حقيقياً، وأي شخص يعبد الله ويؤمن بالآخرة ويؤمن بالأعمال الصالحة في أي شريعة (دين) ينطبق عليه تعريف المسلم من قبل الله في القرآن الكريم.

يونس 31/10: قل من يرزقكم من السماء والأرض أم من يملك السمع والأبصار ومن يميت ويحيي الموتى ومن يدبر أمر العالمين فسيقولون الله

أخبرهم، فلماذا لا تهتمون بأخطائكم؟

في منطق القرآن، الاعتقاد بأن أركان الوجود الأربعة، مثل توفير الرزق، ومعرفة الأدوات التي تعمل وفق أنظمته، ودورة الحياة والموت، وتخطيط التطور وتصميم شؤون العالم، في يد الله (علم الكلام النظري) لا يكفي للتدين والورع. الأركان المذكورة أعلاه لها جانب نظري وديني، ولكن إذا لم تحدث تغييراً فعلياً في الحياة ولم تسفر عن الإخلاص في التزام الله وطاعته في خدمة الخلق، فلن تؤتي ثمارها.

إن معنى التقوى هو العمل بالأدوات التي اكتسبناها من هذه المعرفة، والاستخدام الصحيح لهذه المعرفة هو تجنب التطلع إلى خدمة الآخرين، وعدم الاستعباد لمصالحنا الدنيوية ومصالح الآخرين من أجل الحصول على السلطة أو الثروة أو المكانة الاجتماعية.

البقرة 127/2: (وإذ يرفع إبراهيم القواعد من البيت ويساعده إسماعيل قالا)

في موضع الدعاء يا رب تقبل منا إنك أنت السميع العليم.

البقرة 128/2: يا رب اجعلنا مسلمين لك واجعل من ذريتنا أمة مسلمة لك وهب لنا مناسكنا وتب علينا.

البقرة 132/2: ووصى إبراهيم بنيه (إسماعيل وإسحاق) ووصى إسحاق ابنه يعقوب: يا بني إن الله اصطفى لكم الدين (الإسلام) فلا تموتن إلا وأنتم مسلمون.

وبحسب الآيات السابقة فإن إبراهيم وإسماعيل وأجيالهما اللاحقة إسحاق ويعقوب وأبناؤهما كانوا كلهم مسلمين.

الإسلام والمسلمين

هناك دين واحد فقط وهو الإسلام.

آل عمران 19/3: إِنَّ الدِّينَ عِندَ اللَّهِ هُوَ الدِّينُ الْحْسَنُ *الإِسلام*.

الإسلام يعني الاستسلام للحقيقة، وهو استسلام الإنسان لقوانين الله الثابتة التي لا تتغير، وخاصة للبشر هنا لإيصالنا إلى الكمال وإبقائنا مفيدين وسعداء أثناء الحياة. ويبدو أن هذا مكتوب في حمضنا النووي (فطرة تجعلنا نعرف تلقائياً ما هو الصواب وما هو الخطأ). هذا الاستسلام طوعي للبشر بسبب حرية الفكر والفعل، مقابل الاستسلام الخلقي الإلزامي لكل شيء آخر في العالم.

إن الاستسلام لا يكون إلا بالانسجام مع الأنظمة التي وضعها الخالق، باتباع توصيات الكتب المقدسة.

لذلك فإن الإسلام يعني التدين، والتدين يعني الاستسلام للحق والعيش بالأخلاق.

آل‌عمران 52/3: فلما وجد عيسى منهم الكفر قال من أنصاري إلى الله قال‌الحواريون نحن أنصار الله آمنا بالله واشهد أننا أنصار الله*المسلمون.*

يونس72/10: فإن توليتم أني لم أسألكم أجرا إنما أجري على الله وأمرت‌أن أكون من الصالحين*المسلمون.*

يونس73/10: فكذبوه فنجيناه ومن معه في الفلك وأورثناهم وأغرقنا بالطوفان‌الذين كذبوا بآياتنا فانظر كيف كان عاقبة الذين أنذروا

يونس84/10: قال موسى يا قوم إن كنتم آمنتم بالله فعليه توكلوا إن كنتم‌من الظالمين*المسلمون.*"

النمل29-31/27: قالت يا أيها الملأ!**هنا**وصلني - رسالة تستحق الاحترام.30- هذا الكتاب من سليمان، ومضمونه بسم الله الرحمن الرحيم. 31-لا تستكبروا علي وأتوا إلي مسلمين كما أمرتكم.*مسلم.*

آل‌عمران 85/3: وَمَنْ أَرَادَ غَيْرَ ذَلِكَ**الإسلام**ومن لم يكفر بالله فلن يقبل منه‌دينا وهو في الآخرة من الخاسرين.

آل‌عمران 80/3: ولا يأمركم أن تتخذوا الملائكة والنبيين أربابا، أيأمركم بالكفر‌بعد إذ كنتم مؤمنين.*المسلمون.*

آل‌عمران 84/3: قُلْ آمَنَّا بِاللَّهِ وَمَا أُنْزِلَ إِلَيْنَا وَمَا أُنْزِلَ إِلَىٰ إِبْرَاهِيمَ وَإِسْمَاعِيلَ وَإِسْحَاقَ وَيَعْقُوبَ وَالْأَسْبَاطِ وَمَا أُوتِيَ مُوسَىٰ وَعِيسَىٰ وَالنَّبِيُّونَ مِنْ‌رَبِّهِمْ لَا نُحِبُّ الْمُسْلِمِينَ

لانفرق بين أحد منهم، ونحن له*المسلمون* (المقدمين).

آل‌عمران 83/3: أفغير دين الله يبغون وله أسلم كل من في السموات والأرض*اسلاما*) طوعا وكرها وإليه يرجعون.

الجن14/72: ومنا من هو*المسلمون*(ومنهم من أسلم إرادته إلى الله، ومنهم‌من يزيغ عن الحق، ومنهم من أسلم إرادته إلى الله فقد اهتدى إلى الصراط‌المستقيم.

المائدة3/5: اليوم يئس الذين كفروا من دينكم فلا تخشوهم واخشون‌اليوم أكملت لكم دينكم وأتممت عليكم نعمتي ورضيت لكم من خيرما صنعتم*الإسلام*فمن اضطره الجوع إلى أكل الحرام غير متجانف لإثم فإن‌الله غفور رحيم.

الحجرات17/49: يطبعون عليك نعمة احتضنوها*الإسلام*قل لا تمنوا علي‌ّإسلامكم بل الله يمن عليكم أن هداكم للإيمان إن كنتم صادقين

أنعام163/6- لا شريك له، وهذا أمرت به وأنا أول الرسل.*المسلمون*"."

الأعراف126/7: (وما نقمت علينا إلا أن آمنا بآيات ربنا لما جاءتنا ربنا أفرغ‌علينا صبراً وتوفنا كما توفنا من قبل)*المسلمون*["في الخضوع لك]."

يونس60/10: (فَإِذْ آمَنَ فِرعْوَنْ وَهُوَ غَرَيق ٌفي النيّلِ قَال إنِّي منَ المْؤُمْنِين)ْ*مسلم*.

قصص28/53: وإذا يتلى عليهم قالوا آمنا به إنه الحق من ربنا وإنا من قبله‌لعلى يقين**المسلمون.**

الذاريات35-36/51: لإمطار البركان على تلك المدينة وهدم الكفار (قوم لوط) قالوا (الملائكة) لقد أخرجنا من في المدينة من المؤمنين من يخافون ولكن‌لم نجد في تلك المدينة إلا بيتا واحدا من بني إسرائئيل.**المسلمون.**

الأحزاب35/33: لقد أعطى الله للمؤمنين مغفرة وأجراً عظيماً**مسلم** رجال‌ونساء مؤمنون، قانتون، صادقون، صبورون، متواضعون، مؤتون للصدقة،صائمون، عفيفون، يذكرون الله كثيراً).

الاستنتاجات:وبحسب القرآن الكريم، فإن كل مخلوق مسلم وملزم باتباع‌قواعد الله المتعلقة به، بما في ذلك البشر. ومع ذلك، فقد منحنا الله حرية‌اختيار أفعالنا التي تقع تحت سيطرتنا، وأن تكون لدينا رغبات وأحلام، وأن‌نكون مبدعين ومعينين له خلال حياتنا القصيرة على هذه الأرض. إن الأخلاق‌الإنسانية الأساسية التي فرضها الله علينا لم تتغير ولن تتغير. وباعتبارنا‌مجتمعات مطلعة، فإننا مسؤولون عن ضمان عدم حدوث انحرافات‌كبيرة بمرور الوقت.

تسبيح/ سبحان الله (الحمد لله على القيام بالعمل‌التصحيحي المطلوب)

كلمة"تسبيح" مشتقة من "سبحة" وتعني الطفو والتحرك بانتظام في اتجاه‌معين، كما تفعل الأرض والشمس والقمر. وقد ترجمت هذه الكلمة خطأً وفهمت خطأً‌على أنها تمجيد، وتم اختصارها إلى تكرار تلاوة:**سبحان الله،الحمد لله، الله أكبر.**

تبدأ‌سبع سور من القرآن الكريم بـ**تسبيحات**: الأسراء 17، الحديد 57، الحشر‌59، الصف 61، الجم 62، تقابون 64، و العلاء 87.

1:17- : سبحان الذي تولى عبده
(محمد) من المسجد الحرام إلى المسجد الأقصى الذي باركنا حوله لنريه
من آياتنا إنه سميع بصير.

1:57- : كل من في السموات والأرض يسبح
(صباح) من الله العزيز الحكيم.

1:59- : يُسَبِّحُ مِنْ فِي السَّمَاوَاتِ وَالْأَرْضِ
(صباح) من الله وهو العزيز الحكيم.

1:61- : كل من في السموات والأرض يفعل ما يشاء
تسبيحة((صبّاح)والله هو العزيز الحكيم.

1:62- : كل من في السموات والأرض يسبح
(يصبيهو) من الله الملك القدوس القادر الحكيم.

1:64- : كل من في السموات والأرض يسبح
(يوساببيو) من الله باستمرار، له الملك والحمد، وهو على كل شيء قدير.

1:87- : (يا أيها النبي) سبح ((صبيح)الاسم (الصفات)
ربك الأعلى

في**ملخص**إن كل شيء في العالم كله يؤدي تسبيح الله، أي أنه يؤدي المهام الموكلة إليه على أكمل وجه. إن الله هو خالق كل شيء، الحكيم القادر على كل شيء، لا يحتاج إلى التسبيح منا بالكلام. التسبيح يعني إظهار المواهب التي وهبها الله لجميع الكائنات دون استثناء، لأن كل شيء وكل شخص في الكون قد خلق لغرض وله مهمة محسوبة عليه القيام بها، وبدونها تظهر العيوب والنقائص. إنه عمل تصحيحي وإيجابي ومفيد في انسجام مع الخلق بأكمله.

نور 41/24: ألم تر أن كل من في السموات والأرض يسبحون (**يوسابهو**) الله يلعب دور إيجابي

الدورالوجودي، والطيور ذات الأجنحة المفتوحة كلها تدرك علاقاتها (صلاته = الاقتراب والطاعة للقوانين الطبيعية) والتمجيد (**تسبحه**) والله يعلم ما يفعلون.

أسرى44:17: تسبح السموات السبع والأرض ومن فيهن(**توسابيو**) الله وليس هناك شيء لا يسبح(**يوسابهو**) هو يفعل ما خلقوا له ولكن لا تفقهون تسبيحهم(**تسبيهم**).

الأنبياء20/21: يسَبْحِوُنَ(**يوسابيهون**) [هو] ليلاً ونهاراً دون تعب.

33:21:هو الذي خلق الليل والنهار والشمس والقمر كل يجري في فلك(**يسبحون**).

عندمايؤكد القرآن أن كل أجزاء الوجود وكل شيء في السماوات والأرض تسبح لله، فإنه يسلط الضوء على الطبيعة الديناميكية والمنظمة للخلق، والتي تتدفق وفقاً لهدف إلهي مثالي مقدّر مسبقاً. إن التسبيح بالقمر والشمس والجبال والأشجار والمخلوقات الأخرى يعني الخضوع في واجبها وعملها في خدمة الله. كأفراد، نظراً لحرية الفكر والعمل من قبل الله، فإن تسبيحنا ليس تلقائياً ويتأثر بعوامل مثل عدم النضج والجشع والأنا والأفكار المضللة والجهل والعوامل البيئية والمجتمع والوضع الاقتصادي والثقافة والتعليم والأسرة. نحن بحاجة إلى العمل الجاد لاكتشاف هدف وجودنا وما يجعلنا نشعر بالرضا والفائدة والرضا والكمال (الدعاء). من خلال الاستماع إلى نبينا الداخلي (الفطرة) والإرشاد من الكتب المقدسة، نأمل أن نكرم الله ونمجده (التسبيح) من خلال عيشنا بتواضع وأخلاق على طريق مستقيم.

لقدتم كتابة النظام الدستوري الأمريكي وطريقة الحياة، القائمة على حرية الفكر والعمل في السعي لتحقيق السعادة، من قبل مجموعة من البروتستانت المتدينين على أساس الأخلاق اليهودية المسيحية كما تنعكس في العهدين القديم والجديد، وحرية الدين، والتعليم الإلزامي، والسلوك الأخلاقي، والالتزام بالقانون.

إنالمواطنة هي أساس كل شيء. وقد أدى هذا إلى نشوء أمة يحسدها العالمعلى احترامها لقوانين البلاد، وتمتعها بالحرية، والشعور بالأمان، وتحقيقالرفاهة الاقتصادية، وتكافؤ الفرص، وتوفير وظائف ذات أجور جيدةلمن هم على استعداد للعمل الجاد، ومكافآت تتناسب مع أخلاقيات العمل،والتفاني، والمسؤولية، والإبداع، والمعرفة. وتشير ملاحظاتي من خلالالعيش في أميركا لأكثر من خمسين عاماً إلى أن النظام القانوني والحياةالأميركية لم يوفر السعادة لمواطنيها في هذه الحياة فحسب، بل وربمافي الآخرة أيضاً، لأن أغلبهم يعيشون وفقاً للأخلاقيات الأخلاقية للمسلمالحقيقي.

الصلاة/الصلاة:

وقدناقشنا الصلاة بالتفصيل في مكان آخر من هذا الكتاب، ولكن في هذاالقسم، سأناقش بإيجاز نقاطها المهمة. الصلاة، المشتقة من صلو، تعنياللين والمرونة للقبول، ويعتقد البعض أن الجذر صلاة يعني التمليس والتطهير.ويتعلق كلا التفسيرين بتأثير الصلاة على المصلي: التذكر الصادق والمحبوالاتصال بالله للتوجيه على الطريق المستقيم في جميع أمور الحياة.والواقع أن الصلاة تعتبر العمود الرئيسي الذي يحافظ على بنية الدينمستقيمة. ووفقاً للقرآن الكريم، فإن جميع المخلوقات لها شكلها من الصلاةإلى الله، وراثية وفطرية وغير إرادية، على عكس صلاة البشر، التي هياختيارية وطوعية. شكل صلاة الصلاة هو طقس ابتكره النبي (ص)صلى الله عليهوسلم) لخدمة أغراض متعددة، بما في ذلك خلق طقس ذي معنى للمسلمينالجدد لتأسيس رابطة جديدة من الأخوة والحب، وتعزيز النظافة منخلال غسل الأطراف والوجه، وارتداء الملابس النظيفة، والوقوف في صفوفمتوازية دون مراعاة للمكانة الاجتماعية. وهو ينطوي على حركات ذاتمعنى مع العديد من الدلالات الجسدية والروحية، بما في ذلك تكرار تلاوةسورة الفاتحة، أول وأهم سورة في القرآن الكريم، والتي تعلم وتذكر المصلينبأهم صفات الله: الرحمن الرحيم، صاحب التقدير.

العالم(رب العالمين)، مالك يوم الدين، ويطلب الهداية إلى الصراط المستقيم.هذه الطقوس التعليمية المريحة تقدم العديد من الفوائد.

إن أداء الصلاة من علامات التدين، ويشعر الناس بالأمان في وجود مثل هؤلاء الأفراد. ولكن للأسف الشديد، أصبحت هذه الطقوس في جمهورية إيران الإسلامية أداة لخداع الناس من قبل بعض المصلين، حيث يتميزون بإطالة اللحى، وحرق الثفنات على جباههم (علامة السجود الطويل أثناء الصلاة المتكررة)، وينطقون بصوت عالٍ وبشكل صحيح "ولا الضالين". ومن المؤسف أن هؤلاء المتدينين ظاهرياً، وخاصة بين كبار المسؤولين، هم رموز للنفاق والخداع والاختلاس، وهو عامل مهم يدفع الشباب إلى الابتعاد عن التعلم والتدين، وعدم الرغبة في القراءة أو الاستماع إلى الإسلام الحقيقي القائم على القرآن الكريم.

بالطبع، يتحدث القرآن عن أداء الصلاة لتذكر الله في جميع مناحي الحياة ولفعل ما هو حق وعدل وأخلاقي، وليس الصلاة المعتادة لأداء واجبك الديني. كما ترجم الإيرانيون عن طريق الخطأ أداء الصلاة إلى تلاوة/ قراءة النماز، وهي عادة الإيرانيين قبل الإسلام حيث كانت كلمة صلاة تعني تقديم الاحترام للملوك بالسجود وتقبيل الأرض أمامهم. عندما رأوا العرب يؤدون الصلاة، ذكّرهم ذلك بالصلاة، وبالتالي أصبح أداء الصلاة قراءة نماز، وفقدت غرضها الحقيقي في هذه العملية. لقد قيل لنا أنه إذا صلينا في وقتها، فقد قمنا بواجبنا الديني. ومع ذلك، لنفترض أن صلاتنا لم تحقق النتيجة المرجوة (الامتناع عن الفحش والفجور، ومساعدة الأيتام والمحتاجين، وإعطاء الصدقات، والصدقات لتحسين المجتمع، وتخفيف حدة الفقر، وما إلى ذلك، باختصار، الخلاص من الظلام الداخلي). في هذه الحالة، لم نصل إلى نور الهداية بصلاتنا/صلاتنا إذا بقينا مليئين بالغيرة والغضب والكراهية وما إلى ذلك. صلاة لا نفهم معناها، نقرأها مثل الببغاء، ونلمس جباهنا بالأرض مثل الطائر،

إنالصلاة هي وسيلة لكسب الجنة وتجنب النار بعد الموت، ولن تكون مثمرةلمن كان عالماً وكان ينبغي له أن يعرف أفضل. قد تكون مفيدة ودليلاً للأفراد غير المطلعين وغير المتعلمين، لكن البشرية تتغير، وتوقع اللهمنا ليس مجرد تلاوة الصلاة خمس مرات يومياً، بل أن نصبح صلاة ونعيشها.تختلف أشكال الصلاة وأغراضها حسب أحوال كل شخص. تعني الصلاةالبقاء على الطريق المستقيم في جميع أمور الحياة حتى نموت. الصلاةهي القوة والغذاء الروحي الذي يبقي الاتصال بالله حياً وجديداً خمسمرات في اليوم. يقول القرآن أن الله لديه صلاة لنا، العباد الصابرين، والنبي،مما يعني أن الله يعتني بنا، ويطلب من النبي أن يصلي لعباد الله. كمايأمر النبي (النموذج الأخلاقي للنبي).

خاتمة:

جميعالمخلوقات تطيع دين الله، وبالتالي فهي مسلمة (فطرية)، باستثناءالبشر الذين لديهم الخيار في طاعة دين الله أو عدم طاعته. الدين يعنيالقوانين التي وضعها الله، ولكن في القرآن الكريم، تم تطبيق كلمة " الدين" مرة واحدة على قوانين الدولة أيضاً (في سورة يوسف، تعني قوانين الدولة). ملك يوم الدين: يعني اليوم الذي يعتني فيه النظام الإلهي بقضايا الناسويعاقب المجرمين للقانون ويعطي مكافآت جيدة للأشخاص الملتزمينبالقانون. المؤمن: هو الشخص الذي يؤمن بالقوانين الغيبية والإلهيةولكنه قد لا يكون منفذاً كاملاً لها (دينياً). الإسلام يعني الاستسلام للهوالقوانين الإلهية، وأن تكون مسلماً هو شخص يقبل ويلتزم بالوصايا الإلهيةبشكل كامل. عدد المسلمين أقل بكثير من المؤمنين (القرآن). التسبيحيعني القيام بعمل إيجابي وتصحيحي لتقدم الذات والآخرين. جميع المخلوقاتلديها تسبيح (تكويني)، لكن التسبيح البشري اختياري تطوري. الصلاة:توجه القلب إلى الله والتوجه إليه للهداية إلى الطريق المستقيم (التوازنفي كل الأمور)، إذن هناك دين واحد وهو اتباع الوصايا الإلهية والعيشوفقها.

لقدنقلت الشريعة إلى البشر عن طريق الأنبياء، وآخرهم من أكمل وصايا الله هو النبي الأعظم الإسلام. كل المخلوقات (من النباتات والطيور والحيوانات،إلخ) تتبع دينها الخاص الذي يجب أن تتبعه ولا تستطيع مخالفته(المسجل في الحمض النووي)؛ الأشياء لها قوانينها الفيزيائئية والرياضيةالتي تحكم وجودها وحركاتها. أولئك الذين يفكرون ويتصرفون بأخلاق يطُلق عليهم المسلمون، بغض النظر عن نوع الشريعة التي يتبعونها (شريعةغير دينية، بوذية، يهودية، مسيحية، أو محمدية).

الحجرات13/49: يا أيها الناس إنا خلقناكم من ذكر وأنثى وجعلناكم شعوباوقبائئل لتعارفوا إن أكرمكم عند الله أتقاكم إن الله عليم خبير والتقي من يملك غضبه ويحسن خلقه لنفسه وللآخرين ويجتهد في إصلاح نفسه ومجتمعه إن استطاع (التسبيح).

ملخص:الإسلام هو دين كل الناس. وتنطبق الوصايا العشر على كل البشر.وكل من يعيش وفق أخلاقه فهو مسلم، ولكن الناس يتبعون شرائع مختلفةمثل اليهودية والمسيحية والمحمدية، وبعض الاختلافات فيها ترجع إلىالزمان والمكان ونوع الحضارة. وفي الوقت الحاضر، تحتاج قوانين الشريعةوالفقه إلى تغيير عاجل، أي أن تكون مستنيرة ثقافياً ومحلياً وحساسةومستجيبة.

الفصل الثاني:
القرآن الكريم وخلق الإنسان

في هذا الفصل، سعيت إلى تجميع رواية عن خلق الأرض والإنسان كما وردت في القرآن الكريم، لإلقاء الضوء على الجوانب العلمية الرائعة التي يحتويها. وأعتقد أن إحدى معجزات القرآن الكريم تكمن في تضمينه لآيات ومحتوى يتردد صداه في التخصصات الحديثة مثل الجيولوجيا والأحياء والفيزياء والرياضيات.

يخبرنا القرآن الكريم عن خلق الأرض وإعدادها لسكنى الإنسان على النحو التالي:

فصلت 10/41: فألقى عليها رواسي وبارك فيها وقدّر فيها أقواتها في أربعة أيام سواء لكل عابد.

تتم تقسيم عملية تحول الأرض إلى أربع فترات مميزة:

1. عصر يتميز بقصف النيازك، مما أدى إلى ترسب الهيدروكربونات والأحماض الدهنية، مما أدى إلى تغليف الأرض بتربة سوداء دهنية.

2. أدى التبريد التدريجي اللاحق لقشرة الأرض إلى بسبب اصطدامات المذنبات المحملة بالمياه - والتي يشار إليها باسم عصر الطين - والتي تشكلت خلالها الأحماض الأمينية والفوسفات النشطة، مما غطى سطح الأرض بالطين.

3. فترة تهيمن عليها السخانات المائية.

4. وأخيرا، جاء عصر المستنقعات الطينية وظهور الحياة في المناطق الراكدة، مياه ذات رائحة كريهة. وبعد هذا التحضير، بدأت الحياة.

التين 4/95: ولقد خلقنا الإنسان في أحسن تقويم.

تشيرهذه الآية إلى أن الظروف المثالية للحياة البشرية قد تم إعدادها في كل جانب - الأرض، والغلاف الجوي، والماء، والهواء، والنباتات والحيواناتكلها كانت مهيأة للبشرية.

الحجر15/26: ولقد خلقنا الإنسان من صلصال من حمأ مسنون.

الحج22/29: فإذا سويته ونفخت فيه من روحي فقعوا له ساجدين.

فبينمامنح الله البشرية هبة الحرية والسلطة والقدرة على الإبداع بغرس روحهفي صورة من الطين والطين، أمر الملائكة بخدمة البشرية. إلا أن الطبيعةالبشرية تميل إلى القسوة والجهل، كما ذكر في:

الأحزاب72/33: إنا عرضنا الأمانة على السماوات والأرض والجبال فأبينأن يحملنها وأشفقن منها وحملها الإنسان إنه كان ظلوما جهولا

إنهذا قد يشير إلى القسوة والجهل اللذين اتسم بهما الإنسان المنتصبالبدائي، الذي عاش حياة برية في أفريقيا قبل مئات الآلاف من السنين. ولعل هذا السلف للإنسان الحديث كان شديد القسوة والجهل، وهوشرط ضروري للبقاء في ذلك الوقت، بعيداً عن الكائن الأخلاقي الحكيمالذي سيظهر على مدى آلاف السنين. ومثله كمثل الحيوانات، كان الإنسانالمنتصب يسعى إلى القوت والدفاع والتكاثر، دون أن يقيده أي قيودأخلاقية، مدفوعاً بغرائزه الأساسية (كما استنتج من سورة يوسف 12/ 53)، وكان يعيش في الغابات ولكنه أظهر ذكاءً أعظم من الحيوانات الأخرى،وكان يركز فقط على جمع البذور والفواكه وصيد الحيوانات الصغيرة للحصولعلى الطعام وتجنب الافتراس.

بعدمئات الآلاف من السنين وظهور العديد من المجموعات البشرية في مختلف أنحاء العالم، مثل إنسان نياندرتال في المناطق الواقعة بين أوروباوآسيا والشرق الأوسط، وخاصة في جبال زاغروس في أفريقيا،

يعتقدالعلماء أن البشر استقروا في منطقة خرم آباد، التي تقع ضمن منطقة خرم آباد حيث تم اكتشاف آثار يعود تاريخها إلى 60 ألف عام، بعد هجرتهم من أفريقيا، قبل الانتقال إلى مناطق مختلفة مثل أوروبا والصين وإندونيسيا. ومنذ حوالي 70 ألف عام، بدأ الإنسان العاقل الحالي في الازدهار، وفي العشرة آلاف عام الماضية، أصبح جنسنا هو الممثل الوحيد للبشرية. كان حجم دماغ الإنسان العاقل المبكر، منذ حوالي 50 ألف عام، أكبرمن حجم دماغ الإنسان المعاصر، بسبب أسلوب الحياة المكتفي ذاتياً الذي يتضمن مجموعات صغيرة تعيش بشكل بدوي، وتبحث عن الطعام، وتصطادفي الغابات. كانوا يقضون ساعات يومياً في جمع الطعام من الأرض والشجيرات والأشجار، أو الصيد، قبل العودة إلى أسرهم للراحة. لا يعُرف على وجه التحديد بداية الوحدات العائلية. وفقاً للمعايير الحديثة، عاش البشر الأوائل حياة نشطة ومتحركة، واستهلكوا نظاماً غذائياً متنوعاً من البذور والفواكه والخضروات وكميات صغيرة من اللحوم، والتي كانت صحية ومتواضعة في الكمية.

كانت أجسادهم أكثر قوة وصحة من أجساد الناس اليوم، وذلك بفضل غياب الاكتظاظ، والخلو من الأمراض الميكروبية والفيروسية المعدية، ونقص الممتلكات، وبالتالي الخلو من الحسد والأمراض العقلية. في ذلك الوقت، لم يتجاوز عدد سكان العالم من البشر خمسة ملايين. منذ حوالي 12000 عام، اختار البشر مغادرة جناتهم البدوية للانخراط في الزراعة والعيش الجماعي في بلاد ما بين النهرين وغرب إيران. بعد اكتشاف القمح، كرسوا أنفسهم لزراعته وتحسينه، وانتقلوا من الكفاف القائم على الغابات والصيدإلى الزراعة المستقرة. كان هذا التحول من نمط حياة الصيد والجمع إلى الزراعة بمثابة تطور كبير في المجتمع البشري، على الرغم من إدخال تحديات جديدة مثل التغييرات الغذائية وزيادة قابلية الإصابة بالأمراض.

كان اختراع الكلام تقدماً محورياً للإنسان العاقل، حيث سهلّ التواصل والتعاون والتفكير الجماعي وتكوين مجتمعات ناجحة.

لقدأدى التطور إلى انتقال البشر من سكان الغابات المنعزلين، الذين يهتمونفقط بالقوت اليومي، إلى مجتمعات زراعية ذات تفكير تقدمي واهتماماتبشأن المؤن السنوية لأفراد الأسرة، مما أدى إلى تقديم مجموعةجديدة من الضغوط المتأصلة في نمط الحياة هذا.

لقدجلبت عملية التحضر معها مجموعة من المعضلات الأخلاقية والابتعادعن حالة الوجود المثالية التي كان يتمتع بها الإنسان في السابق. إنآدم الذي صوره القرآن هو إنسان عاقل ظهر بعد العصر الجليدي في بلاد مابين النهرين، وانتقل من حياة صحية خالية من الإجهاد في البرية إلى المهامالشاقة المتمثلة في الزراعة ورعي الماشية. وقد اختاره الله نبياً ليقود ويرشدالمزارعين والرعاة في عصره، وربما منحه الحكمة الإلهية من خلال تعليمهالأسماء والصفات، وتعزيز التطور الأخلاقي والإبداعي، ومنه انحدر أنبياءآخرون مثل نوح وإبراهيم.

وعنغاية خلق الإنسان، يصفها عبد الكريم سروش، الفيلسوف الإيراني المسلم،في خطاب متاح على قناة تسمى التنوير على اليوتيوب، على النحو التالي:"يعتقد الفلاسفة والعلماء الأشعريون أن الله ليس له غاية في أفعاله. ويتفقالعلامة الطباطبائي في تفسير الميزان أيضاً مع الرأي القائل بأن أفعالالله لا تسببها النية. نحن البشر لدينا غاية، لكن الخلق بلا هدف. ويعتبرالسيد سروش هذا الاستنتاج أحد أكثر الأقوال الفلسفية نضجاً، فخلقالله فني وفوار وفير وليس فكرياً ومدروساً، كما قيل في نهج البلاغة أنالله عديم التفكير. يقول الله لقد خلقت الجن والإنس ليعبدوني، وعندما لميفعلوا ذلك، بدلاً من قبول فشل الله، قيل إن هذه العبادة افتراضية وليستحقيقية، أو لإعطاء معنى آخر، يقول البعض إن معنى الجن والإنس هوالمؤمنون وليس كفارهم، لأن الله "وعلموا أنهم لا يعبدون، ويرى الزمخشريفي تفسير الكشاف أن الله قال: ما خلقت الناس حتى يعبدوني طوعاً،فإن عبدوني طوعاً، فإن عبدوني طوعاً، وإن ...

"إن لم تفعل فلا إشكال، والأشاعرة والمعتزلة يثيرون مسألة القدر والاختيار".

وفي حديث آخر على نفس القناة يقول سروش: "إن الله يملك كل شيء وليس له غاية في الخلق، ويعتقد الفلاسفة أن الله ينبوع يغلي، يغلي ويخلق ويتدفق من الحب الفائض، وليس من أجل أي شيء وبسبب لا شيء، وليس لله غاية في أفعاله، والله ليس فاعلاً بالنية، بل فاعلاً بالظهور، وكل ما يسكبه فهو جميل، وتجليات الله مخلوقات".

ويتفق الدكتور حسين إلهي قمشيي أيضاً مع الدكتور سروش في هذا الأمر، ويعتقد على قناة الدكتور قمشيي على اليوتيوب (ماندكار) أن: "الله لم يكن له غرض من خلق الإنسان، لأنه إذا كان هناك سبب، فهو بحاجة إلى هذا السبب، وسيكون لله غرض من الخلق". لم يحدد الخلق، فهو لا يحتاج. جوهر الله هو النعمة والكرم والمغفرة.

ولكن على عكس رأي هؤلاء السادة، ووفقاً لعدة آيات في القرآن الكريم، فإن الله له غاية في خلق الإنسان:

المؤمنون 115/23: أفحسبتم أنما خلقناكم عبثاً؟ أي لم تخلقوا عبثاً، بل إن في خلقكم غاية إيجابية.

الحجر 29/15: فَإِذَا صَحَّتْهُ وَنَفَخْتُ فِيهِ مِنْ رُوحِي فَاسجُدُوا لَهُ.

السعد 72/38: فإذا أمرته ونفخت فيه من روحي فقعوا له ساجدين. (كونوا في خدمة نموه وتكامله).

الذاريات 56/51: {وَمَا خَلَقْنَا الجِنَّ وَالإِنسَ إِلَّا لِيَعْبُدُونَ}.

البقرة 30/2: قال الله للملائكة: (إني جاعل في الأرض خليفة) أي: إني أضع لنفسي عبداً وخليفةً في الأرض، وعليكم أنتم الملائكة أن تساعدوه على النجاح في مهمته، وهي عبودية الله وخلافته في الوصول إلى الكمال في ذاته ومحيطه.

البقرة 31/2: وبدأ تعليم آدم بأسمائه وصفاته.

ولذلك خلق الله الإنسان حين هيأ له أفضل الظروف المعيشية على هذه الأرض، فنفخ فيه من روحه (الحجر 29/15، ص 38/72) وجعل في فطرته القدرة على بلوغ الكمال، وأعطاه حرية الإرادة وحرية التصرف في واجب كونه عبداً له. ولأن حرية التصرف عند الإنسان غير المتعلم قد تؤدي إلى الضلال والفساد، فقد نصب الله أنبياء وقديسين ومعلمين صالحين ومعهم كتب التوراة والإنجيل والقرآن ليهدوا الناس كالبشير والناظر والهادي إلى الطريق المستقيم، ليعيشوا حياة فردية واجتماعية متوازنة، ويحققوا الكمال نحو غايتهم النهائية، وهي العودة إليه.

من المحتمل أن الأنبياء الإلهيين هم من جيل النبي آدم الذي عاش قبل حوالي عشرة آلاف سنة، ولا ينبغي الخلط بينهم وبين الإنسان الأول الذي خلق قبل ملايين السنين.

آل عمران 33/3: إن الله اصطفى آدم ونوحاً وآل إبراهيم وآل عمران لهداية الناس في العالم.

الأعراف 172/7: واختار الله جماعة من ذرية آدم فاستشهدوا عليهم.

اختار الله أفراداً من أجيال النبي آدم وذرية نوح (بعد النبي آدم بـ 400 عام)

يخدمونكنبياء، كما هو موصوف في العهد القديم. كان لآدم ثلاثة أبناء: هابيل،قابيل، وشيث. يعُرف النبي نوح بأنه الجيل الثامن المنحدر من شيث.والجدير بالذكر أن نوح لم يكن لديه سوى حفيدتين، مما يعني أن النسلالمختار ينتقل عبر الجين الأنثوي. قتُل هابيل، الراعي، على يد شقيقهقابيل، المزارع، بدافع الغيرة - وهو صراع له دلالات دينية.

السعد47/38: واذكر عبادنا إبراهيم وإسحاق ويعقوب أولي القوة والأبصار،إنا اخترناهم خالصة ذكر الدار.

وبعدالعهد الأول (اليوم الأخير) مع ذرية آدم، تم منح الهداية الإلهية من خلالالوحي المتنوع: الوصايا السبع لنوح، ومزامير داود، والوصايا العشر والتوراةالتي أعطيت لموسى، والتلمود للأنبياء، والذي بلغ ذروته في الإنجيللعيسى. وقد أوحي القرآن إلى محمد منذ أكثر من 23 عاماً، موفراً تفاصيلشاملة تناسب العصر والظروف.

كانتمهمة الأنبياء هي غرس الإيمان بالإله الواحد، ونقل مبادئ الحياة الأخلاقية،والتأكيد على مفهوم يوم القيامة - عندما يتم مقابلة الأعمال في هذهالحياة بالمكافآت أو العقوبات المستحقة.

ويوضحالقرآن الكريم دور البشر كخدم وخلفاء لله، فيقترح أن الأفراد، اعتماداًعلى تطورهم الأخلاقي والعلمي والاجتماعي والاقتصادي، قد يرتقون إلىأدوار مهمة مثل الأنبياء والقديسين والفلاسفة والمعلمين وغيرهم من المناصبالمؤثرة. ويهدف هذا التصنيف إلى تمكين الأفراد من تحقيق الحريةالشخصية والأمن والصحة والرفاهية والسعادة من خلال الالتزام بالتوجيهالإلهي، وبالتالي العمل كوكلاء لله على الأرض (الفتح 10/48).

ولكن الإنسان يواجه في كثير من الأحيان تحدي التنقل بين البر والخطيئة،تحت تأثير عوامل مختلفة مثل الأنا والإرادة الحرة والضغوط المجتمعية.والهدف النهائي هو توجيه الأفراد نحو التقوى والأخلاق، وضمان مساهمتهم بشكل إيجابي في المجتمع والبيئة، تحسباً للموافقة الإلهية والحياة الآخرة المواتية (الفجر 27-30/89).

لقد صمم الله الكون ليعمل وفقاً لقوانين محددة، مثل الجاذبية، التي تحكم الأجرام السماوية مثل الشمس والقمر. وبالمثل، يُمنح البشر الإرادة الحرة،مما يسمح لهم باختيار مساراتهم. هل يجب أن تتوافق هذه الاختيارات مع القوانين الإلهية، يساعد الكون في تحقيقها، مما يعزز المكافآت الروحية والدنيوية لمثل هذه الأفعال؟ يعالج هذا الإطار مسألة الإذن الإلهي للأفعال الخاطئة، مؤكداً على أهمية التعليم والتقوى والخوف من العقاب الإلهي كرادع للخطيئة. ومن الجدير بالذكر أنه في حين يتم تضخيم مكافآت الأعمال الصالحة، فإن العقوبات على التجاوزات مدروسة وعادلة،تعكس الإجراءات المتخذة.

من المهم أن ندرك أن الكائنات التي تفتقر إلى الإرادة الحرة، من النباتات إلى الحيوانات، تسعى بطبيعتها إلى الكمال، وهي سمة مشفرة في طبيعتها.ويتجلى هذا الدافع الغريزي في العملية الطبيعية للنضج، وسلوكيات التزاوج لدى الحيوانات، ورحلة الأنهار إلى البحر.

الفتح 10/48: تسلط الضوء على الفعل الرمزي المتمثل في بيعة النبي باعتبارها عهداً لله، وتوضح الدعم الإلهي لمن آمن واتبع تعاليم القرآن والنبي.وتدل هذه الرابطة على توجيه الله نحو تحقيق الأهداف النبيلة، ووضع الأعمال الصالحة كامتدادات للإرادة الإلهية على الأرض.

محمد 7/47: "يا أيها الذين آمنوا إن تنصروا الله ينصركم ويثبت أقدامكم".

إن نصر الله يعني السعي إلى تحقيق الكمال للنفس وللخلق.

محمد17:47: والذين اهتدوا زادهم هدى وآتاهم صلاحا.

البقرة 261/2: «مثل الذين ينفقون أموالهم في سبيل الله كمثل حبة أنبتت سبع سنابل في كل سنبلة مائة حبة والله يضاعف أجرهم لمن يشاء والله واسع عليم» (وهذا إذا كان العمل قائماً على الإيمان والإخلاص، قاصداً الرضا الإلهي وليس الكسب الدنيوي كالشهرة أو المال).

الأنعام 160/6: «من جاء بالحسنة فله عشر أمثالها ومن جاء بالسيئة فلا يجزى إلا مثلها وهم لا يظلمون» (وهذا من الرحمة الإلهية والعدل الحكيم)
.

إن ارتكاب الأفعال المخالفة للعرف والعقل والدين يوجب العدل الإلهي، ويترتب عليه العقاب في الدنيا والآخرة، ويختلف ذلك باختلاف نوع الذنب، ولكن إذا ندم الإنسان على ذنبه ورجع إلى الصواب، فإن الله يهديه ويغفر له ذنوبه، بشرط ألا يعود إليها (مع التأكيد على المغفرة والتوبة).

محمد5/47: «ويهديهم ويصلح بالهم» (المجتمع الذي يدافع عن حقوقه ينال من الله عوناً وصلاحاً).

البقرة 62/2: «الذين آمنوا وعملوا الصالحات لهم أجرهم عند ربهم».

النحل 90/16: {إِنَّ اللَّهَ يَأْمُرُ بِالْعَدْلِ وَالْإِحْسَانِ...} (هذه الآية تتحدث عن تعزيز العدل والإحسان في الأمور الاجتماعية).

أ-الشورى 38/42: "والذين استجابوا لربهم، وأقاموا الصلاة، وأمرهم شورى‌بينهم، ومما رزقناهم ينفقون". (العدل والأخلاق من أهم المبادئ، إلى‌جانب العادات الاجتماعية الرشيدة والشورى).

آل‌عمران 110/3: {كنتم خير أمة أخرجت للناس تأمرون بالمعروف وتنهون‌عن المنكر وتؤمنون بالله} (وهذا يعني الالتزام بقواعد المجتمع أخلاقياً‌وقانونياً، والأمر بالمعروف والنهي عن المنكر).

في‌زمن النبي، عندما كانت القوانين المدنية القائمة على العادات الاجتماعية‌والعقل غائبة وكان المجتمع يحكمه طقوس قبلية عربية بدائية،كان الأمر بتشجيع الخير ومنع الشر من الأمور الإلهية. وقد انطوى هذا‌في بعض الأحيان على نسخ آيات أو تعديلات أو تغييرات في القوانين من‌قبل النبي، لضمان توافقها مع العادات الاجتماعية العقلانية والأخلاق والعدالة.وفي العصر الحديث، تبنت أغلب المجتمعات المتقدمة أنظمة القوانين‌المدنية الديمقراطية الليبرالية، والتي غالباً ما تستند إلى التعاليم اليهودية‌المسيحية، واستبدلت المسؤولية الفردية عن تشجيع الخير ومنع الشر‌بأطر قانونية.

التغابن9/64: "الذين آمنوا بالله وعملوا الصالحات يغفر لهم ذنوبهم ويدخلهم‌جنات تجري من تحتها الأنهار".

ونأمل‌أن ينال كل فرد، بإيمانه بالله الواحد وعمله الصالح، الجنة موطنه الأبدي.

الحجرات13/49: "يا أيها الناس إنا خلقناكم من ذكر وأنثى وجعلناكم شعوباوقبائل‌ل لتعارفوا إن أكرمكم عند الله أتقاكم إن الله عليم خبير".

يهدف الله إلى أن يصبح كل شخص قادر مسؤولاً ومجتهداً وصادقاً وواسع المعرفة وحكيماً وعادلاً، يدير شؤونه الشخصية والاجتماعية بأفضل طريقة ممكنة كعبد (عبد) وخليفة (خليفة) ويده لله على الأرض. بالإضافة إلى الأنبياء المعروفين والمعلمين الأخلاقيين، هناك أفراد يتمتعون بمواهب ومعرفة وهبها الله تتجاوز ما يتم تعلمه تقليدياً في المدارس والجامعات. هذه المواهب ضرورية للتقدم البشري السريع والارتقاء، بما يتماشى مع أهداف الله. لقد أثرت العلوم الحديثة والتقدم الاجتماعي من خلال مجالات مختلفة مثل الرياضيات والفيزياء والكيمياء والطب والاقتصاد، ومن خلال مساهمات أفراد بارزين مثل لويس باستور وإدوارد جينر وماري كوري وإسحاق نيوتن وتشارلز داروين وستيفن هوكينج وهينريش هيرتز وألبرت أينشتاين والعديد من الممولين ومؤسسي التمويل الدولي وسوق الأوراق المالية وبيل جيتس وستيف جوبز وإيلون ماسك وغيرهم. لقد أحدث هؤلاء المبتكرون تأثيراً كبيراً على البشرية في مختلف القطاعات، بما في ذلك التمويل والتكنولوجيا والعلوم.

والسؤال الذي يطرح نفسه الآن: لماذا لا يكون أي من هؤلاء الأفراد الذين أحدثوا تحولات في حياة البشر مسلمين بالاسم والأصل؟ فوفقاً للتعاليم الإسلامية، فإن الله يقدر الأعمال على الأسماء. والشخص الذي يؤدي الصلاة بجدية ولكنه لا يخدم الآخرين قد يعتبر أقل إسلاماً من شخص يساهم بشكل كبير في خدمة الإنسانية دون أداء الصلاة، كما حدث من خلال اكتشاف لقاح شلل الأطفال.

ويؤكد الله أن البشر لم يخلقوا عبثاً (السجدة 7/32)، بل ليؤدوا واجب العبودية (الذاريات 56/51)، وفضل بعض الأفراد على غيرهم ليس فقط ليكونوا عبيداً بل خلفاء له في الأرض (الأنعام 165/6). ولا يكلف الله نفساً إلا وسعها (البقرة 286/2).

إن التطور الأخلاقي والمهني للفرد المتدين يبدأ حتى قبل الولادة، حيث يعمل الآباء على تهيئة بيئة هادئة، وتوفير التغذية السليمة، وضمان النوم الكافي، وتربية الطفل تربية حكيمة. ومن الأهمية بمكان أن ندرك أن ليس كل الأطفال مقدر لهم أن يصبحوا أطباء أو مهندسين؛ فالمجتمع يزدهر بوجود مجموعة متنوعة من المهنيين الذين يساهمون في تشكيله. وكثيراً ما تعمل المدارس كمنصة أولية للاعتراف بالمواهب الاستثنائية التي يتمتع بها الطفل، والتي يتم رعايتها بشكل أكبر من خلال المعلمين المهتمين، والكتب التثقيفية، والمشاركة المجتمعية، وعلاقات العمل الهادفة. ويتم تشجيع الأفراد على إيجاد الطريقة الأكثر إفادة للنهوض بمجتمعهم ـ سواء كان ذلك اقتصادياً أو ثقافياً أو علمياً أو سياسياً أو دينياً ـ والعمل كيد الله وخادمه، وطوال حياتهم.

يجب أن نفهم أن خدمة المجتمع تُقدَّم نيابة عن الله وليس من أجل مكاسب شخصية. إن إدراك أن الله عليم بكل شيء، ويرى كل الأفعال، وأن العدالة الإلهية ستكافئ الإهمال والسرقة والرشوة والكسل وعدم الكفاءة وما إلى ذلك، يؤكد أهمية النزاهة في مساعي المرء.

إن "الخلفاء" المختارين والأفراد المتعلمين يتحملون مهمة أسمى من مجرد "خدم"، وذلك لأن التوقعات أعظم من تلك التي تعُلقَّ على أولئك الذين يعُطون الكثير. وهذا صحيح بشكل خاص إذا أظهروا الإهمال أو الكسل أو العناد أو التهرب من مسؤوليتهم في مساعدة الآخرين أو الانخراط في الرشوة أو تضليل الناس أو التسبب في ضرر للإنسان أو الكائنات الأخرى أو البيئة (بما في ذلك الهواء والماء والتربة والنباتات والحيوانات).

يجب على الأفراد أن يكونوا منتبهين لأفعالهم وسلوكياتهم، بدءاً من العناية بالبيئة وتجنب التلوث إلى علاقاتهم بأنفسهم ومجتمعاتهم (بدءاً من وحدة الأسرة الحميمة إلى المجتمع العالمي)، ومع الله تعالى. ولتوجيه عباده باستمرار، أمر الله بالتواصل معه خمس مرات في اليوم من خلال الصلاة في أوقات مختلفة. هذه اللحظات من التأمل والتأمل الهادئ هي فرص لـ

إن التفكير في الاختيارات الأخيرة التي ربما كانت أقل من المثالية، والتعرف على مجالات التحسين، وتصحيح الأخطاء مع طلب المغفرة من الله مع الوعد بتجنب الزلات الأخلاقية في المستقبل، مع العلم أن الله يقبل ويغفر. ومن المفيد أيضاً قضاء وقت هادئ بمفردك في الليل، والتأمل في أفعال الماضي بقصد تصحيح أي أخطاء (الإسراء 79/17).

يقول الله إن كل عمل سيئ يعاقب عليه بقدر عمله، ولكن العمل الصالح قد يجازى عليه بعشرة أضعاف أو سبعمائة ضعف. ويرجع هذا التفاوت إلى أن الأعمال الخاطئة كثيراً ما ترتكب بشكل مستقل، مدفوعة بالأنا أو الضغوط المجتمعية أو التأثيرات السلبية، في حين أن الأعمال الصالحة تدعمها الكون والملائكة والأنظمة الدنيوية ومبادئ الفعل ورد الفعل، وبالتالي تتضاعف فائدتها وتكافئ صاحبها على تأثيرها الإيجابي.

وبالإضافة إلى الصلاة، التي تؤسس لاتصال مباشر مع الله، يُنظر إلى إعطاء الزكاة ـ وهي ضريبة بنسبة 2.5% من دخل الفرد لدعم المجتمع الإسلامي ـ على أنها شكل من أشكال العبادة، أكثر جدارة بالثناء من الصدقة العامة، وتهدف إلى مساعدة الفقراء.

لقد وضع الله المسلمين في مرتبة "الأمة الوسطى" التي تضرب المثل في التوازن في كل جوانب الحياة، لتكون قدوة للآخرين. ولكن في القرون الأخيرة لم تكن أفعالنا تجسد هذا التوازن، ولم نكن قدوة حسنة. ويبدو أن انحرافنا عن مسار الاعتدال وتظاهرنا بالتقوى ـ على غرار ما حدث لبعض الجماعات في المدينة في عهد الرسول، والتي انتقدها القرآن على أفعالها ـ جعل أمتنا تكافح من أجل الارتقاء إلى مستوى هذا المثل. إن القرب الحقيقي من الله يتطلب الإيمان الصادق والقيام بالأعمال الصالحة.

الفتح 29/48: يصف أتباع محمد بأنهم ثابتون على الباطل، طيبون مع بعضهم البعض، متواضعون، خاضعون، ومخلصون لخدمة الله والإنسانية، كما تنبأت التوراة والإنجيل عن تلاميذ موسى.

والسؤال الآن هو ما إذا كنا نجسد هذه الفضائل في تعاملاتنا وأفعالنا أم أن أفعالنا مشوبة بالكذب بدلاً من النزاهة.

إن قوانين خلق الله وعنايته ثابتة لا تتغير، وتتوافق مع نظام السبب والنتيجة والعدالة، وتحكمها صيغ لا تتغير (جف القلم). وقد ظلت هذه القوانين ثابتة، باستثناءات فقط في حالات نادرة وضرورية عبر التاريخ البشري بإرادة الله، مثل المعجزات المنسوبة إلى الأنبياء نوح وموسى وعيسى. ووفقاً لهذه القوانين الإلهية، تحدث التغيرات الجسدية والتطورية في المخلوقات تدريجياً على مدى ملايين السنين. لقد خلق الله البشر أحراراً ومفكرين ومجتهدين، وهبهم روحه والقدرة على الإبداع. ومن خلال إرادة الله والإيمان والعقل والجهد والمعرفة المكتسبة والعدالة والتقوى، يطمح البشر إلى تحسين الحياة لجميع الكائنات. ويمكن لأفعالهم تسريع العمليات التطورية بشكل كبير، مما يسمح للجميع بالاستفادة من حكمتهم ومعرفتهم واختراعاتهم. لقد تم تحقيق الاكتشافات والاختراعات التي عززت صحة الإنسان وثروته وطول عمره وراحته، مثل فهم مسببات الأمراض وعلاجات السرطان والتعديلات الجينية في الزراعة، في فترات قصيرة، مما يدل على دور البشرية كخدام وخلفاء لله على الأرض. وبينما ساهم المسلمون في العلوم، فإن التحدي الآن يتضمن فهم واستخدام التقنيات المتقدمة مثل الهواتف الذكية والذكاء الاصطناعي.

وفي اللحظة المثالية لاستعداد الأرض، نفخ الله روحه في البشر، وهبهم العقل والقدرة على تعلم الصفات الإلهية والتقوى. وهب الله ذرية النبي آدم العقل والحكمة، وحثهم على تحمل مسؤوليات عبوديته وخلافته (يوم الاستخلاف). ويعين الله هؤلاء الأفراد في مساعيهم من أجل الخير والمصلحة العامة، كما أشار إلى ذلك سورة الفتح 10/48، "... إن يد الله هي التي تهدينا إلى ما فيه خيرنا وصالحنا".

فوق أيديهم..." يهديهم إلى الكمال والرجوع النهائي إليه بالروح.

الفصل3:
الفطرةالبشرية حسب ما جاء في القرآن الكريم

القرآنالكريم

يصفالتقليد الإسلامي رحلة الروح عبر ثلاث مراحل. المرحلة الأولى والأدنىهي**النفس الأمّارة**(النفس الأمارة بالسوء، وقد أبرزت قصة النبي يوسفعليه السلام:

"إن النفس لأمارة بالسوء إلا من رحم ربي" (يوسف 53/12).

تتميزهذه المرحلة بميل الروح إلى الاستسلام للرغبات الدنيئة والإغراءاتالشيطانية.

المرحلةالقادمة**النفس اللوامة**الضمير هو الذي يوبخ الإنسان على أفعالهالخاطئة، وهذا الضمير الذي يوبخ الإنسان على نفسه يتوافق مع فطرته،فيعمل كحارس للعقل من خلال تشجيعه على التأمل وضبط النفس،وبالتالي تقوية عزمه على الآخرة.

أعلىمستوى من النضج الروحي هو**النفس المطمئنة**(النفس المطمئنة،حيث يجد الفرد الرضا والقناعة في الرضا الإلهي.

وفيهذه المرحلة يقول تعالى: ﴿يَا أَيَّتُهَا النَّفْسُ الْمُطْمَئِنَّةُ ارْجِعِي إِلَىٰ رَبِّكِ رَاضِيَةً مَرْضِيَّةً﴾ [الفجر: 27-28/89]، وهؤلاء يعتمدون على الله، ولا يندبونعلى ما أصابهم من بلاء.

وتعترفسورة الأحزاب 72/33 بالقسوة والجهل المتأصلين في الإنسان،بينما تؤكد سورة يوسف 53/12 ميل النفس إلى الخطأ، إلا من رحمالله، مؤكدة على طبيعته الغفورة والرحيمة.

العصر2-3/103: "إن البشرية لفي خسر إلا الذين آمنوا وعملوا الصالحاتوتواصوا بالحق وتواصوا بالصبر".

الأعراف172/7: "وإذ أخذ ربك من بني آدم من ظهورهم ذريتهم وأشهدهمعلى أنفسهم ألست بربكم قالوا بلى شهدنا أن تقولوا يوم القيامة إناكنا عن هذا غافلين"

الروم30:30: "فأقم دينك دين التوحيد شريعة الله التي فطر الناس عليهالا تبديل لخلق الله ذلك الدين الباقي ولكن أكثر الناس لا يعلمون"

لقدخلق الله تعالى الإنسان ليكون أفضل مخلوقاته، ومنحه الإرادة الحرةوالقدرة على الاختيار والقدرة على أن يكون خادمه وخليفته، وغرس في الإنسان روحه، ومنحه مهارات التواصل والذكاء والحكمة. ومن خلال المعرفةالإلهية المنقولة عن طريق الأنبياء والحكمة العملية، يقع على عاتق الإنسانمهمة الارتقاء بروحه وتحسين الظروف المجتمعية، بهدف تحقيق السعادةفي الدنيا والآخرة.

لقداختار الله مجموعة من نسل آدم (وأنا أؤمن بأن آدم هو النبي بعد العصرالجليدي، وليس أول إنسان تم خلقه كأمثلة، وتعهد لهم بتنفيذ وصاياهعلى الأرض، وبالتالي تعزيز تطور طبيعتهم الحيوانية من خلال الطاعة.

الشمس8/91: {ثم ألهمها فجورها وصلاحها}

إنالبشر يدركون غريزياً عدم أخلاقية الأفعال مثل الكذب والخيانة والسرقة،وفضائل العدل والطهارة والإحسان. وهذا الفهم الفطري للخير والشرهو إلهام إلهي في الطبيعة البشرية.

في حين أن المخلوقات تتبع غرائزها، فإن البشر يسترشدون بالفكر والمنطق،مستوحين من الله لفهم الحدود الأخلاقية التي لا ينبغي تجاوزها.

الشهوانيةوالنفس الأمارة

يوسف53/12: وما أبرئ نفسي إن النفس لأمارة بالسوء إلا ما رحم ربي إن ربي لغفور رحيم

تمثلالشهوانية الحالة الخام للإنسان، والتي تحركها غرائز البقاء، والتي تتطلبالتوجيه من الأسرة والمجتمع والدين والتعاليم الأخلاقية. وبما أن الرغبةالبدائية في الصراع موجودة حتى في النباتات والحيوانات من أجل البقاء(غريزة القتال والهروب)، فيجب على البشر أن يتعلموا كيفية صقل هذهالغرائز من خلال التعليم والتطور الأخلاقي.

المنافقون6/63: "سواء عليهم أستغفرت لهم أم لم تستغفر لهم فلن يغفرالله لهم إن الله لا يهدي القوم الفاسقين".

سورةالتوبة 80/9: {استغفر لهم أو لا تستغفر إن تستغفر لهم سبعين مرةفلن يغفر الله لهم ذلك بأنهم كفروا بالله ورسوله والله لا يهدي القوم الفاسقين}.

فيسقفي هذه الآية، يشير إلى فعل كسر القانون الإلهي وتجاوز الحدودالأخلاقية، في حين يتميز "أُولُو الألباب" (أهل الفهم) بتقواهم (السيطرةعلى أنانيتهم من خلال الوعي بالله)، والحفاظ عليها ضمن حدود اللهالمقررة.

تتضمنالمبادئ الأخلاقية اللازمة للسيطرة على الأنا العدالة والشجاعة والتسامحوالإخلاص. عندما يستغل الشخص كل الصفات الفطرية التي وهبهاالله له من خلال اليقظة

إنالإنسان عندما يتأمل في هذه المبادئ ويعمل بها مع الالتزام بالمبادئ الأخلاقية،فإنه يتصرف ببصيرة وأخلاق. وهذا يؤدي إلى ضبط النفس، وتجنبالتجاوزات، وتنمية الصفات الأخلاقية مثل اللباقة، والاعتدال، والصدق،والأمانة، والكرم، والحماسة، والثبات، والعفة، والتقوى، والتعاطف،والشجاعة، والمرح، والتسامح، والصبر، والوداعة، والمرونة، والإخلاص،والموثوقية، والولاء. في هذه المرحلة، يجسد الإنسان حقاً دور خادمالله، ويتقدم على طريق الخلق والكمال.

توبيخالروح (الأخلاق)

القيامة75/2: {ولا أقسم بالنفس اللوامة}

إنالضمير هو الدليل والمعلم والشرطي الداخلي للإنسان، الذي يحذره ويوبخهعلى ارتكاب الأخطاء، والحكمة هي التي ترشد هذه النفس التي تلومه،والتي رغم أنها قد تخطئ في بعض الأحيان إلا أنها ضرورية للنمو الأخلاقي.وفي هذه المرحلة يتعلم الإنسان الأخلاق، مستخدماً العقل والضميروالتوجيه من القرآن والسنة والتعاليم الأخلاقية للأنبياء والآباء وقادةالمجتمع، ليتصرف بحكمة.

ويرىصدر المتألهين أن التطور البشري يتضمن التقدم من مجرد الشعورإلى التحليل العقلاني التفصيلي، والتمييز بين الأفعال الأخلاقية والمحرمة.وهذا التفكير هو المستوى الأولي للإنسانية، حيث يتقاطع الفكر والرغبة.والعقل، الذي يمثل أعلى قوة في البشر، يرفعهم فوق كل المخلوقات،ويمنحهم الخلافة الإلهية من خلال الحكمة والمعرفة.

البقرة269/2: {يؤتي الحكمة من يشاء ومن يؤت الحكمة فقد أوتي خيراكثيرا وما يتذكر إلا أولو الألباب}

إنالذين يتقون، ويهتدون بالحكمة التي وهبها الله لهم، والضمير النقي،يلتزمون بالعهود الإلهية، وهم قادرون على ضبط أنفسهم وبناء عقلانيتهمعلى المبادئ الأخلاقية.

الروحالواثقة (روحية)

إنأوامر القرآن الكريم تهدف إلى تحسين النفس البشرية وتنقيتها، وصولاًإلى التنوير الروحي. والنفس الواثقة هي بداية هذه الحالة الروحية، معالتوجيه نحو الوحدة مع الله ودخول الجنة، وهو ما يدل على الكمال المطلق.

الفجر27-30/89: "يا أيتها النفس المطمئنة ارجعي إلى ربك راضية مرضيةفادخلي في عبادي وادخلي جنتي"

الناجحهو من يطهر نفسه ويقوم بواجباته على أكمل وجه في حدود قدراته.

الشمس9-10/91: «إِنَّهُ مَنْ زَكَّاهُ فقَدَ أَفْلَحَ، ومَنَ أَقسْدَهَ فقَدَ خَرَبَ».

إنتطهير النفس من الشهوات الدنيوية يؤدي إلى الخلاص، ومواءمة الأعمالمع الإرادة الإلهية، والتي تتمثل في الخدمة والالتزام بأوامر الله.

الأنعام162/6: قلُ إِنّ صلَاتِي ونَسُكِّي ومَحَيَاي ومَمَاتي لِلَّهِ ربّ العَالَمَينَ.

إنهذه الآية تعكس الصفات الأخلاقية الرفيعة التي وصل إليها النبي محمد(ص)، حيث يصبح الإنسان خليفة وأحد أولياء الله، ويشعر بارتباط عميقبالله. وتتطور الصفات الفطرية للإنسان، المتأثرة بالروح، تدريجياً إلى صفاتأخلاقية.

ق16/50: ولقد خلقنا الإنسان ونعلم ما توسوس به نفسه ونحن أقرب إليهمن حبل الوريد

وهذايؤكد أن الإنسان الواعي القادر الحر يملك الاختيار بين النجاح والفشل،وذلك حسب علمه وقراراته وأفعاله.

النازعات40-41/ 79: {وأما من خاف مقام ربه ونهى النفس عن الهوى فإنالجنة هي المأوى}.

الأعلى14/87: {لقد أفلح من تزكى}.

تؤكدهذه الآيات أن الوصول إلى مقام خادم الله وخليفته في الأرض يحتاجإلى التفاني والفكر والعناية والعمل الجاد نحو الأهداف الإلهية، متجاوزاًالأهواء والملاحقات الأنانية.

إنسورة الفلق 1-5/113 وسورة الناس 1-6/114 هي أدعية للحماية منالشرور المختلفة، وتوضح اللجوء الشخصي والروحي إلى الله.

إنمسؤولية الإنسان تجاه الله تختلف باختلاف مراحل التطور الروحي، وتتأثربعوامل عديدة مثل ظروف الأسرة، والمال، والتعليم، والبيئة الاجتماعية،وما إلى ذلك. وهذا يثير تساؤلات حول مدى إمكانية تطبيق الآياتالقرآنية وتفسيرها عبر سياقات مختلفة، وما إذا كان الفقه الإسلامي قادراًعلى التكيف مع الحقائئق المعاصرة من خلال الاجتهاد.

يعبد(عبادات) يعُرفّ بأنه خدمة الخلق، حيث يكُلفّ البشر بخدمة الكائناتالأخرى، تجسيداً لوصاية الله على الأرض. ومع نضوج البشر ومواجهتهملتحديات دنيوية متنوعة، تصبح الحاجة إلى التوجيه والتعليم أكثرأهمية. تساعد الصلاة والدعاء (غرض مختلف عن الصلاة والتضرع في القرآن) في اتخاذ الخيارات الصحيحة.

"المؤمنون 115/ 23، والذاريات 56/ 51، والبقرة 286/ 2 يؤكدون علىغاية خلق الإنسان من عبادة الله، مع

اعتراف رحيم بالحدود البشرية، وتوسل منه للمساعدة الإلهية والمغفرة.

تسلط هذه التأملات الضوء على العلاقة الديناميكية بين الوصايا الإلهية والقدرة البشرية، مما يشير إلى أن الفهم والممارسات الدينية يجب أن تتطور لمعالجة تعقيدات الحياة الحديثة مع البقاء متجذرة في المبادئ الأساسية للإسلام.

الذاريات 51/56: وَمَا خَلَقْتُ الْجِنَّ وَالإِنسَ إِلَّا لِيَعْبُدُونِ.

البقرة 2/286: "لا يكلف الله نفسا إلا وسعها لها ما اكتسبت وعليها ما اكتسبت ربنا لا تؤاخذنا إن نسينا أو أخطأنا ربنا ولا تحمل علينا إصرا كما حملته على الذين من قبلنا ربنا ولا تحملنا ما لا طاقة لنا به واعف عنا واغفر لنا وارحمنا أنت مولانا فانصرنا على القوم الكافرين"

لقد خُلِقتَ البشرية لغرض ما، وليس بلا هدف، بل لخدمة الخليقة والمساهمة فيها بشكل إيجابي، كلٌّ حسب قدرته. يقدم هذا المقطع تفسيراً يتجاوز الأشكال التقليدية للعبادة. فهو يشير إلى أن نية الله في خدمة الإنسان ورعايته تمتد إلى تحسين الفهم البشري وجودة الحياة مع رعاية وحماية المخلوقات الأخرى مثل الأرض والمياه والهواء والنباتات والحياة البرية. تميل البلدان والشعوب التي تتبنى هذا النهج الشامل للعبادة - بما يتجاوز الممارسات الطقسية البحتة - إلى التمتع بحياة مادية وروحية أفضل كما نرى.

الأحزاب 33/72: "إنا عرضنا الأمانة على السماوات والأرض والجبال فأبين أن يحملنها وأشفقن منها وحملها الإنسان إنه كان ظلوما جهولا".

الروم30:30: "فأقم وجهك للدين حنيفا وفطرة الله التي فطر الناس عليها لا تبديل لخلق الله ذلك الدين القيم ولكن أكثر الناس لا يعلمون"

العبادة أو أداء العبادة، بالمعنى الأوسع عند جميع المسلمين، تشمل الذكر، والحمد، والصلاة، والاستغفار، والدعاء، والصيام، والزكاة، والحج.

وقد عرّف الخواجة عبد الله الأنصاري العبادة بأنها خدمة الناس، كما عرّقها السعدي بأنها "خدمة الناس"، مشيراً إلى أن العبادة تتجاوز الممارسات الطقسية، فهي تشمل الخدمة الفعلية والأعمال الصالحة، والاعتدال والعدل في الحياة من أجل إرضاء النفس والمخلوقات والله.

المؤمنون115/23: أفحسبتم أنما خلقناكم عبثا وأنكم إلينا لا ترجعون

الأنبياء16/21: وما خلقنا السماء والأرض وما بينهما لاعبين.

سورة الانشقاق 6/84: {يا أيها الإنسان إنك تجاهد إلى ربك جهدا فسوف تلقى لقاءه}.

إن هذا المنظور يؤكد على الجهد والاجتهاد المطلوبين في رحلة الحياة نحو الله، حيث أن الوعد بلقائه مشروط باجتهاد الإنسان واستقامته. وهو يتحدى الآراء التي تشكك في الغرض من خلق البشرية! ويؤكد أن تجارب الحياة وجهودها هي جزء من خطة إلهية تؤدي في النهاية إلى الكمال والوحدة مع الله.

الطبيعة البشرية (المزاج)

الأحزاب72/33: "إنا عرضنا الأمانة على السماوات والأرض والجبال فأبين أن يحملنها وأشفقن منها وحملها الإنسان إنه كان ظلوما جهولا".

يوسف53/12: وما أبرئ نفسي إن النفس لأمارة بالسوء إلا ما رحم ربي إن ربي لغفور رحيم

العصر2-3/103: "إن الإنسان لفي خسر إلا الذين آمنوا وعملوا الصالحات وتواصوا بالحق وتواصوا بالصبر".

الأعراف172/7 "وإذ أخذ ربك من بني آدم من ظهورهم ذريتهم وأشهدهم على أنفسهم ألست بربكم قالوا بلى شهدنا..."

الروم30:30: "فأقم وجهك للدين حنيفا فطرة الله التي فطر الناس عليها لا تبديل لخلق الله ذلك الدين القيم ولكن أكثر الناس لا يعلمون"

لقد خلق الله تعالى الإنسان أرقى مخلوقاته، حراً غير مقيد، يمتلك الإرادة وحق الاختيار، ليكون عبده وخليفته، بما يتماشى مع طبيعته. وهب الله الإنسان مهارات التواصل والمعرفة الإلهية والذكاء والعقل. ومن خلال اكتساب المعرفة الإلهية عن طريق الأنبياء والحكمة العملية، أصبح الإنسان مكلفاً برفع فطرته واختيار الطريق المستقيم، إلى السعادة في الدنيا والآخرة، وبالتالي تحسين الظروف المجتمعية.

مزاج وحالات الأنا

هناك ثلاث حالات للأنا: الشهوانية، وروح الخلاعة، والنفس الهادئة. تتبع الأفعال البشرية نمو الأنا، وتدرك الفلسفة الكامنة وراء بعض القواعد وما تحمله من خير وشر.

الشمس8/91 {وألهمها فجورها وتقواها}.

إنالبشر يدركون بطبيعتهم شرور الأفعال مثل الكذب والخيانة والسرقة،ويدركون أن العدالة والعفة والإحسان فضائل. وهذه التمييزات الأخلاقيةهي إلهامات إلهية في الطبيعة البشرية.

الشهوانية.الطبيعية، البدائية، الشهوانية (النفسالأمّارة)

يوسف53/12: وما أبرئ نفسي وإن النفس لأمارة بالسوء إلا ما رحم ربيإن ربي لغفور رحيم

تمثلالشهوانية الحالة الطبيعية للإنسان، والتي تحركها غرائز البقاء. ومعذلك، فإن هذه الحالة غير مهذبة وتتطلب التوجيه من مصادر مختلفة، بمافي ذلك الآباء والمعلمين والمجتمع والدين والأخلاق، وما إلى ذلك. الغريزةالبشرية الأولى للبقاء هي الصراع الذي يوجد أيضاً في النباتات والحيواناتكآلية ضرورية للبقاء.

المنافقون6/36: "سواء استغفرت لهم أم لم تستغفر لهم لن يغفر الله لهمإن الله لا يهدي القوم الفاسقين".

إنالتحكم في الأنا يستلزم الالتزام بالمبادئ الأخلاقية مثل العدل والشجاعةوالتسامح والإخلاص. وعندما تخضع هذه الصفات الإلهية والفطريةللعقل، تصبح الأفعال ذات أساس أخلاقي، مما يؤدي إلى تنمية الفضائلمثل الصدق والأمانة والصبر. وهذا يمكن الإنسان من خدمة الله حقأاوالتقدم نحو الخلق والكمال.

توبيخالنفس، توبيخ النفس، الأخلاق (نفس لوامة)

القيامة2/75: {ولا أقسم بالنفس اللوامة}

يعمل الضمير كمرشد داخلي يوبخ الفرد على أفعاله الخاطئة ويشجعه على السلوك الأخلاقي. وتتضمن هذه المرحلة تطبيق الأخلاق والعقل والتوجيه من الزعماء الدينيين والمجتمعيين.

يقول صدر المتألهين إن تطور العقل والأخلاق عند الإنسان يمكّنه من التمييز بين الأفعال المشروعة والمحرمة، وهذا يمثل المرحلة الأولى من حياة الإنسان، حيث يوجه العقل بين الشهوات والعقل، مما يؤدي إلى الخلافة الإلهية القائمة على المعرفة والحكمة.

يرى صدر المتألهين الشيرازي أن النفس البشرية توجد بين عالم العقل والرغبة، وتتطور من خلال قدرتها على تجسيد الصفات والأغراض الإلهية. ويؤكد هذا التوازن المعقد بين الوحي والعقل أن الدين عقلاني بطبيعته، ويعزز العلاقة مع الله من خلال أشكال مختلفة من العبادة والعبودية.

البقرة 269/2: {يؤتي الحكمة من يشاء ومن يؤت العلم والحكمة فقد أوتي خيرا كثيرا وما يتذكر إلا أولو الألباب}.

النفس المطمئنة والروحانية

إن أوامر القرآن الكريم تهدف إلى إصلاح الإنسان وتطهير نفسه، فالنفس المطمئنة هي بداية الحالة الروحية للإنسان، حيث يرشد الله النفس إلى أن تتحد به في الدنيا وتصعد إلى السماء، لتصل إلى الكمال المطلق.

الفجر 30/89-27: «يقال للنفس الصالحة يا أيتها النفس المطمئنة ارجعي إلى ربك راضية مرضية فادخلي في عبادي الصالحين ادخلي جنتي».

وقد قام مثل هذا الإنسان بواجبات العبودية والخلافة واليد اليمنى لله على أفضل ما تسمح به قدراته البدنية والروحية والعقلية والمالية.

الشمس 9-10/91: «قد أفلح من طهر نفسه، وقد خسر من أفسد نفسه».

الأنعام 162/6: قلْ إِنَّ صلَاتِي ونُسُكِي ومَحَيْاي ومَمَاتِي لِلَّهِ ربِّ العَالَمَينَ.

في هذه المرحلة يصبح الإنسان خليفة وأحد أولياء الله، ويشعر بحضور حميم مع الله، وتتطور خصائص الروح الطبيعية إلى صفات أخلاقية تسعى إلى محاكاة صفات الله.

ق 16/50: ولقد خلقنا الإنسان ونعلم ما توسوس به نفسه ونحن أقرب إليه من حبل الوريد

الإنسان الواعي والقادر والحر مسؤول عن خلاصه أو هلاكه، بناءً على قدرته وجهده في مواجهة تحديات الحياة.

النازعات 40-41/79: "وأما من خاف مقام ربه ونهيه النفس عن الهوى فإن الجنة هي المأوى".

الأعلى 14/87: {قد أفلح من تزكى}

إن التزكية وتحقيق دور خادم الله وخليفة الله في الأرض يتطلب التفاني والمعرفة والفكر والعمل الجاد نحو الأهداف الإلهية، وليس العبودية للأهواء الشخصية والرغبات الأنانية.

الفلق 1-5/113 والناس 1-6/114: أدعية للحماية من أشكال الشر المختلفة، وتوضح اللجوء الشخصي والروحي إلى الله.

إنمسؤوليات الإنسان تجاه الله قد تختلف باختلاف مراحل تطوره الروحيوالاجتماعي، متأثرة بعوامل عديدة مثل ظروف الأسرة، والمال، والتعليم،والإقامة، والسياق التاريخي. وهذا يثير تساؤلات حول مدى إمكانيةتطبيق الآيات القرآنية وتفسيرها في البيئات المعاصرة، وما إذا كانالفقه الإسلامي قادراً على التكيف مع الواقع الحديث من خلال الاجتهاد.

هليتوقع الله من المسلم المتدين في الدول الغربية نفس التوقعات التيتوقعها من صحابة النبي في مكة والمدينة، أو من المسلمين في مختلفالبلدان اليوم؟ هل يجب على الشريعة الإسلامية أن تتكيف مع السياقاتالثقافية والمادية والروحية؟ هل يمكن تفسير أعمال العبادة، مثل الصلاةوالصيام، بشكل مختلف مع بقائها مقبولة لدى الله؟ هذه الأسئلة تدعوإلى التروي والاجتهاد، وتتحدى فكرة أن التوجيهات الدينية والفقهية منالقرون الماضية غير قابلة للتغيير، خاصة بالنظر إلى أن حتى القوانين الإلهيةوالتقليدية كانت عرضة للنسخ والتعديل خلال عهد النبي محمد (ص) صلى الله عليه وسلم) مهمة.

الفصل الرابع:
عبادات

(عبودية الإنسان، خدمة الله بخدمة الجميع)

لقد وهب الله تعالى لكل مخلوق واجبات محددة، فغرس في جينات الكائنات الحية (الفطرية) سلوكياتها الطبيعية، التي لا يمكن أن تحيد عنها، إلا الإنسان. وبفضل هبة الحرية والعقل والمفردات والاختيارات، يقف الإنسان فوق المخلوقات الأخرى، وتكون عبادته (واجبه) أسمى. وباعتباره قمة الخلق وأعلى سلسلة الغذاء، فإن البشر من المفترض أن يخدموا المخلوقات الأخرى كما يخدموننا، فيعملون كيد الله على الأرض وكمنتجين. ومع تقدم العمر، ومع مواجهة المرء لاحتياجات وفرص دنيوية مختلفة، يصبح اختيار المسار الصحيح الذي يفيده على المدى الطويل أكثر صعوبة، ويتطلب المزيد من التوجيه والتعليم. إن الدعاء، الذي يمثل رغبات حياتنا، إذا تماشى مع صفات الله نحو تحسين الذات، سيساعدنا على الاختيار بحكمة، مع مساعدة قوى الطبيعة وتسهيل تحقيق رغباتنا بمرور الوقت من خلال الجهود المناسبة.

المؤمنون 23/115: أفحسبتم أنما خلقناكم عبثا وأنكم إلينا لا ترجعون

الذاريات 51/56: ﴿وَمَا خَلَقْتُ الْجِنَّ وَالْإِنسَ اِلَّا لِيَعْبُدُونِ﴾.

البقرة 2/286: ﴿لَا يُكَلِّفِ اللَّهُ نَفْساً إِلَّا وسُعْهَا...﴾

لقد خُلق البشر لغرض ما، ومن المتوقع منهم أن يخدموا بشكل إيجابي وفق قدراتهم. يشير هذا المقطع إلى أن نية الله من عبادة البشر وإدارتهم للأرض هي الارتقاء بالفهم البشري والحياة مع حماية المخلوقات الأخرى. وبالتالي، فإن المجتمعات التي تتبنى هذا النهج الشامل

إن الأشخاص الذين يتعبدون يعيشون حياة مادية وروحية أفضل من أولئك الذين يركزون فقط على العبادة الطقسية، ويهملون الواجبات الأوسع نطاقاً مثل العبودية، والقيادة، والعمل كأيدي الله.

الأحزاب 72/33: "إنا عرضنا الأمانة على السماوات والأرض والجبال فأبين أن يحملنها وأشفقن منها وحملها الإنسان إنه كان ظلوما جاهلا"

الروم 30:30: «فأقم وجهك للدين حنيفا...»

إن العبادة بما فيها من الذكر والتسبيح والصلاة والدعاء تشمل خدمة الناس كما أوضح ذلك الخواجة عبد الله الأنصاري والشاعر السعدي، اللذين عرّقا العبادة بأنها "خدمة الناس"، مشددين على أن العبادة الحقيقية تمتد إلى ما هو أبعد من الأفعال اللفظية وتشمل خدمة الآخرين.

وتؤكد سورة المؤمنون 115/23، والأنبياء 16/21، والإنشقاق 6/84 على الخلق المقصود للإنسان، والمقدر له النمو والكمال والرجوع إلى الله، على عكس آراء بعض المنظرين المعاصرين الذين يشككون في هذه القصد الإلهي.

إن هذا الفهم الشامل للعبادة لا يركز فقط على الممارسات الطقسية، بل على التزام أوسع بخدمة الله، بما في ذلك العدالة والتوازن والرعاية لكل الخليقة، مما يوحي بأن الإنسان الكامل هو جزء من الله، يسعى نحوه من خلال حياة من العمل الهادف والنمو الروحي.

الأنبياء 16/21: وما خلقنا السموات والأرض وما بينهما لاعبين.

الانشقاق 6/84: {يا أيها الإنسان إنك كادح إلى ربك جهدا وملاقيه}.

آل عمران 191/3: "... يا رب لم تخلق هذا العالم عبثا، أنت المتعال (عن خلق كل هذا بلا سبب)..."

ص27/38: وما خلقنا السماء والأرض وما بينهما باطلا ذلك ظن الذين كفروافويل للذين كفروا من النار

إنكل شيء في الطبيعة، كالشمس والهواء والأرض والماء والفواكه والزهور،خُلِق من أجل المنفعة المتبادلة، وليس من أجل المتعة الأنانية فحسب.والقانون العالمي هو خدمة الآخرين. وباعتبار البشر قمة الخليقة، فإنهميخدمون كل الخليقة، وفي المقابل، مطلوب منهم خدمة كل الخليقة، وخاصةالبشر. والعبادة جزء فطري من الوجود البشري، موجه نحو الطريق المستقيمللتطور من خلال تعاليم الأنبياء. وهي تنطوي على تكريس جميع جوانبالحياة للتوافق مع إرادة الله، وبالتالي خلق عالم أفضل بإرشاد الله.

الملك2/67: {الذي خلق الموت والحياة ليبلوكم أيكم أحسن عملا وهو العزيزالغفور}.

هود11/11: {إلا الذين صبروا وعملوا الصالحات فأولئك لهم مغفرة وأجركبير}.

هود119/11: "إلا من رحم ربك ولذلك خلقه ولكن تمت كلمة ربك لأملأنجهنم من الجنة والناس أجمعين".

نحنعمال الله، المكلفون برعاية الطبيعة. عند بناء منزل، فإن العامل الذييتكاسل أو يقصر أو يفشل في أداء واجباته يواجه الطرد. وعلى نحو مماثل،يتوقع الله منا أن نؤدي أدوارنا في الخلق بجد واجتهاد.

الذاريات56/ 51: {وَمَا خَلَقْتُ الجْنّ وَالْإِنس إِلّا لِيعَبْدُوُن}

إنخلق الجن والإنس إنما هو للعبادة، والقيام بأيدي الله وخدمه، والعملبأوامره.

يونس31/10: قل من يرزقكم من السموات والأرض أم من يملك السمعوالأبصار ومن يخرج الحي من الميت ويخرج الميت من الحي ومن يدبرالأمر سيقولون الله فقل أفلا تتقون

إنالإيمان بسيادة الله على ضروريات الوجود لا يكفي للتدين والعبادة الحقيقيين،بل إن التقوى الحقيقية تقتضي أن يكون هذا العلم مؤثراً في حياتناعملياً، فيؤدي إلى عبادة الله وخدمة خلقه خالصة. إن إدراكنا أن الله هوالذي يتولى تدبير رزقنا ومعرفتنا وحياتنا وموتنا وأمورنا ينبغي أن يلهمنا لعبادته‏وحده، والاستعانة به، وإرشادنا إلى الطريق المستقيم، وخدمة الآخرين‏دون طمع أو خوف منهم بسبب مصالح دنيوية أو مكانة اجتماعية.

ومن‏خلال خلق الإنسان على يديه وخدمه وخلفائه يتبين لنا أن الله قد خلق‏كل فرد لخدمة جميع المخلوقات على قدر طاقتهم، وكل العبادات تهدف‏إلى تدريب الإنسان وإعداده للقيام بمسؤولياته على أكمل وجه، وفي القرآن‏الكريم يعرّف الله نفسه بثلاثة أشكال: أنا، هو، ونحن، فمثلاً‏تستخدم كلمة"أنا" في سياقات مثل (اعبدوني ولا تتخذوا من دوني شركاء)، بينما تشير‏كلمة "نحن" إلى الأفعال التي تيسرها إرادة الله وقوانين الطبيعة، والتي‏يقوم بها الإنسان أو بمساعدة مخلوقات أخرى مثل الأرض والهواء والماء‏والملائكة والحيوانات والنباتات، وهذا يبرز دور العبودية لجميع المخلوقات،‏ويؤكد أن خدمة قضية الله تكتسب معناها من خلال المعرفة والوعي‏والعمل الضروري.

إن‏القرآن ينظر إلى العقل باعتباره نتاجاً‏للعلم والتجربة، ويشمل جوانب تجريبية‏وفكرية وتعبيرية وحدسية، وبالتالي فإن العقل في حد ذاته ليس الأساس‏الوحيد للعقلانية. إن العقل القرآني ينطوي على التفكير والتحقيق في‏الظواهر التي هي نتاج للعلم أو التجربة وتطبيق هذه المعرفة.

إن العبادة، وفقاً للقرآن الكريم، تسهل الطريق إلى التصوف وأعمال العبودية التي يقوم بها الأفراد بأنفسهم. ولابد أن تصبح الكيانات متقبلة للصفات الإلهية، وتسعى إلى اكتسابها وتطويرها، ومن هنا يأتي التأكيد على أن تكون عالماً وليس مجرد مقلد. وينصح الله بعدم اتباع ما لا يفهمه المرء، ورفض أشكال العبادة السطحية غير الصادقة التي لا تقدم أي فائدة لخلقه. إن الله لا يريد مدحنا اللفظي بأي شكل من الأشكال ما لم يكن مفيداً للبشرية ومحيطها.

وتذكرنا الآيات التالية باستقلال الله عن العبادة اللفظية:

البقرة 263/2: «قول معروف ومغفرة خير من صدقة يتبعها أذى والله غني حليم».

البقرة 267/2: "يا أيها الذين آمنوا أنفقوا من أموالكم <u>حيد</u> "ومن ما كسبتم ومما أخرجنا لكم من الأرض ولا ترموا إلى الخبيث منه تنفقون وأنتم لا تقبلونه إلا وأنتم غافلون واعلموا أن الله غني حميد"

آل عمران 97/3: «فيه آيات بينات من دخله كان آمنا من استطاع إليه سبيلا من الله ومن أنكر فلا حاجة لله إلى أهل الدنيا».

يونس 68/10: قالوا اتخذ الله ولدا تعالى هو الغني له ما في السماوات وما في الأرض ما لكم من حجةّ أتقولون على الله ما لا تعلمون

الكهف18/110: "...فمن كان يرجو لقاء ربه فليعمل عملا صالحا ولا يشرك بعبادة ربه أحدا"

الأنبياء21/19: {وله من في السموات والأرض والذين معه لا يستكبرون عن عبادته ولا يستحسرون}.

إن كل مخلوقات السماوات والأرض تخدم الله على أكمل وجه، وتؤدي واجباتها الموكلة إليها، وكذلك فإن من يقوم بواجباته العبودية بكل جد واجتهاد، دون أن يثنيه عن ذلك غرور أو تعب، فهو قريب من الله ومحبوب عنده.

ما معنى عبد الله؟

العبادة مشتقة من المصدر عبد، وتعني العبد. وواجب العبد أن يكون وفياً لسيده، وأن يطيعه دون سؤال، وأن ينفذ أوامره، وأن يصون ماله، وأن لا يتصرف إلا بإذنه. ولا ينبغي للعبد أن يطيع أحداً غير سيده، ولا أن يتكلم نيابة عن سيده أمام الآخرين، ولا ينبغي له أن يلتفت إلى من يخالف أوامر سيده. ويجب عليه أن يقف في خدمة سيده باحترام، وأن يمتنع عن النطق بألفاظ غير مهذبة أو بذيئة ضده. وكلما دعُي إلى أداء مهمة، استجاب لها على الفور ونفذها بأفضل ما يستطيع، مما يرضي سيده، مع البقاء دائماً وفياً ومطيعاً وكفؤاً في الخدمة. وواجب السيد بدوره هو توفير الرعاية والحماية واحترام حقوق العبد ورعايته وحبه.

الله هو السيد ونحن عبيده، وبالتالي فإن واجبنا في العبادة هو خدمة الله بكل الواجبات التي يملكها العبد. إن كثرة الصلاة تذكرنا بأننا عبيد الله، ومكلفون بواجب العبودية. أثناء الصلاة، نقرأ سورة الفاتحة، ونطلب إرشاد الله لنعيش حياة كريمة. *الطريق المستقيم* واطلب منه العون على تجنب الأفعال التي قد تثير سخطه. العبادة تشمل كل الكلمات الداخلية والخارجية.

الأفعال التي تغطي جميع جوانب الحياة من الروتين اليومي إلى السياسة، والعلاقات مع جميع مخلوقات الله، بما في ذلك البشر والحيوانات والنباتات والأشياء غير الحية والماء والهواء وما إلى ذلك.

ولهذا السبب يزود القرآن العبد المؤمن بتعليمات وأحكام شرعية إلزامية في مختلف جوانب الحياة. ففي آيات "كتب عليكم" في سورة البقرة (178، 180، 183، 216)، نجد أموراً مثل الزكاة والقصاص والميراث والصيام والجهاد مفصلة لكل البشر القادرين، بما في ذلك النبي نفسه.(صلى الله عليه وسلم).

البقرة 216/2: "وعسى أن تكرهوا شيئا وهو خير لكم وعسى أن تحبوا شيئا وهو ليس خيرا لكم والله يعلم وأنتم لا تعلمون".

وهكذا فإننا ملزمون بأن نؤدي خدمتنا لله بقبول أحكامه.

إن ممارساتنا الخارجية في العبادة هي عبارة عن تكرارات وتذكيرات ودروس يومية تهدف إلى إعدادنا للجوانب الحقيقية والعملية لسلوكنا في المنزل والعمل والمجتمع، على أساس الاعتدال والعدالة، مع الأخذ في الاعتبار دائماً أن الله حاضر في كل مكان ويعلم كل شيء عن نوايانا في جميع الجوانب.

إن العبد الصالح الصالح يعبد بالتدبر والعمل بأحكام وأساليب شرعها الله في نظام الوجود، فمجرد ترديد الحمد مثل: الله أكبر، والحمد لله، وسبحان الله، طوال اليوم، دون أن يصاحبها عمل صالح، يحصر أثرها في مجرد اللفظ، فلا تعود بالنفع على العبد، ولا على الله، ولا على أي مخلوق، بل قد تؤدي إلى سلوكيات سلبية بسبب الشعور بالكبر والزهو.

حسن الخلق، واحترام حقوق الناس، والإحسان إلى الوالدين، وصلة الأرحام، والعطف على الأيتام والمحتاجين والغرباء، ورعاية المعوقين، والرحمة بالحيوان،

إن احترام البيئة وحمايتها من الأمور التي تجعل عباداتنا أكثر قبولاً وثواباً في الآخرة.

وتشمل العبادة أيضاً فضائل شخصية مثل الصدق والأمانة والوفاء بالوعد. ولا تكون عباداتنا وأعمالنا اليومية صادقة إلا إذا كانت مبنية على الإيمان والإيمان بالقيامة ويوم القيامة، والشكر على نعم الله، والرضا بقضاء الله، مما يؤكد أهمية الثقة بالله.

وتشمل العبادة أيضاً المسؤوليات الحاسمة في تعزيز الخير ومنع الشر، والعيش وفقاً للشرع، وإرشاد الأقارب والأصدقاء والمعارف غير المطلعين أو المضللين نحو الحياة الأخلاقية.

إن سورة الفتح 10/48، والزمر 7/39، والنحل 96/16، ويس 61/36، تؤكد على جوهر عبوديتنا لله، وتؤكد على الامتنان، والقيمة الدائمة للمكافآت الإلهية، والتوجيه بخدمة الله باعتباره المثال الأعظم في خدمة الإنسانية وإعلاء العدل.

الزمر 7/39: "إن تكفروا فإن الله غني عنكم وإن يرضى لعباده الكفر وإن تشكروا يرض لكم ذلك لا تزر وازرة وزر أخرى ثم إلى ربكم مرجعكم فينبئكم بما كنتم تعملون إنه هو أعلم بذات الصدور".

النحل 96/16: {ما عندكم ينفد وما عند الله باق ولنجزين الصابرين أجرهم بأحسن ما كانوا يعملون}.

سورة يس 61/36: "أَعَبْدُوُني هذَا صِرَاطٌ مسُتْقَيمٌ (الله قدوتنا في خدمة الإنسانية والعدل أولاً)"

الكهف18/110: "قل إنما أنا بشر مثلكم يوحى إلي أنما إلهكم إله واحد فمن كان يرجو لقاء ربه فليعمل عملا صالحا ولا يشرك بعبادة ربه أحدا" يجب أن تكون أفعالك لله، فإذا كان في أفعالك نفاق ونفاق وطلب شهرة وخداع فإنها لا تقبل عند الله وتعتبر شركا (كفر وعبادة أمور أخرى مثل المال والسلطة والوظيفة والأهل وغيرها).

الحج22/77: {يا أيها الذين آمنوا اركعوا وتواضعوا واسجدوا واعبدوا ربكم وافعلوا الخير لعلكم تفلحون}.

ومن صفات المؤمنين المخلصين خوفهم من الانحراف عن الطريق المستقيم لأنهم يدركون أن العذاب سوف يصيبهم.

الإنسان خليفة الله

إن الله يختار أفراداً معينين، فيمنحهم المعرفة والحكمة بدرجات متفاوتة، فيتمكنون من الإبداع والابتكار، على غرار الله، وتحسين أحوال المخلوقات الأخرى، مثل اكتشاف الأمراض وعلاجها. وهذه المجموعة، إلى جانب قيامها بدورها كعبد، وسعيها الدؤوب على الطريق المستقيم، بمساعدة الكون، والشرائع الإلهية، والعناية الإلهية، ونعمة الله ورعايته، تصبح أيضاً خلفاءه (يده اليمنى) على الأرض.

الأنعام6/165: {وهُوَ الَّذِي جعَلَكُمْ خلَاَئِفَ الأَرضِ ورَقَعَ بَعَضْكُمْ فوَقَّ بعَضْ درَجَاتٍ لِيبلُوَكُمْ في ما آتَاكُمْ}.

يونس10/14: {ثم جعلناكم خلائف في الأرض من بعدهم لننظر كيف تعملون}.

لسوء الحظ، يبدو أننا لم نتفوق، بل فشلنا في هذا الاختبار.

فاطر 35/39: هو الذي جعلكم خلائف الأرض فمن كفر فقد كفر على نفسه

البقرة 2/30: وإذ قال ربك للملائكة إني جاعل في الأرض خليفة قالوا أتجعل فيها من يفسد فيها ويسفك الدماء ونحن نسبح بحمدك ونقدس لك قال إني أعلم ما لا تعلمون

البقرة 2/34: وإذ قلنا للملائكة اسجدوا لآدم فسجدوا إلا إبليس أبى واستكبر وكان من الكافرين.

إن الملائكة بحسب ما ورد في القرآن الكريم يديرون المادة والطاقة ويستخدمونها في تنفيذ الأوامر الإلهية. وكما أن وجودنا المادي يحكمه العقل والوعي الغيبي، فإن العالم بأسره يعمل تحت سيطرة كائنات ذات وعي غير معروف، يطلق عليها القرآن الكريم اسم الملائكة. ولا شك أن أولئك الذين ساهموا في خدمة البشرية في المجالات العلمية والأخلاقية والاجتماعية والفكرية والجسدية والاقتصادية هم خدام حقيقيون وخلفاء لله. ولقد لعبت شخصيات مرموقة مثل الأنبياء والقديسين ورموز البر والعلماء في مختلف التخصصات أدواراً حاسمة في تحسين حياة الإنسان، وهم يتمتعون بالإرادة الحرة والمساعدة الإلهية. ويبدو أن معظم خلفاء الله على الأرض يمتلكون موهبة المعرفة والمثابرة والصفات الإلهية، مما يمكنهم من القيام بأدوارهم الفريدة والمفيدة كخدم. ولعل هذا هو ما أراد الله أن ينقله إلى الملائكة بقوله: "إني أعلم شيئاً لا تعلمونه"، في إشارة إلى الخلق ودور خلفاء الله الذين يعملون مع الله على تسريع إتمام بعض المخلوقات.

ويذكر القرآن أن القمر والشمس والنجوم والليل والنهار والرعد والبرق، وكل شيء موجود في عالم السماوات والأرض، يطيع أمر الله (التسبيح).
تبدأ سبع سور من القرآن الكريم بالعام

تسبيح الدنيا لله أو ذكر سبحان الله (حديد، حشر، صف، جمعة، تقابل، أعلى، أسرى)،وهذا يدل على أن كل أجزاء العالم تلعب دوراً بناءً وضرورياً وتصحيحياً وإيجابياً في سيمفونية الخلق، وهذا الواجب موكل إليها الأداء واجباتها الضرورية، وإصلاح العيوب، والمساعدة على تحسين الوجود واستكماله.

ولا يسبح الله ما في السماوات والأرض فقط بأداء واجباتهم على أكمل وجه، بل إن الملائكة الذين يديرون المادة والطاقة يعملون بلا كلل في تسبيح الله، وكل منهم يؤدي دوراً إيجابياً وتصحيحياً. (الرعد 13/13، الأعراف 206/7، الإسراء 44/17، النور 41/24، الزمر 7/39، الزمر 57/39، فصول 38/41، الشورى 5/42، الصافات 166/37).

في هذا الجهد الضخم، حيث تشارك المواد والطاقات والخلفاء الإلهيون في الكون في عمل تمجيد، فقط الإنسان هو حر في التصرف، وبسبب هبة الإرادة الحرة، يمكنه اختيار المشاركة في هذا التمجيد بإرادته الخاصة كعبد مطيع أو اتباع روحه الجسدية والشيطان، مما قد يؤدي إلى تعطيل هذه السيمفونية الجميلة بأفعال مثل التلوث أو سوء إدارة الموارد.

وقد عبر الملائكة عن قلقهم من تصرفات البشر على الأرض، وركزوا على مجالين: العدل والأمن. ويتضمن التعريف القرآني للفساد على الأرض الإخلال بالتوازن (الاقتصادي، والطبقي، والعرقي، والديني، وما إلى ذلك)، وهو ما يُنظر إليه على أنه ظلم وقمع.

يُذكَر مفهوم "الطهارة" عدة مرات في القرآن، للدلالة على التحرر من الظلم المرتبط غالباً بحكام الأرض. وتؤكد الأرض التي يشار إليها في القرآن على أنها مقدسة على أهمية الطهارة والقداسة في سياقات مختلفة، بما في ذلك تأكيد عيسى عليه السلام.(صلى الله عليه وسلم) بواسطة الروح القدس ووحي القرآن الكريم عن طريق الملاك جبرائيل.

لقدشكك الملائكة في نتيجة منح البشر الحرية والاختيار، ولم يدركوا تماماًالإمكانات التي قد تتحقق من خلال هذه "الثقة" للتقدم والتميز والخدمة.ورغم أن تنبؤهم بالفساد وسفك الدماء كان صحيحاً جزئياً، إلا أنه تجاهلالإمكانات التي قد تتحقق من خلال النمو البشري من خلال عملية " التجربةوالخطأ"، و"التوبة والاستسلام"، والتنوير الذي قد يأتي من التفكير النقديوالفكر. وهذا البعد الآخر، الذي تحركه الروح التي نفخها الله في البشر،يسمح بإمكانية رؤية حضور الله في كل الأعمال. لقد رأوا فقط نصف الكأسالفارغ، والتدمير بالماء والنار، وليس دورهم الإيجابي والضروري على الأرض.

إنالنفاق والكبر في الأعمال الدينية حتى في بناء المساجد يصرف الإنسانعن العبادة الحقيقية وخدمة مخلوقات الله وعدم خدمة نفسه أو الخضوعللأهواء، وانتظار الثناء من الآخرين على أعمال العبادة شرك خفي، يؤكدعلى ضرورة الاعتدال وتجنب الإفراط في كل الأعمال حتى العبادات الإيجابية.

طه20/2: ما أنزلنا عليك القرآن لتشقى ولكن تذكرة لمن يخشى.

إنتعريض النفس للمصاعب التي تتجاوز حدود الاعتدال، حتى من أجلهداية الناس برسول الله صلى الله عليه وسلم، لا يعد فرضاً دينياً من الله(فضلاً عن عباده وخلفائئه).

وبعدالإيمان والعمل الصالح يحث الناس على البر والصبر:

العصر103/3 إن الذين آمنوا وعملوا الصالحات وتواصوا بالحق وتواصوابالصبر أولئك لهم خير كثير.

قديكون الصبر القرآني مطلوباً (قد يستغرق الأمر سنوات حتى تؤتي أعمالناالإيجابية ثمارها بالمثابرة والعمل الجاد، مثل أن نصبح طبيباً، أو قد لاتظهر نتائج أعمالنا)

(في حياتنا، مع أجيال المستقبل التي تجني الفوائد، كما حدث مع ثورة الإمام الحسين ضد الخلافة الأموية الفاسدة ونتائجها على المدى الطويل).

شروط خدمة الله على الأرض: يستطيع الفرد أن يتبع طريقاً إيجابياً وبناءً في العبادة (فعل الفعل الصحيح) إذا كان: بالغاً، عاقلاً، مستقلاً، وقادراً على القيام بأفعاله. والقدرة والاستطاعة شرطان أساسيان للأفعال التي تعتبر عبادة في القرآن.

الأنعام 6/152: ولاَ تُكَلِّفُوا نَفَساً إِلّا وسُعْهَا.

على سبيل المثال، لا يُفرضَ الصيام على المريض؛ كما أن دفع الزكاة المفروضة لا يقتصر على دفع ضريبة الدخل، وبالنسبة للفقير، يمكن أن تتلخص الزكاة في حسن السلوك والأخلاق. وتختلف قدرات الناس وفقاً لظروفهم الأسرية، وتعليمهم، ومستوى معرفتهم بالقراءة والكتابة، وموقعهم، والتسهيلات البيئية، والتنشئة النفسية والدينية، إلخ. وبالتالي، فإن مستوى الرخاء "العالمي" لكل شخص يختلف. ومع ذلك، فإن بذل الجهد الحكيم لتحقيق مستوى الكمال لكل شخص يتوافق مع إرادة الله، وفقاً لقدراته.

نجم 53/39: «أن ليس للإنسان إلا ما سعى».

لن يعُطى لنا إلا ما اكتسبناه.

محمد 47/33: «يا أيها الذين آمنوا أطيعوا الله وأطيعوا الرسول ولا تبطلوا أعمالكم».

إن الله ينتظر من عباده أعمالاً صالحة (وليس مجرد العبادة وتقليد العادات السابقة ونصائح الأسلاف). وفي يوم القيامة سيحاسب العباد على ما اكتسبوه من فضل عقولهم وأعمالهم الصالحة.

العبادة/العبادة (خدمة الله من خلال الأعمال الصالحة)

إن أكثر من ستين آية في القرآن تتحدث عن خلاص الناس الذين يؤمنون بالله أولاً ثم يقومون بأعمال صالحة وإيجابية وبناءة من أجل رضاء الله (نيابة عنه) ويلتزمون بأوامره. وبالتالي فإن الشرط الأساسي والأكثر أهمية لقبول الأعمال الصالحة ظاهرياً والمكافآت الناتجة عنها هو الإيمان بالله والإيمان بأنك تعمل تحت إرشاد الله وبإذنه وبركته. إن المتطلبات الأساسية للإيمان بالله موضحة في سورة البقرة، الآيات 2 إلى 5:

يقدم الله القرآن الكريم هادياً للمتقين الذين يتصفون بصفات خاصة، مشيراً إلى أن من يبحث عن حياة أخلاقية فقط هو الذي يستطيع أن يجد الهداية من خلال القرآن:

1. الإيمان بالله والظواهر غير المرئية، وقبولها من خلال الإيمان في الله وآياته، وليس بالاستدلال التجريبي.

2. التواصل المنتظم واليومي مع الله من خلال الصلاة، تهدف إلى التحسين المستمر في كافة جوانب الحياة.

3. الصدقات لمساعدة المحتاجين.

4. احترام الوحي والإيمان به.
محمد (صلى الله عليه وسلم) والأنبياء السابقون مثل موسى (عليه السلام) وعيسى (عليهم السلام) لهداية البشرية.

إن الملتزم الحقيقي بالإسلام يؤمن بالله، والبعث، والآخرة، والحياة بعد الموت، والجنة والنار، ويسعى إلى تعظيم مساهمته في الحياة والمجتمع وجميع المخلوقات، مادياً وروحياً وفكرياً. ويجب أن يأخذ كل عمل، حتى الشخصي، في الاعتبار المنافع المجتمعية، بهدف تحسين حياة جميع مخلوقات الله، سواء من خلال الأعمال السياسية أو التعليمية أو المادية أو الروحية أو الدينية، أو الأعمال ذات المنافع الدنيوية، أو الأعمال من أجل الآخرة، بما في ذلك حماية البيئة ورفاهية الحيوانات والغابات والهواء النقي والمياه.

ومن‌ثم فإن كل عمل صالح يتم لأسباب غير خدمة الله وأداء الواجب الاجتماعي‌الديني، أو بهدف الحصول على مكاسب دنيوية مثل الشهرة أو السلطةأو الثروة، لا ينتج نتائجه إلا في هذه الحياة، وليس في الآخرة.

فبحسب‌الله، كلما زاد المؤمن من الأعمال الإيجابية (التسبيح)، زاد قبوله‌عند الله، وتقربه منه، وكانت المنافع الدنيوية والمكافآت في الآخرة أكثرجوهرية وتناسباً.

فاطر 10/35: إن الكلام الطيب يصعد إلى الله، والعمل الصالح يرفع من شأن‌الكلام الطيب الحكيم.

إن‌الكلام الطيب ينبع من الأفكار الإيجابية، وعندما يؤدي إلى الأعمال الفاضلةفإن مكافآته تتضاعف.

الإسراء 13/17: وكل نفس جعلناها نصيبها ويوم القيامة نعرض عليهم كتاباًيلقونه منشورا

تشبه‌هذه الآية أفعال كل إنسان بطائر يرحل بمجرد انتهائه من مهمته،فالصعوبة أو المتعة العابرة التي يشعر بها تتناقض مع التأثير الدائم‌الذي يتركه على القلب والروح. كان العرب في الجاهلية ينظرون إلى هذا"الطائر الذي يحدد المصير" باعتباره فألاً لاتخاذ القرارات المهمة، حيث‌يشير مكان استراحته إلى الحظ السعيد أو السيئ.

ومن‌الأعمال الصالحة المتعلقة بالإيمان: إقامة الصلاة لكثرة الاتصال والتواصل‌مع الله، والزكاة، والتواضع والطاعة لله، والصبر، والكلمة الطيبة، واحترام‌حقوق الآخرين، ومساعدة الضعفاء في أمور المجتمع، والتوبة من السيئات‌والحرص على عدم تكرارها.

إن‌فعل الخير وإلهام الآخرين للقيام بنفس الشيء يؤدي إلى مضاعفة المكافآت.

إن المطالبة بحقوق الإنسان من المجتمع والحكومة ومساعدة الآخرين في القيام بذلك يشكل الأساس للديمقراطية.

إن الصبر في القرآن الكريم، والذي أكد عليه سورة العصر 3/103، يتجلى في كل مكان من القرآن الكريم، ويمثل المرونة والصمود في مواجهة الشدائد. ويرتبط الصبر بالإرادة القوية والرفقة الإلهية، على النقيض من الصبر السلبي غير المرغوب فيه، والذي يُنظر إليه غالباً على أنه عكس التسرع.

إن خطاب القرآن لشعراء زمن النبي يمتد إلى الناشطين الاجتماعيين والكتاب والعاملين في وسائل الإعلام اليوم، حيث يعترف بأولئك الذين يستخدمون كلماتهم لمحاربة الظلم والدفاع عن المظلومين، ويميزهم عن أولئك الشعراء الذين يعيشون فقط في عالم الخيال دون متابعة عملية.

مراعاة الاعتدال في العبادة:

وفي القرآن الكريم يؤكد الله على أهمية الاعتدال في مختلف جوانب العبادة والأعمال الصالحة.

(الفرقان 25/67) عباد الله الخاصون هم الذين لا يفرطون في إطعام الفقراء، ولا يبخلون، بل يتوسطون في ذلك ويعقلون. (يسمي الله المعتدلين عباده الخاصين)

(النساء 149/4) إذا فعلت معروفاً في العلن أو في السر أو عفوت عن سيئات الناس (فقد فعلت شيئاً صالحاً) واعلم أن الله (رغم قدرته على الانتقام) هو الغفار العظيم.

يجب أن يكون الشخص الذي يقدم المساعدة قادراً على إدراك واعتبار أن تبرعه في كل حالة يجب أن يكون مخفياً أو واضحاً. إذا كانت سمعة شخص ما على المحك، فلا ينبغي أن تكون اليد اليسرى على علم باليد اليمنى التي تقدم المساعدة، ومع ذلك، في بعض الأحيان قد تشجع أفعالك الآخرين على القيام بأفعال مماثلة، ويجب القيام بذلك علانية، ويتم مضاعفة مكافأتك. بالإضافة إلى ذلك، هناك مرجع آخر حول

إنالمغفرة هي أنه في أقدار ونظم الفعل ورد الفعل في النفس البشرية، فإنالمغفرة للآخرين تزيل شعور الكراهية والانتقام، وتجعل الغافر مستحقاً للمغفرةالإلهية.

الأنعام6/160: من جاء بالحسنة فله عشر أمثالها ومن جاء بالسيئة فلا يجزىإلا مثلها (عدل الرحمن الرحيم).

إنقوانين الطبيعة مكتوبة على القيام بالأعمال الشريفة وإصلاح المخلوقاتوتمجيدها، وفي القيام بالعمل الصالح تتعاون كل القوى ذات الصلةفي الطبيعة لمساعدة الفرد على إتمامه، وبسبب هذه المساعدة فإن التأثيرالفوري والطويل الأجل للعمل الصالح يكون عشرة أضعاف، وعندما يقومالإنسان بعمله القبيح فإن العقاب يساوي العمل القبيح الذي قام به، لأنالكون لن يهب لمساعدته في عمل قبيح غير متوافق وغير متوازن مع الطبيعة.

يونس10/26: جزى الله الأبرار خير الجزاء وزيادة في فضله ولا يخزوا ولا يهانوا،أولئك أصحاب الجنة خالدين فيها.

البقرة2/177: ليس البر أن تتوجه وجهك إلى المشرق والمغرب، ولكن البرمن آمن بالله واليوم الآخر والملائكة والكتب والنبيين وآتى منه على حبهذوي القربى واليتامى والمساكين وابن السبيل والسائلين وفي الرقاب وأقامالصلاة وآتى الزكاة ووفى بالعهد وصبر على البأساء والضراء، أولئك همالصادقون المتقون.

الإسراء17/27: إن الذين ينفقون تبذيراًكانوا إخوان الشياطين وكان الشيطانلمولاه كفورا.

(لا تفرط في أي شيء) حتى الإفراط في الأكل والشرب بطريقة غير سليمةيسبب أمراض القلب والأوعية الدموية وأمراض جهازية مختلفة.

الأنعام6/141:

اللهلا يحب المبذرين.

القصص28/77: واطلب فيما آتاك الله للآخرة والدنيا، واطلب الدار الآخرة،ولا تنس منافع الدنيا، وأحسن كما أحسن الله إليك، ولا تبغ الفساد فيالأرض.

الإسراء17/29: لا تبخل بالصدقة، ولا توسع بالعطاء فتفقر.

الأسراء17/110: ... لا تجهر في صلاتك ولا تسكت وتأدب بالقول والفعل.

البقرة2/3: وأقيموا الصلاة وآتوا الزكاة.

(النساء 4/135) يا أيها الذين آمنوا كونوا قوامين بالقسط شهداء لله ولوعلى أنفسكم أو الوالدين والأقربين غنيا كان أو فقيرا...

(المائدة 5/8) لا يجرمنكم البغضاء على أن تعدلوا.

الفتح48/29: ... والمؤمنون عندهم قوة الدفع (شديدة على الكفار) وقوةالجذب (رحماء بينهم).

البقرة2/143: ولقد خلقناكم أمة وسطا لتكونوا إماما للناس ويكون الرسوللكم إماما.

القلم28/68: قال خيارهم: ألم أسألك لو لا تسبحون الله؟

طه135/20: قُلْ إِنَّا مُنتْظَروُنَ فَارْتَقِبوُا ستَعَلْمَوُنَ مَنَ هُمْ الْمُهْتَدَوُنَ.

الأنعام153/6: هذا ديني وهو صراط مستقيم فاتبعوه.

البقرة108/2: ومن أخذ بالكفر بدل الإيمان فقد انحرف عن الطريق الوسط.

لذلك فإن اليمين واليسار والتطرف أوهام، وكمال الإنسان في العمل هو الانفصال والابتعاد عن الصفات الحيوانية، وليس في مقدور الإنسان الانفصال عنها بكل معنى الكلمة، ولكن الوسط بين المتناقضات يعني محاولة تجنبها، وعلى جانبي هذا الطريق الوسطي جحيم الدنيا والآخرة، وبينهما طريق الجنة. (لقد أدرك بوذا هذا من خلال تنويره)

طه2/20: (يا محمد) ما أنزلنا عليك القرآن لتشقى.

المائدة12/5: أخذ الله ميثاق بني إسرائيل وبعث منهم اثني عشر نقيبا وقال إني معكم لئن أقمتم الصلاة وآتيتم الزكاة وآمنتم برسلي وأقرضتم الله قرضا حسنا لأكفرن عنكم سيئاتكم ولأدخلنكم جنات تجري من تحتها الأنهار فمن رد عن هذا الطريق فقد ضل عن سواء السبيل.

الأعراف56/7: ... ولا تفسدوا في الأرض بعد إصلاحها وادعوه خوفا وطمعا إن رحمة الله قريب من المحسنين.

التضحية والنضال والجهاد

ولكي تبلغ مرتبة العبد الحقيقي لله، لابد أن تعمل في بعض الأحيان بقدر التعب، وتتقبل المشقة والحرمان في طريق الكمال. والجهاد له أبعاد متعددة، وأشهرها الجهاد العسكري الدفاعي بالنفس والمال، وجهاد مهم آخر هو الجهاد الثقافي والتربوي. الجهاد بروح الفاحشة (الجهاد الأكبر أو الجهاد الأكبر هو الجهاد بروحنا الفاسدة)، وكذلك الجهاد الثقافي والسياسي والاقتصادي والاجتماعي والتربوي، عند الضرورة، والذي يتطلب أسلحة العلم والمنطق واللطف والاستدلال والجدال.

النساء 95/4: لا يستوي القاعدون المؤمنون إلا أولوا الألباب والمجاهدون في سبيل الله بأموالهم وأنفسهم فضل الله المجاهدين بأموالهم وأنفسهم على القاعدين درجات وكلا وعد الله الحسنى وفضل الله المجاهدين على القاعدين أجرا عظيما

البقرة 207/2: هناك من الناس من يضحي بحياته في سبيل الله، والله يحب هؤلاء العباد.

البقرة 190/2: وقاتلوا في سبيل الله الذين يريدون قتالكم ولا تعتدوا إن الله لا يحب المعتدين.

لذلك فإن الحرب المشروعة في الإسلام هي حرب دفاعية فقط، وينص على قتال من يقاتلكم، وبعد دحرهم لا تستمروا في التقدم على أرضهم. (إذا كنت تقصد الحد، فقد يكون الحد، أو الثأر المتساوي)

الفرقان 52/25: فلا تطع الكافرين وجاهد معهم على وفق القرآن.

إن المقصود من هذا الكتاب هو التعامل مع منكري التوحيد فكرياً وعلمياً وثقافياً وتربوياً، أي محاربتهم بأسلحة المنطق واللطف والاستدلال والمناظرة كما نحارب الكفار.

العنكبوت 69/29: والذين جاهدوا فينا لنهدينهم سبلنا وإن الله لمع المحسنين.

يؤكد القرآن الكريم على صحبة الله لثلاث فئات من المؤمنين، وهم: الأبرار، والصابرين، والصالحين.

ومن الواضح جلياً في هذا الوقت أن الجهاد الإعلامي والثقافي والاجتماعي الشامل لتحديث الفقه الإسلامي وإقامة الإسلام القرآني هو فرض ديني على المثقفين والعلماء الدينيين الإسلاميين.

الفصل الخامس:

دعاء(طلب من الله، عبادة،
(الصلاة، الدعاء)

إن معنى الدعاء في اللغة العربية هو الرغبة والحاجة، لذلك فإن كل إنسان لديه آمال ورغبات في حياته. والدعاء حاجة حيوية وصوفية للمسلمين، وخاصة الشيعة، وإذا كان مصحوباً بصدق ونقاء النية، يمكن لبعض الأدعية أن تخترق أعماق النفس البشرية وتأخذ الداعي إلى الصعود الروحي. إن مراقبة الناس في ليالي الإحياء (القدر) من شهر رمضان المبارك، وتجربتي الشخصية لا توصف عند قراءة بعض الأدعية وخاصة سماعها من قراء أهل البيت المشهورين مثل الحاج مهدي السماواتي. وفي مناسبات ليست نادرة جداً، أريد أن ألجأ إلى حضن أدعية مثل المجير أو جوفشان كبير لتقوية قوتي الروحية. إن التأثيرات الروحية المرتفعة للأدعية مثل؛ فرج، كميل، أبو حمزة السمالي، وصلاة الفجر في شهر رمضان المبارك (الدعاء) لها تأثيرات مماثلة. إن العمق الروحي والصوفي لصلوات حضرة السجاد عليه السلام مع الله (الصحيفة السجادية) كبير لدرجة أنه قد لا يكون مفهوماً تماماً حتى بالنسبة للمتقدمين روحياً. إن الصلاة والتلاوة والتسبيح والتكبير من بين الأدعية. إن الأدعية القرآنية للأنبياء الإلهيين مفيدة، فهي تذكرنا وتوجهنا إلى نوع ونوعية طلبنا من الله وأدعيتنا.

التلاوة: التذكير وسيلة لاستحضار المعتقدات بما يتفق مع صفات الله وطلب شيء مثل الرحمن لتصحيح السلوك السيئ، والمخاوف مثل **رزاق**((الغني))، و(الستّارُ الأيوبُ)، و(الغفّارُ)، وغير ذلك حسب حاجتنا.

بعدهذه المقدمة القصيرة، ماذا يقصد الله بالدعاء في القرآن؟ إن طلب الدعاءبالإلحاح والإصرار والسعي الدائم لتحقيقه هو الحصول على الإجابة من‌الله (العناية الإلهية والشرائع). أما الدعاء اللفظي فهو كالدعاء اللفظي بلا‌عمل للمدعي، ولا فائدة منه إلا الارتقاء الروحي المؤقت للمؤمن الحقيقي.

آلية‌الدعاء الحقيقية هي دائرة مغلقة تبدأ من الله وتوحي إلى روح الإنسان،وبعد القبول في اللاوعي يطلب العبد من الله على شكل دعاء ورغبة،فيجيبه الله بمرور الوقت وبالصبر القرآني، عندما يحقق العبد بجهده مايلزم ليصبح مؤهلاً لتحقيق هدفه.

إن‌الصلاة وطلب العون من الله في تحقيق الرغبات امتياز فريد من نوعه‌منُح للبشر. فبينما تتصرف الحيوانات وفقاً لغرائزها وتسعى في المقام‌الأول إلى الغذاء والجنس والدفاع عن النفس، فإن البشر يمتلكون مواهب‌العقل والحرية والتقدير، مما يدفعهم إلى الرغبة في أكثر من مجرد الاحتياجات‌الحيوانية الأساسية.

إن‌الإنسان مثقل بمزيد من الرغبات والتوقعات والمسؤوليات في الحياة،وهذه المجموعة من الطلبات العميقة يشار إليها بالدعاء في القرآن الكريم.

لقدأورث الإمام علي (عليه السلام) ابنه الأكبر الإمام الحسن (عليه السلام) فكرة أن الإنسان يملك فقط دعائه، وأن قيمة كل إنسان تقاس برغباته وأمانيه‌وطموحاته في الحياة.

يجب‌أن يكون للدعاء هدف وأن يمتلك قيمة سامية لكي يتمكن من الارتقاء‌بالإنسان مادياً وروحياً ونفسياً و/أو اجتماعياً حسب احتياجات المدعو.إنه يمثل الهدف الأسمى لحياة الفرد ويتطلب الجهد والمثابرة للإجابة‌عليه من قبل نظام الله.

وعلى النقيض من الرأي السائد، حيث حصر بعض الناس الدعاء في ممارسة لفظية ولغوية وتلاوة مثل الصلاة، متوقعين استجابات فورية ودون جهد من الله دون اتخاذ أي إجراء من جانبهم، فقد تكون هناك فوائد نفسية مؤقتة فقط. واليوم، حتى الأفراد والأمم غير المسلمة تستجيب لدعوة الله من خلال الأفعال والجهود لتحسين الحالة الإنسانية والبيئة ورفاهة الحيوان دون الانخراط في طقوس معقدة. ومن ثم، يوافق الله عليهم ويدعمهم في الوفاء بواجباتهم في العبودية.

إن شروط الدعاء في طلب العبد من الله لابد أن تتوافق مع العيش الصالح واكتساب الصفات الإلهية على طريق الكمال، وبالتالي فإن اختيار الآمال والأهداف الطيبة بما يتفق مع أسماء الله وصفاته من أجل الكمال التدريجي للعبد هو أمر مثالي. إن إجابة دعاء العبد تستلزم إزالة العوائق من الطريق لتسهيل رحلة العبد نحو أهدافه، طالما أن الطلب والدعاء يرفعان من روح الإنسان ويشجعان على الأعمال الإيجابية التي تمجد الله في الحياة.

إن الممتلكات المادية لا تحمل أهمية كبيرة بالنسبة للأفراد الروحيين الذين يتسمون بالإيثار والمثالية، ولديهم أهداف وقيم نبيلة، وهم يقبلون المسؤولية بسهولة.

إن الطلبات التي يتم تقديمها في دعاء الصلاة يجب أن تتوافق مع قوانين الطبيعة وألا تكون مستحيلة فكرياً. على سبيل المثال، قد تكون الصلاة من أجل شفاء جميع المرضى فعالة إذا كانت تتضمن البحث عن علاج طبي أو اكتشاف علاج أو لقاح وقائي من قبل العلماء، ولكن مجرد الصلاة باللغة العربية من أجل الشفاء قد لا تؤدي إلى النتيجة المرجوة. وبالمثل، لا يمكن للصلاة أن تمنح مؤهلات لم يكتسبها المرء من خلال التعليم والجهد، ولا يمكنها علاج الأمراض المستعصية أو تغيير الظواهر الطبيعية، مثل جلب المطر إلى مجرى نهر جاف مثل زاينده رود في أصفهان. في حين أن الصلوات من أجل المطر، أو تخفيف الديون، أو الشفاء، أو النصر في النزاعات شائعة، فإن فعاليتها تعتمد على توافقها مع القوانين الطبيعية و

العنايةالإلهية وما نحن على استعداد لفعله حيال ذلك إما فردياً أو جماعياً.

اللهالذي هو أقرب إلينا من حبل الوريد (16/50) والذي يعرف كل رغبة لدينا،وله دائماً مكان في قلوبنا، وخاصة في القلوب المنكسرة، يحقق رغباتناالمادية والروحية المكتسبة من خلال توفير الظروف الممتعة قبل أن نعرفحتى أن نلجأ إليه.

إنهيعلم، بل إنه زرع في أفكارنا وأرواحنا رغباتنا السامية في الحياة المتعلقةبمستقبلنا حتى يحدث تحولاً في روحنا ونفسنا، فنفكر فيها تدريجياًونقبل تلك الفكرة على أنها خاصة بنا؛ على سبيل المثال، أريد أن أصبحطبيباً. (تجربة شخصية) إنه يجعلني أتوق إلى هذه الرغبة يوماً بعد يوم وهذهالمرة بجهودي الخاصة التي قبلت فيها خطة الله لخلقي ودعوته، وبعد سنواتعديدة من العمل الجاد والتغلب على العقبات المختلفة بمساعدة اللهالمستمرة، يتم الرد على صلاتي أخيراً، وأصبح طبيباً (الصبر القرآني). في الواقع، هنا، بعد خلق هذه الفكرة في روحي وعقلي من قبل الله وإجابتي الأولية،تدفعني نار العاطفة تدريجياً إلى الأمام. وبهذه الطريقة، تصبح الحالاتالعقلية من الخوف من عدم القدرة على النجاح، والأمل في النجاح بالثقةفي الله، والسعي المستمر لتحقيق هذه المهمة ممكناً (لا ألم، لا ربح).

لذلكفإن الدعاء والإجابة طريقان متقابلان، وهذا المثال ينطبق على كلجوانب الحياة.

منالواضح أنه في القيام بأشياء غير إلهية وغير إنسانية وسيئة، والتي بسببهبة الإرادة الحرة وعدالة الله، حتى لو استجبنا للإغراءات الشيطانية بالجهداللازم على الطريق الملتوي، فإننا لا نزال نحقق هدفنا إلى حد ما، ولكنهنا الكون غير مهيأ لتسهيل عملنا لأنه في النهاية يسبب الضلال والعذابالذي سنختبره في هذا العالم (يتطلب أحياناً البصيرة لتحقيقه) وحتىفي

لذلك، وبسبب هبة الإرادة الحرة التي منحها الله للإنسان، فإن الأمر متروك للإنسان للإجابة على طريق الله أو دعوة التأثيرات الشيطانية.

بالطبع، لقد استثنى الله قوانين الطبيعة الثابتة لأسباب معينة، ومن الممكن أن تستجيب دعاء بعض الناس العاجل في حالات الطوارئ على الفور، مثل عبور النبي إبراهيم بسلام عبر النار، وحمل السيدة مريم بالسيد المسيح، ونطق المسيح في المهد وإحياء الموتى بيده، وتحويل عصا النبي موسى إلى تنين، وفتح البحر لبني إسرائيل للعبور والهروب من جيوش فرعون، وإضاءة يد موسى، وولادة يحيى من زكريا العجوز وزوجته العجوز، ونوم أصحاب الكهف وإبقائهم آمنين لأكثر من ثلاثمائة عام في الكهف، ونزول الوحي على محمد مصطفى (عليه السلام) اليتيم الأمي في منطقة نائية من الصحراء العربية لهداية جميع الناس في العالم. إن القرآن الكريم، لأسباب مختلفة معروفة وبعضها لا يزال مجهولاً، يعد من أعظم المعجزات، كالفصاحة، وخلوه من الأخطاء النحوية، وغير ذلك، ولكن اكتشاف رشاد خليفة في إثبات ثبات هذا الكتاب وعدم إنسانيته، شفره بالرقم 19 بطرق عديدة، ومواضيع تاريخية وعلمية وإنسانية عن الماضي والحاضر والمستقبل، وهي خارج نطاق هذه الكتابة، ولكن كتبت مئات المقالات والكتب حول هذه المواضيع.

هناك العديد من المواضيع العلمية التي لم تكن معروفة عند نزول القرآن الكريم فحسب بل حتى الآن، وبدأت البشرية والعلم يدركونها تدريجيا، مثل الانفجار الكبير وولادة العالم ونهايته الموصوفة في القرآن الكريم، والتي تتوافق مع الاكتشافات الجديدة في الفيزياء وعلم الكونيات الحديثة.

ولنعد إلى موضوع الدعاء الذي تحدثنا عنه، فنحن جميعاً نشهد أن الله تعالى بفضله ورحمته وتوفيقه،

يعيش بطريقة معجزية، وقد أعطى إجابة مواتية لصلوات الناس المجتهدين والعمال المحبين للإنسانية بأفكار ملهمة لأشخاص مؤهلين، بما في ذلك على سبيل المثال لا الحصر: المفكرين ومؤسسي محو الأمية العامة وإنشاء المدارس والجامعات والديمقراطية والجمهورية والتصويت العام والمساواة بين الرجل والمرأة والأطباء والعلماء مع مكتشفي الميكروبات والمضادات الحيوية والفيروسات واللقاحات والحمض النووي، ....، مخترعي آلة الطباعة والكهرباء والهاتف ومحرك الديزل والسيارة والطائرة والذرة والحاسوب والراديو والتلفزيون والإنترنت والهاتف الذكي ومحركات البحث على الإنترنت مثل جوجل والتمويل العام وقبل كل شيء ولادة الذكاء الاصطناعي. بالطبع، صلوات المنكوبين والعاجزين والآباء والأمهات والأشخاص الشرفاء للآخرين يتم الرد عليها أحياناً في وقت أبكر من المعتاد، أشبه بالمعجزة. في بعض الأحيان قد تتجلى استجابة الصلوات في أحداث ومصاعب كارثية من شأنها أن تسبب تغييرات جذرية في حياتنا، مما يجعل من الممكن الوصول إلى هدفنا المنشود.

إن الأدعية التي رويت عن الأئمة والمتعارف عليها بين الشيعة غالباً ما يكون لها جوانب معنوية وتربوية، وينبغي أن نتخذها درساً (أنموذجاً) في الحياة.

في الصلاة يجب أن ندعو الله فقط ولا نلجأ إلى علاقة أو وسيط للتواصل معه، لأنه حسب القرآن:

البقرة 2/186: "وإن عبادي استغاثوا بي منكم فإني قريب أجيب دعوة الداع إذا دعان فليسألوني وليؤمنوا بي لعلهم يرشدون" (ينهى الله عن الدعاء عن طريق الوسطاء).

وفي سورة ق 60/40: ﴿ادعُوُني أَسْتَجَبِ لْكُمُۡ﴾ (بلا واسطة).

يقول سورة النمل 62/27: {والله هو الذي يجيب المضطر إذا دعاه ويكشف السوء ويجعلكم خلفاء في الأرض}.

إن العجز والدعاء والإلحاح يزيدان من احتمال إجابة الدعاء.

"وقد أكدت الرعد 13/14: ""فإن الله هو الذي تكون دعوته حقة، والذين يدعون من دونه لا يستطيعون أن يجيبوا لهم حاجة عند دعوتهم"".".

الأحقاف 6/46-5 سؤال: "ومن أخطأ ممن دعا غير الله فلم يجيبه إلى يوم القيامة وهم عن دعائهم غافلون، وإذا حشر الناس كانوا لهم عدوا وهم بعبوديتهم كافرون".

في آيات كثيرة يقول الله: "أنا معك دائماً، وأدرك ما يحدث بداخلك واحتياجاتك حتى قبل أن تدركها أنت. ادعني وسأجيبك، لست بحاجة إلى وسيط: الله يستجيب عندما يناديه شخص عاجز بطلب".

وتؤكد سورة الأحقاف 9/46: {يا أيها النبي قل ما أنا من المرسلين لا أدري ما يصيبني ولا ما يصيبكم إن أتبع إلا ما يوحى إلي وما أنا إلا نذير مبين}.

يقول يونس 49/10: (لا أملك لنفسي نفعاً ولا ضراً إلا ما شاء الله...)

"الزمر 44/39 يؤكد: ""الشفاعة والمغفرة خاصتان بالله"".".

ويحذر قاهر 50/40: {... ومَا تجَدِ دُعَاءُ الّذينَ كَفَرُوا إلّا خوَفْاً }

في مقطع فيديو على اليوتيوب، ينصح أحد رجال الدين بأنه "عند الدعاء يجب أن نسأل الله بصمت ودعاء وسرية وليس بتكبر كالدائئن".

يجب علينا أن نشارك الله في طلبنا (الأعراف 180/7) بذكر الأسماء الحسنى التي لها علاقة بموضوع الدعاء، وأن نكون صادقين في طلبنا ونعلم أن الله يستجيب دعاء المضطر عاجلاً غير آجل. ومن الواجب علينا بالطبع أن نقوم بما يلزم من الدعاء، حتى تزداد احتمالات إجابته، فضلاً عن الصبر القرآني لنرى النتيجة.

وقد يضطر الإنسان في بعض الأحيان لتحقيق دعائه أن ينزل الله عليه مصيبة تكاد تهلكه في إقامة الطريق المنشود، ولأن العبد لا يعلم ذلك فإنه يصاب بخيبة الأمل ويتوقف عن متابعة حلمه (استمرار نشاطه) خطأ، أو قد يعتبر الإنسان أن النجاح في تحقيق هدفه هو نتيجة جهده ومعرفته، فيهمل ذكر الله والشكر اللازم حسب طلب الدعاء، وفي هذه الحالة يحرم تدريجيا من ثواب الدعاء في الدنيا أو في الآخرة.

ولنتذكر أن كل ما نقوم به من أعمال إيجابية وخير هو برضى الله ورحمته وبركاته، فإذا نسينا هذا الأمر فإننا نعتبر كافرين وكفاراً، وقد يضيع دعاءنا التالي.

تقول سورة الشورى 20/42: {ومن كان يريد حرث الآخرة نزد له حرثه ومن كان يريد حرث الدنيا نؤتها وما له في الآخرة من خلاق}.

يقول هود 15/11: {من كان يريد الحياة الدنيا وزينتها نوفي إليه أعماله في الدنيا وهو غير منقوص}.

إن السعي وراء المال والكماليات الدنيوية يؤدي إلى نتائج (عدل الله والجزاء الدنيوي)، ولكن المال وثروته لن ينفعه في الآخرة.

وتقول النساء 134/4: (من أراد مصالح الدنيا فليعلم أن مصالح الدنيا والآخرة عند الله...)

لذلك ففي الصلاة بحسب جهدك ورغباتك، فإن كانت دنيوية حصلت على النتيجة بقدر رغبتك ونشاطك وجهدك لا أكثر ولا أقل، وإن كانت لديك رغبة وأعمال نبيلة حصلت على مكافآت متعددة في الدنيا والآخرة.

الإسراء 18-20/17 يقول تعالى: {من كان يريد الحياة الدنيا نعجل له فيها ما نشاء لمن نشاء ثم جعلنا له جهنم يدخلها ملوماً مدحوراً-19- من أراد الآخرة وسعى لها سعيها وهو مؤمن فأولئك كان سعيهم مشكوراً-20- كلاً نمد هؤلاء وهؤلاء من عطاء ربك وما كان عطاء ربك محظوراً-21- انظر كيف فضلنا بعضهم على بعض وللآخرة أكبر درجات وأكبر تفضيلاً-22-...الخ}

"الزمر 49/39 تحذر: """وإذا مس الإنسان الضر دعانا فإذا آتيناه نعمة منا قال إنما أوتيتها على علم ألا فتنة وأكثرهم لا يعلمون""".

ومن أهم آثار تلاوة الأدعية الشعبية أنهم إذا فهموا معنى ما يقولونه فهموا ما يقصدونه.

إنمعرفة المزيد عن سر العلاقة بين الله والإنسان وحاجته وعاطفته، من أهمهذه الصلوات التي وردت في الصحيفة السجادية للإمام الرابع من أئمةالشيعة (ابن الإمام الحسين وحفيد النبي). كما أن الصلاة الجميلة الطويلةلكميل بن زياد تنص بوضوح على النعم المختلفة والذنوب المختلفة والعقوباتالمرتبطة بها، أي علاقة السبب والنتيجة في نظام الله. ولو انتبه قراءهذه الصلاة التي تقام جماعياً في المساجد في ليالي الخميس وفهموا معنىما يقولونه، لامتنعوا عن كثير من المحرمات. على سبيل المثال، إليكاقتباس من دعاء كميل: "اللهم اغفر لي الذنوب التي تمزق الضمانات! اللهاغفر لي الذنوب التي تجتذب الأعداء! الله اغفر لي الذنوب التي تغير النعم!الله اغفر لي الذنوب التي تقطع الآمال. الله اغفر لي الذنوب التي تدعوإلى البلاء والمرض. الله اغفر لي الذنوب التي تمنعنا من الصلاة (معنى الدعاءالحقيقي للقلب المنكسر سيستُجاب، أو تمنعنا من طلب هدف أعلى) الله اغفر لي كل ذنب ارتكبته وكل خطأ ارتكبته". إن الآية السابقة تبين أن للذنوبعواقب مختلفة قد تستمر مدى الحياة (الكارما، قانون الفعل ورد الفعل) ويعاني الخاطىء من عواقب ومتاعب طويلة الأمد بسبب ارتكابها (روحية،جسدية، مادية، اجتماعية، في الآخرة، إلخ)، وإذا لم تتح له الفرص الكافيةفي هذا العالم، فقد تنزل العقوبة بأولاده، ومن تلك الذنوب إهانة الآخرين،والذنوب التي تسبب كراهية الآخرين، والذنوب التي تسلب نعمة اللهمن الخاطىء وتتركه في حضن البؤس والذل، والذنوب التي تسبب مصائبوأمراض طويلة الأمد مثل الكسل والإفراط في الأكل والتدخين والإدمان،إلخ، أو الكوارث الطبيعية مثل الفيضانات والزلازل والجفاف والعواصفوالأمراض المعدية العامة التي لا علاج لها. بعض الذنوب تظلم النفسلدرجة أن الإنسان لم يعد لديه القدرة على التفكير السليم والتصرف بشكلصحيح، والسير على طريق الشر، وعمق سواده و

إنالشر يتزايد يوما بعد يوم، والجملة الأخيرة تشير إلى أنه في حالة الندم والتوبةفإن الله يغفر لنا ذنوبنا وأخطائنا (الخطايا غير المقصودة) إذا طلبنا المغفرةوتجنبنا تكرارها.

الدعاءالقرآني نموذجاً يحتذى به

وفيالقرآن الكريم الكثير من الأدعية من أنبياء الله والأولياء والحكماء، والتيينبغي أن تكون نموذجاً لنوع طلباتنا، لأنها تبين كيف ولأي نوع من الطلباتوالرغبات ينبغي أن ندعو الله حتى تكون احتمالات الإجابة أكبر.

باختصارطلب الأنبياء الإلهيون وأصحاب الحكمة والبصيرةمن الله:

حكمة: في اختيار العمل، والصبر القرآني في الشدائد، والصدق في القولوالفعل، وصدق الشهادة خاصة وإن كان على حسابنا، والوفاء بالوعد، والفكرالطيب الذي يتبعه القول الطيب فيترتب عليه العمل الصالح، لأن الكلامالصادق الرفيع الخالص يصعد والعمل الصالح الناتج عنه يرفع قيمته (فاطر35/10). الدعاء إلى الله بالتوفيق في عمل الصالحات الباقيات وترك السمعةالطيبة بعد الموت، والزوجات الصالحات الفخورات، والأبناء، والذريةالصالحة التي تكون قدوة للناس، والأصدقاء الحكماء الذين يساعدونعلى النمو الروحي، وزيادة المعرفة، والقلب النقي الكريم الرحيم، والهدايةإلى طريق مستقيم والحياة المتوازنة، وقبول التوبة، وطلب الشرف والشكرعلى النعم.

حماية: من شر وغواية الشياطين والجن (كل ما لا نعلمه بما في ذلك الإنسان) والانس (البشر الذين نعلمهم) والضلال والزيغ والنساء والأطفال الظالمينوالأصدقاء والأصحاب الظالمين والضالين والحسد

من الحسد، وقسوة القلب، والكذب وخاصة شهادة الزور، والشرك، والدعارة،والفجور وانتهاك القانون، والفكر الخاطئ وأفكار الشكوك، والغضب في غير محله، وأخيرا نار الجحيم.

مغفرة: عن الذنوب الظاهرة والسرية، عالماً بها أو جاهلاً، صغيراً كان أو كبيراً، كان أو غير ذلك، ستر الذنوب عن النفس وعن الآخرين، ستر العيوب، ما نسيت من الخير، أو قصرت في ما كان ينبغي لي أن أفعله بعذر كالجهل أو الخوف أو الكسل أو الضعف، النفاق في فعل الخيرات، الكبر والعجب، سألتك عما لم أعلمه في الصلاة ولم يكن في مصلحتي، انتهكت حقوق الناس علمت أو لم أعلم، وأخيراً اليأس: من المستقبل، وقبول التوبة، والمغفرة، والرحمة الإلهية. طلب المغفرة للآخرين، وخاصة الوالدين، والمؤمنين، والمسلمين. الاعتماد على الله وحده والإيمان بإله واحد.

آيات الدعاء القرآنية حسب ترتيب السور:

البقرة 127/2: (إذ رفع إبراهيم وإسماعيل القواعد من البيت ربنا تقبل منا إنك أنت السميع العليم) إبراهيم وإسماعيل في بناء الكعبة

البقرة 128/2: ربنا اجعلنا مسلمين لك ومن ذريتنا أمة مسلمة لك وأرنا مناسكنا وتب علينا إنك أنت التواب الرحيم. (سؤال إبراهيم من الله لذريته وأنصاره)

البقرة 201/2: ... ربنا آتنا في الدنيا حسنة وفي الآخرة حسنة وقنا عذاب النار (أدعية الحجاج والنبي صلى الله عليه وسلم أثناء مناسك الحج)

البقرة2/250: ... ربنا أفرغ علينا صبراً وثبت أقدامنا وانصرنا على القوم الكافرين(دعاء جيش طالوت في حرب جالوت).

البقرة2/286: لا يكلف الله نفساً إلا وسعها لها ما اكتسبت وعليها ما اكتسبت.ربنا لا تؤاخذنا إن نسينا أو أخطأنا. ربنا ولا تحمل علينا إصراً كما حملته على الذين من قبلنا. ربنا ولا تحملنا ما لا طاقة لنا به. اعف عنا واغفر لنا وارحمنا أنت مولانا فانصرنا على القوم الكافرين. (الأنبياء الإلهيون).

آل عمران 3/8: ربنا لا تزغ قلوبنا بعد إذ هديتنا وهب لنا رحمة إنك أنت الكريم.

آل عمران 3/9: ربنا إنك جامع الناس ليوم لا ريب فيه إن الله لا يخلف الميعاد.(رجال حكماء من المؤمنين)

آل عمران 3/63: الذين يقولون ربنا آمنا فاغفر لنا ذنوبنا وقنا عذاب النار.

آل عمران 3/26: قل: اللهم مالك الكون تؤتي الملك من تشاء وتنزع الملك ممن تشاء وتعز من تشاء وتذل من تشاء بيدك الخير إنك أنت المتصرف في كل شيء. (خطاب الله لليهود في عهد النبي)

آل عمران 3/38: فدعا زكريا ربه قال رب هب لي من لدنك ذرية طيبة إنك سميع الدعاء. (زكريا)

آل‌عمران 53/3: ربنا آمنا بما أنزلت واتبعنا الرسول فاكتبنا مع الشاهدين.

آل‌عمران 147/3: وما كان قولهم إلا أن قالوا ربنا اغفر لنا ذنوبنا وإسرافنافي أمرنا وثبت أقدامنا وانصرنا على القوم الكافرين.

آل‌عمران 192/3: ربنا إنه من تدخله النار فقد أخزيته وما للظالمين من أنصار.

آل‌عمران 194/3: ربنا وآتنا ما وعدتنا على رسلك ولا تخزنا يوم القيامة إنك‌لا تخلف الميعاد.

النساء75/4: ... ربنا أخرجنا من هذه القرية الظالم أهلها واجعل لنا من لدنك‌وليا واجعل لنا من لدنك نصيرا. (دعوة المستضعفين من النساء والأطفال‌تحت ضغوط الكفار للخروج من مكة)

المائئدة83/5: ربنا آمنا فاكتبنا مع الشاهدين

الأنعام162/6: قُلْ إِنَّ صَلَاتِي وَنُسُكِي وَمَحْيَايَ وَمَمَاتِي لِلَّهِ رَبِّ الْعَالَمَينَ.(تعليم الله للنبي)

الأعراف23/7: قالوا ربنا ظلمنا أنفسنا وإن لم تغفر لنا وترحمنا لنكونن من‌الخاسرين. (آدم وحواء)

الأعراف47/7: ... ربنا لا تجعلنا مع الظالمين (أهل الجنة يوم القيامة حين يرون أهل النار)

الأعراف89/7: ... ربنا افتح بيننا وبين قومنا بالحق وأنت خير الفاتحين. (شعيب وأصحابه من الكفار)

الأعراف126/7: ... {رَبَّنَا أَفْرِغْ عَلَيْنَا صَبْرًا وَتَوَفَّنَا مُسْلِمِينَ} (السحرة عند فرعون بعد إيمانهم بإله موسى)

الأعراف155/7: .... أنت مولانا فاغفر لنا وارحمنا وأنت خير الغافرين.

موسى وسبعون رجلاً من قومه من عبدة العجل الذين ماتوا في الزلزال.

الأعراف188/7: قلْ لا أَمْلِكُ لِنَفْسِي نَفْعًا ولا ضَرًّا إلّا ما شاءَ اللّهُ ولَوْ كنْتُ أَعْلَمُ الْغَيْبَ لَا اكْثَرَتُ خَيْرًا وما أَصَابَنِي ضَرٌّ إنِّمَّا أنَا نذِيرٌ وبَشِيرٌ لِقَوَمٍ يُؤْمِنُونَ (يخاطب الله النبي)

التوبة53/9 قلْ أَنفِقِوُا طوَعًا أَوْ كَرَهًا لنَ يُقْبَلَ مِنكُّمْ وإنِ كُنْتُمْ كَثِيرًا

التوبة129/9: ... فإن تولوا فقل حسبي الله لا إله إلا هو عليه توكلت وهو رب العرش العظيم. (خطاب للنبي بالتوكل على الله)

يونس49/10: قلْ لا أمَلِكُ لِنفَسْي ضرًّا ولا نفَعًا إلّا ما شاءَ اللّهُ.

سورةاليونس 85-86/10: قالوا على الله توكلنا ربنا لا تجعلنا فتنة للذينظلموا (85) ونجنا برحمتك من القوم الكافرين (86) (قوم موسى الذينآمنوا)

هود 47/11: قال رب إني أعوذ بك أن أسألك ما ليس لي به علم وإلا تغفرلي وترحمني لأكونن من الخاسرين

طلبنوح المغفرة بعد أن طلب من الله أن ينقذ ابنه الذي لا يستحقه، يقولالله لنوح أنه ليس من عائلتك، إنه فعل لا يستحقه، فلا تطلب مني شيئاًليس لديك علم به، أنصحك ألا تكون جاهلاً

يوسف101/12: أنت وليي في الدنيا والآخرة توفني مسلما وألحقني بالصالحين.(يوسف)

الرائد13/27:... قلْ إنّ اللهَّ يضُلُّ منَ يْشَاءُ وَيَهْدِي منَ يْنُيبَ

إبراهيم38/14: ربنا إنك تعلم ما نخفي وما نعلن وما يخفى على الله منشيء في الأرض ولا في السماء. (دعاء إبراهيم في هاجر وإسماعيل)

إبراهيم40/14- 41: رب اجعلني مقيم الصلاة ومن ذريتي ربنا وتقبل دعاءربنا تغمدنا برحمتك ووالدي والمؤمنين يوم يقوم الحساب

الأسراء17/80-: قلُ ربِّ ادخلني من باب الحق واخرجني من باب الحقواجعل لي من لدنك سلطاناً نصيرا. (محمد)

الكهف10/18: إذ أوى الفتية إلى الكهف قالوا ربنا آتنا من لدنك رحمة وأعنا من أمرنا رشدا. (الفتيان المؤمنون الذين أووا إلى كهف الكهف)

الكهف73/18: قَالَ لَا تُؤَاخِذْنِي بِنِسُيَانِي وَلَا تُعُارِضْ عَلَيَّ عسَرًا (موسى)

مريم6/19-4: في صلاته: قال ربي إني وهن العظم مني واشيب شعري ولم أكن في دعائك ربي شقيا وإني خائف من القربى من بعدي وكانت امرأتي عقيما فهب لي من لدنك وليا يرثني ويرث من آل يعقوب ويرضيه ربي.

طه25-28/20: قال رب اشرح لي صدري ويسر لي أمري واحلل عقدة من لساني يفقهوا قولي (موسى)

طه114/20 ... رب زدني علما (يخاطب محمدا: لا تتعجل في قراءة ونزول الآية قبل أن تتحقق، وقد أحكمتها، وقل: اللهم زدني علما).

الأنبياء83/21: وأيوب إذ نادى ربه أني مسني الضر وأنت أرحم الراحمين.

الأنبياء84/21: فاستجبنا له فكشفنا ما به من ضر وآتيناه أهله ومثلهم معهم رحمة منا وذكرى للعابدين. (أيوب)

الأنبياء87/21: واذكر ذو النون إذ خرج مغضبا ظن أن لن نشقى عليه فنادى من الظلمات أن لا إله إلا الله وحده لا شريك له

إلاأنت إنك أنت السميع العليم إني كنت من الظالمين (يونس في بطن الحوت)

الأنبياء89/21: وزكريا إذ نادى ربه رب لا تذرني فردا وأنت خير الوارثين. (دعاء زكريا للولد في الكبر)

المؤمنون28/23: ﴿وإذا استويت أنت ومن معك في الفلك فقل الحمد لله‌الذي نجانا من القوم الظالمين﴾ قال الله لنوح: بعد أن تكون في سفينة النجاة،ادع أنت ومن معك بهذا الدعاء للشكر.

المؤمنون29/23: وقل رب أنزلني نزلا مباركا وأنت خير المنقولين. (نوح‌في السفينة)

المؤمنون97-98/23: قلُ ربِّ‌أعوذ بك من نزغات الشياطين وأعوذ بك‌ربِّ‌أن يحضروني (98) (محمد)

المؤمنون109/23: إنه كان من عبادي من يقول ربنا آمنا فاغفر لنا وارحمناوأنت خير الراحمين. (خطاب للمؤمنين والصابرين)

المؤمنون118/23: قلُ رب اغفر لي وارحمني وأنت خير الراحمين. (خطاب‌إلى محمد)

الفرقان65/25: الذين يقولون ربنا اصرف عنا عذاب جهنم إن عذابها كان‌باقيا.

الفرقان74/25: والذين يقولون ربنا هب لنا من أزواجنا وذرياتنا قرة أعين‌واجعلنا للمتقين إماما.

الشعراء83-89/26: {ربِّ هبْ لي حكِمْاً وألحْقِني بِالصّالحِينَ(83) واجعْلَ لي حسَنًا فِي الآخرِينَ(84) واجعْلني مِنَ المْحُسِنِينَ(85)}

اغفرلأبي إنه كان من الضالين (86) ولا تخزني يوم يبعثون جميعا (87) يوملا ينفع مال ولا بنون (88) إنما ينجو من أتى الله بقلب سليم (إبراهيم)

الشعراء169-171/26: ربِّ نجِّني وأهْلِي مِمّا يعَمْلُونَ(169) فأنجْيْناهُ وأهْلهُ أجمْعَينَ(170) إلّا عجوزاً مِنَ الغْابِرِينَ(171) (لوط)

النمل19/27: فتبسم ضاحكاً من قولها وقال رب أوزعني أن أشكر نعمتك التي أنعمت علي وعلى والدي وأن أعمل صالحاً ترضاه وأدخلني برحمتك في عبادك الصالحين. (سليمان)

النمل59/27: قلُ الحْمَدْ لِلَّهِ وسلَامْ علَى العْبِادِ الذِّينَ اصطَفَى أَاللَّهْ خيَرٌّ أمَّ منَ تْشُرْكِونَ

النمل62/27: أو من أجاب دعوة المضطر إذا دعاه فكشف عنه الضر... (دعاء المضطرين)

القصص16/28: قال رب إني ظلمت نفسي فاغفر لي فغفر له إنه هو الغفور الرحيم. (موسى)

العنكبوت30/29: قال رب انصرني على هذه الطائفة المفسدة.

الأحزاب33/3: توكل على الله وكفى بالله وكيلا. (خطاب إلى محمد)

الزمر39/44: قلْ إِنَّمَا الشَّفَاعَةُ لِلَّهِ لَهُ مُلْكُ السَّمَاوَاتِ وَالْأَرْضِ ثُمَّ إِلَيْهِ تُرْجَعُونَ (تحذير للمشركين)

غافر40/3: غافر الذنب وقابل التوبة شديد العقاب ذو الرحمة الواسعة لا إله إلا هو إليه المصير. (إله القرآن)

كلمة ذنب هي نوع من الذنوب التي لها عواقب طويلة الأمد، وغافر هي الغفران والمطهر والممحو لآثار السيئات.

غافر40/7-9: الذين يحملون العرش ومن حوله يسبحون بحمد ربهم ويؤمنون به ويستغفرون للمؤمنين ربنا وسعت كل شيء رحمة وعلما فاغفر للذين تابوا واتبعوا سبيلك وقهم عذاب الجحيم (7) ربنا أدخلهم جنات عدن التي وعدتهم ومن صلح من آبائهم وأزواجهم وذرياتهم إنك أنت العزيز الحكيم (8) قهم سيئات يوم القيامة ومن تُقِ سيئات يومئذ فقد رحمه وذلك هو الفوز العظيم (9) (دعاء الملائكة للمؤمنين)

الدخان44/12: ربنا اكشف عنا هذا العذاب إنا مؤمنون (المكذبون يوم القيامة بعد رؤية النار)

الأحقاف46/15: ووصينا الإنسان بوالديه إحسانا حملته أمه كرها ووضعته كرها وحملته وأرضعته ثلاثين شهرا فلما بلغ من العمر ثلاثين شهرا **بلغ سن الرشد الكامل وبلغ الأربعين سنة،** يقول رب أوزعني أن أشكر نعمتك التي أنت راضٍ عنها

"اللهم أنعم علي وعلى والدي وأن أعمل صالحاً ترضاه وأصلح من ذريتي إني تبت إليك وأنا من المسلمين" (دعاء الطفل للوالدين)

الفتح 48/2: ليغفر لك الله ما تقدم من ذنبك وما تأخر ويتم نعمته عليك ويهديك صراطاً مستقيماً. (مخاطباً محمداً)

الحشر 59/10: والذين جاءوا من بعدهم يقولون ربنا اغفر لنا ولإخواننا الذين سبقونا في الإيمان ولا تجعل في قلوبنا غلا للمؤمنين ربنا إنك رؤوف رحيم (المؤمنون من بعد المهاجرين والأنصار)

الممتحنة 60/4-5: لقد كانت لكم أسوة حسنة في إبراهيم والذين معه إذ قالوا لقومهم إنا كفرنا بكم ومما تعبدون من دون الله كفرنا بكم وبدا بيننا وبينكم العداوة والبغضاء أبدا حتى تؤمنوا بإله واحد إلا قول إبراهيم لأبيه لأستغفرن لك وما أغني عنك من الله شيئا ربنا عليك توكلنا وإليك أنبنا وإليك المصير (4) ربنا لا تجعلنا فتنة للذين كفروا واغفر لنا ربنا إنك أنت العزيز الحكيم (5) (إبراهيم)

التغابن 64/11: ما أصاب من مصيبة إلا بإذن الله ومن يؤمن بالله يهد قلبه والله بكل شيء عليم.

التحريم 66/8: يا أيها الذين آمنوا توبوا إلى الله توبة نصوحا عسى ربكم أن يكفر عنكم سيئاتكم ويدخلكم جنات تجري من تحتها الأنهار يوم لا يخيب الله النبي والمؤمنين

الذين معه يسعى نورهم بين أيديهم وعن أيمانهم يقولون ربنا أتمم لنا نورنا واغفر لنا إنك على كل شيء قدير (النبي وأصحابه يوم القيامة)

التحريم 11/66: ضرب الله مثلا للمؤمنين امرأة فرعون إذ قالت رب ابن لي عندك بيتا في الجنة ونجني من فرعون وعمله ونجني من القوم الظالمين (امرأة فرعون)

نوح 26-27/71: وقال نوح رب لا تذر على الأرض من الكافرين ديارا (26) إن تذرهم يضِلُّوا عبادك ولا يلدوا إلا فاجرا كفارا (27) (طلب نوح من الله)

نوح 28/71: رب اغفر لي ولوالدي ولمن دخل بيتي مؤمنا وللمؤمنين والمؤمنات ولا تزد الظالمين إلا تبرا. (دعاء نوح)

القيامة 13/75: يَوْمَئِذٍ يُنَبَّأُ الإِنسَانُ بِمَا قَدَّمَ وَأَخَّرَ.

في ذلك اليوم يعلم الإنسان ما قدم في حياته وما بقي من أعماله الصالحة والسيئة (أعماله بعد الموت)، ويبدو أن الآثار الطويلة الأمد لأعمال الإنسان الصالحة والسيئة في الأجيال والعصور اللاحقة تحسب له.

انفتار 5/82: ثم تعلم النفس ما قدمت وما أخرت.

(وإذا علمت كل نفس ما عملت من خير وشر قبل ذلك ومن بعده)

الفلق 113/5-1 قلُْ أَعُوذُ برِبّ الفَْجَرِْ (1) منِ ْشرَّ المَْبُنْيِن َ(2) منِ ْشرَّ فاَسقِ إذِاَ نبَغَ َ(3) منِ ْشرَّ المُْثْنَابقِِين َ(4) ومَنِ ْشرَّ حَاسدِ إذِاَ حسَدَ َ(5)

الناس 114/6-1: قلُْ أَعُوذُ برِبّ النّاسِ (1) ملَكِ النّاسِ (2) إلِهَِ النّاسِ (3) منِّ ْشرَّ الوَْسوَْاسِ الخْنَّاسِ (4) الذَّي يوُسوَْسُ فِي صدُُورِ النّاسِ (5) إنِْ كاَن َمنِ َالجْنِّ وَالإْنِسِْ

في تجربتي، فإن الشر والشيطان الأكثر أهمية هو الأنا غير الناضجة لدينا،والتي بسبب المعرفة المحدودة بالدين، وعدم الثقة في الله والسعي وراءالسلطة، والخوف من الفقر، وانعدام الأمن في المستقبل المجهول، تقدمأعذاراً ذات صلة تمنعها من القيام بالأعمال الصالحة.

آل عمران 3/39-35: قالت زوجة عمران في صلاتها إلى الله: "يا رب، لقدنذرت لك ما في بطني حتى أخدمك بطريقتك، سيكون خالياً من أي تعلقأو اعتماد". لذلك، عندما ولدت ابنة، أعجبت بأنها غير قادرة على الخدمةفي الكنيس وسماها مريم. اعتنى زكريا بمريم وكلما أتته، كانت مريم لديهارزق جيد. سأل، "من أين يأتي؟" قال الله أن يسوع والرزق الجيد سيأتيان إلى مريم من الله. كان في هذا الجو الروحي أن يطلب زكريا من الله أنيعطيه طفلاً طاهراً من جانبه (يطلب معجزة لمهمة مستحيلة على الرغم منكبر سنه وزوجته الشديد) أنك أنت حقاً من يسمع الصلاة. أخبر الملائكةزكريا، الذي كان واقفاً عند مذبح الصلاة، عن ولادة **يحيى الذي سيؤكدكلام الله (يسوع)** نبيل، تقيٌّ، ونبيٌّ من أنبياء الله الصالحين. علمّ الله يحيى الحكمة والشعار منذ الصغر ونصحه بأخذ التوراة على محمل الجد. كان يحيى يحظى بحب الله وعطفه، وكان نقيّ الخلق، تقياً، ولطيفاً جداً مع والديه،وكان يحبة كثيراً.

ولم يكن متسلطاً ولا عاصياً(مريم 12/19)، وكان من صالحي ذلك الزمان (الأنعام6/58)، وكان والداه رائئدين في الأعمال الصالحة المتواضعة الممزوجةبالخوف والرجاء في صلاة الرب.

قال زكريا رب أنى يكون لي ولد وقد بلغني الكبر وامرأتي عاقر قال يفعل اللهما يشاء (آل عمران 40/3)

الفصل6:
صلاة

الصلاةمن أهم العبادات، وهي الركن الأساسي من أركان الإسلام، وهي تعنيإقامة اتصال فعال مع الله والتواجد في حضرته.

ومنالمؤسف أنه في إيران، كما لاحظت، حدث تحولان في تبني الصلاة،فبدلاً من "إقامة علاقة قلب وعقل وعمل واستراتيجية مع الله"، تحولتإلى مجرد تلاوة آيات قرآنية اعتيادية، دون الاهتمام بمعانيها من قبلمعظم الأفراد، إن لم يكن جميعهم، من المصلين.

ومنالمؤسف أن الصلاة في وقتها في الأماكن العامة، ومد حرف الياء في"ولز زعل لين"، و"ندبة ختم المصلي" على الجبهة، وأحياناً وجود "خصلة منالشعر" أصبحت علامات ظاهرية يمكن من خلالها الحكم على المرء بأنه مسلمصالح. فكثير من المصلين يتلون آيات قرآنية دون فهم معانيها. ونحنلا نؤدي واجبنا ظاهرياً إلا بالركوع والاستقامة ونعتقد أننا قمنا بواجبنا في الصلاة كعبد صالح لله. وإذا لم يحدث بعد هذا الفعل الديني الظاهري أيتغيير في أفكارنا وأفعالنا، فإن هذا الافتقار إلى التغيير في شخصيتنا هو مؤشرعلى أن صلاتنا لم تكن فعالة عندما يتعلق الأمر بالتواصل مع الله.

يقولالله في القرآن أنه صلى على النبي والصالحين والصابرين في وقتالبلاء والضراء ويطلب من النبي أن يصلي مع أصحابه.

إنفضل الله على المصلحين الحقيقيين خير ورحمة وحكمة وهداية، ولكنأغلب صلواتنا إلى الله صلوات ببغائية، تجارية (رجاء ثواب الجنة)، منافقة،مهملة، مضللة، أو مجرد فعل.

الواجبات الدينية، وليس في أي منها تحقيق للسبب الحقيقي للصلاة.

الصلاة كما هي العادة هي نوع واحد من الصلاة، صلاتنا هي الطريقة التي نتصرف بها مع أنفسنا، وأسرتنا، ومجتمعنا، وفي عملنا، وفي أداء واجباتنا، وفي علاقتنا مع المخلوقات الأخرى، وغير ذلك، وليس لها شكل ثابت، فلا تقتصر على مجرد تلاوة الصلاة في أوقاتها المحددة.

ولكن للأسف الشديد، اليوم حيث الأحكام سطحية وسطحية، أصبح مستوى كون المرء مسلماً صالحاً مرتبطاً بالصلاة في وقتها، والسجود الطويل، وحضور صلاة الجماعة في المسجد المحلي، والظهور في صلاة الجمعة. وهؤلاء نسبة ضئيلة من الناس جديرون بالثقة وصادقون إلى الحد الذي يجعل الناس والمجتمع في مأمن منهم، ولكن للأسف الشديد، بعد الثورة الإسلامية، أصبحت الصلاة بالنسبة لمجموعة من المنافقين أداة لشتى أنواع الإساءة. وقد أثرت مشاهدة هذا الوضع في إيران على إيمان الجيل الشاب، وأبعدتهم عن التدين والحكم على الإسلام من خلال مراقبة هذا الممثل الكامل المزعوم.

مع أن أغلب المسلمين اليوم يصلون لمرضاة الله والخوف من النار والرجاء في الجنة (تجارية)، إلا أنهم إذا لم يكونوا على دراية بالغرض الرئيسي من إقامة الصلاة، وهو البحث عن طريق مستقيم في الحياة وأن يكونوا عوناً حقيقياً لله على الأرض، فإن صلاتهم لن تنقذهم ولن تحميهم من العديد من الفخاخ التي تقع فيها الروح من خلال التأثيرات الجسدية والشيطانية التي تحيط بها. إن صلاة جميع المخلوقات فطرية، لكن البشر لديهم الاختيار والتقدير للحفاظ على التوازن في الحياة على طول الطريق المستقيم للتطور. لسوء الحظ، لدى المسلمين تصور غير مكتمل لإقامة الصلاة وغالباً ما يشعرون بالفخر لأنهم يغلقون متاجرهم في الوقت المحدد ويذهبون إلى المسجد للصلاة، ومع ذلك عندما يعودون لم يتغير سلوكهم، ولم تكن صلواتهم مثمرة بالنسبة لهم. الصلاة هي نهج طوعي (ركوع) ونهج متواضع (سجود) لله الواحد الأحد، ليكونوا راضين عن أنفسهم وعن أنفسهم.

موجهين في واجب العبودية، إلى التوازن، وأداء الأعمال الصالحة بدافع الإيمان وفي سبيل الله ومرضاته، وتحقيق التحسين الذاتي التدريجي من خلال الحفاظ على الطريق المستقيم والبقاء عليه.

إن الصلاة القولية مجرد تذكير وتعليم للعبد ولها فوائد لا تعد ولا تحصى، ولكن دون تحقيق الغرض المقصود من توصية الله بأدائها، فهي ليست مفيدة كثيراً للشخص الذي يصلي ولكن لا يعمل بتوصيات الصلاة.

لقد ورد ذكر الصلاة في القرآن الكريم مرات عديدة قبل الإسلام، ولم يكن الملح يؤدى بالمعنى الذي نقوم به. ومن المحتمل أن تكون المناسك التي كان يقوم بها النبي صلى الله عليه وسلم(صلى الله عليه وسلم)إن ما أوصي به للمسلمين كان لغرض جمع المسلمين الأوائل وإقامة الشعائر الدينية الشفهية والعملية والتركيز وشكر الله والدقة والاعتراف بالمسلمين والتضامن معهم وتدريب المسلمين الجدد على النظافة وكان ظاهرياً للمهتدين الجدد كما لو كانوا في الصف الأول من المدرسة، ولكن توقع الله من المسلم أن ينضج تدريجياً ومع مرور الوقت، ويفهم الغرض من هذا الاتصال المهم من خلال التأمل في القرآن ومحتويات وطقوس الصلاة، وينمو من طالب السنة الأولى في الصلاة إلى درجة الدكتوراه في الوقت المناسب من خلال فهم المعنى الحقيقي للصلاة، وليس البقاء في الصف الأول أو حتى ما هو أسوأ!؟

والأدلة من القرآن الكريم تدعم هذا الادعاء مما يسهل فهم الموضوع الذي نناقشه:

يقول الله أن جميع المخلوقات والطيور على علم بصلاتها وتسبيحها (عمل إيجابي وتصحيحي ترجم خطأً إلى تسبيح!؟) النور 41/24، كان إبراهيم أول من صلى (الأنعام 161/6)، وطلب إبراهيم من الله أن يجعل أبنائي من المصلين (إبراهيم 40/14)، وكان إسماعيل يصلي (مريم 57/19)، ونصح لقمان ابنه

فكان من الذين يقيمون الصلاة (لقمان 16/31)، وولد يحيى ووهب لزكريا أثناء الصلاة (آل عمران 39/3)، وشعيب (هود 89/11)، وموسى (طه 14/20)، وعيسى (مريم 32/19)، وكانوا جميعاً من المصلين. ووفقاً لله، فإن الصلاة في المسجد الحرام قبل محمد لم تكن أكثر من مجرد استهزاء، وقد نفروا الناس بحججهم، وأخيراً، فإن الله لديه صلاة وبركات لعباده الصالحين (البقرة 157/2).

إن الآيات السابقة كلها تتحدث عن صلاة المخلوقات الأرضية والسماوية والناس الجاهلين، ولذلك فإن الصلاة لها معاني وأغراض مختلفة، وليس كما فهمناها ومارسناها، وأحد أشكالها هو الصلاة بأبسط صورها مع ما تحمله من دروس عظيمة ومفيدة وممتعة مخفية فيها لا نفهمها!

أوقات الصلاة:

إن فهمي هو أن الغرض الرئيسي من تلاوة الصلاة خمس مرات في اليوم هو التقرب إلى الله وطلب مساعدته في أفعالنا القادمة. أثناء صلاة الظهر، فإن كل عمل نقوم به من الصباح إلى الظهر، سواء كان صحيحاً أو خاطئاً، يترك أثره علينا وعلى الآخرين وعلى الكون. لا يمكن عكس هذا التأثير؛ فقط عواقب أفعالنا تؤثر على روحنا وجسدنا والكون. في الصلاة التالية، يُتوقع منا أن نطلب من الله المغفرة برحمته، وأن يقبل توبتنا، وأن يمنحنا فرصة الإصلاح، وأن يرشدنا على الطريق المستقيم بين الصلاتين، وأن يساعدنا على التحكم في رغباتنا، حتى لا نكرر ما هو غير أخلاقي. نهدف تدريجياً إلى أن نصبح عباداً حقيقيين للصلاة في خدمة الله، كما يتوقع منا.

في بعض الأحيان تكون أفعالنا خارجة عن السيطرة أو تكون الأمور معقدة لدرجة أننا نضطر إلى قضاء جزء من الليل في صلاة هادئة، نتأمل نتائج أفعالنا في بيئة هادئة خالية من الأنشطة الأخرى. نسعى جاهدين لمعرفة كيفية التعويض

على أخطائنا ونطلب من الله الرحيم أن يعيننا على هذا المسعى، أو نفكر في المهام المستقبلية المهمة التي تتطلب اهتمامنا (نافلة صلاة).

النساء4/103: الصلاة على المؤمنين فريضة موقوتة.

وهذا يدل على الحاجة الدائمة إلى طلب العون والهداية من الله تعالى للبقاء على الصراط المستقيم في كل وقت من الليل والنهار، فالنفاق والشهوات والشيطان والأفكار والأفعال الشريرة تتربص بنا دائماً، ومجرد قضاء الصلاة أو شراء الدعاء للميت لا يرضاه الله.

الأوقات المجدولة: صلاة الصبح قبل شروق الشمس بساعتين، وصلاة الظهر عندما تكون الشمس في أدنى نقطة لها في السماء، وصلاة العصر قبل غروب الشمس بثلاث إلى أربع ساعات، وصلاة العشاء عندما تغيب الشمس عن الأفق، وصلاة العشاء عندما تغيب الشمس تماماً ويصبح كل مكان مظلماً (وتسمى أيضاً وقت صلاة الليل).

هود11/114: في طرفي النهار وأول الليل، قم بالصلاة، وتأمل في الله، وقيم أعمالك، فالأعمال الصالحة تنفي السيئات، وهذا تحذير لمن هم في مأزق.

الفضيلة هي التزام العدل في جميع الأفعال وممارسة الاعتدال.

البقرة2/238: حافظوا على الصلاة وصلاة الظهر وقوموا لله.

حافظ على الاعتدال، واجعل أفعالك مبنية على الإيمان، وكن شاكراً لكل ما لديك. يريد الله من المسلمين أن يكونوا قدوة في الاعتدال في أسلوب حياتهم.

البقرة2/239: إذا خفتم العدو فصلوا قائمين أو على ظهور الخيل ولو في الحرب ذاكرين الله وناصحين.

الاعتدال.عندما تكون آمناً، تذكر الله، معترفاً بهدايته.

النساء4/103: اذكر الله في كل حال، قياماً وقعوداً ونوماً. وأعد الصلاة حالما تطمئن، فالصلاة فريضة وقتية. والصلاة عدة مرات في اليوم تساعدنا على البقاء متوازنين وعادلين، وتذكرنا بأننا مع الله وهو معنا.

النساء4/101: وفي السفر إذا خاف أذى العدو فلا مانع من قصر الصلاة.

وهذا يضمن مراعاة الاعتدال، وخاصة في مواجهة العدو أثناء الحرب.

وهنا لا مانع من قصر الصلاة إلا في هذه الحالة، ولا يأمر الله في غيرها بالخروج عن الاعتدال والعدل في الأمور، والآيات الثلاث السابقة تبين أهمية إقامة الصلاة في جميع الأحوال، ولا تكون عذراً مشروعاً للخروج عن الصراط المستقيم، ومع ذلك فإنه يستحب حفظ النفس من الأذى في الحرب ولو كان الثمن الخروج عن الاعتدال والصراط المستقيم.

ولعل الأمر بإقامة صلاة قصيرة هو من أجل أن يراعي المسلمون الإنسانية في الحرب ويتجنبوا الأعمال غير الأخلاقية، حتى ضد العدو، على عكس أفعال داعش التكفيرية البشعة من اغتصاب النساء والفتيات القاصرات، وحرق الناس ودفنهم أحياء وقطع رؤوسهم، وإظهار فظائعهم للعامة من خلال اليوتيوب، وهي سلوكيات أقل من سلوك الحيوانات البرية التي أثارت كراهية العالم ضد المسلمين، وقدمت الإسلام للناس على أنه دين قاسٍ وانتقامي وطائش. لم يتمكن أي عدو للإسلام من إلحاق هذا القدر من الأذى بالدين، حتى أنه تسبب في حرق أتباع الديانات الأخرى للقرآن الكريم باعتباره الكتاب الذي يدعي داعش أنه يمثله.

بعض المسلمين يصلون مقطوعين أو مقصرين ولا يصومون في السفر، مع أن هذا كان ضرورياً في بداية الإسلام لصحة البدو في الصحراء العربية الحارة الذين كانوا يسافرون سيراً على الأقدام، أما اليوم فيجب رفض هذا الأسلوب في التفكير والتصرف وعدم ممارسته.

النساء 43/4: يا أيها الذين آمنوا لا تقربوا الصلاة سكارى حتى تعلموا ما تقولون ولا جنباً حتى تغتسلوا فإن لم تجدوا فتيمموا.

الروم 17-18/30: 17. فسبحان الله حين تبيت وحين تصبح. 18. وله الحمد في السموات والأرض وعشيا وظهرا.

الإسراء 110/17: لا تجهر بالصلاة ولا تخفتها، بل اختر الاعتدال، ولعل معنى الاعتدال ليس في النطق بالصلاة فقط، بل في كل أسلوب، وخاصة في الكلام؛ لتشجيع الآخرين، فلا ينبغي لنا أن نلح أو نسكت عن الأمور المهمة.

يا أيها الذين آمنوا إذا نوُدي للصلاة من يوم الجمعة فاسعوا إلى ذكر الله وذروا البيع ذلكم خير لكم إن كنتم تعلمون

إن مراقبة الناس، والتعرف على المجتمع، وحل مشاكل الفرد ومشاكل الآخرين داخل المجتمع، والاستشارة، وتكوين الصداقات، وما إلى ذلك - يعزز هذا النهج الاتصال بالله والمسلمين الآخرين والمعارف. ويؤكد على ذلك لأن يوم الجمعة هو يوم راحة واجتماع للأمة لمعالجة القضايا الشخصية والاجتماعية.

المزمل6-8/73: إن قيام الليل أبلغ أثراً وأصلح لتلقي الكلمة. (فليكن لك أن تفكر بهدوء وتحاول أن تتخذ القرارات الصحيحة وتصحح أخطائك). 7.إنك في النهار مشغول بأمور الدنيا. 8. اذكر اسم ربك حتى تتقرب إليه وتتخذالقرارات الحكيمة.

الإنسان26/76: وَاسْجُدْ لَهُ مِنْ الْلَّيْلِ وَاذْكُرْ حِقَّةً فِي لَيَالٍ طِوُلَةٍ (في ليالي الشتاء الطويلة اقض بعض الليل في فعل الخير بدلاً من النوم وإضاعة العمر).

إطار الصلاة:

مسجد:مكان السجود، بيت الله، مكان اجتماع المسلمين للصلاة الجماعية،ولا يجوز أن يكون مكان المسجد مغتصباً أو مبنياً بأموال غير مشروعةأو مشركاً(بناء مسجد للشهرة أو النفاق أو أي نوع من أنواع الإساءة) ،ففي مثل هذا المسجد لا تجوز الصلاة عند الله، وقد يكون المسجد هو الجبهةالتي هي أعلى نقطة في الجسم وملامسة الأرض في خدمة الله، أو مكانالفص الجبهي الذي هو مركز الثقل والتفكير في الدماغ.

محراب:المحراب هو مكان إمام المسجد في صلاة الجماعة، وهو مشتق من كلمة "حرب" التي تعني أن المصلي في حالة حرب مع نفسه والشيطان خمس مرات في اليوم على الأقل، وعلى كل من يصلي في تلك اللحظةأن ينوي ويعلم ما يحاربه، فإذا لم يحصل على نتيجة إيجابية في السيطرةعلى نفسه فقد خسر الحرب، وصلاته في الواقع باطلة ولا فائئدة منها.يجب على الإنسان أن ينظر إلى السبب وما الخطأ الذي حدث، ويجب عليه تشخيص السبب ومحاولة فهمه وتصحيحه قبل أن يصبح عادة.

القبلة: إن القبلة توحي بالتوحيد وتذكر بخط إبراهيم الحنيف في التوحيد، وإن التوجه إلى بيت الله والصلاة إنما هو للتقرب إلى الله تعالى والتعبير عن العبودية والشكر وطلب الهداية إلى الصراط المستقيم (البقرة 2 /125).

الوضوء: غسل الوجه واليدين إلى المرفقين ومسح الرأس باليدين المبتلتين وغسل الرجلين إلى الكعبين (المائدة 6/5) فإن لم يوجد فامسح يديك ووجهك بتربة طاهر (التيمم) (النساء 43/4 والمائدة 6/5) وفي الجماع الذي يحصل فيه إنزال المني يجب الاغتسال وتنظيف الجسم كله (النساء 43/4) وللوصول إلى خدمة الله قبل القيام إلى الصلاة والانتقال من العالم المادي إلى العالم الروحي لا بد من الاستعداد لشرف الحضور وطلب العون من الله. الأول الوضوء والطهارة الجسدية والنفسية. وهناك مراحل للطهارة للصلاة: الطهارة من النجاسات بالغسل ولبس الثياب النظيفة، وتطهير الأعضاء من الذنوب والجرائم، وتطهير الروح من الفساد الأخلاقي. الأول الوضوء والطهارة الجسدية والنفسية.

الإقامة القيام: أي القيام، وليس للصلاة فقط. وقد ورد في القرآن الكريم إقامة السعي (العدالة الاقتصادية)، وإقامة الشهادة (الشهادة لأصحاب الحق)، وإقامة الميزان (مراعاة التوازن والإنصاف في المعاملات)، وإقامة القضاء (أخذ الأمر على محمل الجد والاهتمام بالمثل العليا). وباختصار، يستخدم القرآن الكريم كلمة "إقامة" للدلالة على التقدير، والأخذ بالأمر على محمل الجد، وبذل الجهد المسؤول في كل عمل.

النية (القصد، النية)): وهي أول فريضة في الصلاة وهي عامل جذب للنعمة الإلهية (العنكبوت 69/29: والذين جاهدوا فينا لنهدينهم سبلنا وإن الله لمع المحسنين... النية تخلق مساحة ذهنية تهيئ للنية والطلب المحدد وتترك جانباً

إن الإنسان إذا كان يبحث عن الهداية في قضية تستحق العناء، وبهدوء ونظافة في جسده وعقله وقلبه، فإنه يحاول الاتصال بإلهه الباطني والخارجي طلباً للعون. ومن المؤسف أن المسلمين خلطوا بين السبب الأهم للصلاة في وقتها، والذي يتعلق بطلب المساعدة في أمر مؤقت (النية) ولخصوا النية في قولهم: "إنني أصلي ركعتين من صلاة الصبح أو أربع ركعات من صلاة الظهر". (الركعة كلمة عربية تعني وحدة الصلاة).

تكبير الأهرام: الله أكبر: تذكير بأن الله أكبر من كل شيء، فهو الأعظم، وكل شيء آخر صغير لا قيمة له في نظر العبد، والله قادر على كل شيء.

تلاوة الصلاة: تبدأ الآن قراءة الصلاة بتعظيم وتكبير الرب الرحيم، والإيمان باليوم الآخر، وطلب العون من الله في كيفية إدارة شؤوننا اليومية.

إن أهم عامل في الإقامة هو حضور القلب، والالتفات إلى المهام بين الماضي القريب والمستقبل، والاستعانة باختيار الطريق الصحيح في الحياة. ويقال إن الله أكبر، ولا إله إلا هو، ومحمد رسول الله؛ لذلك سارعوا إلى أداء الصلاة، فهي أفضل الأعمال. وقد سأل الخليفة الثاني (عمر) محمداً صلى الله عليه وسلم: لماذا نقول إن الصلاة أفضل من الجهاد (حي على خير العمل في النداء إلى الصلاة)، بينما يضحي الإنسان بنفسه وماله وولده في الجهاد؟ فأجاب النبي (صلى الله عليه وسلم) لعمر: "من قتل في الجهاد قتل مرة واحدة ودخل الجنة، ولكن لتقبل الصلاة يجب على المرء أن يسعى دائماً إلى تحقيق الإخلاص وحضور القلب والذهن" (ألف نقطة ونقطة في الصلاة).

تبدأ الصلاة بكامل انتباه القلب والعقل، بما في ذلك الأوصاف اللفظية والثناء. نستمع إلى الثناء والدعاء

بآذاننا،وعباداتنا بأطرافنا وحركاتنا، وطلب المساعدة من الله في شؤوننا اليومية،وطلب التوجيه والحماية من الأفكار الشريرة وأعمال إرادتنا الحرة.

قراءةسورة الحمد واجبة في الركعتين الأوليين من صلاة اليوم والليلة(قراءة سورة الفاتحة عشر مرات على الأقل في اليوم).وهنا، بالإضافةإلى المعاني الحرفية لكلمات وآيات سورة الفاتحة، ندرج للقراء معانيأعمق من كتاب "التدبر في القرآن" لويلي الله نقي برفر.

إنعناوين السور الأولى من القرآن الكريم هي: "سبع من المثاني"، و"الحمد"، و"فاتحة الكتاب"، و"أم القرآن". أما التفسير الأول، أي سبع آيات منالقرآن ذات عظمة تفوق الوصف البشري، فقد جاء في سورة الحجر، مساويةوشاملة لكل القرآن.

الحجر87/15: {ولقد آتيناك سبعاً من المتشابهات والقرآن العظيم} إن كونالرسالة القرآنية مستندة إلى هذه السورة (خلاصة القرآن) يدل على انسجاموترابط كل آيات القرآن مع بعضها البعض، وأن الآيات تفسيرية ومترابطة،وتدل على الطريق المستقيم.

الزمر23/39: "الله نزل أحسن الحديث كتاباً متشابهاً مثاني تقشعر منه جلودالذين يخشون ربهم ويعصون ثم تلين جلودهم وقلوبهم إلى ذكر الله ذلكهدى الله يهدي به من يشاء ومن يضلل الله فما له من هاد" وهذه الآيةتشير إلى سورة الفاتحة لأنها تتضمن كل أدلة إفراد الله بالحمد مع بيانشامل لكل الأمور الإلهية من البداية إلى البعث وتعلمنا نوعية الحمد اللفظيوالعملي.

وتسمى أيضاً فاتحة الكتاب لأنها بمثابة قائمة ومقدمة مجردة لمحتويات القرآن، وهو دليل على ألوهية ترتيب السور، وتسمى أم القرآن لأن هذه السورة لا تحتوي إلا على آيات قوية، وتسمى أم الكتاب بسلطانها العام على القرآن كله، وموضوع السورة هو الثناء والتعبير عن الكرامة العامة للخالق والمخلوق في علاقتهما ببعضهما البعض.

إن غرض السورة هو تعليم كيفية العبادة والخدمة لله من الناحية الفكرية والعملية، فقارئ السورة هو المفكر الذي يعرف أصل وجوده وغايته ومساره ومصيره، ويعرف بأول الباب، أي من لديه المعرفة بإبداع الله وربوبيته في الوجود، وفهم والتمتع برحمته العامة والخاصة اللانهائية، والإيمان بالبعث ويوم الحساب، مع فهم الكرامة والثناء الخاص لله.

ونظراً لأهمية سورة الفاتحة وتفسيرها فقد ألفت فيها كتب كثيرة نذكر منها:"التعرف على القرآن، تفسير سورة الفاتحة وجزء من سورة البقرة"، ص115-120، سنة 1374 هـ، مرتضى مطهري، منشورات صدرا. يقول مطهري إن سورة الفاتحة من أقصر سور القرآن وهي في نفس الوقت أفضل سورة في الكتاب.

هذه السورة هي خلاصة العقيدة الإسلامية واتفاق أكيد بين العبد وربه على أداء رسالته في الوجود، سورة الفاتحة هي طلب من الله أن يرشدك إلى الطريق الصحيح وينعم عليك بالنعم، فجعل الله قراءة سورة الفاتحة واجبة في كل الصلوات حتى تكون الصلة دائمة بين العبد وربه، ولأن الإنسان لا يرقى بأمر أو أمرين فلا بد من تكرار الوقوف بين يدي الله لأن جهل النفس وغوايات الشيطان لا تنتهي، فلا بد من تكرار الصلاة.

سورةالفاتحة هي إقرار بالتعرف على الله ومعرفته وحمده واستعداده للقائه والالتزام بعبوديته، يتبعه طلب ورجاء لرضاه. ويرى الدكتور رشاد خليفة مكتشف معجزة الرقم 19 في القرآن الكريم، الذي أسسه ككتاب غير قابل للتغيير وفوق بشري، أن سورة الفاتحة هي هدية من الله وشيفرة للاتصال اليومي بالله.

إن سورة الفاتحة، التي تتألف من تسعة عشر حرفاً، تشكل مفتاحاً معجزاً للتواصل المباشر مع الله. ويتضح تركيبها، الذي يستند إلى الرقم تسعة عشر، في جميع أنحاء القرآن الكريم. على سبيل المثال، تحتوي سورة الفاتحة على 19 كلمة عربية يبلغ مجموعها 67 حرفاً (4x19)، حيث تظهر كلمة "بسم" 19 مرة، وكلمة "الله" 2698 مرة (142x19)، وكلمة "الرحمن" 57 مرة (3x19)، وكلمة "الرحيم" 114 مرة (6x19) في القرآن الكريم. وعلاوة على ذلك، فإن قراءة سورة الفاتحة باللغة العربية تؤدي إلى تلامس الشفاه 19 مرة، مما يؤكد أهميتها كوسيلة مباشرة للتواصل مع الله.

يتألف القرآن الكريم من 114 سورة و6346 آية (334 × 19)، ويعرض بنية واسعة النطاق تعتمد على الرقم 19. وقد كتُبت العديد من المقالات والكتب حول هذه الظاهرة المعجزة، مثل "القرآن العهد الأخير" الذي ترجمته لالاه إلى اللغة الفارسية، وكتاب "الاتصال المباشر" لإحسان رمضان.

يعتقد البعض أن آدم وحواء بعد أن أكلا الثمرة المحرمة وارتكبا الخطيئة (الأعراف 23/7-12) طلبا التوبة من الله (الأعراف 23/7)، وعلمهما الله كلمات تقبل بها توبتهما (البقرة 37/2). هذه الكلمات، التي يرمز إليها بـ "بسم الله الرحمن الرحيم"، تعمل كمفتاح للاتصال المباشر بالله. بالإضافة إلى ذلك، تدور صلوات الأنبياء الآخرين، مثل إبراهيم، حول هذا الموضوع، حيث تردد الصلاة اليهودية صدى معنى سورة الفاتحة بسبب التشابه بين النطق العربي والعبراني.

الآيات السبع من سورة الفاتحة:

بسم الله الرحمن الرحيم.

١-الحمد لله رب العالمين.

2-الرحمن الرحيم.

3-مالك يوم الدين.

4-نحن نخدمك فقط، ونطلب المساعدة منك فقط.

5-اهدنا إلى الصراط المستقيم.

6-صراط الذين أنعمت عليهم.

7-غير المغضوب عليهم ولا الضالين

الزمر62: الله خالق كل شيء وهو على كل شيء وكيل.

الأعراف54: إن ربكم الله الذي خلق السموات والأرض في ستة أيام ثم استوى على العرش يغشى الليل النهار يطلبه حثيثا والشمس والقمر والنجوم مسخرات بأمره ألا له الخلق والأمر تبارك الله رب العالمين.

(رب، الرب في اللغة العربية أصله من التدريب والتعليم، وهو تدريب الشيء على إتقانه).

بسم الله الرحمن الرحيم: ال **الرحيم/ الرحمن** هي هبة الله التي يستفيد منها كل المخلوقات. **رحيم** هي رحمة خاصة تمنح لأولئك الذين من خلال الإيمان والأعمال الصالحة، يضعون أنفسهم في طريق تلقي هذه الرحمة الخاصة من خلال قوانين الله.

الحمد لله رب العالمين. (الحمد لله رب العالمين)

حمد كلمة عربية جامعة، تعني الشكر مع الحمد والعبادة، خاصة بالله (شعور داخلي نقي ينبع من أعماق النفس البشرية).

يا رب يا رب: في الرب يوجد مفهوم الله وصاحب السلطة الذي هو المكمل والمربي. الله هو مالك الكون والذي يصل به إلى الكمال.

في **الحمد لله** لا يهم من هو المتكلم، لأن كل عمل في الخلق يكون أولاً بذكر الله ومعاونة شرائعه.

النور 41: ألم تر أن الله يسبحه من في السموات والأرض والطير صافات كل علم قدره فسبحانه **تسبحه**) أن يعملوا ما خلقوا عليه والله يعلم ما يفعلون.

الإسراء 44/17: تسبح السموات السبع (**توسابيو**) هو والأرض ومن فيها وإن من شيء إلا يسبح (**يوسابهو**) حمده ولكن لا تفقهون تسبيحه(**تسبيهم**). إنه صبور غفور.

كما ذكرنا من قبل فإن معنى **تسبيحة** يقوم الشخص بوظيفته كما هو مطلوب منه. إن التمجيد والثناء لا معنى لهما، ونحن نفترض أن تمجيد شخص ما يعني ذلك.

الرحمن 29/55: يسأله من في السموات والأرض كل يوم في شأن.

إن الفعل "طلب" هو فعل مضارع يعني طلب تحقيق حاجة، أي أن كل شيء في الكون يعتمد على الله. واليوم هنا يعني أي فترة من الزمن. الله يخلق دائماً. الرب يغدق على العالم باستمرار بالبركات، ويدعمه ويغذيه ويجدده إلى الأبد.

لقدأعطى الرب لكل شيء خلقه الصحيح ويرشده خطوة بخطوة إلى الكمالالنهائي تحت إرشاد قوانين الخلق.

طه50/20: قَالَ رَبُّنَا الَّذِي أَعْطَىٰ كُلَّ شَيْءٍ خَلْقَهُ ثُمَّ هَدَىٰ

ولذلكفإن المجد والحمد من نصيبه من خلقه ومن ربوبيتة، وهذه الربوبيةتربيهم تربية جميلة بالرحمة العامة لجميع الكائنات والرحمة الخاصةللشاكرين، وتمتد هذه الربوبية الإلهية إلى العالم الأبدي أيضاً، حتى يتمكنالشاكرون والكافرون من تحقيق نتائئج دوافعهم وأفعالهم في هذا العالم.

الرحمنالرحيم.**رحمن**هو شكل مبالغ فيه من جذر كلمة رحمة، والتي تعنيالذي يمنح الرحمة الوفيرة.

الأعراف156/7: واجعل لنا في الدنيا والآخرة خيرا إنا إليك راجعون قال أعذبعذابي على من أشاء ورحمتي وسعت كل شيء فسأكتبها للذين يملكونأنفسهم**يتقون**) وآتوا الزكاة والذين هم بآياتنا يؤمنون.

قافر7/40: الذين يحملون العرش ومن حوله يسبحون(**يوسابيهون**) بحمدربهم وآمنوا به واستغفروا للذين آمنوا ربنا وسعت كل شيء رحمة وعلمافاغفر للذين تابوا واتبعوا سبيلك وقهم عذاب الجحيم.

رحمن1-5/55:

(1) أنا(**ال**الرحيم،

(2) وقدعلم القراءة

خلق الإنسان، (3)

علمه الكلام. (4)

الالشمس والقمر يسيران في مسارهما المدروس (5)

الرحيم يعني من له رحمة ثابتة ومستقرة، وفي ثقافة القرآن فإن هذه الصفة الإلهية الخاصة لا يستفيد منها إلا المؤمنون.

الأحزاب 43/33: هو الذي يصلي عليكم وملائكته ليخرجكم من الظلمات إلى النور وكان بالمؤمنين رحيما.

مالك يوم الدين.

الدين هو القانون الإلهي وفي القرآن الكريم، ويشار إليه مرة أخرى بقانون بلد (فراعنة مصر) الذي يجب احترامه.

الانفطار 82-15/19: 15) الذي يدخلونه يوم القيامة, **16**). ولن يستطيعوا منها أن ينصرفوا. 17). وما أدراك ما يوم القيامة؟؟ **18**). ثم ما الذي يبين لك ما هو يوم القيامة؟؟ **19**). يوم لا تملك نفس لنفس شيئا: **أمر بذلك** والنهار عند الله.

السيد (المالك والمتصرف والحاكم) يوم القيامة.

حتى الآن فإن التوحيد النظري يعني الاعتراف بالله كواحد وبصفات الرب والرحمن والرحيم **ومالك** وهو على كل شيء قدير، والحمد لله وحده.

أداء الصلاة والدعاء باللفظ كالطفل لوالديه أثناء النهار يردد عدة مرات أنني أحبكما وأعلم أنكما تعتنيان بي في بيتكما بكل الطرق وبدونكما,

ليس من الممكن أن أعيش حياة مريحة إلا باتباع نصائحهم ورغباتهم.

نحن نعبدك ونخدمك فقط.

نطلب منك المساعدة فقط: هنا تتحول كلمة الغياب إلى خطاب حاضر، أيها العبد، من خلال الحضور في بلاط الله المقدس، بعد الاعتراف بمعرفة الموقف الإلهي، ورؤية الفعل الجميل لسيادته الشاملة والمطلقة، ورحمته الخاصة والعامة وإيمانه بيوم القيامة. **حكم**، تستحق أن تخاطب وتحاضر في البلاط المقدس، وبصيغة فعل مضارع مستمر، نطلب من الله أن يعيننا على هدايتنا في طريق العبودية بالاعتدال والاعتدال والعدالة، والبقاء على الطريق المستقيم، في كل الأعمال الممكنة، لأننا نعلم أن أمامنا طريقاً طويلاً للوصول إلى قمة العبودية، ومخاطر الضلال حاضرة في كل لحظة.

النعبد: في اللغة العربية يقال إنه حالة يصبح فيها الإنسان أليفاً وليناً ومطيعاً. **لذا** أن لا تمرد ولا تعدي ولا مقاومة، بل يصبح الإنسان عبداً خاضعاً مستسلماً لا يتمرد بأي شكل من الأشكال، وهذا هو الموقف الذي ينبغي للإنسان أن يكون تجاه الله وحده، فإذا أحب أي شيء أناني ودنيوي من أجل نفسه وليس من أجل الله، فهذا يعتبر شركاً.

لذلك عندما نقول "يا رب نعبدك فقط" فهذا يعني أننا متواضعون ومطيعون لك، "نعبدك" تشمل "نحن وليس أنا"، حتى يمكننا أن نضيف **أنفسنا** إلى عبادة الخدم المخصوصين، من الأنبياء والقديسين والصالحين وغيرهم، على أمل أن تقبُل عباداتنا أيضاً.

و **"نحن لا نطلب المساعدة إلا منك"** يعني الجميع، وهذا هو ما علمنا الله أن نقوله على الأقل عشر مرات يومياً عند قراءة سورة الحمد في صلواتنا المفروضة عشر مرات يومياً.

بالإضافة إلى ذلك، فإن الشخص الذي يصلي هنا، من خلال ضم نفسه إلى الآخرين، قد أقر بواجبه في إحضار الأشخاص الذين يعرفهم والمسؤول عنهم مثل الأطفال وأفراد الأسرة في مجموعة "طلب المساعدة من الله". بالإضافة إلى المسؤولية الفردية، يجب على كل شخص أن يعتبر نفسه عضوًا في أمة موحدة (أمة) ويخدم الله من خلال خدمة شعبه في تلك المنظمة الدينية التي ينتمي إليها.

الأنبياء 92/21: إن هذه أمتكم أمة واحدة وأنا مولاكم فاعبدون.

المؤمنون 52/23: إن هذه أمتكم أمة واحدة وأنا ربكم فاحذرون.

آل عمران 103/3: واعتصموا بحبل الله جميعا ولا تفرقوا واذكروا نعمة الله عليكم إذ كنتم أعداء فألف بين قلوبكم فأصبحتم بنعمته إخوانا وكنتم على شفا حفرة من النار فأنقذكم منها كذلك يبين الله لكم آياته لعلكم تهتدون

اهدنا إلى الصراط المستقيم.

إن الإنسان الذي هو خادم مطيع لله يسعى إلى البقاء على الطريق المستقيم ويحتاج إلى التوجيه المستمر للتقدم نحو النضج الروحي القسري والضروري، مما يمكنه من تحقيق التوازن في كل ما يقوله ويفعله. إذا رفضت الروح طاعة أوامر الله، فقد تضل الطريق وتكون في خطر الانحراف عن الطريق المستقيم. لذلك، من الأهمية بمكان أن نطلب فضل الله في كل لحظة من حياتنا اليقظة حتى نهتدي إلى الطريق المستقيم.

ما هو الصراط المستقيم؟ لقد ذكرناه هنا بإيجاز وسنتحدث عنه بالتفصيل في فصل منفصل. الغرض من خلقنا البشري هو أن نعيش وفقًا للصراط المستقيم،

تشمل الجوانب الجسدية والروحية والفكرية والعاطفية والخدمية لجميع مخلوقات الله، وتصل إلى درجة تطورية تليق بقدراتنا.

في سورة الحمد نطلب من الله أن يعيننا على هدايتنا وثباتنا على الصراط المستقيم في الحياة، وندرك في الوقت نفسه أنها تدل على الطريق المؤدي إلى الهداية، وتتجنب غضب الله وضلالنا. إن معنى هداية الإنسان إلى الوجهة المقصودة ليس مجرد التوجيه، بل نطلب من الله ألا يتخلى عنا في طريق تحقيق الكمال البشري، بناءً على قدرتنا، وأن يعيننا ويهدينا إلى الطريق الصحيح بالتوكل عليه.

في الحياة اليومية، هناك طرق عديدة أمام الإنسان، مما يتطلب منه اختيار الطريق المناسب، بما في ذلك طريق رغباته واحتياجاته، وتوقعات الناس ورغباتهم، وإغراءات الشيطان، والطغاة والقوى العظمى، والأجداد والسلف، وفوق كل ذلك، الطريق المستقيم الذي أوصى به الله للأنبياء والقديسين، وفي نهاية المطاف لجميع الناس.

إن الصراط المستقيم يمثل الاعتدال وأقصر مسافة بين نقطتين، ويدعو إلى التوازن في كل الأمور وتجنب كل أشكال الإفراط. وعندما نقول: اهدنا الصراط المستقيم فإننا نضم المسلمين الآخرين أيضاً. حتى لو كان الإنسان في مرحلة من حياته فقيراً، ويلازم بيته، ولا يتواصل مع العالم الخارجي، فإنه مشمول بالصلاة ومحاط بها. ولكي يهتدي الإنسان لابد أن يعمل بأقصى درجات الإخلاص والرجاء المقبول عند الله.

وفي القرآن الكريم بيان واضح لسبل الهداية والتمييز بين الحق والباطل والصراط المستقيم، ومن اتبعها أعانه الله عليه، ويختبر الله طالب الهداية باستمرار، فإذا اجتاز الخطوة الأولى قاده إلى الخطوة التالية.

الآية الأخيرة من سورة الحمد التي تُقرأ أثناء الصلاة تطلب هداية الله للهداية إلى الطريق المستقيم:

"صراط الذين أنعمت عليهم ولا صراط الضالين.

"الذين أنعمت عليهم" هي علامة الإحسان إلى ذوي العقل والحكمة، وهي تتحدث عن قيمها الكامنة والسامية، وهي تخلق الراحة والرحابة والنعومة والحنان والكرامة في الحياة المادية أو الروحية.

لذلك، بتلاوة سورة الحمد، يلجأ المصلي أولاً إلى ملاذ الرب الآمن من الشيطان. ثم يبدأ بتلاوة: "بسم الله"، معرباً عن الشكر والثناء، متذكراً الله رب العالمين، الرحمن الرحيم، ومعبّراً عن الإيمان بالبعث ويوم القيامة (مالك يوم الدين). حتى الآن، نذكر أهم صفات الله فيما يتعلق بنا. ثم نعبر عن صدقنا (نحن فقط نطلب منه المساعدة)، والآن حان الوقت للانتباه إلى سبب مجيئك إلى هذا الموعد، والتحدث عما في قلبك وعقلك، وطلب المساعدة منه للتوجيه في الطريق الصحيح والمستقيم، طريق أولئك الذين أنعمت عليهم ورحمتهم. **لا سبيل الذين غضب عليك وضلوا** بواسطة الشيطان.

إن غضب الله يتناقض مع مجموعتين؛ إحداهما تتمتع بنعمة الله وتستحقها بفعلها، والأخرى تستحق غضب الله، محرومة تماماً من رحمة الله (**مغزوب عليهيم**). إذن فلا أمل في رجوعهم لأنهم انحرفوا عن طريق الحق، غير راغبين وغير قادرين على العودة إلى الطريق المستقيم. والفئة الأخيرة هم من المخطئين الذين ضلوا الطريق، وهناك أمل في رجوعهم بأعمال صالحة. (**زالين**).

بحسب سورة الحمد فإن الله يقسم الناس إلى ثلاثة أقسام:

الفئة الأولى هم الذين سلكوا طريق العبودية والصراط المستقيم ويسلمون أنفسهم لرحمة الله، ويشعرون أن هناك يداً غير مرئية تساعدهم دائماً. مثل الأنبياء والقديسين، الأشخاص الكاملين، فهم قدوة للبشر، ونحن نطلب من الله خمس مرات في اليوم أن يهدينا أيضاً إلى الطريق المستقيم.

الفئة الثانية إن هؤلاء الذين يعارضون الفئة الأولى، وبدلاً من الله، يعبدون بشغف ما يرغبون فيه أكثر من غيره، مثل السلطة والثروة والأسرة وما إلى ذلك، وقد تمردوا على ذلك. إنهم يشعرون أن نجاحهم يرجع إلى قدراتهم الخاصة، ويبتعدون باستمرار عن الطريق المستقيم؛ **خاضع لغضب الله** والغضب، والسباحة ضد التيار باستمرار وعدم ترك أي طريق للخلاص (هم تحت غضب الله).

الفئة الثالثة (الضالين) هي مجموعة ليس لها طريق واضح وهي حائرة وضائعة بين الكفر والإيمان ولكن لا زال هناك أمل بالتغيير والتوبة والرجوع إلى حضن الله المغفرة.

بعد سورة الحمد أقرأ في الركعة الأولى غالباً سورة الإخلاص 112، وفي الركعة الثانية أقرأ غالباً إحدى السور التالية: الماعون 109، أو الفلق 113، أو الناس 114.

نصف ثني: سبحان ربي العظيم. **الركوع أو الانحناء / الركوع:** كلمة "الركوع " تعني القيام بشيء ما طوعاً وبسرور، وهي رمز للأدب، وفي هذا الموقف تعترف بأن الله عظيم (عظيم جداً، في الكم) ولا يحتاج إلى هذا الفعل؛ بل أنت في خدمته، متوسلاً للمساعدة والتوجيه، شاكراً على النعم التي نلتها في الحياة.

البقرة 43/2: «أقيموا الصلاة وآتوا الزكاة واركعوا مع الراكعين» هنا يأمر الله بإعطاء الزكاة/الصدقة الدينية.

إن‌الله قد نصح مريم العذراء بالسجود بعد السجود:

آل‌عمران 43/3: "يا مريم اتقي ربك واتبعي ربك" **السجود (أسجودي) والانحناء(أركاو)** مع الراكعين.

سجدةتعني خدمة شيء أعلى وأسمى من الذات. وسجود الشمس والقمروالجبال والأشجار والكائنات الأخرى لله يرمز إلى خضوعهم لإرادة الله.والركوع يعني التواضع والخضوع للحقيقة. لم يكن الركوع جزءاً من طقوس‌صلاة بني إسرائيل من قبل.

لذلك‌فإن معنى**الركوع هو التواضع**والخضوع لله بالقيام بعمل تطوعي بنية‌طيبة، فلم تكن قبل الإسلام صلاة بالشكل الذي يصليه المسلمون، ولم تكن‌هناك صلاة جماعة، ومعنى الركوع الجماعي هو الخضوع والانضباط الجماعي‌أمام أوامر الله والرسل، بالإضافة إلى ذلك فإن عدد الركوع الجماعي‌هو 1000 ركعة.**من الركعات**وفي الصلاة علامة علامتها، لا القيام والسجود.

السجود:في الصلاة، وضع الجبين على الأرض وقول: سبحان ربي الأعلى‌وبحمده. السجود يعني العبادة والخدمة، وهو طلب القرب (الخضوع)، فالإنسان الذي لا يتمتع بالأدب ولا حسن الخلق لا يستحق أن يقُترب منه. لذلك،فأنت تعترف بكل تواضع بغنى الله تعالى عن أفعالك، وتؤكد مرة أخرى‌أنك هنا لحاجتك، وتعبر عن العبودية، وتطلب المساعدة وتشكره. بين هذه‌الصلاة والصلاة الأخيرة، حدث الكثير، وأهمها أنك حي، وصحي، وخالٍ من‌الألم، وغير جائع، وتقوم بعمل إيجابي، وتجد فرصة لتكون في خدمة الله‌تعالى من خلال العمل وخدمة مخلوقاته.

القنوت:

البقرة/201/2: "ربنا آتنا في الدنيا حسنة وفي الآخرة حسنة وقنا عذاب النار". وطبقاً للتقاليد السنية، فإن النبي محمد (صلى الله عليه وسلم) كثيراً ماكان يردد هذا الدعاء أثناء طوافه حول الكعبة المشرفة في مكة. ويجوز للمصلي في القنوت أن يقضي حوائجه الروحية، ويرفع من معنوياته، ويطلب إجابتها من خالقه. فأنا دائماً أدعو الله (اللهم اغفر للمسلمين والمؤمنين، اللهم اغفر لي ولوالدي) في القنوت. وفي القنوت تكون الكفان متجهتين إلى الوجه ومفتوحتين نحو السماء، مما يسبب التركيز، وكأنه يمنع العينين من رؤية أشياء أخرى أثناء الصلاة باستثناء الطلبات المادية والروحية.

التشهد:

الحمدلله، أشهد أن لا إله إلا الله وحده لا شريك له، وأشهد أن محمداً عبده ورسوله، والصلاة والسلام على محمد وعلى آله وصحبه أجمعين. السلام عليك أيها النبي ورحمة الله وبركاته. السلام علينا وعلى عباد الله الصالحين. السلام على الخلق أجمعين برحمة الله وبركاته.

في هذه الحال مع الشكر والشهادة بتوحيد الله وقبول النبي محمد صلى الله عليه وسلم عبداً ورسولاً لله، وثلاث تحيات: الأولى على النبي، والثانية على عباد الله الصالحين، والثالثة على الخلق أجمعين. الركعة الثالثة والرابعة من التسبيحات الأربع: سبحان الله (الله غني عن كل حاجة، بما في ذلك العبادة والخدمة الملوثة بالنوايا الدنيوية من الشرك) والحمد لله على كل نعمه، ولا إله إلا الله والله أكبر مما نتصور.

أثناء الصلاة نندمج مع بقية المجتمع الإسلامي ثلاث مرات على الأقل، على أمل أن تصل صلواتنا إليهم.

فإن دعاءهم لنا مستجاب: فلنعبد ولنصل، والسلام علينا وعلى عباد الله الصالحين. وفي قنوتي أحاول دائماً أن أظل في الدائرة الكاملة للمصلين لأستفيد من دعائهم أيضاً.

الآيات المتعلقة بالصلاة في القرآن الكريم: هل هناك فرق بين قراءة الصلاة وأداء الصلاة؟ في القرآن هناك 57 آية تتعلق بإقامة الصلاة ولا شيء يتعلق بالقراءة: البقرة 2/3، البقرة 2/43، البقرة 2/45، البقرة 2/83، البقرة 2/110، البقرة 2/153، البقرة 2/177، البقرة 2/238، البقرة 2/277، النساء 4/43، النساء 4/77، النساء 4/101، النساء 4/102، النساء 4/103، النساء 4/142، النساء 4/162، المائدة 5/6، المائدة 5/12 المائدة 5/55، المائدة 5/58، المائدة 5/91، المائدة 5/106، الأنعام 6/72، الأنعام6/92، الأنعام 6/162، الأنعام 6/133، الأنعام 6/170، الأعراف 133 / 7، الأعراف 7 / 170، الأنفال 8/3، الأنفال 8/35، التوبة 9/5، التوبة 11 / 9، التوبة 9/18، التوبة 9/54، التوبة 9/71، التوبة 9/103، يونس 10/87، هود 11/87، هود. 11/114، الرعد 13/22، إبراهيم 14 / 31، إبراهيم 14 / 37، إبراهيم 14 / 40، الإسراء 17 / 78، الإسراء 17 / 110، مريم 19 / 31، مريم19 / 55، مريم 19 / 59، طه 20 / 14، طه 20 / 132، الأنبياء 21 / 73، الحج 22 / 35 ، الحج 22 / 41 ، الحج 22 / 78 ، المؤمنون 23 / 2 ، النور24 / 37 ، النور 24 / 41 ، النور 24 / 56 ، النور 24 / 58 ، النمل 27 / 3 ، العنكبوت 29 / 45 الروم 30 / 31، لقمان 31/ 4، لقمان 31 / 17، الأحزاب33 / 33، فاطر 35 / 18، فاطر 35 / 29، الشورة 42 / 38، المجادلة58 / 13، الجمعة 62 / 9، الجمعة 62 / 10، المعراج 70 / 23، المعراج70/34 ، الجن 72/20 ، البينة 98/5 ، الماعون 107/5.

الصلاة في اللغة العربية تعني الاقتراب. كل المخلوقات لديها الصلاة وهي فطرية فيها، وربما كانت مكتوبة في طبيعتها/حمضها النووي؛ لذلك فإن اتباع القوانين الإلهية أمر إلزامي بالنسبة لها (القيام بالمهمة الموكلة إليها لتصحيح شؤون العالم حسب الحاجة)، ولكن الصلاة البشرية

هو أمر اختياري على الرغم من أن الصواب والخطأ مكتوبان في حمضنا النووي أيضاً.

شمس 8/91: ثم ألهمه الفسوق والتقوى.

وبعد أن بلغ الإنسان كمال شكله وحكمته، ألهمه الله القدرة على التمييز بين الخير والشر، وبين الوعي الإلهي والشقاء، حتى يتمكن من اختيار الطريق الذي يسلكه. وقبل هذه المرحلة، كانت جميع المخلوقات تسترشد بغرائزها. ولكن من هذه المرحلة فصاعداً، كان على البشر استخدام قدراتهم الفكرية والعقلية. وكجميع الظواهر السماوية التي تبقى في مداراتها الخاصة ولا تتعدى حدودها، ألهم الله البشرية، قمة خلقه، معرفة الحدود والمعايير التي لا يجوز تجاوزها.

إن كلمة نماز كلمة فارسية لا تتناسب مع مفهوم الصلاة. وقد أطلق الإيرانيون المسلمون الجدد الذين لاحظوا أن المصلين العرب ينحنون من وسطهم تكريماً واحتراماً على هذه الكلمة اسم نماز، في ذكرى الانحناء والاستقامة والسجود على الأرض لكبار السن والملوك. وقد أطلق على هذه العادات اسم "نماز"، وحلت نماز محل إقامة الصلاة كما أوصى القرآن. وأنا أفهم أن المعنى الحقيقي للصلاة ليس مجرد الصلاة التي اعتدنا نحن المسلمين على أدائها، بل ينبغي لنا أن نسعى إلى تحقيق الهدف النهائي فيما يفعله المصلي ويقوله.

إن صلاة الإنسان هي صلاة واعية واختيارية، وهي التوجه إلى خالق العالم بتجاهل مغريات العالم وتجاهل الإرادة الذاتية القائمة على العاطفة وإيجاد الطريق المستقيم في الدور الذي يجب أن يلعبه المصلي في واجب العبودية (الذكر أو "الاستغاثة" بالله جنباً إلى جنب مع التفكير الصحيح الذي يتبعه العمل والكمال التطوري التدريجي). الكلمة المعاكسة للصلاة هي "تولا"، والتي تعني أن تدير ظهرك وتتجاهل.

القيامة31/75: فلا صدق ولا صلى (فلا صدق ولا صلى) ولم يحاول الاتصال بي.

القيامة32/75: بل كذب بالحق وأعرض!

ومن هنا، ومن خلال المقارنة التي أقامها القرآن بين الإثبات والنفي، والصلاة والتوكل في سورة القيامة الآيتين 31 و32، يمكن فهم أن معنى الصلاة هو الاقتراب، والتوكل هو الإعراض، والصلاة هي أيضاً أصل الصلاة وتعني الاهتمام والاقتراب والتأكيد.

وفي سورة الكوثر 2/108: فصَلِّ وأطيع رَبَكَ وانْحَرْ.

نزلت هذه السورة في الأشهر الأولى من النبوة ولم يكن شكل الصلاة ووقتها وعناصرها قد شرعت بعد، لذلك ينبغي أن يكون معنى الصلاة اتصالاً روحياً بالله وطلباً للهداية للبقاء على الصراط المستقيم (الصراط المستقيم).

الأحزاب33/:56 إنَّ اللهَ ومَلَائِكِتَهَ يُصلُّونَ عَلىَ النّبِيِّ يَا أَيّهَّا الّذينَ آمنَوُا صلّوُا علَيَهْ وسَلّمِوُا تسَلْيماً .

الله والملائكة يصلون علينا:

الأحزاب43/33: هو **من** يصُلي عليكم وملائكته ليخرجكم من الظلمات إلى النور وهو بالمؤمنين ذو رحمة.

وهذا لا يعني أنهم يؤدون لنا الصلاة، بل إن القوانين في الطبيعة تساعدنا، وتؤكد لنا، وتشجعنا بإذن الله على فعل الخير وأداء واجب العبودية، وهو الهدف الرئيسي من خلقنا.

يرى أغلب الباحثين أن الصلاة كما تمارس اليوم تأسست في السنة التاسعة من النبوة (البعثة)، أي قبل الهجرة بقليل. **جديد** المسلمون من مكة إلى المدينة. أصبحت الصلاة الإلزامية على المسلمين خمس مرات في اليوم. ويعتقد أن أول صلاة جماعية كانت ظهراً بعد ليلة الإسراء والمعراج. بالطبع، هناك آراء وروايات مختلفة حول متى وكيف بدأت الصلاة بالطريقة الحالية، والتي تشبه الأسطورة أكثر من الحقيقة. يعتبر بعض الشيعة أن فرض الصلاة الجماعية وأدائها كان في الأيام الأولى للنبوة، وأن الملاك جبرائيل، وهو ملاك الوحي القرآني، علم النبي كيفية أداء الصلاة.

إن أهم صفة للإنسان التقي في نظر عامة الناس هي أداء الصلاة اليومية في وقتها، وليس الأمر بتلاوة الصلاة في القرآن، بل التأكيد على أداء الصلاة وإقامتها، فإقامة الصلاة الظاهرية من حيث الاتصال بالله والتقرب إليه من أسمى المعاني، ولكن مجرد التلاوة ما هي إلا طرق باب البيت وتمهيد لدخول الحرم المبارك لله لننال مرتبة الواجب من العبودية حسب قوتنا وإمكاناتنا، ونطلب الهداية، ونكون على الطريق المستقيم في أفعال الساعات القليلة القادمة، ونتقدم أخلاقياً وإنسانياً حتى الصلاة التالية، ونحافظ على إقامة كل صلاة في وقتها، والاستمرار فيها، واتباع أوامر الله وإلهاماته وإرشاداته في وقت اليقظة. لذلك فإن أداء الصلاة ما هو إلا تمهيد لأدائها من خلال تذكر الله دائماً والقيام بكل شيء وفقاً لقوانينه الأبدية بالبقاء على قيد الحياة. **على** الطريق المستقيم.

في سورة الحمد، وبعد ذكر صفات الرب الرحمن الرحيم، وأننا سنحاسب يوم القيامة على أعمالنا أمام الله بالثواب أو العقاب، نطلب منه العون على هدايتنا وإبقائنا على الصراط المستقيم، فنقول (نذكر أنفسنا) أن الصراط المستقيم هو الطريق الذي نسلكه، وهو الطريق الذي نسلكه، وهو الطريق الذي نسلكه، وهو الطريق الذي نسلكه، وهو الطريق الذي نسلكه.

هوصراط الذين أنعمت عليهم لا صراط الذين أغضبت عليهم، ولا صراط الذينضلوا وضلوا، ولذلك نعطي أيضاً عنوان المستقيمين.**المسار الذي** هلنقول أنا أعلم ما أقول وما أريد؟ الآن يريد الله أن يعرف لأي غرض أو نيةتريد أن تهتدي إلى الطريق المستقيم في هذا الوقت بالذات! هل تعرف ماالمقصود بالتواصل مع الله؟ أم أنك تتحدث فقط كالببغاء دون أن تعرف لماذاسعيت إلى أن تكون في حضرة الله.

عندمايقول الله أن جميع المخلوقات والطيور تعلم صلاتها وتسبيحها، فهذايعني أنها تؤدي دورها التصحيحي والضروري والمُرضي في الطبيعة بشكلطبيعي وغريزي ووراثي دون أي شك أو تردد.

وفيالقرآن طلب إبراهيم من الله أن يجعل أولاده من المصلين، ونصيحةلقمان لابنه أن يعيش وفق الصلاة، وكون الأنبياء كلهم من المصلينعند الله يعني أنهم عاشوا وعملوا على الطريق المستقيم (التذكر والتفكروالتأمل والتقوى والعمل في العمل)، وكانت علاقتهم بالله وأنفسهم وأسرهمومجتمعهم وباقي المخلوقات معتدلة ومبنية على العدل والهداية والقوانينالإلهية والعناية بعبادته.

خمسمرات في اليوم أثناء ساعات يقظتنا نتشرف بالتوجه إلى باب اللهبعد التفكير والتعقل بنية صافية وبعد الشكر على النعم الكثيرة في الحياةلنطلب منه العون والهداية في الثبات والاستمرار في البقاء أو العودة إلىالطريق المستقيم، والتفكير والتعقل والبحث هو لمعرفة ما هي القضيةوماذا نريد أن نفعل، هل أداؤنا لمصلحة الآخرين أو المجتمع بالإضافةإلى المنفعة الشخصية، أو قد يؤدي إلى خسارتهم، وبعد التأمل الصادقمع أنفسنا نتصرف بناءً على القرار وكأن هذا أمر الله كما يريدنا أن نكون.

لذلك يبدو أن هدف الله من الصلاة اليومية المتكررة هو أن تستمر في علاقاتك، طالباً المساعدة والتوجيه منه، في قضاء جميع لحظات وشؤون الحياة اليومية.

إن للإنسان أعمالاً مختلفة أثناء النهار واليقظة، منها ما يتعلق به، كنوع وكمية الطعام، والرياضة، والنظافة الشخصية، والراحة، والعمل، وجزء يتعلق بالعائلة كالعلاقة مع الزوج والأبناء والوالدين والأقارب، وجزء يتعلق بالمجتمع كالعمل والشؤون العامة وغيرها، فعليه أن يحرص على القيام بها على أفضل وجه، وأن يظل لمرضاة الله على الطريق المستقيم وهو الوسطية والاعتدال وعدم الانحراف إلى الإفراط والتفريط في أي من جانبي هذا الخط الضيق.

أشعر بالأسف عندما أفكر أن كل أولئك الذين يؤدون الصلاة المتكررة يومياً كواجب لم يستفيدوا من هذه الشعيرة المهمة جداً، والتي تعد العمود الأساسي للدين الإسلامي (التشاور مع الله). أتساءل كيف لا يناقش أحد في المدارس الابتدائية والثانوية والجامعات والمساجد والحسينيات وتجمعات المعلمين وما إلى ذلك، الغرض الحقيقي والوحيد من أداء الصلاة والتواصل مع الله وهو أن نطلب منه بتواضع وإخلاص أن يساعدنا على قضاء حياتنا اليومية على الطريق المستقيم وتعليم كيفية التعرف على الطريق المستقيم لأحداث وتجارب الحياة المختلفة، والتي قد تكون صعبة للغاية في بعض الأحيان.

ويقال إن الطريق المستقيم هو جسر أرفع من الشعر وأحد من السيف على نار جهنم، ويجب علينا جميعاً أن نسير في هذا الطريق للوصول إلى الجنة، ولن ينجح في ذلك إلا المتدينون.

النور 24/41: ألم تر أن كل ما في السموات والأرض **يوسابحه لا هو** وطير صافات كلٌّ على صلاته مدركٌ **تسبحه** ((يقومون بواجب إيجابي وتصحيحي) والله أعلم بما يفعلون.

الإسراء 17/44: تُسَبِّحُ السَّمَاوَاتُ السَّبْعُ وَالْأَرْضُ وَمَنْ فِيهِنَّ (**توسابيو** الله (يتبعون أوامره)

"بحسب قوانين الطبيعة، وليس هناك شيء على الإطلاق، إلا ما يسبح بحمده"(**يوصابهو بحمديه**)، ولكن لا تفقهون تسبيحهم (**تسبيهم**أداء ما تمإنشاؤهم للقيام به بشكل لا تشوبه شائبة).

إنصلاة جميع المخلوقات هي وعيهم الذاتي باتباع القواعد التي تحكم وجودهم،وإرشادهم الغريزي نحو العمل الذي خلقوا من أجله (فجميعهم متدينونومؤمنون ومسلمون ويتبعون القوانين والأنظمة الإلهية ذات الصلةبشكل كامل). كما أن تسبيحهم هو العمل المفيد الذي يقومون به فيدائرتهم البناءة والإيجابية. فليس كل الكائنات والمخلوقات في السماواتوالأرض تصلي ولها علاقة صلاة مع خالقها فحسب، بل تعتبر الصلاةوالصلاة في جميع الأديان واجباً مهماً لأن أداء الصلاة والصلاة يجب أنيشجع على فعل الخير ويمنع عن فعل الشر.

ويخبرناالقرآن عن صلاة عيسى عليه السلام في المهد وطوال حياته، وصلاةإبراهيم وأولاده إسماعيل وإسحاق وذريتهم، وكانت صلاتهم محبة لله،وقائمة على العدل، وربما كانت متبعة للوصايا العشر التي أمر الله بها البشريةوالتي نزلت لأول مرة على النبي موسى في سفر التكوين.**جبل الطور**في صحراء سيني.

الأنعام161/6: قلْإِنَّنِي هدَانِي ربيّ إلَىَ صرَاطٍمسْتْقَيمٍ دِيناً قيَمِّاً مِلةَّ إِبرَاهيمَ حنَيفاً ومَا كَانَ منَ الْمشُرْكِين.َ

مريم55/19: وكان يأمر أهله بالصلاة ... (إسماعيل، الابن الأكبر لإبراهيم منهاجر والأب الروحي للعرب الذي ساعد والده إبراهيم في بناء بيت الله الأصلي،الكعبة أو المكعب في مكة).

آلعمران 39/3: فناداه الملائكة وهو قائم في الحجرة يصلي((**محراب**)"الله يبشرك بيوحنا الذي سيؤمن بالإنجيل

129

"وأنه سيكون من الصالحين نبياً تقيا" - نادوا (ببشرى ميلاد يحيى لزكريا).

هود 87/11: قالوا يا شعيب أصلاتك تأمرك أن نترك ما يعبد آباؤنا أو نفعل في أموالنا ما نشاء إنك صابر حكيم

مريم 31/19: (عيسى) وجعلني مباركا أينما كنت وأوصاني بالصلاة والزكاة ما دمت حيا.

طه 14/20: إني أنا الله لا إله إلا أنا فاعبدني وأقم الصلاة لذكري (ذكرني فيما كنت تعمل) موسى.

لقمان 17/31: يا بني أقم الصلاة وأمر بالمعروف وانه عن المنكر واصبر على ما أصابك ذلك هو قوام الدين. (وصايا لقمان لابنه)

الأنعام 162/6: قُلْ إِنَّ صَلَاتِي وَنُسُكِي وَمَحْيَايَ وَمَمَاتِي لِلَّهِ رَبِّ الْعَالَمِينَ. (يأمر نبي الإسلام أن يقول ذلك).

والنبي صلى الله عليه وسلم له صلاة علينا أيضاً:

التوبة 103/9: خذ يا محمد من أموالهم صدقة تطهرهم بها وتزكيهم بها وصل عليهم إن صلاتك تريحهم والله سميع عليم

هذه الآية تتحدث عن ثلاثة أشخاص لم يذهبوا لحرب الكفار ثم ندموا على ذلك، فيأمركم الله أن تأخذوا من أموالهم صدقة تطهرهم وتربيهم وتعتنوا بهم لأن اعتنائكم بهم يريحهم.

مريم59/19: ثم جاءت من بعدهم طائفة صلوا ولم يدركوا عظمة هذه الأحداثواتبعوا أهواءهم فسوف يضلون (يقصد بعض اليهود في زمن النبي،ولكن للأسف هذا ينطبق على كثير من المسلمين الذين يصلون اليوم).

فيملخص: إن صلاة المخلوقات الأخرى والأنبياء والشعب المختار قبلزمن محمد (صلى الله عليه وسلم) لم تكن ولا يمكن أن تكون مثل الصلاةالتي يؤديها المسلمون اليوم، مما يشير إلى أن الصلاة كما تتم اليوم ليستسوى شكل واحد من أشكال الاتصال بالله ولكنها ليست الشكل المثالي.كانت صلاتهم تعيش في الطريق المستقيم كما أوصى الله. لذلك، لفهممعنى الصلاة بشكل أفضل وممارستها وتطبيقها في حياتنا اليومية، بدلاًمن كلمة الصلاة، يجب أن نستخدم كلمة أداء الصلاة / مع فهم أننا ننشئاتصالاًمع الله ليس فقط بقول بعض الصلوات، ولكن الصلاة الفعلية تبدأبعد أداء الصلاة من خلال عملنا الصالح الذي تم ترسيخه من خلال صلاتناالاستباقية.

فيالحقيقة فإن الصلاة الحقيقية تتكون من جزأين: 1. القشرة، وهي تلاوةالصلاة كما جرت العادة، وهي مقدمة لإقامة الصلاة وتهيئة العقل للشعوربأنه في مكان مقدس والتفكير في المهمة التي تنتظرنا وطلب الهدايةمن الله. 2. أداء العمل الصالح الناتج عن صلاتنا حتى وقت الصلاة التالية،حتى وقت الصلاة التالية، كل الاهتمام موجه إلى أن نكون في خدمة الله.قد تكون القشرة الخارجية للصلاة ضرورية لحماية بذرة الإيمان في بعضالناس بإبقائهم على الطريق الصحيح ومنع بذرة الخير التي زرعها الله فيهمقبل الولادة من التعفن. بدون هذه القشرة من الممكن أن يفسد المصليبسبب جسدية روحنا غير المدربة، والجن (كل ما هو غير معروف لناولكنه يمكن أن يؤثر على تفكيرنا وأفعالنا)، والشياطين التي ترتبط دائماً بانحرافالإنسان عن الطريق المستقيم، ولا يمكن تجنبها إلا بالخضوع الروحيوالعقلي الحقيقي والصادق والجاد.

متصلين برب العالمين ليلاً ونهاراً بأعمالنا الصالحة.

2. واستناداً إلى ما يجب في الصلاة وهو قراءة الفاتحة.
إن الصلاة هي أساس كل عمل، وهي ...

إن صلاتنا اليوم مفيدة ومجزية إذا أدت إلى السلوك وفق المقصود، أما إذا انتج عنها النفاق والكبر فإنها تزيد صاحبها ضلالا وأقرب إلى النار.

تبدأ الصلاة الداخلية التحويلية بتلاوة الصلاة أو بدونها، مع التفات كامل إلى الله، وإخلاص كامل، وقلب صادق له، ورؤية الذات في حضرة عظمته، والتحدث معه، والتعبير عن الحاجة أمام طبيعته المقدسة التي لا داعي لها، وأمام مجده الجليل، والشعور الحقيقي بالخوف والرعب في النفس من احتمال ارتكاب خطأ في اتخاذ القرار، والتواضع، والتحرر من كل شيء سواه، والانصراف عن كل شيء سواه، وفقدان الأمل في كل شيء سواه، والاستسلام له دون خوف من أي قوة أخرى، واعتباره شاهداً ومراقباً وحاضراً في كل ما نفكر فيه ونفعله، وأخيراً نسأله.

إننا نهدف إلى توجيه أنفسنا على الطريق المستقيم والحفاظ على التوازن في كل شؤوننا اليومية، حتى وإن بدت بسيطة وسهلة وغير مهمة. إن الأفعال الصغيرة التي تبدو ظاهرياً، إذا تمت بشكل عشوائي ودون تفكير، واستشارة القدرات المناسبة وطلب مساعدة الله، يمكن أن تؤدي إلى عواقب ضارة لا يمكن إصلاحها للفرد والأشخاص من حوله والمجتمع ككل، ونادراً حتى للبشرية. (على سبيل المثال، تخيل مخترعاً شاباً عبقرياً مثل ستيف جوبز من شركة آبل أو بيل جيتس من مايكروسوفت يموت مبكراً بنوبة قلبية بسبب إهمال نظامه الغذائي).

إن نتيجة الصلاة الحقيقية (الاعتدال والعدل والقدوة) تجعل الإنسان عادلاً ومنصفاً، متجنباً كل أشكال التطرف والانحراف عن المسار الوسطي، سواء في مكان العمل، أو المنبر، أو الفصل الدراسي، أو المختبر، أو غرفة العمليات، أو السوق، أو المكتب، أو العلاقات المجتمعية، أو رعاية البيئة، أو الصحة البدنية والعقلية، أو حماية الطقس والمناخ، أو السلوك الفردي، أو الأسرة، أو الشؤون الاجتماعية، إلخ. هذا الشخص يعرف غرض الخالق ويفهم أنه مراقب. (ليس من الصعب، حيث توجد الكاميرات في كل مكان اليوم ويتم تخزين معلوماتنا في أجهزة الكمبيوتر دون علمنا، وقوة الذكاء الاصطناعي تتجاوز اعتقادنا.)

فضلاً عن ذلك، حتى لو أديت الصلاة بشكل صحيح من جميع النواحي وفي وقتها، فإنها إذا لم تغير الشخص إلى الأفضل، فلن تكون مفيدة في الآخرة لمن يصلي. بل قد تزرع الكبرياء والنفاق والرضا الزائف، وقد يكون لها تأثير سلبي مقارنة بالشخص الذي لا يصلي. هذا النوع من الصلاة اليومية ليس فقط لا قيمة له، بل قد يعُتبر، اعتماداً على معرفة الشخص الذي يصلي، درجة مختلفة من الخطيئة. هذا الشخص لا ينتبه إلى الله بصدق أو يفهم معنى الصلاة، بل يعمل بها فقط. أسوأ الخطايا هي فهمها ولكن عدم تنفيذها. إذا كان الشخص لا يصلي، فإنه لا يلتزم بالصلاة، بل يلتزم بها. **صلاة** لا يكون لها تأثير إيجابي على حياة الإنسان، إذا كانت عادة وأُديت بدون فهم، فهي ليست صلاة مجدية ولا ناجحة.

إن صلاة العديد من المسلمين اليوم هي شكل من أشكال الصلاة التي تتضمن حركات جسدية وتلاوات من القرآن الكريم، وغالباً دون فهم المعنى. وقد يقتصر الوضوء الإلزامي قبل الصلاة على غسل اليدين والوجه فقط، دون نية تطهير أنفسهم. وأثناء الصلاة، يتذكرون كل شيء ما عدا الله، ويفكرون في الأشياء المفقودة، وغالباً ما يشككون في عدد الركعات التي صلوها. تُؤدى هذه الصلاة، وهي علامة على كون المرء مسلماً، خمس مرات في اليوم باللغة العربية في أوقات محددة، ومع ذلك يساء استخدامها واستغلالها من قبل العديد من المنافقين والمحتالين والمخادعين واللصوص والمحتالين في البلدان الإسلامية مثل إيران.

إذا لم تمنع الصلاة الإنسان من الفحشاء والمنكر والرذيلة، وإذا ابتعد عن الله ورحمته، فعليه أن يفهم أن صلاته لم تقبل من ربه. ونتيجة للتكرار اليومي للصلاة وتجديد العلاقة مع الله، فإن العابد الحقيقي يكون له قلب وعقل نقيان، وإنساني، وأخلاقي، وذو أهداف نبيلة، ولا يتأثر بأهواء ورغبات الآخرين. مثل هذا الإنسان يكون بعيداً عن الشيطان وإغراءاته.

إن الإنسان الذي يتمتع بالصلاة الحقيقية هو الذي يعرف الآخرون طريقة تفكيره وأفعاله، ويثقون به، ولا خوف عليه في علاقاته وصداقاته. وهو يُنظر إليه على أنه صادق، صالح، مسالم، طاهر، خير، محب للخير. وهو لا يغش، ولا يخدع، ولا يخطط، ولا يقصد الأذى. وهو لا يتسامح مع الظلم أو انتهاك الحقوق والشرف، وهو مستقر في صداقاته.

علينا أن نسأل أنفسنا: ما هي المفاسد والانحرافات التي حدثت في حياتنا والتي أدت بنا إلى الخير والثبات؟ وما هي الشخصية التي حلت محل مزاجنا السيئ وشخصيتنا القبيحة؟ وما هي الطريق التي سلكناها من خلال صلاتنا نحو المعرفة والتقدم والكمال؟ وما هي المشاكل التي حللناها لنعرف أي نوع من المصلين كنا؟

إن المسلمين يصلون ويتعبدون، ولكن مجتمعنا لم يتحسن، ولم تتحسن بيئتنا العائلية. والدول الإسلامية لا يحسدها عليها أحد، ولا أحد يريد الهجرة إلى هذه الدول. وفي إيران تتزايد إحصاءات الفقر والدعارة والسرقة والاختلاس والإدمان والطلاق بشكل مخجل يوما بعد يوم. لماذا أصبحنا إلى هذا الحد من الفساد والكسل والضعف؟ الجواب واضح: إن صلاتنا ليست إلا واجبا طائئشا نابعا من الخوف وليس من حب الله، وفي بعض الحالات هي أداة لتحقيق مكاسب دنيوية.

الأنفال 35/8: وما صلاتهم عند الكعبة إلا هزوا وصرفا للعقلاء. (بسبب الزحام والجدل أمام النبي محمد).

لماذا نصلي ولمن نصلي؟ هل نخدع أنفسنا، أم من حولنا، أم الله؟ هذه الصلاة وتفسيرنا للصلاة يذكرني بالمعنى الحقيقي لقوله تعالى: (خَرَّبَ الْبَيَتُ مِنْ أسَفْلَه) فإذا فهمنا معنى هذا الأمر من الله، فقد أخذناه على سبيل المزاح وأضعنا الصلاة (مريم 59/19). لأن الله تعالى يقول: (وَلَوْ كَانَ الْبَيْتُ خَرَبَ مِنْ أسَفْلَهِ فَأَهْلَكَكُمُ الصَّلَاة) (النور: 11). **الصلاة الحقيقية هي البقاء على الطريق المستقيم** وهذا هو كل شيء؛ فليس للصلاة شكل واحد كما نفعل، بل تشمل كل شيء في الحياة. والصلاة خطوات ضرورية لتسلق سلم الإنسانية الحقيقية؛ إنها نمط سلوكي.

لماذا توجد الصفات الأخلاقية التي يفترض أن يتحلى بها المسلمون في الناس المتعلمين من البلدان المتحضرة والديمقراطية والملتزمة بالقانون وغير المسلمة؟ أليس الله قد خلق الإنسان الحر ليعيش في مجتمع حر وديمقراطي وملتزم بالقانون وأخلاقي، حتى يتمكن من خلال الاعتماد على طبيعته الحقيقية ونعمته ومساعدة بعضهم البعض من الاستفادة القصوى من حريته وموهبته وإبداعه الممنوح له من الله من أجل التنمية المادية والروحية لنفسه ومجتمعه والمخلوقات الأخرى؟ إن النظام التعليمي الذي أنتج التقدم في الإنسانية والراحة لم ينشأ من البلدان الإسلامية بل من أوروبا الغربية وأميركا الشمالية بدءاً من العصور الوسطى عندما بدأ الإسلام في استخدام هذه التعاليم في أوروبا الغربية وأميركا الشمالية.

لقدبدأوا يفكرون بطريقة مختلفة، مدركين أن رضا الله مبني على حرية الناسوسعادتهم؛ ففي نهاية المطاف، نفخة الله موجودة في كل واحد منا ونحنخلقه.

المعارج19-23/70: إن الإنسان خلق هجوعا (19) إذا أصابه الشر جزع (20) وإذا أصابه الخير هجع (21) إلا من كان على الصلاة (22) الذين هم على الصلاةدائمون (23).

المؤمنون9/23: والذين هم على صلاتهم يحافظون، المعراج 34/70: الذينهم على صلاتهم يحافظون، يتوجهون إلى الله محاولين الاستمرار في عبادتهوالعيش حياة متوازنة على صراط مستقيم.

فيسورة المزمل، يوافق الله ويأمر محمداً (صلى الله عليه وسلم) وأتباعهبالسهر في وقت متأخر من الليل لقراءة القرآن وأداء الصلاة: المزمل 20/73: (يا محمد)... اقرأ القرآن بقدر ما تستطيع (لتتذكر وتفهم وتتأمل في معانيه) وأد الصلاة (ليس قراءة الصلاة كما هو معتاد، للتفكير - التأمل، جلبالشفاء، كن معتدلاً في كل ما تفعله)، وأد الزكاة (المساعدة المالية للآخرين) وأعط الله قرضاً حسناً (هنا، بالإضافة إلى الزكاة، يوصى أيضاً بالقروضالجيدة، حيث يعتبر الله نفسه متلقياً لها عندما يساعد الفقراء، ويعطيقرضاً خالياً من الفوائئد).

البقرة45/2: واستعينوا بالصبر والصلاة في الشدائئد.

هود115/11: واصبر فإن الله لا يضيع أجر المحسنين.

طه14/20: إني أنا الله لا إله إلا أنا فاعبدني وأقم الصلاة لتذكرني.

صلاةلتذكيرنا بأن الله يراقبنا ويعلم أفكارنا وأفعالنا.

الكوثر2/108: فَصَلِّ لِرَبِّكِّ وَانْحَرْ.

فالصلاةهنا هي وسيلة لشكر الله على نعمه.

مريم31/19: يقول عيسى في المهد: إن الله أمرني بالصلاة والزكاة ما دمتحيا.

هود114/11: أقم الصلاة طرفي النهار وزلفا من الليل إن الحسنات يذهبنالسيئات ذلك موعظة للذاكرين.

النور56/24: وأقيموا الصلاة وآتوا الزكاة وأطيعوا الرسول لعلكم ترحمون.

الأنعام72/6: وإن تقيموا الصلاة وتتقوا الله فهو الذي تحشرون إليه.

الماعون4/107: فويل للمصلين، سورة البقرة كلها: أرأيت الذي يكفر بالدينولا يحض على طعام المسكين فويل للمصلين الذين هم عن صلاتهم ساهونرياءون ممسكين.

الذينهم غافلون عن صلاتهم (صلاتهم ليست أكثر من عادة وطقوس فارغة). أولئك هم كلهم رياء. (يصلون فقط لإظهار المظهر / الرياء، حتى ينبهرمن يراهم بعبادتهم ولا يستطيعون رؤية مدى زيف صلاتهم وسطحيتهافي الحقيقة).

إن الثروة العامة (الأصول المملوكة للحكومة وعائدات الضرائب) ملك للجميع، ولكن هؤلاء المتغطرسين يريدون كل شيء لأنفسهم ويبذلون قصارى جهدهم لحرمان الفقراء من نصيبهم الشرعي فيها. ويؤكد أن الثروة ليست للأغنياء فقط، بل هي ملك للجميع ويجب أن تتداول بين الناس لتقوية ودعم حياتهم. وعلاوة على ذلك، فإن الزكاة تجعلنا نفهم أن الثروة ورأس المال هما وسيلة دعم للمجتمع ككل، لأنه لا يمكن أن ينمو ويتطور إلا إذا توافرت للجميع بدرجة أو بأخرى. ولكن منكري الدين يرفضون مثل هذه الحقائق ويسعون إلى الاحتفاظ بقدر ما يستطيعون لأنفسهم.

البقرة 277/2: إن الذين آمنوا وعملوا الصالحات وأقاموا الصلاة وآتوا الزكاة لهم أجرهم عند ربهم ولا خوف عليهم ولا هم يحزنون.

البقرة 152/2: فاذكروني أذكركم فاشكروا نعمتي ولا تكفرون.

إبراهيم 40/14: رب اجعلني وأولادك مقيماً للصلاة، ربنا تقبل دعاءنا.

الصلاة هي التوجه إلى الله بكل انتباه وتركيز وطلب مساعدة الله للقيام بالخدمة والمسؤولية التي خلقنا ورعانا من أجلها.

الأنعام 162/6-161: (يا محمد) قل إنني هداني ربي إلى صراط مستقيم ملة إبراهيم حنيفا عبدا حنيفا ولم يكن من المشركين. 162. (يا محمد) قل إن صلاتي ونسكي ومحياي ومماتي لله وحده.

البقرة 186/2: (أجيب دعوة الداع إذا دعاني فليستجب لي وليؤمن بي لعلهم يرشدون) (الطلبات والأجوبة)

(يجب أن تكون نوايانا في صلاتنا ودعائنا من أعماق قلوبنا وبإلحاح من دون وسطاء وإلى الله مباشرة حتى تتم الإجابة.)

إبراهيم 39/14: "... إِنَّ رَبِّي لَسَمِيعُ الدُّعَاءِ"

المعارج 35/70-19: تعريف أثر الصلاة الحقيقي على الإنسان. كلمة المعراج تعني الصعود درجة درجة. 19. خلق الإنسان قليل الطاقة، 20. إذا أصابته شدة جزع، 21. وإذا أصابته رخاء بخل. 22. إلا من كان على صلاته مستمرا،ً 23. الذين هم على صلاتهم دائمون (الذين معتدلون، ثابتون في تكريم علاقتهم بالله وعدم التذبذب في التزامهم به، على عكس الاستسلام في المقام الأول لرغباتهم)، 24. الذين لأموالهم حق واضح (الزكاة والصدقة والصدقة والقروض الخيرية)، 25. للسائل والمحروم. 26. الذين يعرفون يوم الدين (بالعمل الصالح) 27. والذين هم من عذاب ربهم يخافون 28. إنهم لا يأمنون عذاب ربهم أحد. 29. الذين هم لفروجهم حافظون 30-31. إلا على أزواجهم أو التي امتلكتهن فإنهم غير ملومين 32. والذين هم لأماناتهم راعون 33. والذين هم لشهاداتهم قائمون 34. والذين هم على صلاتهم يحافظون 35. أولئك مكرمون في الجنة

لذلك يبدأ المسلمون الصادقون إيمانهم بالاقتراب الدائم من الله والحفاظ على هذه العلاقة حتى نهاية حياتهم. هنا، بالإضافة إلى الشروط السابقة من الأمانة، فإن الشهادة الصادقة (حتى لو كانت على حساب إيمانهم) هي شرط أساسي.

ويتم التأكيد على أهمية الحفاظ على العهد وتجنب الزنا والدعارة.

وفي سورة المؤمنون 2-9/23 جاء تعريف المؤمنين الناجحين: التواضع في الصلاة، والابتعاد عن الكلام والأفعال غير المفيدة، وتنمية الذات بالصدقة، وإعطاء الزكاة عن حب، وحتى العمل في التقاعد لكسب المال لمساعدة الفقراء ودفع الزكاة، والأمانة والوفاء بالوعد، والابتعاد عن الزنا، والمحافظة على الصلاة التي تعني العيش بأخلاق طيلة الحياة، والبقاء على اتصال دائم مع الله، خشية اختيار الطريق السهل والقيام بشيء خارج الطريق المستقيم.

طه 14/20: «أنا الله لا إله إلا أنا فاعبدني وأقم الصلاة لتذكرني». (لا تقطع صلتك بي واجعلني شاهداً وحاضراً على أمرك)

وباختصار فإن هدف الصلاة كما ذكر في سورة الحمد هو حياة أخلاقية متوازنة (الاعتدال في كل شيء والعدل) في كل شيء مثل العمل والترفيه والراحة والدراسة وغيرها، من أجل إصلاح النفس والمجتمع والعمل كما ينبغي من خلال كوننا عبيداً وخلفاء وأيدياً لله على الأرض.

في الآية 26 من سورة البقرة يقول الله تعالى بلغة مختلفة عن مبادئ سورة الحمد، وهي الإيمان بالله واليوم الآخر والعمل الصالح: إِنَّ الَّذِينَ آمَنُوا (المسلمين) وَالَّذِينَ هَادُوا وَالنَّصَارَى وَالصَّابِرِينَ (يذكر كل الناس الذين عرفهم العرب في ذلك الوقت) مَنْ آمَنَ بِاللَّهِ وَالْيَوْمِ الْآخِرِ وَعَمِلَ صَالِحًا أُولَٰئِكَ لَهُمْ أَجْرُهُمْ حَقًّا عِندَ رَبِّهِمْ وَلَا خَوْفٌ عَلَيَهْمْ وَلَا هُمْ يَحْزَنُونَ.

في الواقع، فإن الحد الأدنى من صلاة جميع البشر (الغرض من خلق الإنسان الحكيم) بغض النظر عن الدين، هو العيش بأخلاق وإيجابية وأن يكونوا على الطريق المستقيم والمتوازن (تجنب

(التجاوزات)، في الوصول إلى الكمال في وجودهم وتحسين مجتمعهم.

ومن السور الأخرى التي يقرأها أغلب المسلمين بعد سورة الحمد في الركعة الأولى والثانية من صلواتهم اليومية، للحذر من المحن التي تهددنا: سورة الماعون 107، وسورة الناس 114، وسورة الفلق 113، وسورة الكافرون 109.

سورة الناس 114:

1.قُلْ أَعُوذُ بِرَبِّ النَّاسِ (ربِّ معلِّمِين) مدرب)

2.حاكم البشرية

3.إله [المشرع أو القاضي] للبشرية

4.من شر الهامس الخفي

5.من الذي يهمس في صدر الإنسانية؟

6.من الجن (المجهول) والانس (المعروف)

وهنا نطلب الحماية في صفات الربوبية والملكية والألوهية لله القادر على كل شيء، ونريد أن نوقف المفتريين الذين يضللوننا بهذه الطرق الثلاثة (1- الخوف من تناقص الثروة أو الطمع في زيادتها، 2- طلب السلطة بطرق مختلفة لممارسة النفوذ، 3- علماء الدين، أو الفهم الخاطئ للقضايا الدينية، أو غيرهم حسب ما نراه أو نسمعه من أحكام غير لائقة حسب المعلومات القليلة التي لدينا عن الإسلام، أو الأمر بالمعروف والنهي عن المنكر بما لا يناسب الوقت والعصر والمجتمع)، بل ونكتفي بالقيام بالأعمال الصالحة لأحد الأسباب الثلاثة المذكورة أعلاه. فلا تفعل هذا العمل الصالح أو تؤجله، فمثلا هذا العام لا أستطيع مساعدة أسرة محتاجة معينة لأنني بحاجة إلى تحديث موديل أو سنة سيارتي أو إيجاد مبررات للقيام بأعمال غير لائقة وأقل من نبيلة، فنطلب الحماية لنكون يقظين وواعين. وفي رأيي أن التجربة اليومية لكل واحد منا تظهر أن أسوأ وأشد ما يمكن أن يحدث هو أن نرتكب أخطاء، أو ...

إن الوسوسة الخطيرة الخفية في قلوبنا هي الأنا التي يجب أن نتواصل معها ونتجنب احتمالات أخطائنا من أجل إرضاء الذات، لذلك يقول الله: "الجأ إليّ، وتوكل، ولا تخف من شر الأشرار الذين أثروا على قلبك وعقلك من خلال إغراء تغيير الثروة والسلطة والدين (التزوير)، ومنعك من القيام بالأعمال الصالحة أو إذا حاولوا تشجيعك على القيام بأعمال غير لائقة".

سورة الفلق 113 أو الفجر :

1. قُلْ أَعُوذُ بِرَبِّ الْفَجَرْ

2. من شرور المخلوقات

3. من شرور الظلام الذي ينتشر

4. من شرور الذين يمارسون الفنون السرية

5. ومن شر الحاسد إذا حسد

فها هو الله يبشرنا بالفجر، في وقت نظن أن الظلام قد انتشر فيه، ويقول لا تيأسوا، وأن كل شيء كما خلقه الله لغرض صالح، يمكن أن يكون شريراً أيضاً، حسب طريقة استخدامنا له، فمثلاً الماء ضروري للحياة، ولكن الطوفان يخلف الدمار، والنار لها استخدامات كثيرة، ولكن ضررها يمكن أن يكون لا يحصى ولا يعد، وأمثلة أخرى كثيرة.

نسأل الله أن يعيننا على أن يهبنا الحكمة والمعرفة الكافية لنميز الخير من الشر في اتخاذ القرارات واختيار الطريق الصحيح، من شر الناس الذين يثيرون الفتنة بين الأسر والأزواج، والذين هم أكثر عرضة للغيبة، وخاصة إذا أدى ذلك إلى تشويه سمعة الناس وتفكك الأسر، وشر أن يكون موضع حسد الحاسدين (ينبغي للإنسان نفسه أن يحذر أن لا يتعرض لحسد الآخرين فحسب، بل قد يكون الحسد تجاه الآخرين مضراً به، وبالطبع هناك خير في الشعور بالغيرة، إذا استخدم الإنسان هذا الشعور في سبيل تحسين نفسه فقط). لذلك، في هذا

سورةيستقي الله منها النور والضياء الذي ينير الطريق ويدل عليه، عالمين أنكل شيء وكل إنسان خلقه الله إذا انحرف عن طريقه، أو لم يستغل على الوجهالأكمل، فإنه قد يخلق الشر ويضرنا، كالإنسان نفسه، من ظلمات الجهلوالخرافات، وخاصة عندما تنتشر وتنتشر في المجتمع، ومن شر الكذابينوالمغتابين الذين يبحثون عن الدليل على الناس ويشوهون سمعتهمفي الأسرة أو المجتمع، وأخيراً يحميهم من "التعرض للحسد والغيرة".

سورةالماعون 107:

1.أرأيت من ينكر الدينونة [القادمة]؟

2.فذلك هو الرجل الذي يدع اليتيم قسوة]

3.ولا يحض على طعام المسكين.

4.فويل لهم من صلاتهم

5.من هم الذين يساهون في صلاتهم؟

6.أولئك الذين [يريدون] أن يرُبوا [من قِيلَ الناس]

7.لكن ارفضوا حتى احتياجات الجوار.

ويلللمنافق المسلم، لن يصل إلى الله أبداً. هنا التهاون في الصلاة يعنيأنهم لو طلبوا من الله حقاً أن يعينهم على الهداية إلى الصراط المستقيملعرفوا كيف يعاملون الأيتام والفقراء والمحتاجين ويتجنبون النفاق،بل ويمنعون الآخرين من فعل الخير كإعانة الجائع بالطعام أو المساعدةالمالية. في هذا الوصف لا يبدو أن التهاون في الصلاة يعني عدم القيامللصلاة أو عدم الحضور في الوقت، فهؤلاء الناس يصلون للتظاهر فقط.

الفصل السابع

شرح ووصف

الطريق المستقيم

إن فهمي هو أن الصراط المستقيم هو الهدف الرئيسي من أداء الصلاة. فوفقاً للآيات القرآنية وتعليمات الله، كلما أتيت إلى حضرة الله للصلاة متبوعة بخدمة مخلوقاته، فإنك تطلب من الله أن يرشدك إلى الصراط المستقيم وأن يبقيك على هذا الطريق حتى تصل إلى وجهتك المقصودة.

كما يوصي القرآن الكريم المؤمنين الأوائل باتباع منهج حياة النبي محمد (السنة) لأنه على الطريق المستقيم. وفي عالم اليوم، يعني هذا معرفة المزيد عن كيفية تعامل النبي مع القضايا الاجتماعية والثقافية في عصره، مع مراعاة الوقت والمكان والممارسات وثقافة القبائل العربية البدوية ذات الحضارة والثقافة الضئيلة مقارنة بالإمبراطوريتين الفارسية والرومانية على جانبيهما. يمكننا أن نتفق على أنه كان جديراً بالثقة وعادلاً ولطيفاً وخيراً ونطبق ذلك على حياتنا الخاصة. لو كان هو المبعوث اليوم، فماذا سيفعل (ستكون السنة مختلفة بالتأكيد) ويقول، بشأن بعض القضايا المثيرة للجدل التي أثيرت مثل الحجاب في إيران وتركيا والمملكة العربية السعودية؟ لذا فإن بعض جوانب الطريق المستقيم في حياة النبي، مثل تعدد الزوجات، لا يتم قبولها على أنها الطريق المستقيم اليوم.

الصراط المستقيم هو طريق واحد ومباشر، أقصر طريق بين نقطتين الإنسان والله. له اتجاه واضح منذ البداية، لكن السبيل هو طريق جانبي يمكن أن يؤدي إلى طريق مستقيم. الصراط في اللغة العربية يعني حرفياً البلع، وكأن الطريق المستقيم يبتلع صاحبه الحقيقي بطريقة تدمر إمكانية أي انحراف عن الطريق إلى الوجهة، أو بقليل من الإهمال والانحراف عن الطريق، يخرج الشخص منه. (يقال أنه يوم القيامة، ينزل الله على عبده، ويعبد ...

ويكون جسر سراط أرفع من الشعرة وأحد من السيف).(**مستقيم**)يقال لمن يقف على قدميه منتصب القامة لقوته وسيطرته أي له السيطرة التامة على نفسه وما يتعلق به لأن الصراط المستقيم وهو عبارة عن مجموعة من النقاط المتصلة بين نقطتي البداية والنهاية يقتضي أن تكون النقاط متصلة لتشكل خطا فكل نقطة لاحقة هي استمرار للنقطة السابقة واتصال بالنقطة اللاحقة فالصراط المستقيم هو طريق كل خطوة فيه استمرار للخطوة السابقة والخطوة التي تخطوها الآن هي نتيجة للخطوة التي خطوها بالفعل وهي دليل للخطوة التالية مقارنة بالطريق الملتوي غير المباشر الذي يمكن أن يكون في أي اتجاه ولا خطوة تعتمد أو تتناسب مع الخطوة السابقة فكل خطوة مستقلة ويمكن أن تذهب في أي اتجاه (التضليل والضلال) وهنا قد يقع عن غير قصد على الصراط المستقيم بالصدفة ولمسافة قصيرة.

عشر مرات في اليوم نذكر أنفسنا بالاستعانة بالله تعالى أن يهدينا إلى الصراط المستقيم، ولأنه لا يوجد أكثر من طريق واحد مباشر لأي موقف معين، بحسب الزمان والمكان وقدرات الإنسان وهدفه، فإنه من الصعب أحياناً أن ندرك ونميز بين العديد من الخيارات، فالهدف من الطريق المستقيم غالباً هو أن نعيش حياة سعيدة بالاعتدال بفضل الله وهداه حتى يصل الإنسان إلى الكمال المنشود مما أراده الله لنا، ومن الصعب جداً أن نبقى ونسير على طريق التطور والكمال بدون هداية الله.

البقرة2/143: وكذلك جعلناكم أمة وسطا لتكونوا قدوة للناس ويكون الرسول قدوة لكم.

إن الصراط المستقيم له جهة معينة، وكل المخلوقات على الصراط المستقيم بحسب خلقتها وفطرتها، إلا

إنالإنسان بسبب حرية الاختيار والقدرة الشخصية التي تختلف من شخصلآخر، ومع إغراءات الشياطين، قد يخطئ في اختيار الطريق الصحيح.ولهذا السبب نحتاج إلى إرشاد من الله من خلال الأنبياء الإلهيين والمعلمينالأخلاقيين في المجتمع. ورغم أن الطريق المستقيم لا يزيد عن واحدفي أي موقف معين، إلا أنه خاص بالقدرة والإيمان والإخلاص والتواضعوالمعرفة والفكر والحكمة والقوة الاقتصادية والاجتماعية، وقد لا نصيب"عين الثور" في بعض الأحيان ولكننا على الأقل نكون في السبيل الذيأخذنا إلى الطريق المستقيم.

الآياتالمتعلقة بالصراط المستقيم في القرآن الكريم.

الفاتحة6/1: (اهدنا الصراط المستقيم).

البقرة142/2: سيقول السفهاء ما ولاهم عن قبلتهم التي كانوا عليها قلإن المشرق والمغرب لله يهدي من يشاء إلى صراط مستقيم

البقرة213/2: وكان الناس أمة واحدة فبعث الله النبيين مبشرين ومنذرينوأنزل عليهم الكتاب ليحكم بين الناس فيما اختلفوا فيه وما اختلفوافيه إلا من أوتاه من بعد ما جاءتهم البينات بما كان من البغي بينهم فهدىالله الذين آمنوا واختلفوا في الحق من حين إلى حين بإذنه والله يهديمن يشاء إلى صراط مستقيم

آلعمران 51/3: إِنَّ اللَّهَ رَبِّي وَرَبُّكُمْ فَاعْبُدُوهُ هَذَا صِرَاطٌ مُسْتَقِيمٌ

آلعمران 101/3: وكيف تكذِّبون بالحقِّوآيات الله تتلى عليكم واحدة بعدأخرى وفيكم رسول الله ومن يعتصم بحبل الله فقد هدُي إلى صراط مستقيم.

النساء175/4: ولكن الذين آمنوا بالله واستمسكوا بكتابه فسوف يدخل عليهمفي رحمة منه وفضل ويهديهم إلى وجهتهم صراطا مستقيما.

المائدة16/5: يهدي الله به من اتبع رضوانه إلى سبل الصحة (من الضلالوشر الشيطان) ويخرجه بإذنه (أنظمته الإلهية) من الظلمات (الجهل والشرك) إلى النور (الوعي والإيمان التوحيدي) ويهديه إلى صراط مستقيم.

الأنعام161/6: قُلْ إِنَّ رَبِّي هَدَانِي إِلَىَ صِرَاطٍ مُسْتْقِيمٍ دِيناً ثَابِتاً مِلَّةَ إِبرْاَهِيمَ حَنَيفاً مَا كَانَ مَنَ اَلمْشُرْكِينَ.

الأنعام39/6: والذين كذبوا بآياتنا كالعمي البكم في الظلمات يضل الله من يشاء ويجعل من يشاء على صراط مستقيم

الأنعام126/6: هذا صراط ربك مستقيما قد فصلنا الآيات لقوم يتفكرون.

الأنعام151/6: قل تعالوا أكشف لكم ما حرم ربكم عليكم ألا تشركوا به شيئاوبالوالدين إحسانا ولا تقتلوا أولادكم خشية جوع نحن نرزقكم وإياهم ولاتقربوا الفواحش ما ظهر منها وما بطن ولا تقتلوا نفسا حرم الله إلا بالحق الذيحرم الله ذلكم أمركم به لعلكم تعقلون.

هود56/11: إني توكلت على الله الذي هو مولاي ومولاكم ما من دابة إلاوأرأسها بيده إن ربي على صراط مستقيم

إبراهيم1/14: الكتاب الذي أنزلناه إليك لهدي الناس من الظلمات إلى النوربإذن ربهم صراط العزيز الحميد.

الأعراف16/7: قال فإذ تركتني هلكت لأقعدن في صراطك المستقيم مرصدالهم.

الحجر39-40/15: 39. قال يا رب بما أغويتني لأزينن لهم في الأرض ولأغوينهمأجمعين 40. إلا عبادك المخلصين منهم 41. قال هذا صراط مستقيم41. إن عبادي ليس لك عليهم سلطان إلا من اتبعك من الغاوين

النحل73/16: وضرب الله مثلا اثنين أحدهما ولد أخرس لا يقدر على شيءوهو كل على وليه أينما يذهب لا ينفع هل يستوي ذلك ومن أمر بالقسطوهو على صراط مستقيم.

النحل121/16: (شكر الله نعمته) واختاره وهداه إلى صراط مستقيم.

مريم43/19: يا أبت قد جاءني من العلم ما لم يأتك فاتبعني أهدك صراطاً مستقيماً. (إبراهيم لأبيه)

مريم19/36: (وَمَا كَانَ قوَلْ الْمسَيحِ إلّا هذَا): إِنِمَّا اللّهُ لهَ السُّلطَانُ عُلَيّ وعَلَيّ فَاعبْدُوُهُ إِنهَّ هذَا صرَاطٌ مستْقَيمٌ.

الحج54/22: وليعلم الذين أوتوا العلم أنه الحق من ربك فيؤمنوا به وتخشعله قلوبهم إن الله يهدي الذين آمنوا إلى صراط مستقيم

الحج67/22: لكل دين جعلنا منسكاً هم يقيمون (الطقوس والعبادات التيتؤدي إلى التضحية). فلا ينازعَك الكافرون في الأمر (الذي يتعلق بالتاريخوالثقافة الخاصة بكل أمة)، وادعهم إلى ربك. إنك على صراط مستقيم.

الحج24/22: يهُدْوَنْ إِلىَ الكُلمَةِ الطيِّبّةِ ويَهُتْدَوُنَ إِلىَ صرَاطِ الحْمَدِْ.

إنكلمة طيب في الآية السابقة تطلق على كل ما هو طيب ومرغوب فيه،وسماع الكلمة الطيبة من حالاتها، وقد ورد في القرآن أن أهل الجنة لا يسمعونفي ذلك المكان كلاماً أنانياً منفراً، بل كلاماً طيباً هادئاً.

المؤمنون73-74/23: 73. وإنك لتهديهم إلى صراط مستقيم 74. وإن الذينلا يؤمنون بالآخرة لفي ضلال.

النور46/24: إِنِّا أَنْزَلْنْا آيَاتٍ مبُينات وِاللّهّ يُهَدْي منَ يْشَاءُ إِلىَ صرَاطٍ مستْقَيمٍ

يس3-4/36: 3. وإنك لمن المرسلين 4. وإنك على صراط مستقيم.

يس61/36: وأن تعبدوني وحدي هذا صراط مستقيم.

الصافات114-120/37-114: 114. ولقد آتينا موسى وهارون نعمة عظيمة، 115.ونجيناهما وقومهما من كرب عظيم، 116. ونصرناهم حتى انتصروا، 117.وآتيناهم كتابا منيرا، 118. وهديناهما إلى صراط مستقيم، 119. وتركنافيهما درسا من الصبر والثبات، 120. تحية لموسى وهارون.

الزخرف43/43: فبدلاً مما يوحى إليك فاستقم وإنك على صراط مستقيم.

الزخرف61/43: ولا ريب أنه من آيات القيامة فلا ترتابوا واتبعوا هذا صراطمستقيم.

الزخرف64/43: إنَّ اللهَّ رَبِّي ورَبُّكُمْ فَاعبُدُوهُ هذَا صِراطٌ مسُتَقِيمٌ.((**بدلاً من تقليد وطاعة أولياء الأمور الضالين، أطعه**).

الفتح2/48: (خطاب للنبي) غفر الله لك ما تقدم من ذنبك وما تأخر، وأتمنعمته عليك، وهداك إلى سواء السبيل.

الفتح20/48: ووعدكم الله مغانم كثيرة فعجلها لكم وكف أيدي القوم عنكملتكون آية من الله للمؤمنين ويهديكم صراطاً مستقيماً.

الأحقاف30/46: قالوا يا قومنا إنا سمعنا كتابا أنزل من بعد موسى مصدقاللكتب السابقة ويهدي إلى الحق والصراط المستقيم.

الملك67/22: أفمن يمشي متكئا على وجهه أهدى ممن يمشي سويا على صراط مستقيم؟

الأحقاف19/46: كل فريق يجزى حسب أعماله، دون أن ينقص من حقه شيء، ولكل منهم درجات حسب عمله، ويجب على الله أن يجزيهم جميعاً، ولا يظلمون (لذلك فإن عمل الإنسان يتوقف على دوافعه وعلمه وإمكاناته، وليس غير ذلك).

العنكبوت69/29: والذين جاهدوا فينا لنهدينهم سبلنا وإن الله لمع المحسنين

لذلك فإن الهداية هي من عند الله فقط، والعمل النهائي لله هو توفير الوسائل وإظهار الهدف لمن يسعى.

والآن دعونا ننظر إلى شروط الهداية كما ذكرها القرآن الكريم:

البقرة2-5/2. 2. هذا الكتاب الذي هو كلام الله بلا ريب هدى للمتقين الذين هم على أنفسهم يتقون. 3. الذين يؤمنون بالغيب ويقيمون الصلاة. 4.ومما رزقناهم ينفقون. 5. والذين يؤمنون بك وما أنزل من قبلك وبالآخرة يؤمنون.5. أولئك يهتدون إلى ربهم وأولئك هم المفلحون.

لذلك فإن الإيمان بالله، وعالم الغيب، والآخرة، والبعث، والمداومة على الصلاة،

إنالإنفاق مما أعطي لهم هو شرط لهدايتهم إلى الطريق القويم الذي شرعه اللهلهم وأحكام الكتب المقدسة.

البقرة2/177: ليس البر أن تولوا وجوهكم قبل المشرق والمغرب ولكن البرمن آمن بالله واليوم الآخر والملائكة والكتاب والنبيين وآتى من ماله ذويالقربى واليتامى والمساكين وابن السبيل والسائلين وفي الرقاب والمقيمينالصلاة والمؤتين الزكاة والموفين بالعهد والصابرين في البأساء والضراءوحمى اللّ أولئك هم الذين صدقوا وهم المتقون.

آلعمران 3/92: لن تنالوا البر حتى تنفقوا مما تحبون وما تنفقوا من شيءفإن الله به عليم.

يقالإن الفضيلة هي المليئة بالخير، والعلو، والانفتاح، أما الخطيئة فهيعكس الفضيلة، وتعني ضيق الأفق والأنانية والخطأ، وهي تشير إلى الخطاياالتي تكون هذه الحالة فيها أكثر وضوحاً، مثل الزنا والربا والبيع على المكشوفوإخفاء الشهادة وما شابه ذلك.

فاطر35/10: من أراد العزة فليعلم أن العزة لله، وأن القول الطيب إليه يصعد،والعمل الصالح يرفعه، والذين يمكرون السيئات لهم عذاب شديد، وكيدهمينقضي.

الروم15/30: إنّاللّ َاشْتْرَىَ مِنْ الْمُؤْمِنِين َأَنْفُسُهَم ْومَنُّكُارهَمُْ بِالجْنَةِّ...

الأنعام6/54: ... وإذا جاءك الذين يؤمنون بآياتنا فقل سلام عليكم كتب ربكمعلى نفسه الرحمة أنه من عمل منكم ظلماً من دون الله فإنه يغفر له

"ثم تاب من بعده وأصلح فإنه كان غفوراً رحيماً".

لقد فرض الله الرحمة على نفسه.

هود 56/11: إني توكلت على الله ربي وربكم ما من دابة إلا هو آخذ بجبهتها إن ربي على صراط مستقيم

لكل أمة وقبيلة طريق تتبعه بدافع ديني، ولكل مخلوق حركة فطرية طبيعية غريزية نحو الله، وهو طريقهم المستقيم.

ال**نماذج من الصراط المستقيم** ومنها سورة هود 56/11 طريق الله، وسورة الزخرف 43/43 طريق الأنبياء، وسورة يس 61/36 طريق العبودية للإنسان واتباع القرآن وسنة النبي في أداء واجبات عبودية الله وخلافته، وسورة آل عمران 101/3 طريق الاتصال والتشبث بالله والقرآن وشرائعه وأنظمته.

وأما خصائص أهل الصراط المستقيم، حسب آيات القرآن الكريم العديدة، فيمكن ذكرها باختصار فيما يلي:

إن أفضل أهل الصراط المستقيم على غيرهم ينشأ عن العلم والإيمان والعمل الصالح المبني على القول الطيب، فهم متقون يؤمنون بوحدانية الله وعالم الغيب والكتب السماوية (التوراة والإنجيل والقرآن) والبعث والنشور، ويؤدون الصدقات ويقيمون الصلاة (يحافظون على الاتصال الدائم بالله، ويطلبون منه الهداية والمساعدة في مساعيهم، ويعيشون حياة معتدلة)، ويؤمنون بنظام الله في العقاب والثواب، ويؤدون الزكاة، ويصبرون ولطفون، ولا يتكلفون في شعائرهم الإسلامية، ويغفرون، ويؤتون بالعهد، ولا يشهدون الزور، ويشهدون عند الحاجة، حتى لو كان ذلك على حساب عائلاتهم وإخوانهم المؤمنين، وهم موحدون، متعاونون مع بعضهم البعض، ويتوكلون على الله وحده، ويستعينون به وحده.

إنهم يشجعون الآخرين على أداء الصلاة لاكتساب حكمة البقاء على الطريق المستقيم للحياة المتوازنة والعمل الصالح. إنهم متواضعون، حكماء في التعامل مع الأصدقاء والأعداء، محترمون للوالدين، عطوفون على الأيتام، يساعدون الفقراء ويساهمون مالياً في تحرير السجناء. إنهم يسامحون، يتشاورون، ينادون بالعدل عندما يواجهون الظلم، يهتمون بالآخرين، لا يغتابون ولا يرتكبون الزنا، ويشكرون دائماً نعم الله. إنهم يسعون إلى تحسين أنفسهم، ويعبدون من أجل الله فقط، ويحكمون بالعدل، ويؤدون صلواتهم في وقتها، ولا يغشون، ويحافظون على العدل. إنهم لا يلوثون الأرض أو الماء أو البيئة، ولا يمنعون الآخرين من فعل الخير، ويتجنبون البخل والجشع والحسد. يأمرون بالمعروف وينهون عن المنكر، ويختارون الطريق الأوسط المعتدل والمستقيم في جميع أمور الحياة.

إنهم بمثابة قدوة في المجتمع، ويسعون إلى إصلاح المجتمع وتحسين حياة الجميع. وقد سار العديد من المخترعين والمساهمين في تقدم البشرية وراحتها على الطريق المستقيم، مسترشدين بمثابرتهم وصدقهم والفرص التي منحها الله لهم. وتنصح الديانات الإبراهيمية والبوذية أتباعها بالعيش على الطريق المستقيم، والحفاظ على الاعتدال وتجنب الإفراط. وكل المخلوقات التي تتبع القوانين الإلهية تعتبر مسلمة وتتبع الطريق المستقيم.

الوصايا العشر في القرآن الكريم لتحسين حياة الفرد.

الأنعام 151-153/6: قُلْ تَعَالَوْا أَتْلُ عَلَيْكُمْ مَا حَرَّمَ رَبُّكُمْ عَلَيْكُمْ

- **لا** تربط شيئا بالله.

- **يفعل** خير لوالديك.

- **لا** اقتلوا أولادكم بسبب المشقة (ادفنوهم أحياء أو أجهضوهم)؛ نحن سنوفر لكم ولهم ما يحتاجون إليه.

- **لا**الاقتراب من الأفعال الفاحشة، سواء كانت علنية أو خفية.

- **لا**فاقتلوا من حرم الله دمه إلا بالحق.

- **لا**لا تقتربوا من مال اليتيم إلا بالتحسين حتى يبلغ سن الرشد.

- خذي**قيس**(الحجم) إلى الحد الأقصى والميزان (الوزن) إلى العدل، ولا نكلف أحداً إلا ما وسعه.

- عندما تتكلم(**شاهد**) وفي الخصومات أن تعدل ولو كان قريبك.

- يحفظ**وعدك**.

"إن هذا صراطي مستقيما"

ويقول الله تعالى: ولقد آتينا موسى كتابا منيرا للناس وهذا كتاب أنزلناه مبارك فاتبعوه وحكموا أنفسكم لعلكم ترحمون.

عشرة وصايا من القرآن لإصلاح المجتمع:

عشر وصايا من القرآن الكريم لتربية الأخلاق وإصلاح الشأن الاجتماعي للمجتمع البشري:

- اتباع ذات الله الخالصة وعبادتها - القصص 28/88، النساء 4/59، الأعراف 7/204، البقرة 2/109، واتباع قوانين الطبيعة (الدين)، والعيش على طريق الإصلاح والكمال.

- اكتساب العلم والمعرفة - البقرة 268/2، طه 113/20

- الدين والعقيدة - التغابن 8/64، البينة 5/98

- الصدقة – آل عمران 115/3، الأعراف 56/7

- احترام الوالدين والمعلمين - لقمان 14/31، وأسرى 23/17، وأسرى 24/17

- الأخلاق والفضيلة - الاسراء 3/17، آل عمران 159/3

- التقوى وقضاء الديون - الأعراف 26/7، الحجرة 13/49، النساء 58/4

- الوفاء بالوعود - نحل 91/ 16، الإسراء 34/ 17

- العمل والجهد – العنكبوت 29/5، النجم 53/39

- التضحية والجهاد - نساء 59/4، البقرة 207/2، نساء 71/4

الأعراف56/7: ولا تفسدوا في الأرض بعد إصلاحها وادعوه خوفا وطمعا إن رحمة الله قريب من المتقين.

الخوف والرجاء جناحان للطيران إلى سماء الإيمان ووسيلتان للنجاة، وقد ورد ذكرهما في آيات كثيرة، ويوصي القرآن بضرورة تضافر هذين الجناحين وتنسيقهما، الخوف من الفشل في أداء مهمة العبودية الخطيرة، والرجاء في النصر والخلاص النهائي.

إن القرآن هدى للمتقين (2/2 البقرة)، وهدى وبشرى للمؤمنين (2/27 النمل)، وهدى ورحمة للمتقين (لقمان 31). وهذه الآية هي الحالة الوحيدة التي تكون فيها رحمة الله قريبة من المحسنين. وهذه النقطة تبين الارتباط الوثيق بين اللطف والرحمة، وهما من نفس النوع. فاللطف يكون في علاقة مع الله بالخوف والرجاء وفي خدمة خلقه.

تبدأ السور الثلاث البقرة والنمل ولقمان المذكورة أعلاه بالحرفين ألف (أ) ولام (ل) وتوضح دور

إن الهداية القرآنية تتكرر في السور الثلاث، حيث تتكرر جملة الثلاث مراحل وهي: أداء الصلاة، وإيتاء الزكاة، واليقين بالآخرة. وتقدم الهداية القرآنية ثلاثة مناظير (الذات = التقوى، والله = الإيمان، والخلق = الإحسان) لثلاث مجموعات. وفي سورة لقمان يذكر نصيحته بشأن العلاقة بين الإنسان والطبيعة والأخلاق، وتعتبر صفة الإحسان أهم علامة من علامات الإنسانية. فالتقوى، والمؤمن، والفاضل ليسوا بالضرورة ثلاث مجموعات، بل هم ثلاث صفات للإنسان من ثلاث وجهات نظر مختلفة.

تاريخ الصراط المستقيم

آدم (النبي) ليس أول إنسان على الأرض:

البقرة 2/35: استرح أنت وزوجتك في هذه الجنة، وكلا ما شئتما وأينما شئتما (الحياة قبل الثورة الزراعية، حيث كان الناس حتى قبل حوالي اثني عشر ألف سنة يعيشون في الغابة مع أزواجهم وأولادهم، ولا يهتمون إلا بكسب قوتهم اليومي من صيد الحيوانات الصغيرة وجمع البذور والثمار من الأشجار (البحث عن الطعام)، وكانوا يتنقلون باستمرار بحثاً عن الطعام ولا يبقون في مكان واحد، ولهذا السبب كانوا بمنأى عن جميع الشهوات والأماني، والعوامل المسببة للأفكار والأفعال الشريرة لأهل المدن). ولكن لا تقترب من الشجرة (التفاح، القمح، شجرة المعرفة!!؟؟، والخروج من الغابة، وضرورة اختراع الشرك، والشبكات الاجتماعية، والمجموعات، واختراع اللغة، وتعلم الزراعة، وتشكيل الحضارة، ونتيجة لذلك، ستكون مضطراً إلى أن تصبح عبداً للشيطان وحاجاتك الذاتية)، وستكون من الظالمين.

طه 20/117: فقلنا يا آدم إن الشيطان عدو لك ولزوجك فلا يخرجكما من الجنة فيدخلكما من شدة شدة.

البقرة37/2: فتلقى آدم من ربه كلمات فتاب عليه، إن الله تواب رحيم.

طه117/20: ومن قبل أخذنا ميثاق آدم فنجد منه نسيانا وسوء ظن

آل‌عمران 33/3: واصطفى الله آدم ونوحاً وآل إبراهيم وآل عمران على العالمين.

وصايا‌النبي نوح:

وفقاًللكتاب الشفوي للتلمود، اختار الله نسل النبي نوح ليهتدي إلى العيش‌في الطريق المستقيم. الوصايا السبع التي أعطاها الله لنوح هي كما يلي:

1. **لا**عبادة الأصنام، **لا**شركاء مع الله، و **لا**أقسم كذبا.

2.**تزوج**لتربية جيل نقي وحكيم.

3.**لا**ارتكاب الزنا. كن عفيفاً وعذرياً في الأمور الجنسية.

4.**يتجنب**أكل الدم، ولا**أكل لحم حيوان حي.

5.**لا**يسرق.

6.**لا**ارتكاب جريمة قتل.

7.**لا تعطي**شهادة زور في المحكمة.

الصافات114-119/37: 114. ولقد آتينا موسى وهارون نعمة عظيمة.

115.ونجيناهم وقومهم من الغم العظيم (الظلم والقهر).

116.ونصرناهم حتى أذلهم الله منتصرا(رغم الحكم المطلق للظالمين).

117.وآتيناهم كتابا منيرا

118.وهديناهم إلى صراط مستقيم

119.وتركنا في الأجيال القادمة (على أساس المقاومة والمثابرة) منهم.

الأنبياء48-49/21:

48.ولقد أعطينا موسى وهارون **فوقان** (وسائل فصل الحقيقة من الباطل والنور وما هو ذكرى للمتقين.

49.الذين يخشون الله بالغيب وهم من الساعة مشفقون (القيامة).

الوصايا العشر للنبي موسى

الذي أوحاه الله إليه على جبل طرة في صحراء سيناء ليهدي قومه إلى الطريق المستقيم:

1.**لا** إختار إلهاً غيري.

2.**لا** صنع الأصنام وعبادتها.

3.**لا** استعمال اسم الله باطلا (لا تكذب).

4.الاحترام **السبت** للعبادة والراحة.

5.**احترام** والديك.

6.**لا** قتل.

7.**لا** يسرق.

8.**لا** الإدلاء بشهادة زور.

9.**لا** ارتكاب الزنا.

10. **تجنب الشهوة** (الرغبة القوية في أي شيء هي شهوة.

إن التوراة (الأسفار التسعة والثلاثين، خمسة منها تسمى التوراة التي نزلت على موسى) تأمرك باختيار طريق في الحياة يوافق عليه القادة الأخلاقيون والفكريون في ذلك الوقت والمجتمع الذي تعيش فيه، ويتفق مع المبادئ الأخلاقية. وهذا يعني أنه ينبغي أن يكون متوافقاً مع العادات الاجتماعية في ذلك الوقت، ومتوازناً ومقبولاً من قبل عقلانية تلك المجتمعات. (الثقافة).

ترى مدرسة التصوف اليهودية (الكابالا أو القبول) أن تلقي وقبول نور المعرفة الإلهية (الحكمة والمعرفة والوعي والحب والرحمة) بسبب ربط أضداد الخارج بالداخل. وفي هذه المدرسة لا توجد صفة لا تتطلب التوازن، لكن إدراك التوازن يتطلب الإرادة الحرة والمعرفة والوعيّ، وبدونها لا يمكن التناغم بين الأضداد. ووفقاً للكابالا فإن أي نوع من الإفراط، حتى لأفضل الصفات مثل الكرم والإحسان والسلام والروحانية، مضر (الطريق المستقيم والتوازن والخلو من الإفراط).

الطريق المستقيم في الكتاب المقدس:

مثل 3-3/7:

3. لا تدع الحب والإخلاص يتركانك أبداً؛ اربطهما حولك رقبتك، اكتبها على لوح قلبك.

4. حينئذ تنال نعمة وسمعة حسنة أمام الله. والرجل.

5. توكل على الرب بكل قلبك ولا تعتمد على ربك. فهمي الخاص.

6. في كل طرقك اخضع له، فيصلح سبلك. مستقيم.

7.لا تكن حكيما في عيني نفسك. اتق الرب وابتعد عن كل ما هو شرير.

شر.

ثق بالله من كل قلبك واطلب منه العون في عملك، فهو الذي يرشدك إلى الطريق المستقيم، ولا تحسب نفسك حكيماً في تصرفاتك، بل اتق الله واستعذبه من الشيطان.

مثل 26-27/4:

26.اصنع طريقاً مستوياً لقدميك، وستكون جميع طرقك سهلة.

بالتأكيد.

اصنع لنفسك طريقا سلسا وثابتا وتحرك بحذر على هذا الطريق المستقيم وابق على هذا الطريق لأن هذا الطريق سيقودك بأمان إلى وجهتك.

عبرانيين 13/12:

اصنعوا لأرجلكم سبلاً مستقيمة، لكي لا يتعطل الأعرج، بل بالحري يُشفى.

اختر الطريق المستقيم الذي ستسلكه، كن ثابتاً وإلا ستطُرد، ابتعد عن الطريق الذي سيقودك إلى الضلال وانتبه إلى السبب الذي أدى إلى ضلالك وقم بتصحيحه حتى تحصل على نتيجة جيدة، الطريق الصحيح هو الطريق المسطح والأفقي والأملس والمشرق.

الأمثال 25-27/4:

25.دع عينيك تنظران إلى الأمام مباشرة؛ ثبت نظرك مباشرة أمامك.

26.فكر جيداً في المسارات التي يجب أن تسلكها قدميك وكن ثابت في جميع طرقك.

27.لا تميل إلى اليمين أو اليسار. احفظ رجلك عن الشر.

ستة في المائة من سكان العالم هم من البوذيين حالياً، و21 في المائة من المسلمين. ولتعريف القراء أكثر بهذا الدين، نقدم هنا معلومات موجزة تتعلق بالبوذية والطريق المستقيم.

في ربيع عام 528 قبل الميلاد، وفي سن الثالثة والخمسين، بلغ الأمير سيدهارتا غوتاما حالة البوذية (الاستيقاظ من النعاس، والاختلاف، والتفكير المستنير، والوحي) تحت شجرة بودي في المنطقة الواقعة بين نيبال والهند. كان معلماً روحانياً وفيلسوفاً اجتماعياً يعتقد أن التوازن والاعتدال في الحياة (بعبارة أخرى، الطريق المستقيم) هما الطريق إلى السعادة؛ فالمتعة المفرطة والتقشف (الإفراطات) كلاهما خطأ. أدرك بوذا المبادئ التالية في الحياة:

إن الألم والمعاناة في الحياة ينبعان من الرغبة والتمني، والطريقة الوحيدة للتخلص منهما هي تدريب روحك على هذا النحو (ضبط النفس والتقوى) بحيث تقبل ما أنت عليه وما هو عليه، كحقيقة وليس لديك رغبات أو رغبات (دارما). واقترح طريقة للتخلص من الألم والمعاناة. أوصى بوذا بأن الدنيا والرغبة والرغبة في الثروة هي سبب الألم والمعاناة ولا يمكن التغلب عليها إلا بالعيش الأخلاقي وخدمة الآخرين. يجب ألا يكون للطف تجاه جميع المخلوقات (البشر والنباتات والحيوانات وما إلى ذلك) حدود.

كان بوذا يؤمن بأنه لا يكفي تجنب الأفعال الخمسة المحرمة للعنف وهي: عدم احترام الآخرين، والكذب، والسرقة، والسُكر، والشهوة، والزنا، بل يجب تعزيز العمل ضد هذه الرذائل الأخلاقية. على سبيل المثال، بدلاً من مجرد تجنب العنف، يجب أن يكون المرء لطيفاً ولطيفاً مع الجميع وفي جميع المواقف. لا تكذب فقط، بل تأكد من أن حقيقتك تستحق أن تُروى (صحيح من فكرة واضحة ومفيدة). بدلاً من السرقة، كن سعيداً بما لديك. كن حذراً من أفكارك وأفعالك في كل لحظة من الحياة، وفكر فيها قبل القيام بها، وكن متيقظاً.

تأكدأن حصولك على رضاك   لا يسبب عدم رضا الآخرين.

يعتقدغوتاما بوذا:يرغبإن الرغبة تصاحبها الكراهية، فعندما نرغب نجدأنفسنا في موقف مليء بالحسد والغضب، وخاصة إذا وقف الآخرون في‌طريق نجاحنا وتقدمنا   أو سدوا طريقنا. إن رغباتنا تجعلنا نلاحق رغبات تمنحناالرضا والسعادة المؤقتة وليست دائمة، وبالتالي نشعر دائماً بعدم الرضاعن وضعنا الحالي، ونتمنى أن نكون شخصاً آخر أو في مكان آخر، وهذهالرغبات الصغيرة تبقينا دائماً في حالة من القلق وعدم الراحة، ولا نشعربالاسترخاء أبداً. هذا الحب والرغبة في التغيير والتمني المستمر يخلق فينابعض الخوف والقلق. إن الإسراف والأنانية والحسد والغرق في الرغباتالشخصية يسبب كراهية الآخرين ويسمم علاقاتنا بالآخرين ويسجننافي حدود الرغبات والرغبات التي لا قيمة لها.

الطريق‌للخروج من الألم والمعاناة:أهم الطرق الثلاث التي اقترحها بوذاهي ممارسة اليوغا عدة مرات في اليوم (نوع من الصلاة والدعاء مع الذات‌الداخلية) والتي تزيل الحقد والكراهية من العقل البشري وتفقد تدريجياالرغبة في تمني الأشياء السيئة للآخرين. وتنمي التعاطف مع الآخرين‌وتريد الخير والسعادة للجميع. عندما يتحرر الإنسان من الكسل ويصبح‌نشطا يستعيد رشده، عندما يفقد حالة القلق والتوتر يهدأ دماغه، ونتيجة‌لذلك، يفكر بشكل أكثر وضوحا وصحة، ولا يسمح لنفسه بالشك ليصبح‌أسير أفكاره الملتوية، ونتيجة لذلك، يزرع بسهولة شعور الحب لكل شيء‌والعالم كله، بما في ذلك الأشياء غير الحية والنباتات والحيوانات والبشر.يتعلم أن آلام ومعاناة الآخرين هي آلامه ومعاناته، وسعادتهم تسبب سعادته.إنه يريد سعادة الجميع ورفاهيتهم. بدلاً من قول "أريد"، يبحث عن ماهو جيد للآخرين والمجتمع وما يمكنه فعله للمساعدة في تحقيقه. يستغرق‌الأمر ما لا يقل عن 7 سنوات لما سبق

إنالتغيرات التي تطرأ على الإنسان تحدث تدريجياً بسبب الممارسة اليومية(مثل أغلب الفنون الأخرى التي تستغرق من 7 إلى 10 سنوات من الممارسةالمستمرة ليصبح متقناً لها). ولعل الإنسان المسلم يجب أن يمارسالتقوى لمدة سبع سنوات على الأقل عند قيامه للصلاة واتخاذ قراراتهفي الحياة حتى تصبح هذه النظرة طبيعة ثانية لديه ويصل إلى التقوىالحقيقية!؟

اقترح غوتاما بوذاثلاث طرق عملية للتخلص من الألم والمعاناة:

1.**التأمل واليوغا**، والتي تعلم الناس مع مرور الوقت القدرةعلى التركيز والتفكير والتأمل والتعمد والعيش بأخلاق.

2.**العقلانية**والتي بمساعدة الأخلاق الحميدة واليوغا و إنالتأمل يستطيع أن يستخرج الصراط المستقيم الذي ترسبّ في طبيعته قبلالخلق، ويعمل به ليعيش في سلام وطمأنينة وإحساس بالرضا.

3.**أن نعيش حياة أخلاقية هي نتيجةمتعلم و التفكيرالمدرب الذي يؤدي إلى أفكار أخلاقية وسلوك جيد وأفعال جيدة.**إن مثل هذا الإنسان يتحرر من أفكاره التي تدور حول الرغبة والرغبة والكراهيةوالجهل، ويطرد الأنا، ويصبح جزءاً من العالم اللانهائي ويستريح في حضنه. إنه يضع احتياجات الآخرين قبل احتياجاته، وينفق آلامه وحزنه في حل مشاكل الآخرين، ويشعر بالاسترخاء.**لقد توصل بوذا إلى أن الحياة السعيدةوالمسالمة والمفيدة هي حياة متوازنة، ولكي نعيش حياة أخلاقيةيجب أن نكون في خدمة الآخرين، ولا ينبغي أن تكون هناك حدودللخدمة. بالإضافة إلى ذلك، فإن الأنانية والطموح والمنافسة والحقدلا تتوافق مع الحياة الأخلاقية والروحية.**

لميعين بوذا خليفة له عندما مات، بل أوصى أتباعه بأن كل واحد منكم جزيرةمستقلة، وأن يستمر في العيش وفقاً لتعاليمي، معتمداً على ذكائه، وتجنبالغيبة، والكسل، والانغماس في الملذات، والتدليل،

واللعب،كن على علم بأن لا شيء يدوم إلى الأبد. إنه ليس دائماً، وكل شيءعابر وضائع (هذا أيضاً سيمضي).

إنالرغبة هي سبب الألم والمعاناة في الحياة، وبالالتزام بالأخلاق والعقلوالإيثار وخير المخلوقات فإن هدف الإنسان يقود إلى السعادة.**إن العيشعلى أساس الكلام الطيب، والأعمال الصالحة، والأخلاق، وتجنبالرذائل مثل الكذب، والسرقة، والعنف، والعدوانية، والشهوة،والدعارة، وتعزيز صفاتها الجيدة المعاكسة، بمساعدة تماريناليوغا اليومية المنتظمة، والتفكير، والتأمل، أمر ممكن..** ومن المقبولحسب ما ذكرنا أن نعيش حياة أخلاقية وسلامية وأن نكون خادمين صالحين،وكل الديانات بما فيها البوذية واليهودية والمسيحية والإسلام توصيبالطريق المستقيم والحياة المتوازنة (بعيداً عن التجاوزات)، والتي تعتمدأحياناً على عادات مجتمعها. وممارسة اليوغا عدة مرات في اليوم من قبلالبوذيين وفوائدها تذكرنا بالصلوات اليومية عند المسلمين.

إنالبوذي يقبل الله، ويقول فقط إن الله ليس له تأثير على الألم والمعاناةالتي تسببها رغباتنا الدنيوية. لقد خلقنا أحراراً، ورغباتنا هي اختيارناالخاص، ومبدأ الفعل ورد الفعل، الذي هو عناية الله وأحد قوانين الكونالثابتة، يحكمه. ولكل فعل رد فعل مناسب. تظُهر المناقشات أعلاه أنالغرض من الدين (قوانين الله لجميع الأديان) هو شيء واحد وهو أن تكونعلى الطريق المستقيم، وأن تعيش في توازن وأن تراعي العدالة أثناء الحياة،بغض النظر عما إذا كنت من أتباع الدين الموحى به أو غير الموحى، أوعلمانياً، أو حتى غير متدين وملحد، فإن الحقيقة للجميع هي نفسها، وهيالإيمان بالله، ويوم القيامة للمكافأة والعقاب. لا يوجد سوى طريق مستقيمواحد، وهو أضيق من الشعرة. لا يوجد أكثر من طريق مستقيم واحدلكل فعل سلس ومتغير حسب الموقف ولكنه واحد من حيث المبدأ، لايهم الدين الذي تتبعه. ومع ذلك، فإن الدين هو الذي يحدد ما إذا كان الشخصالذي يتبعه هو الشخص الذي يتبعه أم لا.

إن الطريق المستقيم يختلف ولا ينتهي باختلاف الظروف القائمة والناس المختلفين، ففي المجتمعات المختلفة تختلف القوانين والفقه، وقد وضعت هذه القوانين والأحكام من قبل عقول أتباع الديانات المختلفة، والفلاسفة، والمعلمين الأخلاقيين، والمفكرين الاجتماعيين، والحكمة الجماعية، والأنبياء في ظروف وأحوال مختلفة حسب احتياجات مجتمعاتهم. ولم يأت الأنبياء بأديان مختلفة، فكل الديانات تعترف بإله واحد وحقيقة واحدة، وهذه الحقيقة واحدة لجميع البشر لأن عدالة الله تقتضي ذلك؛ فهو يحب جميع أبنائه. لا توجد تعددية في ديانات الله، ولكن التعددية تتضمن قوانين شرعية مختلفة ومحدثة من قبل أنبياء مختلفين، تليها تغييرات في الوقت المناسب من قبل المفكرين، وتفسيرات الفقهاء لبعض التفاصيل المتعلقة بالحياة اليومية. ومع ذلك، فإن الفقه يخضع لعقل ورأي أهل العصر، وبالتالي يجب أن يكون مائعاً وليس متجمداً. ومن المؤسف أن الفرعين الرئيسيين للإسلام؛ الشيعة والسنة، تجمدوا في أشكالهم التاريخية والعقائدية لقرون ولم يخضعوا للتعديل المطلوب. إن الأديان لابد أن تخضع للنقد والتهذيب لأن التدين عملية جماعية، كما أن الإلحاد والعلمانية لنفس السبب. وبصورة عامة فإن ما يجعل المجتمعات البشرية منسجمة ومتحدة هو أن كل الناس يستخدمون قواهم الجسدية والعقلية والعلمية والمالية لتحقيق العدالة الاجتماعية والسعادة الإنسانية، وهذا لا يتأتى إلا بانتشار الفضائل الاجتماعية من الثقة والصدق والكرم ومساعدة المحرومين وإغاثة المظلومين واكتساب المعرفة ووباء العدل والإنصاف والخير. وباختصار فإن العيش والنمو بهدف التعلم والكسب وممارسة الفضائل الأخلاقية مدى الحياة هو الطريق المستقيم، وقد قال النبي صلى الله عليه وسلم إن مهمتي هي إكمال الفضائل الأخلاقية في المجتمع البشري وليس القوانين الشرعية المحدودة والمتغيرة حسب الزمان. ولهذا السبب فإن أحكام الشريعة الإسلامية تشغل أقل من خمسة في المائة من محتويات القرآن الكريم.

التنويروالطريق المستقيم

توصي الديانات الإبراهيمية والبوذية بحياة متوازنة (الطريق المستقيم) لأتباعها ليعيشوا بسعادة ويصلوا إلى أقصى إمكاناتهم. الآن، من خلال إعطاء أمثلة على الطريق المستقيم، يمكنك أن تفهم مدى تعقيد اختيار أقصر طريق بين نقطتين، والذي يقال إنه "أضيق من الشعرة وأحد من السيف".

إن الطريق المستقيم هو أقصر الطرق من الأصل إلى الهدف والمقصد المحددين، ورغم قصر الطريق (مشكلة الحمار في الهندسة) إلا أنه من الصعب للغاية في بعض الأحيان تحديده والتعرف عليه ويحتاج إلى مشعل هداية، وذلك لأنه قد يختلف تماماً في حالات مختلفة، اعتماداً على الزمان والمكان والشخص والموضوع. وتنشأ مثل هذه التعقيدات في مجالات مختلفة من الحياة بما في ذلك الأمور الدينية والأسرية والمهنية والتعليمية والاجتماعية والهجرة والأعمال والاستثمار والتقاعد والسياسة. لتحديد الطريق الديني المباشر بشكل صحيح، يفضل أن يكون المسلم على دراية كاملة بالقرآن وترجمته وتفسيره، وإذا لزم الأمر، استشارة خبراء في العلوم الإنسانية والاجتماعية والسياسية والأسرية والاقتصادية (يفضل خبيرين مختلفين)، لديهم بالإضافة إلى الخبرة ما يكفي من الحكمة النظرية والعملية (العقيدة) لاستشارتهم.

من المهد إلى اللحد، هناك حاجة إلى برامج تعليمية مستمرة بطرق مختلفة لتدريب الناس على تحديد الطريق المستقيم (ما هو الطريق الصحيح الآن؟!) وفقاً لظروف حياتهم. فالمتابع يصرخ أحياناً، ويعطي المال أحياناً، ونادراً ما يضحي بالحياة. قد تكون الموهبة أو الأدب أو الرياضيات أو العلوم مناسبة للإنسان للتعليم والعمل. ومن واجب الوالدين والمدرسة والمجتمع مساعدة الشخص في العثور على المسار المهني الصحيح حتى يتمكن من زيادة احتمالات النجاح والسعادة في الحياة. ومن السهل أن نفهم أن المجتمع أيضاً سيستفيد من وجود عضو فعال ومفيد. بعبارة أخرى،

إنالطرق الأخلاقية في الحياة المبنية على الموهبة، والهدوء والسلام مع الذات،والكون خادماً حقيقياً لله، لا تؤدي إلى حياة مثمرة فحسب، بل تكتسبأيضاً موافقة الله.

في العبودية لله، بحسب سلطان الشخص ونطاقه، تكون رغبات الناس ومواقفهمعديدة ومتنوعة. من المهم أن نكون ونبقى على الصراط المستقيم،والأهم من ذلك استمراره وثباته. الصراط المستقيم للناس مختلف،كلما كان الشخص أكثر علماً ووعياً وتقوى، كان الأمر أصعب لأن توقعاتالله من ذلك الشخص أكثر نسبية.

مريم76/19: والله يزيد المهتدين هدى.

والصراطالمستقيم هو الطريق الوسط والاعتدال في كل الأمور، حتى في العبادة، والصدقة، والإحسان.

الفرقان6/25: إن عباد الله لا يسرفون ولا يقتصدون، بل هم وسط بين ذلك.

إنالحكمة والسلطة وحرية التصرف وقوة الحوار والاتصال من صفات البشرالفريدة، ومعرفة الطريق المباشر والوسطي (من، متى، أين، لماذا) تتطلبالحكمة، أي التفكير العلمي والعملي، أي الإلمام بالدين، والمجتمع، والبيئة،والسياسية، والاقتصادية، والعلمية، والضمير السليم، وأحياناً استشارةالخبراء، وأهم شيء هو الثقة بالله وطلب المساعدة منه مع التوسلللحصول على إجابة لدعائنا. والطريق الأكثر أماناً هو تجنب الوقوع في فخ الشيطان. مع كثرة الاتصالات اليومية، وإقامة الصلاة، والتوكل على الله،وطلب المساعدة منه في الاختيار الصحيح وإرشادنا إلى الطريق الصحيح.بالنظر إلى الشروط المذكورة أعلاه، إذا ارتكبنا خطأً عن غير قصد فيالتعرف على أفضل طريق لما كان ينبغي أن يكون سبيلاً بدلاً من ذلك ولمنختار الطريق الأكثر مرغوبية ومقبولية؛ بسبب النية الصحيحة والجهود،

والصدقأن الله سيباركنا حتى لو لم تكن النتيجة مثالية.

في الأساس، إذا أقمنا العدل والاعتدال في كل شؤوننا الشخصية والاجتماعيةوالبيئية، والأعمال الصالحة (المفيدة لنا وللآخرين)، وتجنبنا إيذاءالمخلوقات الأخرى، سنرتكب أخطاء أقل في حياتنا. درجات الضمير تختلفحسب تطور البشر، وأي شخص لديه ضمير في مكان ما وعمل ما قديكون عديم الضمير ومضللاً في نظر الله والآخرين. على سبيل المثال، أدولفهتلر لم يشرب الخمر، ولم يدخن، وكان حامياً للبيئة والحيوانات والأسرة،ويحترم المرأة، وأسس قوانين حماية الحيوان لأول مرة في أوروبا، ولكنعلى الرغم من هذه الصفات، أخطأ والتفسير الذي كان مقبولاً لديه، ارتكبأبشع الجرائم في تاريخ البشرية مع جرائم القتل الجماعي لليهود والغجرفي أوروبا.

"في الطريق المستقيم لا تفكر سوءا، ولا تعمل سوءا، ولا ترضَ وتبرر نفسك" (الأفكار الطيبة التي تنجم عنها الكلمات الطيبة، والتي تنجم عنها الأعمالالطيبة هي الخطوات الأولى نحو الطريق المستقيم)

إنالتعليم والتعلم بالطريق المباشر يختلفان باختلاف أعمار الناس وضروراتالحياة ونموهم الجسدي والعقلي وتعليمهم وممارستهم، فيبدأ منالطفولة ويستمر حتى الممات، ويجب تقويته وممارسته، والعيش حياة أخلاقيةمن الطفولة إلى الشيخوخة، وهو أمر ضروري لمزاجات مختلفة، ويجبتعليم الأطفال احترام الآخرين، والصدق والأمانة، والرحمة، والاعترافبالحقوق والامتنان اللائق، واللطف، ومشاركة الأطفال الآخرين فيالألعاب والأشياء التي يستمتع بها الآخرون بصحبتهم، والتعاون في مساعدةالأخ والأخت الأصغر، وزملاء الفريق في ألعاب الأطفال مثل تمرير كرةالقدم، وعدم إزعاج الأطفال الآخرين والاهتمام بالتعلم (إيقاظ هذا الشعورفيهم من خلال طرح الأسئلة وقراءة الكتب وتعليمهم)

(يتصرف مع الصغار كلما سنحت له الفرصة المناسبة لذلك، وبالتدريج، يصبح ذلك طبيعته الثانية.

ومع تقدم الإنسان في العمر، فإن العمل الجاد، والتطور الفكري، والقوة البدنية، والصدق، والنزاهة، واحترام الذات، والأسرة، والمجتمع، والبيئة، والرغبة في الشرف، والعدالة، والتعاطف واللطف، والشجاعة، والمثابرة، والكرم، والمسؤولية، والولاء، وتكريم، والاعتراف بالواجبات، والتواضع، والتسامح مع الآخرين الذين انتهكوا حقوقه لسبب ما، والسيطرة على نفسه من الرغبات والقيود الاجتماعية والدينية، والصبر، والتسامح، واللطف، والتعاون، ومساعدة الآخرين، كلها فضائل أخلاقية إذا تم تأسيسها في روح الإنسان نتيجة الممارسة، فإنه سيبلغ مستوى التقوى والكمال الذي يشعر الناس بالأمان في التواجد حوله.

في فنلندا، يتم تعليم الأطفال الذين تتراوح أعمارهم بين 9 و15 عاماً في المدارس أن يصبحوا متقنين في: ارتداء الملابس المناسبة، والمشي بشكل صحيح، والتحدث بشكل جيد، وأن يكونوا لطيفين عند التحدث، وأن يكونوا في الوقت المحدد، وقراءة الشعر، والرسم، والكتابة، والغناء، والنظافة، والعمل كعضو في فريق، والنقد، وقبول النقد، والتمييز بين ما هو صحيح وما هو خطأ، وتناول الطعام بشكل صحيح، وتعلم العقد المختلفة، والعمل بالمقص، والقطع، وممارسة الكتابة اليدوية والخط، وغسل الأطباق والملابس والأشياء الأخرى، والدراسة، وإدارة الوقت، والسيطرة على الغضب، والبحث، والتعرف على الصديق الجيد والاعتراف بالسوء، واللعب، والطبخ، والعمل بالإبرة، والشكر والشكر، والانتباه، والتفكير، والحصول على أفكار جيدة، وإيجاد أصدقاء جيدين، والحفاظ على الأصدقاء الجيدين، وحفظ الأسرار، والتخطيط، والتسامح، والتحلي بالصبر، وحل المشاكل، والبستنة، والوعي بالمحيط، والصدق، والرحمة، والإخلاص، والكتابة، والجهد، والتخطيط للمستقبل، والأمل، وتحديد الهدف والآمال العالية، والعمل بالأدوات، والعمل مع أجهزة الكمبيوتر، وتعلم العمل مع وسائل التواصل الاجتماعي، والإنترنت، والفضاء الإلكتروني، والتخيل، والاحترام، والوجود الاقتصاد في استخدام الأشياء لصالحه، والعطاء، والحصول على النصيحة. هذه التعاليم العملية سوف تؤدي إلى إنتاج

الكبارالذين من المرجح أن يكونوا على الطريق المستقيم، بدلاً من تعليمهم قراءةالقرآن الكريم كما أصبح مألوفاً في المدارس الإسلامية، دون معرفة معناه أو العمل به.

إن تعلم الصراط المستقيم يبدأ من حضن الأم وصدرها، ومن البيئة الأسرية، ومن الأب والإخوة والأخوات، ويستمر مع زملاء المدرسة، وزملاء السكن، والمعلمين والأساتذة، ثم المجتمع، ومكان العمل، والحياة، والعلاقات الزوجية، والعلاقات مع الوالدين، والقوانين و... كل ذلك يخضع لطريقه المستقيم الخاص، والذي قد يختلف اختلافاً كبيراً في أي وقت وأي موقف. ولهذا السبب، يجب أن تكون العديد من البرامج في الإذاعة والتلفزيون ووسائل الإعلام والكتب والدروس والمحادثات والحجج والمناظرات والمسابقات حول الصراط المستقيم مع الاستشهاد بالأمثلة المناسبة للعمر والخبرة والوقت والمكان. لقد أصبح الصراط المستقيم هو الطريق المستقيم لحل العديد من القضايا، وفي بعض القضايا يجب استخدام رأي الأغلبية المستنيرة كمعيار للعمل. يبقى ما نرى ما إذا كانت الذكاء الاصطناعي وبرامج مثل تطبيقات ChatGPT ستساعد البشر عندما يتعلق الأمر باختيار الطريق المستقيم المتوافق مع التوصيات القرآنية.

إن الطريق المستقيم لتناول الطعام بالنسبة للأشخاص المختلفين يشمل النوع والكمية والجودة والوقت من اليوم والقدرة الشرائية للأسرة واحتياجاتها الجسدية والصحية. وتشمل القضايا المتعلقة بالطريق المباشر للتوظيف والمعيشة والعمل نقاطاً مثل مراعاة الكفاءة والقدرة ومكان العمل وتوقعات صاحب العمل والطريق الملتوي في العمل هو الافتقار إلى الخبرة والتراخي وسرقة الوقت أو المواد من العمل والعمل أكثر من المعتاد مما يؤدي إلى الإرهاق من خلال التسبب في المرض البدني والعقلي والرشوة والاختلاس والخيانة (الاعتراف بشرور مكان العمل وتصحيحها والقيام بالأعمال الصالحة وتشجيعها على سبيل المثال لا يأخذ الرشوة فحسب بل يقوم أيضاً بواجبه تجاه العملاء بموقف جيد ولا يحجب المساعدة والتوجيه عند الحاجة). بدلاً من الكسل ، يمكن إعطاء وقت الفراغ كصدقة لصالح الآخرين ، مثل: المساعدة في الأسرة و

-استحقاق نفقات الناس بحسب احتياجاتهم، فعلية ولفظية، الصحبة والتوجيه، الحديث والمواساة، العلاقة مع الأصدقاء (الاجتماع، قضاء الوقت، المشاركة في عمل جيد، تكوين مجموعة تفكير، التوجيه في الأمور التي لديه خبرة أكبر فيها). - رؤية الأسرة ومراقبة العلاقات لتلبية احتياجاتهم، القراءة والكتابة، أن يصبح أخاً أو أختاً أكبر للأشخاص الذين هم وحدهم ويحتاجون إلى رعاية إضافية لسبب ما، قضاء الوقت مع أفراد الأسرة المباشرين على مائدة العشاء الودية لمعرفة شؤونهم وربما مشاكلهم للمساعدة والتوجيه إذا لزم الأمر سواء كانت فكرية أو روحية أو مادية.- قبل النوم، مراجعة عمل اليوم الماضي والتخطيط لليوم التالي، وربط النقاط على الطريق الصحيح، وإذا كان هناك انحراف، فحاول إصلاحه والعودة إلى الطريق المستقيم بخطوات ثابتة وحذرة وضرورية. - العلاقات الزوجية المحترمة ومحاولة حل المشاكل العائلية قبل النوم. في بعض الأحيان، وبسبب مشاغل العمل اليومية والعائلية، لا تتوفر للإنسان فرصة التفكير في جو هادئ، وفي هذا الوقت يجب عليه أن يقضي جزءاً من الليل وحده يفكر بعمق ويطلب المساعدة من الله، محاولاً إيجاد حل لمشاكله، وإذا حدث خطأ عن قصد أو بغير قصد، فحاول إيجاد طريقة للتعويض وطلب المغفرة من الله.

إذا كنت في العمل أو تقوم بأعمال تجارية أو تتعامل مع الآخرين، أو يتم استشارتك من قبل الآخرين، فحاول الاستجابة بحكمة وصدق وتعاطف وإنصاف. إحدى الأدوات الفعّالة المتاحة الآن للناس هي استخدام الإنترنت والذكاء الاصطناعي للتعليم وطلب المساعدة، فتطوع بوقتك لتعليم كيفية استخدام هذه الأداة التي لا تقدر بثمن. إذا كنت مدرساً في الفصل الدراسي، فقم بإثارة القضايا المهمة التي أشركت مجتمعك وكن عادلاً من خلال البقاء على المسار المستقيم لتثقيف عقولهم وممارسة تقديم الحلول بشكل جماعي من خلال الاستعداد ورواية قصص إعلامية للطلاب. اطلب من الطلاب في ورش العمل التصرف بناءً على الحل الذي وافقوا عليه غالباً، بحيث تصبح طريقة التفكير والتصرف هذه تدريجياً جزءاً من شخصيتهم و

-الضمير (لإتقان أي عمل لا بد من الممارسة المستمرة لمدة سبع إلى عشر سنوات). - إفهامهم أن الكذب هو مصدر كل الشرور، وأن الكذاب منافق ويتحول بسهولة إلى شخص يأخذ الرشوة والاختلاس، ويحنث بالوعد، ويأخذ أموال الناس، ويسرق. لذلك فإن الكذب هو أم الرذائل والآثام الأخلاقية، ويجب تحذير الأطفال منه بشدة، حتى يتعلموا بقية الأعمال والفضائل الطيبة. إن المجاملات/التعارف كذب باحترام، وهو بذرة في قلوب الأطفال للكذب. السرقة مثل الكذب لها أشكال مختلفة وبعضها مثل التعارف ماكر لأن السرقة ليست فقط سرقة من منازل الناس في الليل، أو أخذ رشاوى، أو القيام بعمل قليل، أو التأخر أو مغادرة العمل مبكراً، أو طلب أجر أكثر من المعتاد، أو إذا كنت مدرساً غير مستعد بما يكفي للفصل، أو أخذ رشاوى لترقية طالب دون جدارة إلى طبقة أعلى، فهذه ليست سرقة للذات وحقوق الفرد فحسب، بل أيضاً للمجتمع لأنه شوهد مرات عديدة مؤخراً في إيران أن هؤلاء الأشخاص حصلوا على درجات الدكتوراه، وتم تكليفهم بعمل بدرجات عالية ورواتب عالية، حيث ليس لديهم ما يكفي من المعرفة والخبرة والمهارة، وبسبب افتقارهم إلى اللباقة، فإنهم يفسدون الأمور. إذا كان الطبيب يتقاضى راتباً كموظف بدوام كامل في الجامعة أو الحكومة، لكنه يذهب أيضاً إلى عيادة خاصة، ويوجه المريض إلى مستشفاه الخاص، ويصف فحوصات غير ضرورية وخطيرة أحياناً وأدوية باهظة الثمن لصالحه، فهو في الواقع طبيب في موقف الخيانة لثروات الناس وشرفهم وأرواحهم، وهو أدنى من الشيطان، بل إنه يصبح معلماً للشيطان. نحاول أن نلجأ إلى الله من الشيطان، ولكن من الطبيب الذي يسرق المال والحياة والشرف، والذي يقابلنا كمخلص، لا نفكر حتى أنه لص ذو نور وخطير للغاية. هذه العملية تستمر بطريقة منفصلة؛ في المحاكم مع القضاة والمحامين والشرطة وباختصار، كل طبقات المجتمع الفاسد الذي انحرف عن الطريق المستقيم في الطفولة.

الخطوة الخاطئة الأولى التي اتخذتها، والخطوات التالية بعدها ستكون خاطئة وضالة أيضاً، ما لم تصحح عادة نفسك، حتى لو لم تكن في صالحك، ويجب عليك التوبة، والله يحفظك من تكرارها، حتى يغفر لك الله ويهدي إلى الطريق المستقيم. (طبعاً، إذا لم يكن القانون قد جاء إليك بعد). يجب مساعدة نفسك والآخرين على تصحيح الخطوات الخاطئة خطوة بخطوة وتدريجياً، بالنصيحة الحكيمة والرحيمة والآمرة، والتوجيه، وهو نفس الأمر بالمعروف والنهي عن المنكر. والتوجيه إلى الطريق الصحيح من خلال التربية والإحسان، وليس التهديد والعقاب. إن المبالغة في المجاملات (التعارف المعتاد بالفارسية) غالباً ما تكون كذباً لطيفاً ونفاقاً وهي المصدر الأول لتربية الأطفال الخاطئة. إذا رن الهاتف للأب وأخبروا الطفل الذي رد قائلاً:"والدي ليس في المنزل"، فهذا يعلم الطفل درساً في الكذب. الكذب من أجل المصلحة، وعدم قول الحقيقة التي ينبغي أن تقال، وقذف الناس، كل ذلك كذب من أنواع مختلفة.

إن الطريق المستقيم يظل ثابتاً، ولكن السيناريوهات التي تنطوي على زمان ومكان وأشخاص مختلفين تتطلب اتباع أساليب مختلفة للبقاء على المسار الصحيح. والواقع أن الطريق يختلف وفقاً لعدد الأفراد المعنيين والظروف المحددة في متناول اليد. على سبيل المثال، إذا اقترب منك شخص ما يطلب قرضاً لشراء مهر لابنته أو لشراء دواء لعلاج زوجته من السرطان، فيجب عليك أولاً تقييم الموقف، مع مراعاة عوامل مثل التوقيت والموقع والموارد المتاحة. عليك أن تزن هذه الاعتبارات في ذهنك أو تجري بحثاً، لتقييم مدى جدارة مقدم الطلب بالثقة ونزاهته ومعقولية طلبه. اعتماداً على وسائلك المالية:

1. إذا لم تتمكن من تقديم قرض، فعليك الاعتذار إلى مقدم الطلب، وإذا أمكن، اقتراح مصادر بديلة للمساعدة، مثل طلب المساعدة من المعارف أو الجمعيات الخيرية أو الأفراد الآخرين الذين قد يكونون قادرين على تقديم الدعم.

2.إذا كنت غير قادر على تقديم المساعدة الفورية ولكن إذاكنت تتوقع أن تتمكن من القيام بذلك في المستقبل، فأنت تقوم بإبلاغ مقدم الطلب بذلك، وتقدم الدعم عندما يصبح ذلك ممكناً.

3.إذا كان بإمكانك تقديم مساعدة جزئية فقط، فأبلغ وبناءً على ذلك، يجب على مقدم الطلب أن يقدم أي مساعدة يمكنه تقديمهادون إرهاق نفسه.

4.إذا كانت لديك الإمكانيات المالية لتقديم المبلغ كاملاً بناءً على طلبك، فإنك تقدم القرض دون توقع أي شيء في المقابل، باستثناءالدعاء من أجل سلامتك وسلامة عائلتك وأحبائك المتوفين، مع ضمانعدم شعور المستفيد من المساعدة بالحرج.

لذلك،في ظل ظروف متساوية، قد يكون لدى مقدم الطلب طرق مباشرةمختلفة للتقدم بطلب قرض منك، اعتماداً على قدرتك على المساعدة.بالنسبة لشخص لديه وسائل مالية كافية ويدرك حاجة الطرف الآخر،فإن ردود مثل "لا أستطيع"، أو فرض فائدة بنكية عادية، أو أعلى من البنك (الربا)، تنحرف عن الطريق المستقيم. على الرغم من تقديم القرض،فإن اللجوء إلى مثل هذه الإجراءات يفرض المسؤولية في الآخرة ويثقلعلى ضمير المرء في هذا العالم. المسار المباشر هو تقديم قرض دونشروط، والامتناع عن توقع خدمات من المقترض، والمطالبة بالاحترام أوالطاعة المفرطة، والسعي إلى ضمانات مستحيلة، أو استخدام سمعة المقترضلتحقيق مكاسب شخصية. لم تعد مثل هذه الإجراءات تتماشى مع المسار المباشر لهذه العلاقة، وقد تقلل النية الحسنة المقصودة من مكافأةجهود المرء إلى حد ما. في هذا المثال، تم افتراض صدق مقدم الطلبفي طلبه.

ولتوضيحكيفية البقاء على الطريق المستقيم أو الانحراف عنه، سأشاركـكمبعض الأمثلة من تجاربي الشخصية:

في أمريكا، دعُيت إلى منزل أحد مرضاي لتناول العشاء. وطبقاً للعادات الأمريكية،فقد أعدوا طبقاً واحداً فقط، يحتوي على لحم الخنزير والفطر. وقبلالعشاء،

لقدتحدث زوج السيدة بإعجاب عن الطبق الخاص الذي أعدته زوجته ومدى احترامهاوإعجابها بي. إن أكل لحم الخنزير محرم في الإسلام. ولكن لأسباب عدةكان الطريق المباشر في هذه الحالة هو تناول الطعام المصنوع من لحم الخنزير،دون التسبب في إحراج المضيفين. بعد العشاء، أثنيت بلطف على مهاراتالسيدة في الطهي ثم أوضحت التحريم الإسلامي لأكل لحم الخنزير، مستشهدةبأسباب مثل خطر الإصابة بمرض الشعريات وغيره من المشاكلالصحية. وبينما تم القضاء على مرض الشعريات في أمريكا ومعظمأنحاء العالم بسبب اللوائح الصحية، لا يزال هناك خطر الإصابة بالمرضمن الخنازير البرية، مما يستلزم تجنب لحم الخنزير البري. كما ناقشتالأطعمة والمشروبات المحرمة الأخرى في الإسلام. عندما أدركت الأسرةخطأها، اعتذرت بشدة وأعربت عن امتنانها ليس فقط لاستعدادي لتناولالطعام ولكن أيضاً لتثقيفهم حول هذه القضية. انتهى المساء على نغمةممتعة، وعلى مر السنين، كلما التقيت بهم أو بأطفالهم وأصدقائهم الآخرينالذين هم مرضاي، يتحدثون بحب عن ذلك الحدث. وعلى النقيض منذلك، لو رفضت تناول الطعام وغادرت منزلهم دون تفسير، فمن المرجحأن يثير ذلك ردود فعل سلبية، على الرغم من ترك الأمر دون أن أقولذلك.

الطريقالمستقيم لأداء الصلاةإن الصلاة ليست مجرد عبادة، بل هي أداءالصلاة بنية محددة وتخطيط مسبق للغرض الذي من أجله نقيم هذا الاتصال(مع الله). ولهذا فإن النية هي أول واجب في صلاة الصلاة. ويجب أداءالصلاة في وقتها، أو بعد ذلك، أو معاً (الظهر والعصر أو المغرب والعشاء)، وفي حالات الطوارئ، قراءة سورة البقرة.**القضاء** إن الصلاة ليست هي الطريقالمستقيم، لأن الصلاة في نظر الله هي في وقتها للقاء الله وطلب العونعلى الاستقامة في الأمور بين وقتي الصلاتين. أما إذا صلينا الظهر والعشاءمعاً، فإننا لا نفهم حقاً مفهوم إقامة الصلاة لتحقيق الغرض المقصودمنها؛ بل إننا نظهر جهلنا ونصلي مثل الببغاء لأداء واجبنا. وقد يؤديهذا إلى مكافأة الجاهل،

إن الصلاة لا تتحقق إلا إذا أداها الإنسان الجاهل وغير المتعلم، ولكن القرآن الكريم يقول إن الغاية النهائية التي أرادها الله للعبد لن تتحقق من الصلاة؛ لذلك فإن الصلاة في غير وقتها، أو أداء الصلاتين معاً، أو قضاء الصلاة، أو شراء الدعاء للوالدين المتوفين ليست هي الطريق المباشر للصلاة. بالطبع، كما قال تعالى: {إن حسنات الصالحين سيئات المقربين}، أي أن كل شيء، حتى الصلاة، يتناسب مع مستوى تعليمك وإيمانك وحكمتك وضبطك لنفسك. إن الصلاة البسيطة التي يقوم بها عامة الناس والأميون لا تجعلهم سعداء في أداء واجبهم فحسب، بل إنهم بسبب الإيمان الكافي سوف يباركون ويجازون. إنها تمنعهم من فعل المحرمات والمعاصي. ومن الأفضل عدم أداء الصلاة لأن الله لن يقبلها من شخص عارف بالعلوم الدينية ويتظاهر/يريد أن يكون تقوياً وعالماً؛ فالصلاة دون التقاعس عن الأعمال الصالحة قد تعتبر معصية عند الله.

داخل السيارة وأثناء القيادة، وربط حزام الأمان، وإذا أردت الصلاة في وقتها، والتفكير، والقيادة بحذر، واحترام السرعة المحددة، والحذر من الطريق والآخرين لتجنب الحوادث، فهذا هو الطريق المستقيم. وإذا أصريت على الصلاة أثناء القيادة، فإن الوضوء والركوع والسجود مستحيل، وينبغي أن يكون لديك نية القيام بها في قلبك. أما في البيت، إذا كنت سليماً ولا عذر لك، فالطريق المستقيم مختلف تماماً.

إن مساعدة أفراد الأسرة قدر الإمكان عند الحاجة واجب وطريق مستقيم، ولكن إذا كان الإنسان آكلاً للحوم أو مدمناً أو مسرفاً فإن مساعدته إفراط وبعيد عن الطريق المستقيم، ولا ينقصها الثواب فحسب، بل قد تكون إثماً أيضاً، كما أن الإكثار من المساعدة للناس يمنعهم من السعي إلى حياة كريمة والعمل لكسب الدخل، فقتل العدو في ساحة المعركة قد يكون طريقاً مستقيماً وإمكانية الحصول على ميدالية البطل، أما في الشارع فهو قتل عمد ويحمل القصاص والسجن وحتى الحياة.

يمكن النظر إلى الكأس على أنها نصف ممتلئة أو نصف فارغة، مما يدل على أن لكل مناسبة جانبين على الأقل، ويجب التأكد من اختيار الطريق الممتلئ إلى النصف. لذلك، في أمور الحياة المهمة، اعتماداً على تعقيدها، يجب اتباع الطريق المستقيم والاستعانة بالأدوات التي وضعها الله لعباده، بما في ذلك المعرفة الطبيعية والفيزيائية، والعلوم المكتسبة، والعقل، والعمل، والذكاء، والوعي، والحكمة، والاستشارة، والكتب، والقرآن، والأخلاق، وسنة النبي، والتجربة، وأخيراً طلب المساعدة من الجهات ذات الصلة.

مثال آخر جدير بالذكر: في الليلة الأخيرة من شهر رمضان المبارك 2016، دعُيت إلى منزل أحد أساتذة جامعة كاشان للحديث عن أخلاقيات الطب بشكل عام وأميركا بشكل خاص، بعد الانتهاء من جلسة قراءة القرآن الكريم. ذهبت إلى هناك بفرح كبير، معتقداً أن أساتذة الجامعة لابد وأنهم اختاروا كل ليلة آية أو اثنتين مهمتين من كل جزء/جزء من القرآن الكريم وناقشوهما وتأملوهما (في رأيي كان هذا هو الطريق المستقيم لهم). وعلى عكس ما تصورت، في ذلك الاجتماع، من طفل يبلغ من العمر 8 سنوات إلى رجل يبلغ من العمر 80 عاماً يجلسون في الغرفة وبغض النظر عن العمر، كل واحد منهم يتناوب على قراءة آية من السورة واحدة تلو الأخرى، ويتم تصحيحهم إذا قرأوا بعض الكلمات بشكل خاطئ، ثم يأتي دور الشخص التالي. كان حقاً اجتماعاً رائعاً وغير متوقع، لكن لم يكن هناك أي خبر عما كنت أعتقده. أتساءل ما الفائدة التي تعود على القارئ من تعلم قراءة القرآن قراءة صحيحة، غير ترديد الكلمات المكتوبة باللغة العربية بالضبط، وهل كان هذا طريقاً مستقيماً لكل المستمعين؟ حتى لو قلنا إنه لأنه كلام الله فإن ترديده وقراءته وسماعه يستحق الثواب، حتى لو لم يفهم القارئ معناه فهو مناسب ومقبول، ولكن هل ينطبق هذا على أساتذة الجامعات أيضاً؟! هل كانوا على طريقهم المستقيم أم كان بوسعهم أن يكونوا أفضل؟!

تساعد منظمة الحج والزيارة في إيران الأشخاص المستعدين للذهاب إلى الحج على أداء مناسك الحج والصلاة، وخاصة نطق "والذال" بشكل صحيح ومن أسفل الحلق، بدلاً من مناقشة فضل سورة الفاتحة، التي هي مفتاح وفاتحة ومختصر القرآن الكريم بأكمله، وتقرأ عشر مرات في الصلاة اليومية. أخبرني أحد الأصدقاء أنه في مكة، علق ملا القافلة مع حاج، ولن يقُبل حجك إذا لم يُنطق بـ "والذال" بشكل صحيح. سألت رجل الدين في القافلة: إذا ذهب متحدث آذري إلى محل جزار وقال إنه يريد كيلو من لحم الجوشت / لحم المرق (ينطق الآذريون "جوشت" جوشت) فماذا سيعطيه الجزار؟ قال واضح كيلو جوشت (لحم)، قلت لراعي القافلة، هل تعتقد أن الله أقل ذكاءً من الجزار الذي لن يفهم معنى ما يطلبه هذا الرجل إذا كان نطقه غير صحيح؟ في الواقع، "نحن نتجاهل الدماغ ونأخذ الهيكل العظمي".

في نفس ليلة اجتماع القرآن الكريم، نوقش أن عملية جراحية لطفل يبلغ من العمر شهرين لم تجُرَف في مستشفى جامعة كاشان في ذلك اليوم، بسبب إضراب أطباء التخدير لأن تعريفة أطباء التخدير التي أعلنتها الحكومة مؤخراً لم تكن وفقاً لرغباتهم، وتم إلغاء جميع العمليات الجراحية. أنا أعرف رئيس قسم التخدير؛ إنه شخص محترم ومسلم، وهو من حفظة القرآن الكريم وحائز على جائزة لذلك. هل من الصراط المستقيم أن يدافع عن تعريفة رواتب الزملاء وينضم إلى إضراب الأصدقاء ويتحدى ويلغي عملية جراحية لطفل يبلغ من العمر شهرين يتضور جوعاً منذ 12 ساعة، بالإضافة إلى زيادة الانعكاس السلبي للأطباء في المجتمع؟ كان من الممكن التعامل معه بهذا بشكل مختلف؛ ومع ذلك، تثُار هنا العديد من الأسئلة المهمة، ومن الصعب التعرف على الصراط المستقيم دون التفكير والنظر في جوانبه المختلفة المادية والروحية والأخلاقية والمالية، وخاصة الأخلاق الطبية. هل الغرض من أن تصبح طبيباً هو مجرد كسب الدخل والعيش حياة مزدهرة؟ هل الأخلاقيات الطبية و

هل قسم أبقراط يوجب ذلك؟ ألا يستحق الطبيب الأجر الذي يستحقه؟ هل يجوز له الإضراب؟ هل يبيع الجزار لحماً جيداً بسعر لحم رديء؟ أم أن مهنة الطب تختلف عن المهن الأخرى؟ هل يوجد طبيب يتصرف في حياة المريض فيجوز له الإضراب؟ هل نحن على الطريق الصحيح في اختيار طلاب الطب أم أن "البيت خراب من الأساس"؟!

قبل أن أصل إلى جذور المشكلة في هذا الفصل، دعوني أخبر القراء أنه في أميركا، وفقاً للقانون، يحق لأي مجموعة الإضراب وتشكيل نقابة باستثناء الأطباء. لماذا أصبحت مهنة الطب في إيران، التي يجب أن تكون المهنة الأكثر احتراماً، وسيلة لكسب المال؟ في هذا الصدد، أين انحرفنا عن الطريق المستقيم؟ أين اتخذنا الخطوة الخاطئة الأولى، والخطوات التالية تنحرف عن الطريق الصحيح واحدة تلو الأخرى؟!

إن تشريح هذه الحالة هو كما يلي: في إيران، لدخول كلية الطب بعد الحصول على شهادة الثانوية العامة، يشارك الطلاب في امتحان القبول بالجامعة، وأولئك الذين هم في المراتب الأولى في امتحان القبول يدخلون كلية الطب؛ وبعضهم مثل أبناء وأقارب الشهداء لديهم حصة بغض النظر عن مرتبتهم في امتحان القبول، ومجموعة أخرى من الطلاب الأثرياء يتم قبولهم على الرغم من أدائهم الضعيف لأن أسرهم مهتمة بدخول أبنائهم كلية الطب والمهنة الطبية لضمان حياة مزدهرة في المستقبل. إنهم يدفعون رسوماً دراسية باهظة لكليات الطب بجامعة آزاد أو الفروع الدولية التي يتم إنشاؤها حديثاً لكلية الطب الحكومية والتي كانت تستقبل صفوة المحصول من قبل. يوفر هؤلاء الطلاب الأثرياء جزءاً كبيراً من العجز في ميزانية كليات الطب الأصلية.

في كلية الطب والمجتمع، فإن قدوتهم هم الأطباء الأكثر نجاحاً من الناحية المالية، وفي الواقع، غالباً ما يشارك الأطباء الناجحون في بناء المباني أو يكونون شركاء في المستشفيات الخاصة.

في‌منظمة مراقبة المجموعات الطبية (نظام بيزاشكي)، كما يقول المثل، "تم تعيين الثعلب لحراسة قن الدجاج". غالباً ما يدافع النظام الطبي في‌إيران عن حقوق الأطباء بدلاً من المرضى المصابين، وهذا عكس ما ينبغي‌أن يكون عليه. بعد التخرج واجتياز الواجبات العسكرية الإلزامية، يتم تكليف‌الطلاب بالعمل إذا كانوا يعرفون أو قريبين من شخص في منصب حكومي‌رفيع (من تعرفه وليس ما تعرفه).

إن‌مكان العمل يعتمد على قوة الداعم المعني، وإلا فسيظلون عاطلين عن‌العمل أو يرُسلون إلى أماكن بعيدة. إن العاملين في المستشفيات العامة‌يعملون بدوام كامل؛ وقليل منهم لديهم مكاتب خاصة في فترة ما بعد‌الظهر والمساء، وغالباً ما يحيلون المرضى الذين يستطيعون تحمل النفقات‌العالية إلى مستشفياتهم الخاصة لإجراء فحوصات مثل التصوير بالرنين‌المغناطيسي والأشعة المقطعية والمختبرات والاستشفاء والجراحة وما‌إلى ذلك. ورغم أن المستشفيات الخاصة تشبه الفنادق، حيث يقل الازدحام‌وتتحسن جودة الطعام والغرف مقارنة بالمستشفيات الجامعية، إلا أنه‌باستثناء عدد قليل منها، فإن احتمالية التشخيص الخاطئ والفحوصات المفرطة‌وغير الضرورية وتكلفة العلاج عالية ودون مراقبة الجودة. لقد شهدت‌ذلك في العديد من المستشفيات الجامعية في المدن الكبرى: يأتي الأساتذة‌إلى المستشفى الحكومي أو الجامعي حوالي الساعة 9 صباحاً؛ أولاً،‌يتناولون وجبة إفطار لطيفة في غرفة الطبيب مع الخبز الدافئ والجبن والخيار‌والطماطم والزبدة والمربى، وهي وجبة إفطار إيرانية نموذجية. ثم يعقدون‌اجتماعا قصيرا مع المرضى الذين تم قبولهم، أو إذا كان هناك جراح،‌يقومون بإجراء الجراحة بمساعدة أحد المقيمين ويغادرون المستشفى‌في أقرب وقت ممكن، ليعودوا إلى منازلهم وبعد الغداء لقيلولة الراحة،‌يذهبون إلى عيادة خاصة أو مستشفى خاص. لقد سمعت مرات عديدة‌مدح جراح قلب مشهور في إيران يجري ما يصل إلى 8 عمليات قلب مفتوح‌في اليوم! وفي اليونان، يمتلك جزيرة، ويصبح هذا الشخص نموذجا للطلاب‌والأطباء. لا يعرفون أن جراح القلب لا يمكنه إجراء أكثر من جراحتي قلب‌مفتوح في اليوم (اثنان من أطفالي جراحا قلب ورئة في أمريكا)، ويتم إجراء‌بقية العمليات

من قبل جراحين أقل خبرة، وربما يكونون في مرحلة التدريب، ويراقبهم الأستاذ من خلال زيارة كل غرفة. ولهذا السبب، وفقاً لملاحظاتي، فإن معدل المضاعفات بعد العملية الجراحية لديهم أعلى، مقارنة بمن يقومون بعملية قلب مفتوح واحدة أو اثنتين يومياً.

كما أنني صادفت حالات كثيرة ارتكب فيها أطباء مشهورون أخطاء فادحة في التشخيص والعلاج دون إعلام المريض، وبعضهم، من أجل جذب المزيد من المرضى وتكرار الزيارات، يصفون العديد من الأدوية الباهظة الثمن وغير الضرورية التي قد تكلف المريض حياته، والعديد من العمليات الجراحية غير الضرورية (من خلال دراسة ملفات المرضى الذين رأيتهم في إيران للتعبير عن رأيي، لقد شهدت هذه الحالات بنفسي) ولا يقبلون فقط رسوم التأمين ويطلبون أموالاً أكثر بكثير من المريض قبل الجراحة. إذا أردت أن أذكر تفاصيل الأمر، فسيستغرق الأمر وقتاً طويلاً وربما لن يستفيد المرضى شيئاً، وأولئك الأسوأ من الشيطان بعيدون عن الطريق المستقيم للممارسة الطبية؛ لن يسترشدوا إلا بتطبيق القانون الصحيح، والذي للأسف إما أنه غير موجود أو إذا كان موجوداً، فهو غير مطبق.

بالطبع، هناك العديد من الأطباء المتدينين والمتعلمين والمسؤولين والرحماء في إيران، لكن الأغلبية حالياً ليست معهم. وبالمقارنة، في الولايات المتحدة، يذهب طلاب الطب بعد الحصول على درجة البكالوريوس إلى كلية الطب ويكونون أكثر نضجاً. في دراسة البكالوريوس التي تستغرق أربع سنوات، يتم دراسة ما لا يقل عن نصف الدورات المتعلقة بالعلوم الطبية المساعدة ونصف العلوم الإنسانية بما في ذلك التاريخ والأدب والفلسفة والأخلاق والأديان وما إلى ذلك، أي مقارنة بمراهق يبلغ من العمر 18 عاماً حاصل على دبلوم المدرسة الثانوية في إيران، فإن الطالب الأمريكي هو شخص أكثر نضجاً ومعرفة من الناحية الفكرية والعلمية قبل دخول كلية الطب. لاحقاً، إذا حصل على أعلى الدرجات في امتحان القبول الطبي (MCAT)، فسيتم دعوته لإجراء مقابلة، بالإضافة إلى ذلك، سيُطلب منه ما لا يقل عن 4 "خطابات توصية"

من المدرسين، وواحد من المدارس الثانوية ورسالتين أو ثلاث رسائل توصية من الأساتذة ومديري الجامعة. يتم إرسالها بالبريد إلى مكتب القبول في كلية الطب وهي سرية تماماً من المرشح ولا تكون إلا للوصول إلى الحقيقة حول الطالب المعني. أثناء المقابلة التي يجريها العديد من الأساتذة الذين هم أعضاء في لجنة القبول، يسألونه لماذا تريد أن تصبح طبيباً. ما العمل الخيري الذي قمت به حتى الآن؟ (يجب أن تكون قد قمت بعمل مفيد في المدرسة الثانوية والجامعة)، ما هي الكتب التي قرأتها بالإضافة إلى دوراتك في الماضي، ولماذا؟ وما الدرس الذي تعلمته منه؟ إلى جانب الدراسة، ما هي الأشياء الأخرى التي تجيدها (السباحة، الموسيقى،)؟ ويخصصون نقطة لكل من هذه الفئات الأربع وفقاً للمعيار، ويتم اختيار أولئك الذين لديهم معدل تراكمي أعلى. لا أحد يصبح طبيباً ليصبح ثرياً لأن مسار الطب والتخصص والتخصص الفرعي طويل ومضنٍ، ورواتب الأطباء محدودة، وليس لديهم دخل آخر مثل المستشفيات الخاصة أو بناء وبيع العقارات. لا يحق لهم الحصول على أموال إضافية (تحت الطاولة) أثناء ممارستهم للطب؛ فمعظم أطباء الأطفال أو الطب العام أو الباطني لديهم أقل من خمسة آلاف دولار في حسابات التوفير الخاصة بهم. ولا يملكون أي وسيلة لتجنب الضرائب الباهظة؛ ولا يحق لهم الإضراب؛ ولا يحق لهم تشكيل لجنة نقابية. وإذا ارتكب طبيب خطأ في التشخيص والعلاج، فسيتم التحقيق فيه بشكل عادل وفقاً للقوانين التي تحكم قسم ضمان الجودة في المستشفى، ثم إذا لزم الأمر على مستوى الولاية من قبل مجلس الإشراف على الأطباء، الذي يتم اختيار رئيسه من قبل حاكم الولاية ويكون دكتوراً في الطب، يتم التعامل مع الشكاوى وإذا كان الخطأ خطيراً بما يكفي أو إهمالاً يسبب بتر الأعضاء أو الحياة أو الأذى الجنسي الخطير، فقد يتم إلغاء ترخيص الممارسة مدى الحياة في تلك الولاية أو البلد بأكمله، أو إذا كانت الأخطاء طبية بحتة، فسيسمُح للطبيب بالممارسة تحت الإشراف في مؤسسة لفترة من الوقت أو حتى العودة والحصول على تدريب قبل ذلك.

يسُمحله/لها بالاستمرار. بصفتك طبيباً في الولايات المتحدة أو أي دولة في أوروبا الغربية، ستكسب عيشاً جيداً ولكنك لن تعتبر غنياً أبداً. هذا هو المسار المستقيم من الاختيار إلى تدريب الطلاب والمقيمين والذي يتم حسابه خطوة بخطوة وهو قياسي، والمرور به ليس بالمهمة السهلة وهو حقاً مرهق جسدياً وعقلياً. فقط الاختيار الصحيح للشخص المسؤول المهتم بالمهنة الطبية يجعل ذلك ممكناً. في المتوسط، يتخرج كل طالب طب في الولايات المتحدة بديون تبلغ 200 ألف دولار.

مثال آخر على التصور الخاطئ للطريق المستقيم: لدينا شقة في حي فرمانية بطهران للسكن المؤقت أثناء السفر إلى إيران. قبل عدة سنوات، في اليوم الأخير من إقامتي في إيران، عندما كانت زوجتي تجهز الشقة لإغلاقها لعدة أشهر قبل السفر إلى أمريكا، لكي لا تمل، اقترحت علي الذهاب إلى شركة الهاتف ودفع اشتراك الهاتف لعدة أشهر مقدماً. أريد التأكد من عدم فصل هاتف الشقة أثناء غيابي في إيران بسبب عدم دفع رسوم الاشتراك في الوقت المحدد. قبل الساعة 11:00 صباحاً، ذهبت إلى شركة الهاتف الموجودة في شارع باسداران بالقرب من حديقة نيافاران، على بعد مئات الأمتار من شقتنا إلى قسم المدير المختص في الطابق الأرضي، الذي يفتح على صالة المدخل. بعد الدخول، سلمت عليه كالمعتاد. بعد التعامل مع العميل السابق، نظر إلي وسألني: "ماذا تريد؟" أوضحت أنني أتيت لإيداع 100 ألف تومان في حساب هاتف الشقة وشرحت السبب، قال ما هو رمز الموقع؟ وبما أنني لم أكن أعرفه، أكدت له أن شقتنا في الزقاق المقابل، وقال إنه يريد رمزاً. قلت له لا تعرف؟ قال لا! اذهب إلى الغرفة المجاورة وانظر إلى الرمز على الخريطة. ذهبت إلى هناك وبعد العثور على الرمز على خريطة ضخمة مثبتة على الحائط، عدت ورأيت أن باب غرفة القسم المذكور مغلق. سألت شخصاً أين الموظف؟ قال إنه صعد إلى الطابق العلوي في فترة الظهيرة

الصلاة وقراءة الدعاء والقرآن. اجلس حتى يعود، لن يطول الأمر. كان شهر رمضان المبارك. بعد انتظار أكثر من ساعة، صعدت إلى الطابق العلوي. كان جالساً على السجادة في مكان بارد وأمامه مصحف مفتوح وكان نائماً. قلت له أنك أرسلتني أولاً للبحث عن "البازلاء السوداء" (هراء) والآن الساعة تقترب من الواحدة والنصف ظهراً وأنت جالس هنا وأنت تعلم أن العميل ينتظر، أي صلاة وصيام وعبادة هذه؟ فغضب وأشار إلى رقبته وقال: "إذا قطعت رقبتي فلن تستطيع أن تأخذ صلاتي مني". قلت له إن صلاتك لك، لكنك انتهكت حقوق الناس وتجاهلتها بحجة الصلاة. هل تعتقد أنك تقرأ القرآن وتصلي وتصوم وأنت لا تقوم بعملك ستكسب في الآخرة ثواباً مقبولاً عند الله؟؟

عدت إلى الطابق السفلي وانتظرت في الصالة، جاء إلى مكتبه الساعة 13:30 وأعطاني ورقة للذهاب إلى البنك ودفع 100 ألف تومان وإحضار الإيصال، سألت أين البنك؟ قال في الجهة المقابلة من الشارع. أمام مكتب الهاتف كان بنك صادرات ولسبب ما كان هناك طابور طويل نسبياً لا يقل عن عشرة أشخاص. بعد أن وصلت إلى مقدمة الطابور، قال لي موظف البنك أنه يجب عليك دفع المبلغ إلى البنك الوطني/الملي وليس لدينا الحق في قبوله. كان البنك الوطني على بعد حوالي 200 متر من هناك، في الساعة 3:00 بعد الظهر في يوم حار، وصلت بسرعة إلى البنك الوطني خشية أن يكون مغلقاً، وكان هناك طابور أيضاً. في النهاية، أودعت المبلغ وأخذت الإيصال، وقبل إغلاق المكتب في الساعة 15:30، وصلت إلى الشخص المذكور. قلت له كان يجب أن تقول لي أن أذهب إلى بنك ملي بدلاً من أن تعطيني عنوان بنك صادرات، ابتسم وأومأ برأسه! لكنني غادرت ذلك المكان مكتئبا وغاضبا بسببه وبسبب فهمه للدين وبسبب البلد. نصف ساعة من العمل السهل استغرقت أكثر من أربع ساعات من الارتباك وإضاعة الوقت. ومع ذلك، كنت سعيدا لأن المهمة تمت بنجاح. ذهبت إلى الشقة، والآن لدي

"لأجيب زوجتي "أين ذهبت لمدة أربع ساعات؟!" كنت قلقة عليك"، وبعد أن شرحت لها الأمر ضحكت وقالت إنك لا تعرف كيف تعمل في إيران. قلت لها فقط إن عليك أن تفعل هذا لتستمتع وتدرك أن العمل في إيران ليس بالأمر السهل. للأسف، لم يعلم أحد هذا الشخص الغرض من الصلاة والصيام والعبادة ومسؤولية عمله، وكان بعيداً عن الطريق المستقيم. حالياً، لقد شهدت أن عملية حياة الشعب الإيراني غالباً ما تكون على هذا النحو.

بالطبع، السير على الطريق المستقيم والثبات عليه والهداية إلى الهدف مهمة صعبة للغاية وتتطلب تربية مدى الحياة من الوالدين والأسرة والمؤسسات التعليمية من الروضة إلى ما بعد الدكتوراه والمجتمع، على أساس العلم والمنطق وتعاليم القرآن والسنة النبوية وتنفيذ القوانين التي تتبناها الدولة. وفي الوقت نفسه، يجب أن نعلم أن الهداية إلى الطريق الصحيح لا يمكن أن تتم إلا بمساعدة ورحمة الله تعالى، ولا شيء غير ذلك. بالطبع، إذا لم نؤمن بالإنسانية والآخرة والبعث والرجاء والخوف، ولم يكن لدينا إيمان، فإن أفعالنا ستكون بطبيعة الحال لصالحنا ولن تكون إلهية وعلى الطريق المستقيم. لهذا السبب، نحاول استشارة الله خمس مرات في اليوم (صلاة 17 ركعة تحتوي على عشر سورة الحمد / الفاتحة) عندما نستيقظ ونطلب منه المساعدة على الهداية والبقاء على الطريق المستقيم عشر مرات في اليوم على الأقل، والسبب في ذلك واضح ويحدث في حياة جميع الناس بطرق مختلفة، ليلاً ونهاراً. إن الحياة قد تكون أسهل كثيراً إذا انحرف الإنسان عن الطريق المستقيم وعمل أقل، وكذب، وتلقى رشاوى، واختلس، وغش في العمل، وغش الأصدقاء، والعائلة، والمطلعين، إلخ. ومن الضروري أن يعيش الإنسان في مجتمع من الناس المتشابهين، وأن يصبح مالكاً للمنازل والسيارات والفلل والحسابات المصرفية الضخمة، وهو ما قد لا يكون ممكناً لولا العيش بصدق. لذا فإن السير على الطريق المستقيم ليس مثمراً في هذه الحياة، ولا يوجد إنسان، كما نسميه اليوم " حكيم"، يفعل هذا في هذه الأيام بتوجيه حد السكين الحاد إلى نفسه.

للبقاءعلى الطريق المستقيمإننا لابد أن نؤمن بأن الله موجود في كل‌مكان، وأنه أقرب إلينا من حبل الوريد، وأنه بين الإنسان وقلبه، وأنه مطلع‌على كل أفكارنا وأفعالنا الظاهرة والباطنة. فلنتق الله ولنعش خادماً لله‌في كل المواقف والأوقات، ولنعلم أن الثواب والعقاب والجنة والنار حقيقة،وأن كلام الله حق وكامل ومتكامل. ورغم أن العديد من القبائل والأمم‌ليست مسلمة بالاسم، إلا أن تجربتي الشخصية في نصف القرن الماضي‌أظهرت لي أن أغلبهم يحاولون أن يعيشوا على الطريق المستقيم في‌أغلب الأمور، ويجب أن نتعلم منهم بلا تحيز في بعض الأمور. ويمكننا أن‌نحسن من أنفسنا والمجتمع خطوة بخطوة ونعد المجتمع للحياة الأخلاقية.وعلى النقيض من الاعتقاد المسيحي بأن الإنسان يولد خاطئاً، وأن‌المسيح عيسى قبل خطايا أتباعه بصلبه ليكون شفيعاً‌لهم في الذهاب إلى‌الجنة، فإن الإسلام والعقل يؤمنان بأن كل إنسان يولد بريئاً‌طاهراً كالمرآة.وإذا صدأت مرآته وانطفأت فيما بعد، فذلك بسبب عائلته، وبيئته‌التعليمية، وتأثير المجتمع.

إن‌المجتمع لابد وأن يلتزم بالقانون من خلال تطبيقه على قدم المساواة،كما لابد وأن يلتزم أفراده بالقانون. إن المجتمع الديمقراطي الذي يتبع‌الحكمة الجماعية والمسؤولية الفردية والأعمال غير المنحازة وسيادة القانون‌يتجه نحو الطريق المستقيم. أما المجتمع الفاسد فإنه ينتج أشخاصاً غير‌أخلاقيين ومخالفين للقانون. ورغم أن هؤلاء الأشخاص والمجتمعات ناجحون‌ظاهرياً، إلا أنهم لم ينموا داخلياً، بل إنهم يتراجعون هم ومن حولهم. إن‌المجتمعات الديمقراطية الليبرالية والعلمانية مثل أميركا وأوروبا الغربية، على‌الرغم من نجاحها في كثير من الحالات، إلا أن بعضها يتجه نحو الانحدار والانحطاط‌الأخلاقي بسبب القوانين الليبرالية المتطرفة. لقد أصبحت مجتمعات‌المستهلكين، وسوق الأوراق المالية، والعلاقات الجنسية غير المنضبطة‌والحرة، وزواج المثليين القانوني، والإدمان، والأفلام الإباحية، والدعارة،والاحتياجات المالية، والفقر، والعنصرية، والحسد، وما إلى ذلك، جزءاً‌لا يتجزأ من الحياة بسبب التنفيذ غير المشروط للقوانين المدنية، وإذا لم‌يتم تنفيذها، فإن المجتمع الفاسد سوف ينهار.

إن أي تغيير في مساره سوف يؤدي عاجلا أو آجلا إلى تدميره بالغرق في مستنقعه الأخلاقي. ففي أغلب دول العالم الثالث التي تحمل اسم الجمهورية، والتي كتُبت دساتيرها على غرار الغرب، حديثة ومبنية على الحرية والمساواة بين الناس واحترام الفرد، لا يحظى تطبيق القوانين بدعم كبير، والقانون سلاح ضد المعارضين والمنتقدين لأصحاب السلطة. ويستخدمه المسؤولون والمديرون المستبدون الذين لا يتوافق أسلوب حياتهم مع الديمقراطية الليبرالية للجميع.

في هذه الدول، بغض النظر عما إذا كانت تسمى دينية أو جمهورية، المعلم لص وخائن، والطبيب لص وخائن، والشرطي لص وخائن، والموظف لص وخائن، والوزير والمحامي لصوص وخونة في كل ما يفعلونه بما في ذلك الشؤون الدينية والإنسانية والقانونية والأخلاقية والاجتماعية، ونتيجة لذلك، ينتج مجتمع من اللصوص والخونة. هذا المجتمع محكوم عليه بالفناء والدمار حتى قبل المجتمع العلماني الديمقراطي الليبرالي المتطرف لأن السرقة والكذب والنفاق هي الرذائل الأخلاقية الرئيسية وتدمر تدريجيا العقيدة الدينية من عقول أبناء المجتمع. يجب أن يكون المجتمع المدني المتعلم والأخلاقي والمؤمن البيئة المناسبة للعيش على الطريق المستقيم لتوفير التنفيذ العادل للقوانين وظروف المعيشة والعمل المناسبة لنمو الفرد والحرية الاجتماعية. وأخيرا، إذا كنت طيبا وعادلا وعضوا في المجتمع المدني، لا تكذب وتحترم الإنسان والحيوان والطيور والنبات والبيئة، فأنت على طريق مستقيم وقد وصلت إلى هدفك في الحياة بغض النظر عن الطريقة أو المدرسة الفكرية التي أوصلتك إلى هناك.

دروس من استشهاد الامام الحسين (ع) صلى الله عليه وسلم **فيما يتعلق بالصراط المستقيم**

الإمام الحسين (عليه السلام) هو الإمام الثالث عند الشيعة، وابن علي (عليه السلام)، وأول رجل مسلم، وأول إمام عند الشيعة، والخليفة الرابع للمسلمين أجمعين،

وفاطمة(عليها السلام) ابنة الرسول وخديجة أول مسلمة، حفيدة الرسول محمد(صلى الله عليه وسلم)، وحسب الرسول هو وأخوه الحسن سيدا شباب أهل الجنة. كان الإمام الحسن أخاه الأكبر وثاني أئمة الشيعة قد فوض الخلافة إلى معاوية لمصلحة الإسلام. وبعد وفاة معاوية احتاج يزيد ابنه بشكل خاص إلى بيعة الحسين له. والحسين هو العضو الوحيد المتبقي من أسرة الرسول وصوته المؤكد ليزيد ليكون خليفة بعد أن نال والده ثقة المسلمين. رفض الإمام الحسين بيعة يزيد للأسباب التالية: ترك طاعة الله والتوجه إلى الشيطان، والفساد السافر، والفجور، وانتهاك الشرائع الإلهية، والاستيلاء على بيت المال لنفسه وأقاربه، وإحلال محارم الله، وتحريم أوامر الله المشروعة. وأخيرا، يصل الأمر إلى حد تهديد الحسين بالقتل إذا لم يبايع يزيد. لم يقبل الإمام البيعة، ولجأ إلى مكة من المدينة أثناء الحج، وأُبلغ أن أتباع يزيد لديهم خطة لقتله عندما كان مشغولاً بالطواف حول الكعبة وكان في حالة تأمل عميق. اندفع الحسين خارج مكة حتى لا تنتهك حرمة المسجد الحرام بسبب سفك الدماء. كان أهل الكوفة في العراق الحالي قد دعوا الحسين ليكون هناك إماماً بكتابة العديد من الرسائل للإمامة، وربما الخلافة، وإرشادهم إلى ما هو مقبول وجيد وما هو ممنوع ومنكر. قرر الإمام مغادرة مكة مع عائلته وأصحابه إلى الكوفة. علم يزيد بقرار الإمام، فأرسل جيشاً بقيادة ابن زياد وعمر بن سعد لمنع الحسين من دخول الكوفة، والحصول على البيعة منه، بكل الوسائل اللازمة، حتى الحرب. تلتقي مجموعتان متخاصمتان في نينوى (كربلاء)، ويحاصر جيش العدو الإمام الحسين وأصحابه ويقطع الماء عنهم.

وهنا«مرة أخرى عُرض على الإمام الحسين إما أن يبايع يزيد أو يقتل. لكنه رفض أن يبايع يزيد وطلب الإذن بمواصلة طريقه إلى الكوفة، وإذا لم يكن ذلك ممكناً فليذهب إلى مكان بعيد، حتى ولو كان إيران. ويقول الحر بن يزيد الرياحي، الذي كان قائد الجيش والمتحدث باسم الجيش المعارض، للإمام: إنك لا تملك طريقاً للعودة، وإذا لم تبايع فسوف تقتل في ساحة المعركة غداً. والإمام الحسين، الذي يفضل الموت بكرامة على الحياة في ذل، يعتبر أن من واجبه أن يأمر بالمعروف وينهى عن المنكر. وهو يدرك الفساد والبدع التي نشأت في الإسلام الناشئ وتدمير الإسلام الحقيقي في مبايعة يزيد. وهو يعلم يقيناً أنه وجميع أصحابه سيقتلون، لكنه يقرر مواجهة جيش يزيد الذي يتألف من عدة آلاف. وفي اليوم التالي (العاشر من محرم سنة 61 هـ) قُتل اثنان وسبعون من أصحابه واحداً تلو الآخر، ومنهم ابناه علي الأكبر وعلي الأصغر - 6 أشهر -، والقاسم - 13 سنة - ابن الحسن -، والعباس حامل لواء قوات الحسين وهو أخوه، وثلاثة إخوة آخرين كلهم أبناء علي من زوجات مختلفات قبل ظهر عاشوراء. وأخيراً، لكي يكون عبرة للأجيال القادمة وللإنسانية، وبعد أن قدم واستكمل الدليل للجيش المعادي على أنه حفيد الرسول وابن علي وأنه هادٍ على حق وعلى صراط مستقيم، دخل ميدان القتال ومات تحت جراح السيوف والرماح، وقطع رأسه ابن عمته الملعونة شمر (عم العباس) عن جسده. وقد أخذ جيش يزيد عائلته أسرى إلى بلاط يزيد في الشام، وهناك ألقت زينب (عليها السلام) خطبتها الشهيرة التي استكملت بها استشهاد أخيها في إحياء الإسلام الحقيقي الذي جاء به جدهم.

وبحسب الدكتور شريعتي فإن الإمام الحسين هو وريث النبي آدم، وهو الذي علم بني آدم أن يعيشوا بحرية وفخر، وهو وريث أنبياء البشرية العظام الذين علموا الناس كيف يعيشون، والحسين هو دم الله، والإمام الحسين هو ثمرة شجرة أشرف الناس على وجه الأرض، وكان مظهراً ونموذجاً مرئياً للشجاعة والإيمان، إلى الحد الذي جعله

كان على الطريق الصحيح وعلى طريق الحياة المستقيم، ضحى بالمال والعائلة والمنصب والصديق والمدينة والبيت وأخيراً كل شيء، من أجل إظهار الحقيقة للعالم وإظهار عملياً أنه يمكن التضحية بكل شيء في الطريق إلى الطريق المستقيم، وحتى لو لم ير نتيجة لذلك، فإنه سيعطي في النهاية النتيجة المرجوة ويحمل الثمار.

لقد عبر الحسين عن هدفه في إقامة القيم الحقيقية للدين الإسلامي والحفاظ عليها، وبعدم البيعة منع البدع الجديدة التي نشأت في دين النبي وسنة رسوله وحرفت الإسلام عن مساره الأصلي. وبتضحيته، جعل الإمام الحسين نفسه ثابتاً وطهر المجتمع من التلوث. لقد غير الإمام الحسين اتجاهه عدة مرات، ولكنهم جميعاً كانوا على الطريق المستقيم للبقاء على قيد الحياة وعدم مبايعة المشركين. أولاً، لم يبايع في المدينة، ثم غادر المدينة وذهب إلى مكة، الذي هدده الموت مرة أخرى في المسجد الحرام، وغادر مكة مع أهله وأصحابه ليلاً، وترك الحج نصف مكتملاً واتجه نحو الكوفة. وكان الإمام الحسين قد تلقى العديد من الرسائل من أهل الكوفة يطلبون منه الذهاب إلى هناك وقيادة الناس هناك مثل والده علي. وفي الطريق إلى الكوفة، عندما كان يتعامل مع جيش يزيد، لم يطلب الحسين أو يرغب في القتل، بل طلب منهم أن يسمحوا له بالذهاب إلى الكوفة أو إلى مكان بعيد ومواصلة عمله في الأمر بالمعروف والنهي عن المنكر وعدم إزعاج يزيد في الشام. لذلك كان طريق الحسين المستقيم في البداية هو الحياة وتجنب الموت وإنقاذ الإسلام، ولكن في النهاية كان الطريق المستقيم هو العكس، قبول الموت ليس لنفسه فقط بل ولأصحابه. أراد أن يثبت لهم وللأجيال القادمة أنه لم يختر طريق الموت لنفسه ولعائلته وأنه فضل تجنب الحرب وسفك الدماء دون مبايعة يزيد. وعندما انتهت كل الطرق إلى البيعة أو القتل، فضل الموت (الحياة بكرامة) على البقاء (الموت مع الذل) وفي الواقع أحيا الإسلام وخاصة المذهب الشيعي. وفقاً للدكتور علي شريعتي، فتوى الحسين (عليه السلام)

نعم، "حاول أن تفعل الصواب، حتى لو لم تنجح فأنت الرابح". والآن شعار الشيعةالحسينيين هو "الدنيا كلها كربلاء وكل يوم عاشوراء"، وهذه هي طريقةالتفكير والمدرسة الجهادية الحسينية التي انتصرت على صدام والعالمفي حرب الثماني سنوات بين إيران والعراق.

إنثورة كربلاء رسالة حرية واحترام للذات وتضحية بالنفس للعالم وللمسلمينعلى وجه الخصوص، والحرية تعني عدم الظلم، فالإنسان الحر لا يجلسصامتاً ويحتج عندما تتعرض مبادئه ومعتقداته وحقوقه الفردية والاجتماعيةومجتمعه للهجوم، ومن أهم دروس حادثة كربلاء احترام الذات حتىيتسنى للإنسان أن يرتقي روحياً ويتحرر من الذل والهوان، ويحترم نفسهويكرمها ويحافظ على كرامته في كل المواقف، ولا يسمح للصعوبات والراحةوالفشل أن تقوده إلى الهلاك والانحراف، ففي التضحية بالنفس يضعالنبلاء، وهم في حاجة إلى ما لديهم، خلاص الآخرين قبل أنفسهم، ويفضلونالأهداف والمصالح الجماعية على أهدافهم الفردية.

في الوقت الحاضر، وللأسف، بدلاً من الدروس العملية من حياة واستشهادالإمام الحسين، فإننا في الأيام العشرة الأولى من شهر محرم ننعيالإمام الحسين وعائلته، ونسمي أشجع وأخلص شهداء العالم (سيد الشهداء) مظلوماً (بالمعنى الشعبي وليس بفهم معناه)، وكثيراً ما نتظاهر بالبكاءعليه. بالطبع، لا شك أنه كان مظلوماً، ولكن ليس بالمعنى الشعبي. لقدوقف ليقوم بواجبه الأخلاقي في الأمر بالمعروف والنهي عن المنكر، ولبثروح جديدة في الدين الإسلامي الجديد الذي أخرجه عن مساره معاوية وابنهيزيد من سلالة الأمويين. لقد بذلت عائلة النبي (ص) وعلي (ع) هذه التضحيةالضخمة في كربلاء من أجل بقاء الإسلام وإحيائه. كان هذا قدراً إلهياً،تم قبوله في حضور الحقيقة كما تشهد بذلك التاريخ والأحداث اللاحقة،والعديد من الأمثلة الأخرى.

ثم حدثت بعد ذلك ثورات جاءت وستأتي لتطيح بمؤسسات الكفر والانحراف عن الدين والإنسانية الواحدة تلو الأخرى، مثل: انضمام الحر إلى جيش الحسين عليه السلام، وخروج عبد الله بن الزبير، وخروج الصالحين في الكوفة وثورتهم، وخروج المختار وقتل قتلة الحسين عليه السلام، وثورة أبي مسلم الخراساني لصالح بني هاشم التي أدت إلى انقراض الخلافة الأموية وتأسيس الدولة العباسية الهاشمية سنة 132 هـ. وعملان آخران مهمان وباقيان، أحدهما تنظيم العزاء وإحياء ذكرى حياة الحسين عليه السلام في الأيام العشرة الأولى من محرم في الأماكن المسماة بالحسينيات، ووعظ المسلمين وتوجيههم في المساجد والأماكن المقدسة، وهو من بركات حادثة كربلاء. في شهر محرم، يأتي الملايين من الشيعة، صغارا وكبارا، من كل الطبقات والجنسين، للاستماع إلى كلمات أهل المنابر والمجتهدين والمتدينين والوعاظ. ولا يوجد مثل هذا النظام التعليمي في أي فصل دراسي أو جامعة. سيذهب الناس إلى تلك الأماكن المقدسة طوعا ومن خلال الاستماع إلى المواعظ الأخلاقية والخطب التربوية المستندة إلى القرآن والحديث والروايات يحاولون أن يجعلوا أنفسهم أفضل بدرجة ما. بطبيعة الحال، يحتاج هذا النظام إلى بعض الإصلاحات التي تسترشد بالوقت والعقل والعلم وحاجات المجتمع وليس الاكتفاء بالرثاء والرثاء وتلاوة الأدعية. ومن النتائج الأخرى ظهور نوع من الشعر والأدب الرثائي الذي بدأ مباشرة بعد أحداث كربلاء ويستمر إلى الآن، من كلمات السيدة زينب ودعاء السيدة السجاد عليها السلام إلى نظم شعر محتشم الكاشاني في القرن العاشر الهجري ونظم الحاج سليمان الصباحي بيدجلي في عهد الزندية وخاني النوفه.

هنا تصرف الإمام الحسين بإيمان وعقلانية فائقة. الإيمان ليس غير عقلاني، بل هو أبعد من العقل، إنه إبراهيم يأخذ ابنه إسماعيل إلى المذبح. في الأمور فوق العقلانية، يجب التضحية بالعقل من أجل الإيمان، وهذا لا يمكن أن يتم إلا من خلال العظماء والمختارين.

إن اختيار الشهادة والتضحية هو خسارة لكل شيء وتجاوز للدين. فالدين بالنسبة لأغلب الناس تجارة، فهم يناقشون دائما الربح والخسارة (الجنة والنار والإقراض لله). وعلى حد تعبير الدكتور علي شريعتي المرحوم: "إن الإمام الحسين (ع) لم يكن ضعيفا حتى نبكي عليه". إن معلم الشهادة العظيم يعلم كل من يرى الجهاد في القدرة فقط وكل من يرى النصر في المعركة في التغلب على الفكرة فقط وإدراك أن الشهادة ليست خسارة بل خيار. خيار ينتصر فيه المجاهد بالتضحية بنفسه على عتبة معبد الحرية ومذبح الحب.

في سجلات التاريخ البشري، نجد أولئك الذين تركوا بصمة لا تمحى على أممهم من خلال مواجهة الظلم وجرأة خصومهم. فقد وجد المهاتما غاندي، الهندوسي المتدين الذي كان يقدس البهاجافاد جيتا، الإلهام في قصة الأمير أرجونا، المحارب الأسطوري الذي صورته الكتب المقدسة. ففي عشية المعركة، كان أرجونا يعاني من احتمال فقدان أرواح بريئة من الجانبين. فترتجف عزيمته ويفلت سيفه من قبضته. وهنا أوحى إليه اللورد كريشنا بوحي: مواجهة الظالمين، بغض النظر عن التكلفة. أما غاندي، الذي اشتهر بشجاعته ونزعته إلى السلام، فقد فسر هذه القصة بشكل مختلف، فرأى فيها دعوة عالمية للنهوض ضد الظلم والكراهية. وقد دعا إلى المقاومة اللاعنفية، معتقداً أن مواجهة العدو القوي المدجج بالسلاح يتطلب أخلاقاً قوية وتضحيات. لقد كانت هذه الروح المعنوية المتمثلة في المقاومة والتضحية، حتى الموت على أيدي القمع الإنجليزي، هي التي غيرت بشكل جذري تصورات الغرب للاستعمار البريطاني في الهند. ولم يكن هناك قوة في ذلك الوقت، باستثناء هذه الثنائية الأخلاقية، قادرة على وضع حد للحكم البريطاني في الهند. ففي أميركا، استعان مارتن لوثر كينغ الابن، وفي جنوب أفريقيا، استعان نيلسون مانديلا، مستلهماً من مثال غاندي، بالمقاومة اللاعنفية والتشهير الدولي للتغلب على الطغيان والأنانية والعنصرية والفصل العنصري المتجذر في حكومتيهما.

وللتذكيرفإن سورة الفاتحة، المعروفة أيضاً باسم سورة الحمد، تتكون من7 آيات وتعتبر جوهر القرآن والإسلام. وتبدأ بـ:

1-بسم الله الرحمن الرحيم.

2-الحمد لله رب العالمين.

3-الرحمن الرحيم.

4-مالك يوم الدين.

5-إياك وحدك نعبد وإياك وحدك نطلب المساعدة.

6-اهدنا إلى الصراط المستقيم،

7-﴿صراط الذين أنعمت عليهم غير المغضوب عليهم ولا الضالين﴾

والآن دعوني أشرح لكم معنى الآية الأخيرة من سورة الفاتحة حتى نفهم من يخاطب الله عندما يتكلم **من البركات والغضب والضلال:**

النساء69/4: ومن يطع الله والرسول فأولئك هم في الجنة مع الذين أنعم الله عليهم من النبيين والصديقين والشهداء والصالحين، هم قدوة ومثل أعلى في الإيمان، وهم خير الأصدقاء.

صفات الصديقين:

إن كلمة "صادق" تدل على الحقيقة. فالصادق صادق في تصرفاته وصدقه. والمؤمن هو من تتفق أقواله مع أفعاله، ويتصرف على الدوام وفقاً لمعتقداته. وينبع فعل الصدقة من صدق الإيمان، لأنه يعكس التزام المؤمن بخدمة الآخرين. في حين أن "الصادقين" و"الصادقين" يصفان عادة أولئك الذين

إن كلمة "قول الحق" محجوزة حصرياً للأنبياء، الذين تتطابق أقوالهم وأفعالهم تماماً. ومن الأمثلة البارزة على ذلك سيدنا إدريس، وسيدنا إبراهيم، وسيدنا يوسف، وسيدنا مريم. هذه الصفة، بالإضافة إلى أنها تنطبق على الأنبياء، تشير إليها القرآن أيضاً فيما يتعلق بأولئك الذين يتمسكون بالحق من خلال أقوالهم وأفعالهم (النساء 69/4، الحديد 57).

إن أصحاب بدر (أول حرب مقدسة بين المسلمين وداخل مكة)، والمهاجرين (المسلمون الجدد الذين هاجروا مع النبي من مكة إلى المدينة)، والأنصار (المسلمون الجدد في المدينة الذين قبلوا إيواء الوافدين الجدد)، وكذلك رسل عيسى الإثني عشر وأتباع موسى الأوائل، يمكن أن نعدهم ضمن صفوف الصادقين.

وهذه الأقوال والأفعال هي بمثابة عهد عقده الله مع الحكماء بالعقول والفهم، ليكون بمثابة اختبار لمعرفة مدى إيماننا (الأحزاب 33).

المفهوم التقليدي لـ **شهد الدين** إن الاستشهاد يرتبط عادة بأولئك الذين يموتون في معارك الحق ضد الباطل (الشهداء). ومع ذلك، فإنه يمكن أن يتجلى أيضاً في مجالات المعرفة والإيمان والسلوك (القدوة). أولئك الذين يسقطون دفاعاً عن وطنهم أو في النضال ضد الظلم يُعتبرون شهداء عند وفاتهم. يخدم بعض الأفراد كقدوة خلال حياتهم، مثل الدكتور محمد مصدق والمجتمعات المهمشة التي دافع عنها، وكذلك باراك أوباما والسودفي جميع أنحاء العالم. لا يزال آخرون، مثل مارتن لوثر كينغ جونيور ومهاتما غاندي، يجسدون الاستشهاد في الحياة والموت.

إن الاستشهاد بمعنى كونه قدوة ومثالاً يحتذى به، قد تم توضيحه في آيات قرآنية مختلفة. ويطلب من المسلمين أن يكونوا شهوداً وقدوة لبقية البشرية، مع كون الأنبياء شهوداً وقدوة له.

التابعين(النساء 4/41، المائدة 8/5، المائدة 44/5، الحج 78/22).

الصالحين(المصلحون)): يشير هذا المصطلح إلى المصلحين المجتمعيين،الذين تجسدوا في شخصيات مثل علي (عليه السلام)، والإمام الحسين(عليه السلام)، والمهاتما غاندي، ونيلسون مانديلا، ومارتن لوثر كينغ،وبوذا، وكونفوشيوس. وقد نالوا لقب المصلحين بنجاحهم في إصلاح مجتمعاتهمعلى أساس "الإيمان والعمل الصالح". ويعمل الأفراد كقدوة وحامليحق داخل مجتمعاتهم. وقد ورد مصطلح "المصلحين" (الصالحين) 27مرة في القرآن الكريم، في المقام الأول في إشارة إلى الأنبياء. وكان الانضمامإلى جيرجا المصلحين أيضاً دعاءً للأنبياء، تكرر 26 مرة في القرآن الكريمجنباً إلى جنب مع الجمع بين الإيمان والعمل الصالح. إن الإخلاص هوإحدى صفات الله، حيث ينبع الإيمان من الأمن، مما يدل على أن المؤمنينيحققون الأمان لمن حولهم.

في حين أن مفهوم الأعمال السلمية والإصلاحية مفهوم عالمي، فإن مظاهرهتختلف بالنسبة للمؤمنين وفقاً للوقت والظروف. الفساد، نقيض الإيمان،يخل بالتوازن المجتمعي ويمكن أن يتجلى في الجهل والإفقار الاقتصاديوالتفاوتات الاجتماعية أو الثقافية أو السياسية. يستلزم الإصلاح بذلالجهود للقضاء على مثل هذا الفساد من المجتمع. على سبيل المثال، بناءالمستشفيات لمعالجة النقص، وإلغاء الزواج القسري للفتيات القاصرات،وخلق فرص العمل لمكافحة البطالة، وأكثر من ذلك.

الحسناتهي الأعمال الصالحة، والأعمال الإصلاحية هي التي تهدف إلى تصحيحالمظالم المجتمعية، والتي قد تختلف باختلاف السياقات. فالإيمان الخاليمن الأعمال الصالحة والإصلاحات الجوهرية يفتقر إلى الإيمان الحقيقي، كمأن الأعمال الإصلاحية الخالية من الإيمان تفتقر إلى البر.

مريم19/58: أُولَئِكَ الَّذِينَ أَنْعَمَ اللَّهُ عَلَيْهِمْ مِنَ النَّبِيِّينَ مِنْ ذُرِّيَّةِ آدَمَ وَمِمَّنْ حَمَلْنَا مَعَ نُوحٍ وَمِنْ ذُرِّيَّةِ أمَّةٍ

من إبراهيم وإسرائيل وممن هدينا واجتبينا أولئك إذا تليت عليهم كلماتي خرواعلى الأرض سجدا وصرخوا

إن مواجهة الحقيقة تؤثر أحياناً بشكل عميق على الفرد المتقبل والمسترشد، مما يؤدي إلى تجربة تحويلية أشبه بانهيار السقف، مما يدفع إلى السجود والدموع. هذا السجود ليس معتاداً، على عكس السجودات العادية في الصلاة، ولكنه ينبع من إدراك ووعي عميقين. يدين القرآن الكريم ضمناً السجود الأعمى والطقوسي عند الإشارة إلى كلمات الله الموحاة:

الفرقان 73/25: (والذين إذا ذكروا بآيات ربهم لم يخروا صمًّا وعميانًا)

وهذا يدل على أن الله لا يقبل التقليد الأعمى والعبادة من دون فهم، مؤكداً على أهمية الفكر الحر والمعرفة كعلامة مميزة للعبد الرحيم والمخلص.

الأسراء 36/17: "لا تتبع شيئا لا تعرف عنه شيئا، فإن عينك وسمعك وقلبك (أدوات معرفتك الثلاثية) موضع شك في هذا الأمر (إنك تتبع دون أن تتبع إلا الله)".

آل عمران 103/3: "واعتصموا بحبل الله جميعا ولا تفرقوا واذكروا نعمة الله عليكم إذ كنتم أعداء فألف بين قلوبكم فأصبحتم بنعمته إخوانا وكنتم على شفا حفرة من النار فأنقذكم منها كذلك يبين الله لكم كلماته لعلكم تهتدون...".

الذين يغضب الله عليهم(**المقذوف عليه السلام**) هم الذين انحرفوا عن الطريق المستقيم، ولا رجاء لهم في النجاة.

باختصار:آيات تفصيل غضب الله عليهم موجودة في الفاتحة 6/ 1، البقرة 61/ 2، البقرة 90/ 2، آل عمران 112/ 3، النساء 93/ 4، المائدة 60 / 5، الأعراف 71/7، الأعراف 152/7، والأنفال 16/8.

في القرآن الكريم، تتلخص أسباب غضب الله على النحو التالي: الأنانية،والرغبة في أكثر من الاحتياجات الأساسية (عدم الرضا)، والإسراف، والسعيوراء ما يبدو مفيداً ولكن في النهاية لا فائدة منه، والشهوة، وعقليةالاستحقاق، والجشع، وانتهاك حقوق الآخرين، والتعصب، والغرور، والغيرة،والكبرياء، وعقلية التفوق، وإنكار الحقيقة، والتمرد، وخرق العهد، والقتلالعمد، وتجنب الجهاد والحروب المقدسة الدفاعية، والاتهامات الكاذبةبالزنا، والشرك، والشفاعة لدى الله.

البقرة 61/2: "وإذ قالوا يا موسى لن نصبر على طعام واحد فادع لنا ربك يخرجلنا من الأرض بقلها وقثائها وثومها وعدسها وبصلها قال أتبدلون الذيهو خير بأقل منه اذهبوا بيتا فإن لكم ما سألتم وضربت عليهم الذلة والفقروانقلبوا بغضب من الله ذلك بأنهم كفروا بآيات الله وقتلوا النبيين بغيرحق ذلك بما عصوا وكانوا يعتدون"

إنذكر منتجات زراعية معينة بعد رفض الأطعمة والفواكه السماوية يسلطالضوء على رغبتهم في الاستقرار في المدينة، على عكس خطة الله التعليميةلتحسين أنفسهم. لم يعترف الإسرائيليون بموسى كنبي لهم، وهوما يتضح في موقفهم المتغطرس الذي يطالب الله بنعمته من خلاله.

البقرة 90/2: "بئس ما اشتروا به أنفسهم أن يكفروا بما أنزل الله بغيا أن ينزل الله من فضله على من يشاء من عباده فبئسوا بغضب على غضب وللكافرين عذاب مهين"

آل عمران 112/3: "أذلوا أينما ثقفوا إلا بحبل من الله وحبل من الناس وباءوا بغضب من الله وذرأوا المهانة ذلك بأنهم كفروا بآيات الله وقتلوا النبيين بغير حق ذلك بأنهم عصوا وكانوا يعتدون"

النساء 93/4: «ومن يقتل مؤمناً متعمداً فجزاؤه جهنم خالداً فيها وغضب الله عليه ولعنه وأعد له عذاباً عظيماً».

في القرآن الكريم تم تهديد القتلة بخمس عقوبات: جهنم، واللعنة الأبدية، والغضب الإلهي، واللعنة الإلهية، والعذاب الشديد.

المائدة 60/5: "قل هل أنبئكم بشر من ذلك مثوبة عند الله من لعنه الله وغضب عليه وجعل منهم القردة والخنازير وعبد الطاغوت أولئك شر مكاناً وأضل سبيلا"

ورد مصطلح "الغضب" في القرآن مرة واحدة في حق قوم عاد، وعشر مرات في حق بني إسرائيل (اليهود) بسبب تمردهم ونقضهم للعهد مع الله.

وقد وردت كلمة القرد في القرآن الكريم ثلاث مرات، وتشير دائماً إلى مجموعة من بني إسرائيل (القردان).

(الصحابة) الذين انتهكوا حرمة يوم السبت (البقرة 65/2، والمائدة 6/5، والأعراف166/7). وبسبب تغير سلوكهم وتقليدهم لبعضهم البعض في ارتكاب الأخطاء، تم تشبيههم بالقردة. ومن الأفعال الأخرى التي تجلب غضب الله: القتل العمد، والفرار من الجهاد الدفاعي، واتهام الآخرين بالزنا زوراً، والكفر المأجور بالهوى، وإنكار الحق عن علم.

يشير مصطلح "الرجس" إلى نوع من الخطايا التي لها آثار سلبية على جسد الإنسان ونفسه وأخلاقه، مثل أكل لحوم الحيوانات الميتة والدم ولحم الخنزير (الأنعام 145/6)، وإدمان الخمر وعواقبه، وإدمان القمار، وأي شكل من أشكال عبادة الأصنام، والكذب (المائدة 22/5، الحج 3/22). بالإضافة إلى ذلك، يُنسب "الرجس" إلى أولئك الذين لا يؤمنون (الأنعام 125/6)، ويفشلون في استخدام عقولهم (يونس 10/10)، والمشركين (الأعراف 71/7). يظهر هذا المصطلح ثلاث مرات في سورة التوبة، ويرتبط حصرياً بـ "المنافقين"، ويتكرر عشر مرات في القرآن.

وتتضح أهمية تجنب الرجس عندما يأمر الله أهل بيت النبي صلى الله عليه وسلم بالتطهير منه في سورة الأحزاب، فبعد أن نصح زوجات النبي صلى الله عليه وسلم بمعاملتهن مع أقاربهن واستخدام الحجاب المناسب، ذكّرهن الله بحالهن قبل الإسلام ورغبته في تطهيرهن من خلال هذه التعليمات.

الأعراف71/7: قال قد وقع عليكم غضب وبغضاء من ربكم أتحاجونني في أسماء سميتموها أنتم وآباؤكم ما أنزل الله بها من سلطان فانتظروا إني معكم من المنتظرين

المعنى الأساسي لكلمة "جدال" هو شد وربط الخيوط والأوتار. وفي الصراعات بين الأفراد، يبدو الأمر وكأن الأطراف تحاول تقوية عقدة معتقداتها بينما

إضعاف وجهة نظر الطرف الآخر من خلال المناقشات العدائية. وقد وردت هذه الكلمة 19 مرة في القرآن الكريم وهي سمة من سمات الأفراد الذين يدافعون ليس فقط عن أنفسهم الجسدية بل وعن شرفهم وكرامتهم وحتى المثل العليا الزائفة.

إن كلمة "السلطان" في القرآن الكريم ترتبط بسيادة المنطق والعلم والمعرفة، وليس بالهيمنة من خلال القوة.

"إن الانتظار يعني الصبر وعدم التسرع، كما أكد القرآن الكريم، وميل الإنسان إلى التعجيل بالنتائج بالقوة يتناقض مع أمر الله باحترام حرية الخصوم وأفكارهم، وترك مصيرهم لأفعالهم."

الأعراف 152/7: إن الذين اتخذوا العجل سيصيبهم غضب من ربهم وذلة في الحياة الدنيا وكذلك نجزي المفترين

من الطبيعي أن تعبد أمة العجل بعد أن شهدت معجزات عديدة، مثل عبور البحر بسلام والنجاة من ظلم الفراعنة، فيصابون بالذل والهوان بسبب شهواتهم الجنسية.

الأنفال 8/16: ﴿ومن يولهم يومئذ دبره إلا متحرفا لقتال أو متوجهاً إلى فئة فقد باء بغضب من الله ومأواه جهنم وبئس المصير﴾

وفي القرآن الكريم، تم تحديد أفراد مثل فرعون، وقارون، وأبو لهب، وأمم مثل قوم عاد، وثمود، وبني إسرائيل، على أنهم أولئك الذين جلب عليهم غضب الله.

الفاتحة 6-7/1: ﴿اهدنا الصراط المستقيم صراط الذين أنعمت عليهم غير المغضوب عليهم ولا الضالين﴾

وأمامن غضب الله عليه أو ضل عن سبيله، فإن القرآن الكريم ينسب النعمةإلى الله، ولا ينسب الغضب إليه، وذلك لأن الغضب يحتاج إلى حكم وعدلوعناية وقوانين وحكمة إلهية، ولكن الحالتين تستلزمان عواقب أكيدة لأفعالهما.**الضلال منسوب إلى من ضل عن الطريق، والرجاء في هدايتهورجوعه إلى الطريق المستقيم.**

رومية52-53/30: يبين القرآن إمكانية هداية الصم والبكم، ولكن الذين اختارواالكفر والهلاك عن عمد يشبهون بالموتى.

آياتتتعلق بالضلال (الضياع، والذل).

ومنهاالفاتحة 7/1، البقرة 26/2، البقرة 198/2، النساء 88/4، الأنعام 6 /77، المؤمنون 106/23، الشعراء 20، /26 الشعراء 86/26، والصافات 69/37، والواقعة. 9/56.

فيالقرآن الكريم فإن الضالين هم الأفراد والجماعات الذين ارتدوا عن الإيمانإلى الكفر، والمشركين، والكفار، والمتمردين، والمسلمين الذين يوالونالكفار، والصادين عن سبيل الله، والذين يسيئون إلى الله أو رسوله، والذينيكتمون الحق، والفاسقين، والذين يئسوا من رحمة الله.

البقرة198/2: "ليس عليكم جناح أن تبتغوا فضلا من ربكم فإذا أفضتم منعرفات فاذكروا الله عند المشعر الحرام واذكروه كما هداكم وإن كنتم من قبلهلمن الضالين".

الأنعام7/6: ونظر إبراهيم إلى القمر المنير فقال هذا ربي فلما أظلم قال لئنلم يهدني ربي لأكون من القوم الضالين.

المؤمنون23/106: وينوح أهل النار ويقولون ربنا غلبتنا مصيبتنا إنا كنا قوماً ضالين.

الشعراء26/20: واعترف موسى: إني فعلت ذلك وأنا في الضالين.

الدرس المهم والمبشر هنا لأولئك الضالين هو أن حتى الشخص الذي ارتكب جريمة قتل يمكن أن ينال مكانة النبي من خلال التعليم المناسب والتوبة والندم.

الشعراء26-18/21: واجه فرعون موسى فذكر له تربيته بينهم، فاعترف موسى بذنوبه السابقة وخوفه، فقال: (إني فعلت ذلك وأنا على ضلال ففررت منكم ثم آتاني ربي حكماً وجعلني من المرسلين).

إن الضلال والهداية مفهومان نسبيان، ولا يمكن مقارنة رحلة موسى الإيمانية في المراحل الأولى من حركته التوحيدية بنضجه الفكري بعد سنوات من العيش مع شعيب وتلقيه مهمته على الجبل.

وعلى نحو مماثل، يصف القرآن الكريم حياة النبي محمد المبكرة في سورة الزهاء، الآيات 6-7/93: "أَلَمْ يَجِدْكَ يَتِيماً فَآوَاكَ وَوَجَدَكَ ضَالاًّ فَهَدَىَ".

الصافات37-69/71: لقد اتبع كثير من السلف آباءهم الضالين دون تردد.

الشعراء26/86: وقال إبراهيم: اغفر لأبي إنه كان من الضالين.

"56/93-90: ""وإن كان من أصحاب اليمين فإنه يسلم عليه بين أصحاب اليمين، وإن كان من المكذبين بالحق والضالين فإنه يسقيه ماء حميما""".

الفصل الثامن:
صيام

قبل الخوض في موضوع الصيام في الإسلام، من الضروري تقديم شرح موجز للكلمتين العربية صيام وتقوى. صيام، والتي تُرجمت إلى الصوم أو الروز في الفارسية، تعني الامتناع عن فعل الأشياء. في الواقع، الصيام في الشريعة له دلالة سلبية تتمثل في الامتناع عن بعض الأفعال، وتحديداً الامتناع عن الأكل والشرب وغيرها من الأفعال المحرمة من قبل شروق الشمس إلى بعد غروبها. بالإضافة إلى ذلك، وبصرف النظر عن تقوية عزم المرء على الامتناع عن الطعام والشراب لساعات طويلة، فإن الصيام يزرع التعاطف، ويحث على التأمل في محنة الفقراء والجائعين في جميع أنحاء العالم، وتشجيع المساعدة للأسر والمجتمعات المحتاجة خلال شهر رمضان من خلال دفع الزكاة. علاوة على ذلك، من خلال وجود معدة فارغة، يفتح المرء قلبه لنور المعرفة الإلهية وتعاليم القرآن. بالإضافة إلى التحكم في المعدة، من الضروري منع جميع الأعضاء من الانخراط في أفعال غير لائقة. مثلا: الامتناع عن النظرات السيئة، والاستماع إلى النميمة، والتكلم بالفحش والكذب، والسرقة والعنف، أو إدخال الحسد والانتقام في القلب. والتقوى هي ضبط النفس والزهد، بحيث يكون للإنسان التقي سيطرة تامة على نفسه وأفعاله، وهذا يتحقق بصيام شهر كل عام.

في السنوات الأخيرة، تم تأكيد استخدام الصيام في تعزيز صحة الإنسان، مع وجود العديد من البرامج على الإنترنت التي تدعو إلى الصيام المتقطع لفقدان الوزن وإدارة الأمراض الأيضية مثل مرض السكري من النوع 2 وارتفاع نسبة الكوليسترول وارتفاع ضغط الدم. الشكل الأكثر شيوعاً للصيام الموصوف، والمعروف باسم طريقة "16:8"، يتضمن تناول وجبات منتظمة بين الظهر والساعة 8 مساءً والصيام لمدة 16 ساعة، مما يحفز تحويل الدهون والهرمونات.

الصيامله دور كبير في تعديل الجسم، وبالطبع فإن الصيام لمدة 13-14 ساعةيعتبر كافيا للنساء، فقد أظهرت الأبحاث أن الصيام ينظم مستويات الأنسولينفي الدم، ويقلل من الإجهاد التأكسدي في الجسم، وينشط الخلاياالجذعية لإصلاح الأنسجة التالفة، وبالتالي يساهم في صحة الدماغ ويؤخرظهور مرض الزهايمر، كما يلعب الصيام دورا هاما في الوقاية من أو علاجمرض الكبد الدهني ومضاعفاته، مثل تليف الكبد وسرطان الكبد.

البقرة183/2: {يا أيها الذين آمنوا كتب عليكم الصيام كما كتب على الذينمن قبلكم لعلكم تتقون}.

البقرة148/2: «ومن كان مريضا أو على سفر فعدة من الأيام وعلى الذينيطيقونه فدية طعام مسكين»

البقرة185/2: "شهر رمضان الذي أنزل فيه القرآن هدى للناس وبينات منالهدى والفرقان فمن شهد منكم الشهر فليصمه ومن كان مريضا أو علىسفر فعدة من أيام أخر يريد الله بكم اليسر ولا يريد بكم العسر ولتكملوا العدةولتكبروا الله على ما هداكم ولعلكم تشكرون".

لذلكفإن الصيام خلال شهر رمضان، وهو ممارسة إلزامية للبالغين الأصحاء،لا يعزز التقوى وضبط النفس فحسب، بل يساهم أيضاً في الصحةالجيدة. الصيام في رمضان إما واجب أو محرم؛ لا يوجد حل وسط. يحُرمعلى الأفراد المرضى أو المسافرين أو المرضعات أو غير القادرين على تحملالصيام، لأنه قد يضر بصحتهم أكثر. يُنصح هؤلاء الأفراد بإطعام الفقراءكشكل بديل للكفارة. يجب على المهنيين الطبيين، المكلفين برفاهيةالمرضى، أن يحرصوا على عدم تناول الطعام غير الصحي.

كمايعفى المرضى من الصيام إذا كان ذلك يعوق قدرتهم على أداء واجباتهم بكفاءة.وبالمثل، يعفى الأفراد الذين لديهم مسؤوليات اجتماعية كبيرة، والطلاب،والمعلمون، والنساء الحوامل أو المرضعات، والجنود في الخطوط الأماميةمن الصيام لضمان قيامهم بواجباتهم على نحو فعال.

الحجرات13/49: إن أكرم الناس عند الله أتقاهم (بغض النظر عن الجنسأو العرق أو الجنسية أو الأصل أو السلطة أو الامتياز أو القرابة أو الدينأو الامتيازات الخارجية الأخرى). والتقوى هنا تشمل فعل الخيرات والامتناععن الأفعال غير الأخلاقية واللاإنسانية، والالتزام بكل ما حذر الله منه.ومن هذه الآية، يفُهم أن الله يولي أهمية أكبر لتجنب السلوك السيئ وغيرالأخلاقي (حيث أن ضبط النفس أكثر أهمية وصعوبة) من القيام بالأعمالالصالحة (التي قد تتم بدافع الأنانية أو النفاق أو من أجل الشهرة الدنيوية). ويذكر الله أن أكرم الناس عند الله هم أتقاهم (التقوى تساوي ضبطالنفس).

هناكثلاثة أمور في الصيام أجدها مشكوكاً فيها: أولاً: ينص القرآن على أنهإذا كنت مسافراًفلا تصوم، ولكنني لاحظت أن كثيراً من الناس يركبون سياراتهمويخرجون من المدينة لعدة أميال. وقد تأسس هذا الحكم قبل 1400سنة عندما كان الناس يسافرون سيراً على الأقدام في رمال الصحراء الدافئة،وليس في سيارات مكيفة. ثانياً: إن رؤية الهلال للإعلان عن بداية شهررمضان ونهايته تبدو غير ضرورية في ضوء علم الفلك الذي يعرف توقيتهبالمللي ثانية منذ آلاف السنين. فلا ينبغي أن تكون هناك حاجة إلى وجودزعيم ديني لرؤيته ثم يتبعه آخرون في بدء وإنهاء الصيام. ثالثاً: فيما يتعلقبوقت الإفطار، فإن السنة يفعلون ذلك بمجرد اختفاء الشمس من الأفقثم يصلون صلاة العشاء، بينما ينتظر الشيعة حتى يحل الظلام ويختفياللون المحمر في السماء (الحمراء الشرقية).

ليلةالقدر

هناكفرق كبير آخر بين الشيعة والسنة وهو توقيت ليلة القدر المقدسة

ليلةالقدر هي الليلة التي أنزل فيها القرآن الكريم على النبي محمد (صلىالله عليه وسلم).

القدر97: إنا أنزلناه في ليلة القدر فما أدراك ما ليلة القدر ليلة القدر خير من ألف شهر تنزل الملائكة والروح فيها بإذن ربهم من كل أمر سلام هي حتىمطلع الفجر

لايتفق المسلمون على توقيت هذه الليلة، حيث أن بركاتها تفوق بركاتألف شهر. ويقدر أهل السنة ليلة السابع والعشرين من رمضان، بينمايقدر الشيعة ليالي التاسع عشر أو الحادي والعشرين أو الثالث والعشرينمن الشهر الفضيل. ووفقاً للروايات، فقد ذكر النبي أن ليلة القدر هيإحدى الليالي الفردية في الأيام العشرة الأخيرة من رمضان. ويحيي الشيعةليلة التاسع عشر، التي تتزامن مع محاولة ابن ملجم قتل سيدنا علي (عليه السلام)، وليلة الحادي والعشرين، وهي ليلة استشهاده. ويتم الاحتفالبليلة الثالث والعشرين بشكل مهيب أكثر من الفرح. وعلى الرغم منأهمية ليلة القدر، التي تمثل نزول القرآن على النبي وهي ليلة صلاة وتأمل،فمن الأهمية بمكان أن تثق المجتمعات الشيعية في علم الفلك لتحديدبداية الشهر الفضيل. وهذا لضمان الاحتفال بليلة القدر بشكل دقيق.وبالإضافة إلى ذلك، لماذا يختلف الشيعة عن 90% من المسلمين فيهذه المسألة؟

بحسبالإعجاز العددي في سورة القدر فإن ليلة القدر هي الليلة السابعةوالعشرين من شهر رمضان، وسورة القدر بها ثلاثون كلمة أي عدد أجزاءالقرآن، وعدد حروف هذه السورة 114 حرف أي عدد سور القرآن الكريمالتي نزلت، وكلمة (هي) هي (تلك الليلة)

وردت كلمة القدر في هذه السورة 27 مرة، دلالة على أن ليلة القدر تقع في السابع والعشرين من رمضان. وكلمة القدر في هذه السورة موجودة في الأرقام 5-10-12، والتي إذا جمعتها معاً تصبح الرقم 27. والسورة 5 من القرآن هي سورة المائدة، والسورة 10 هي سورة يونس، والسورة 12 هي سورة يوسف. وتبدأ سورة يونس بـ: "ألف رَ، هذَهِ آيَاتُ كِتَابِ الحُكِّيمِ"، وتبدأ سورة يوسف بـ: "ألف رَ، هذَهِ آيَاتُ كِتَابِ البَيِّنَاتِ". بالإضافة إلى ذلك، في سورة المائدة، في الآية الثالثة، يقول:

المائدة 3/5: «... اليوم أكملت لكم دينكم وأتممت عليكم نعمتي ورضيت لكم الإسلام دينا».

وبحسب هذه الآيات، يبدو أن القرآن نزل على قلب النبي وعقله في ليلة السابع والعشرين من رمضان، وربما نزلت الآيات تباعاً وفي مناسبات مختلفة حسب الظروف، من عقل النبي وعقله الباطن إلى عقله الواعي، وأخيراً جمعها النبي حسب إرادة الله. ومع هذه المعجزة العلمية، فمن الأفضل أن نعتبر ليلة السابع والعشرين من رمضان أيضاً ليلة القدر عند الشيعة، للدعاء والحمد لله ومحاولة تحسين أنفسنا.

صفات المتقين في القرآن الكريم:

البقرة 183/2: {يا أيها الذين آمنوا كتب عليكم الصيام كما كتب على الذين من قبلكم لعلكم تتقون}.

إن أهم مكافأة للصيام بحسب القرآن الكريم هي اكتساب الصائم لصفة التقوى، فالقرآن الكريم دليل على التقوى، والصيام يقوي التقوى، والآن لنرى كيف يصف القرآن الكريم المتدينين:

الحجرات46/13: «إن أكرمكم عند الله أتقاكم، وقد وعد الله المتقين أن يهتدوابالقرآن».

البقرة2/2-5: {ذلك الكتاب لا ريب فيه هدى للمتقين}.

ولميقل إنه هادٍ للضالين أو الجاهلين أو الذين لا علم لهم، فلو كان الهدايةمجرد إرشاد إلى الطريق لكان هذا الكتاب هادياً للضالين، بل هو هادٍ للمتقينالذين يحفظون أنفسهم من الشهوات والأهواء والرذائل في حياتهم،أما صفات المتقين في بقية هذه الآيات فهي:

1.الإيمان بالله والغيب.

2.إقامة اتصال دائم مع الله/إقامة الصلاة القيامبالواجبات وحفظ ذكره في كل أمور الحياة من خلال محاولة العيش وفقصراط الله المستقيم.

الإقامةتعني الوقوف منتصباً، فأنت بحاجة إلى "إقامة" صلتك بالله (إقامةالصلاة) منتصباً. وإذا كانت هذه العلاقة مهمة بالنسبة لنا، فكيف نتعاملمعها باستخفاف؟

إنالمعنى الأصلي للصلاة هو الاقتراب والالتفات إلى شخص أو شيء تشعربارتباط به أو اعتقاد قوي به. وعلى هذا الأساس فإن صلاة جميع الكائناتهي وعيهم الفطري باتباع قانون المشرع الإلهي والإرشاد الذي أعطاهمإياه في شكل غرائز من أجل إنجاز المهمة التي خلقوا من أجلها. وعلىهذا فإن تسبيح الله هو الأفعال المفيدة التي يقومون بها لصالحهم وبقائهم.ومع ذلك فإن صلاة البشر العقلاء الأحرار تعني التوجه إلى خالق الكونوالاقتراب منه مع إدارة الظهر له.

رغبات الإنسان الأنانية، وإغراءات الشيطان، وبضائع العالم الوهمية من أجل تحقيق نفس الهدف.

التغابن 64/16: ما استطعتم من قوة فالزموا أنفسكم واسمعوا وأطيعوا وتصدقوا فإن ذلك من مصلحتكم ومن يوق شح نفسه فأولئك هم المفلحون.

كلمة "تقوى" تعني كبح النفس وكبح جماح الشهوات، والمتقي هو الشخص المتقوى، والمتقي جمع متقي.

الأعراف 7/26: يا بني آدم قد أنزلنا عليكم لباساً يواري سوآتكم وأنزلنا عليكم لباس التقوى وهو خير لباس لكم. (أي أن لباس التقوى أفضل من لباس المظهر، ولعل المرأة المتقية بلا حجاب أفضل عند الله من الحجاب بلا تقوى، والله أعلم).

وردت الآية في القرآن الكريم "إن الله يحب المتقين" ثلاث مرات، وكلها تتعلق بالوفاء بالعهد، مرة في سورة البقرة، ومرتين في سورة التوبة.

العنكبوت 29/69: والذين جاهدوا فينا لنبين لهم سبلنا.

البقرة 2/110: وأقيموا الصلاة وآتوا الزكاة وما تقدموا من خير تجدوه عند الله إن الله خبير بما تعملون.

الحديد 57/28: ... يؤتكم كفلين من رحمته ونور تمشون عليه ويغفر لكم والله غفور رحيم.

هذه الآية تبين أهمية الإيمان بالرسول، وهنا يذكر نور الهدى والمغفرة من رحمات الله، فإن تتقوا يجعل الله لكم نوراً تعملون به.

صفات أخرى للمتقين: آل عمران 134-135/3: الذين ينفقون في السراء والضراء والكاظمين الغيظ ويعفون عن الناس والله يحب المحسنين.134 والذين إذا فعلوا فاحشة أو ظلموا أنفسهم ذكروا الله فاستغفروا لذنوبهم ومن يغفر الذنوب إلا الله ولم يصروا على ما فعلوا وهم يعلمون.

آل عمران 101/3: ومَنْ يعَتْصَمْ بِاللَّهِ فقَدْ هدُيَ إِلىَ صراطٍ مستْقَيِم

ومن المثير للاهتمام أنه لكي يسترشد الإنسان بالقرآن الكريم يجب أن يكون مؤمناً بالله، **خير، تقيّ، وإلاّ فلن يستفيد منه كثيراً.**

إن القرآن هدى للمتقين (البقرة) والمؤمنين (النمل) والمحسنين (لقمان)) في السور الثلاث البقرة والنمل ولقمان، والتي تبدأ جميعها بحروف منفصلة من الم ودور هداية القرآن، والجملة ذات المراحل الثلاث (الذين يقيمون الصلاة ويصلون ويؤتون الزكاة وبالآخرة هم يوقنون) تتكرر بالضبط في السور الثلاث، هداية ثلاث مجموعات ومن ثلاث وجهات نظر: البقرة "المتقين"، النمل "المؤمنين" ولقمان "المحسنين". من هذه الجهات الثلاث، يمكننا أن نرى علاقة الإنسان بثلاث قضايا: نفسه (الضامن)، والله (المؤمن)، والناس (المحسنين). أهم سمة إنسانية في الثقافة القرآنية هي التقوى. لذلك، سورة البقرة، التي تبدأ بمقدمة الأنثروبولوجيا وتصف ثلاث سمات إنسانية، هي التقوى.

وتعتمدالفرق الإسلامية: المؤمنون، والكفار، والمنافقون، على دور المتقين في‌هداية الناس من خلال القرآن.

وتعتمدسورة النمل/27 بشكل أساسي على العلاقة بين الإنسان والله، ومن‌هذا المنطلق تبرز صفة الإيمان. وأخيراً، تعتمد سورة لقمان، وخاصة في‌الآيات 12-19، نصيحة لقمان لابنه على العلاقة بين الإنسان والناس، وتعتبرصفة الإحسان أهم علامة للإنسان من هذا المنطلق. فالمتقون والمؤمنون‌والمحسنون ليسوا بالضرورة ثلاث فئات، بل شخصية الإنسان المتدين‌من ثلاث وجهات نظر مختلفة.

البقرة43-2/46: وأقيموا الصلاة وآتوا الزكاة واركعوا مع الراكعين واستعينوابالصبر والصلاة، ولا شك أن هذه مهمة صعبة، ولكنها ليست كذلك‌بالنسبة للعباد الذين يعتقدون أنهم سيلاقون ربهم وأنهم سيرجعون إليه‌في النهاية. (فأضيف الصبر هنا).

وفي‌موضع آخر ذكر الصبر في أهمية "الصواب" (تواصوا بالحق وتواصوابالصبر) وذكر إسماعيل في الكتاب السماوي، كلما وعد أوفى به، وأمرأهله بالصلاة والزكاة، وتقبله ربي. (ثم أضيف الوفاء إلى العهد)

بشكل‌عام، فإن الشخص المتدين (المتقي)، الذي يحاول باستمرارالتحكم في نفسه وكبح جماحها، يتبع الفضائئل الأخلاقية المقبولة‌في المجتمعات المتقدمة في عصره، ويسعد الناس بالتواجدحوله، والاختلاط به، والشعور بالأمان في التعامل معه.

الفصل9:
الزكاة،الصدقات، التبرع، بدون فوائئد
يقْرض

الزكاةهي أول ضريبة قانونية تم وضعها في تاريخ الاقتصاد العالمي، حيث نظمت طريقة تحصيلها ومقدارها، ووضعت عبئها على كاهل الأغنياءوالطبقة المتوسطة من المجتمع، بينما أعفت الفقراء من دفعها.

تعني كلمة "زكاة" في اللغة العربية النمو والتطور، وهناك 32 آية عن الزكاةفي القرآن الكريم، منها 27 موضعاً وردت فيها بالفعل "يطُون" أو مشتقاته،أي دفع الزكاة. وكثيراً ما تذُكرَ الزكاة بعد الصلاة، مما يجعلها ثاني أهمواجب بعد الصلاة. ولتحسين المجتمع البشري، لا بد من اتخاذ إجراءات متوازنةوصحيحة، وتوفير الأموال من خلال الزكاة يسهل ذلك. قال النبي: " أيهاالمسلمون، أدوا زكاة أموالكم حتى تقُبل صلاتكم". الصلاة والزكاة مثل القدمين،يميناً ويساراً، تقودان الإنسان إلى الوجهة المطلوبة. ولا يمكن للإنسان المؤمن بالله أن يتجاهل عباده المحتاجين.

وفيآيات الزكاة مثل 2:43، 2:83، 2:110، 2:177، 2:277، 4:77، 5:12،4:163، 5:55، 7:56، 9:9، 9:11، 9:18، 9:71، 19:31، 19:55، 21:73،21:41، 33:33، 41:7، 58:13، 73:20، و98:5، يتم التأكيد على أهميةالزكاة.

الزكاةمن أهم العبادات والصدقات الواجبة، فهي تؤدي إلى تخفيف الفقر،وتنشيط دوران رأس المال، وتنمية المجتمع الإسلامي، وإثراء صاحبالزكاة في الدنيا والآخرة. وكانت الزكاة 2.5% من صافي الدخل وقتالحصاد، وتؤدى على رأس المال والدخل السنوي الناتج عنه، مثل الزروعوالمواشي والذهب والفضة وغيرها. وقد فرضت الزكاة في المدينة المنورةبعد الهجرة إلى مكة المكرمة.

توفيرالأموال اللازمة لإدارة المدينة والمجتمع الإسلامي الجديد.

مستحقوالزكاة هم: الوالدان، والأقارب، والفقراء، ومن لا يملك أرضاً، وكبارالسن العاجزين عن العمل، والأيتام، والمسافرون بلا مال ولا مأوى، والمحتاجونمن غير المسلمين، والسجناء لأسباب غير جنائية.

وتقععلى عاتق الحكومة مسؤولية توزيع الزكاة على مستحقيها. ووفقاً لنصيحةبعض علماء المسلمين، إذا كانت الأموال كافية لتوفير سبل العيشللفقراء، فيمكن استخدام الزكاة في مختلف الخدمات الاجتماعية والمؤسساتالعامة.

فيالوقت الحاضر، في جمهورية إيران الإسلامية، وبسبب ضعف الإيمان،فإن عدد المؤدين للزكاة آخذ في الانخفاض، وأدى اختلاس المسؤولينالحكوميين إلى زيادة عدد الأسر التي تعيش تحت خط الفقر.

فيأميركا والدول الأوروبية، تعمل ضريبة الدخل وفقاً لنموذج إسلامي، يتمتحديده وفقاً لدخل الفرد السنوي. ويُعُفى الأفراد من ذوي الدخل المنخفضمن دفع الضرائب. وفي الولايات المتحدة، تشكل ضريبة الدخلجزءاًكبيراً من ميزانية البلاد، وكما يقول الأميركيون، "لا مفر من أمرين،الضريبة والموت". ويدفع كل كاسب ما يصل إلى 40% من ضريبة الدخلالفيدرالية للحكومة، اعتماداً على دخله السنوي. وتشمل الضرائب الإلزاميةوالسنوية الأخرى ضريبة دخل الولاية وضريبة المدينة (على الممتلكاتوالسيارات وما إلى ذلك)، والتي تقلل بشكل كبير من الدخل المكتسب.وعلاوة على ذلك، يضمن التطبيق الصارم للقانون عدم تمكن الأفرادالمؤهلين من التهرب من دفع حصتهم العادلة.

فيالبلدان التي تستفيد فيها الحكومة من الاحتياطيات الوطنية الغنية مثلالمناجم المختلفة والنفط والغاز وما إلى ذلك، مثل المملكة العربية السعوديةوقطر والكويت والإمارات العربية المتحدة، لا يكون إخراج الزكاة ضرورياً.ومع ذلك، في إيران الإسلامية، وخاصة في ظل ظروف العقوبات الاقتصاديةمن الغرب، والتي أدت إلى القضاء تقريباً على صادرات النفط والغازوالسلع الأخرى، فإن إخراج الزكاة طوعياً،

إنتشجيع الصدقات، والسماح للمؤسسات الخيرية بالمشاركة الفاعلة، والاستفادةمن ضريبة القيمة المضافة، من بين تدابير أخرى، لم تكن كافية لإدارةشؤون البلاد. وبالتالي فإن عدد الأسر الفقيرة يتزايد يوما بعد يوم. وعلاوةعلى ذلك، فإن معظم المواطنين اليوم يدفعون الضرائب على مضضلأسباب واضحة، والحكومة تبحث عن طرق لإنشاء وتنفيذ ضرائبجديدة من خلال تشريع قانون جديد (ضريبة الدخل في الأساس باسمآخر). ومن الضروري أن تكون هذه الضرائب تصاعدية حسب الدخل وإلزامية،وتتجاوز بكثير الزكاة الاختيارية البالغة 2.5٪، والتي ربما كانت كافيةفي وقت ما.

الصدقةوالإنفاق

وبالإضافةإلى الزكاة، حث الله الأغنياء على الصدقات، ومواصلتها وزيادتهامع مرور الوقت والقدرة، وتنويعها، وأمر بالصدقة على الوالدين والأقاربوالإحسان إلى عامة المحتاجين. ولضمان عدم شعور الفقراء بالإهمالوالاستبعاد من مكافآت وفضائئل الصدقة، قال النبي إن أي كلمة طيبة،حتى ابتسامة أو تحية لإسعاد شخص آخر، مقبولة صدقة، ويُؤجر عليها.

الصدقةمستحبة وليست واجبة، ولكن إثبات الإيمان يكون بمساعدة الآخرين،فالإنسان الذي يلجأ إلى الله بالصلاة لا يكون صادقاً إذا كان بخيلاً وأنانياً،والصدقة والتبرع يختلفان من شخص لآخر حسب النضج الروحي والتفاني والثروة.

يمكنتقديم الصدقات كهدية للجمعيات الخيرية ومؤسسات الخدمة الاجتماعية،أو يمكن تقديمها للحكومة أو مجالس القرى والمدن كمساعدة فيتنفيذ برامج البناء والمنفعة العامة.

البقرة/83: "وإذ أخذنا ميثاق بني إسرائيل ميثاقا غليظا لا تعبدون إلا الله وبالوالدين إحسانا وبذي القربى واليتامى والمساكين وقولوا للناس حسناوأقيموا الصلاة وآتوا الزكاة ثم عادوا إلى عصى الله إلا قليلا منكم".

البقرة/110: "وأقيموا الصلاة وآتوا الزكاة وما تقدموا من خير تجدوه عندالله إن الله بما تعملون بصير".

البقرة/177: "ليس البر أن تولوا وجوهكم قبل المشرق والمغرب ولكن البر من آمن بالله واليوم الآخر والملائكة والكتاب والنبيين وآتى من المال ذي القربى واليتامى والمساكين وابن السبيل والسائلين وفي الرقاب وأقام الصلاة وآتى الزكاة وأوفوا بالعهد الموكول والصبر في البأساء والضراء وحين البأس أولئك هم المؤمنون وأولئك هم المتقون".

البقرة/277: "إن الذين آمنوا وعملوا الصالحات وأقاموا الصلاة وآتوا الزكاةأولئك لهم أجرهم عند ربهم ولا خوف عليهم ولا هم يحزنون".

النساء/77: "ألم تر إلى الذين قيل لهم (قبل الهجرة) كفوا أيديكم (اقتصروا على الدفاع عن النفس والتركيز على تقوية إيمانكم وأساس مجتمعكم الاقتصادي) وأقيموا الصلاة وآتوا الزكاة. فلما كتب عليهم القتال إذا فريق منهم يخاف الناس كخشية الله أو أشد خشية. قالوا ربنا لم كتبت علينا القتال لولا أخرتنا إلى أجل قريب. قل متاع الدنيا قليل والآخرة خير لمن اتاب".

من يتقي الله ولا يظلمونك خيطا.

النساء 162/4: "ولكن الراسخون في العلم منهم والمؤمنون يؤمنون بما أنزل إليك وما أنزل من قبلك والمقيمون للصلاة والمؤتون للزكاة والمؤمنون بالله واليوم الآخر أولئك سنؤتيهم أجرا عظيما".

المائدة 12/5: ولقد أخذ الله ميثاق بني إسرائيل وبعثنا منهم اثني عشر نقيبا وقال الله إني معكم لئن أقمتم الصلاة وآتيتم الزكاة وآمنتم برسلي وعزرتموهم وأقرضتم الله قرضا حسنا لأكفرن عنكم سيئاتكم ولأدخلنكم جنات تجري من تحتها الأنهار ومن كفر بعد ذلك منكم فقد ضل سواء السبيل.

المائدة 55/5: {إنما وليكم الله ورسوله والذين آمنوا الذين يقيمون الصلاة ويؤتون الزكاة وهم راكعون}

الأعراف 156/7: {ربنا اكتب لنا حسنة في الحياة الدنيا والآخرة وإنا إليك نتوب قال سأصيب بعذابي من أشاء ورحمتي وسعت كل شيء سأكتبها للذين يتقون ويؤتون الزكاة وكانوا بآياتنا يؤمنون (156)}

التوبة 5/9: "فإذا انسلخ الأشهر الحرم فاقتلوا المشركين حيث وجدتموهم وخذوهم واحصروهم واقعدوا لهم كل مرصد فإن تابوا وأقاموا الصلاة وآتوا الزكاة فخلوا سبيلهم إن الله كان غفورا رحيما".

التوبة9/11: فإن تابوا وأقاموا الصلاة وآتوا الزكاة فإخوانكم في الدين ونفصلالآيات لقوم يعلمون.

التوبة9/18: «إنما يعمر مساجد الله من آمن بالله واليوم الآخر وأقام الصلاةوآتى الزكاة ولم يخش إلا الله فعسى أولئك أن يكونوا من المهتدين».

التوبة9/71: "المؤمنون والمؤمنات بعضهم أولياء بعض يأمرون بالمعروفوينهون عن المنكر ويقيمون الصلاة ويؤتون الزكاة ويطيعون الله ورسولهأولئك سيرحمهم الله إن الله عزيز حكيم".

التوبة9/103: "خذ من أموالهم صدقة تطهرهم بها وتزكيهم بها وصل عليهمإن ملحك لهم والله سميع عليم"

مريم19/31: وجعلني مباركا أينما كنت وأوصاني بالصلاة والزكاة ما دمتحيا. (عيسى في المهد)

مريم19/55: ﴿وكان يأمر أهله بالصلاة والزكاة وكان عند ربه مرضيا﴾ (إسماعيل).

الأنبياء21/73: ﴿وجعلناهم أئمة يهدون بأمرنا وأوحينا إليهم فعل الخيراتوإقام الصلاة وإيتاء الزكاة وكانوا لنا عبادا﴾.

الحج22/41: (الذين إن مكناهم في الأرض أقاموا الصلاة)

وإيتاء الزكاة والأمر بالمعروف والنهي عن المنكر وإلى الله عاقبة الأمور".

الحج 78/22: "واجتهدوا في سبيل الله جهده هو اجتباكم وما جعل عليكم من حرج ملة أبيكم إبراهيم هو سماكم المسلمين من قبل وفي هذا ليكون الرسول شهيدا عليكم وتكونوا شهداء على الناس فأقيموا الصلاة وآتوا الزكاة واعتصموا بالله هو مولاكم نعم المولى ونعم النصير".

المؤمنون 11/23-2: "الذين هم في صلاتهم خاشعون، والذين هم عن اللغو معرضون، والذين هم في صدقاتهم حريصون، والذين هم لفروجهم حافظون إلا على زوجهم وما ملكت أيمانهم، والذين هم لأماناتهم وعهدهم راعون، والذين هم على صلاتهم يحافظون، أولئك يرثون الجنة أبدا".

النور 37/24: رجال لا تلهيهم تجارة ولا بيع عن ذكر الله وإقام الصلاة وإيتاء الزكاة يخافون يوما تتقلب فيه القلوب والأبصار.

النور 56/24: «وأقيموا الصلاة وآتوا الزكاة وأطيعوا الرسول لعلكم ترحمون».

إن كلمة الإقامة في القرآن الكريم تستخدم لإقامة الصلاة (أقيم الصلاة)، وإقامة الميزان (الاستقامة في المكيال والميزان في المعاملات)، وإقامة الشهادة (لصالح المظلومين)، وإقامة الدين (الشعائر وكتب الفكر)، وإقامة المبدأ في حياتنا (المنهج والهدف في الحياة)، وكلها تؤكد على أخذ هذه القضايا على محمل الجد، وإعطاء كل ذي حق حقه.

أهميةذلك وإعطائئه الأولوية في علاقاتنا، والإقامة ضد الهجر والدوس.

النمل2-3/27: هدى وبشرى للمؤمنين الذين يقيمون الصلاة ويؤتون الزكاةوالذين هم بالآخرة يؤمنون.

لقمان4/31: الذين يقيمون الصلاة ويؤتون الزكاة وهم بالآخرة هم يؤمنون.

الأحزاب33/33: (واسكن في بيوتكن ولا تبرجن كما تبرج المشركون في الجاهلية الأولى وأقيموا الصلاة وآتوا الزكاة وأطيعوا الله ورسوله) (نصيحةللنساء وأهل بيت النبي).

فصلت7/41: «إن الذين لا يؤتون الزكاة لا يؤمنون بالآخرة».

المجادلة13/58: "فهل تخافون أن تتصدقوا قبل المناداة؟ فإذا لم تفعلواوغفر الله لكم فأقيموا الصلاة وآتوا الزكاة وأطيعوا الله ورسوله وافعلوا والله خبير بما تعملون".

المزمل20/73: "إن ربك يعلم أنك تقوم ثلثي الليل ونصفه وثلثه وطائفةمن أصحابك وقد قدر الله الليل والنهار علم أنكم لن تستطيعوا أن تقومواالليل كله أو نحوه فسيتولى أمركم فاقرأوا القرآن ما استطعتم من جوف الليل لتذكروه وتفهموه يعلم الله أن منكم مريضا وأن منكم على سفر يرزقوأن منكم فريقا يقاتل في سبيل الله فقوموا إلى الله لعلكم تفلحون"

"اقرأ القرآن ما استطعت، وأقم الصلاة وآتي الزكاة، وأقرض الله قرضا حسنا،واعلم أن كل خير تعمله لنفسك تقدمه، تجده عند الله، ومن هو خير وأعظمأجرا، واستغفر الله، إن الله غفور رحيم".

البينة5/98: {وَمَا أُمِرُوا إِلَّا لِيَعْبُدُوا اللَّهَ مُخْلِصِينَ لَهُ الدِّينَ حُسْنَى}(**حنيفة،حنيفة**"وأن يقوموا بالحق ويقيموا الصلاة ويؤتوا الزكاة ذلك دين القيم"

وكانإبراهيم حنيفا، فما معنى حنيفا؟

لقدحدد الله للإنسانية أفضل حالة وهي اعتناق الإسلام بإخلاص وعبادتهمن منطلق الحب الصادق له. فكيف يمكن لأي شخص أن يتوقع منمجتمع أن ينمو في القيم الأخلاقية والتفوق الروحي عندما يسعى بعض أعضائهفي نفس الوقت إلى الله والعالم؟

كيفيمكن للإنسان أن يعتبر نفسه مخلصاً لله بينما هو متدين لسلطة دينية،وعبيد لأنانيته، ومتحيز لصالح جماعته، أو حزبه، أو عرقه، أو أمته؟

إنهذا ليس إيماناً خالصاً، فالطهارة في الدين تعني التقرب إلى الله، والوقوفإلى جانب الحق والعدل، وعدم الانجرار وراء النرجسية أو القبلية. والقرآنيشجعنا على أن نسعى إلى أن نكون قدوة، وأن نتبع الحق، وأن يكونالطريق المستقيم محورنا الرئيسي، حتى وإن كان ضدنا أو ضد والديناأو أقاربنا. ويدعونا إلى الوقوف إلى جانب الحق في كل الأحوال، لأننا نقفشهوداً لله.

إنالنفاق هو السبب الجذري لكل هذه الاختلافات. تذكر هذه الآية كلمة "حنيف" وهي جمع "حنيف" للإشارة إلى الشخص الذي يميل دائماً إلى الحقيقةويتجنب الباطل؛ ويظل ثابتاً على طريق النمو التدريجي المستمر والتطهيربينما

إنالإنسان الذي يسعى إلى الله ويصوغ نظرة إلهية للعالم يظل في حالة وعيبالله دائماً. وقد تكررت كلمة "حنيف" هذه حوالي عشر مرات في القرآنعن إبراهيم؛ الذي أسلم نفسه لله (67/3) دون أي دوافع أنانية أو أنانية؛وفي الوقت نفسه ابتعد عن إشراك الله في الشركاء. لا يمكن للإنسانأن يخدم الله والنفس في نفس الوقت. خذ على سبيل المثال شخصاًيقدم خدمات اجتماعية ليصبح أقرب إلى الله ولكنه يتوقف عن ذلكبمجرد أن يشعر بأن الناس لا يدركون أو يقدرون قيمة خدماته، أو شخصاًيرغب في قيادة مشاريع حتى يضطر الآخرون إلى طاعته. هذه كلها مظاهرواضحة للشرك. لذلك فإن الشروع في مشروع ديني لا يعزلنا عن شركخدمة الأنا.

عندمايقوم الإنسان بعمل خيري، يجب عليه التأكد من أنه يفعل ذلك لوجهالله فقط حتى لا يلوث صفاء نيته، على سبيل المثال، لا ينبغي له أن يبنيمدرسة أو مسجداً بقصد تسميته باسمه، بل يتبرع بالمال حتى ينظر إليهالآخرون على أنه محسن كريم.

إنمنطق المؤمن ينبغي أن يكون أنني سأفعل هذا لأنه عادل ويتفق مع الإرادةالإلهية، وليس لأنه مفيد لي أو لأنصاري أو لمجموعتي العرقية. يجب أنندرك أن الله غني بذاته ولا يحتاج إلينا. ونحن نفعل هذا لأنه ينسجم مع معاييرتعزيز المبادئ والأخلاق الرفيعة والقيم مثل الكرم والتسامح والتضحيةواكتساب المعرفة والحكمة وتقدير الشرف، كلها جيدة. هذه هي المعاييرالتي يتخذ بها المرء قراراته، وليس بناءً على معايير محدودة وقصيرةالنظر تقتصر على حماية مصلحة مجموعة معينة يمكن اختزالها جميعاًفي الترويج للذات.

إنالدين الذي تم اختزاله في طقوس وشعائر وشكليات وسلوكيات وليسفي المكافآت والجزاء في الآخرة لا يقدم أي حل. واليوم، تمارس الممارساتالدينية في مختلف أنحاء العالم.

لمتعد المقاطعات تعتبر ذات صلة أو قابلة للتطبيق أو قادرة على تلبية احتياجاتالناس لأنها تعرضت للفساد من خلال استيراد الشوائب والآراء الشخصية،وأصبحت غير فعالة، مما يجعلها غير قادرة على التأثير على حياة الناس.

وقدحدد مقدار الزكاة بـ 2.5% من الدخل السنوي، ولكن من أجل تخفيفالفقر ورفع مستوى المعيشة والثقافة في المجتمعات الإسلامية، يجبأن يكون هذا هو الحد الأدنى، وكما هو الحال بالنسبة للضرائب، يجبزيادة مقدارها بما يتناسب مع دخل الأفراد، ويجب أن يصل سقفها إلىالحد المسموح به (الإرث، أي الثلث) سيزداد الدخل، بالطبع مع الأخذ فيالاعتبار الدخل والمبالغ الأخرى التي تدفع للحكومة كضرائب سنوية. والزكاةغير الرسمية أو الداخلية لا تعتمد على الدخل بل تعتمد على وجود الفقرفي المجتمع الإسلامي. ويقول إنه ما دام هناك شخص فقير، فإن الأغنياءمسؤولون ويجب عليهم دفع الزكاة لهم وتوفير كل ما يحتاجون إليه.

المعارج24-25 /70: «الذين في أموالهم حق معروف للسائل والمحروم».

الأنفال3-4/8: "الذين يقيمون الصلاة ومما رزقناهم ينفقون أولئك هم المؤمنونحقا لهم درجات من ربهم ومغفرة ورزق كريم".

المنافقون10/63: ﴿وأنفقوا مما رزقناكم من أموالكم ومنافعكم من قبل موتكم﴾.

سبأ39/34: قل إن ربي يبسط الرزق لمن يشاء من عباده وينقص وما أنفقتممن شيء فهو يخلفه وهو خير الرازقين

البقرة2/261: «مثل الذين ينفقون أموالهم في سبيل الله كمثل زرع زرعوامنه سبع سنابل في كل سنبل مائة حبة والله يزيدهم من يشاء».

البقرة2/262: الذين ينفقون أموالهم في سبيل الله ثم لا يتبعون ما أنفقوامناً وأولئك لهم أجر خاص عند الله ولا خوف عليهم ولا هم يحزنون.

البقرة2/263: رد السائل باللسان الطيب والاستغفار خير من إعطائه الصدقةوإيذائه عليها.

البقرة2/271: إن تساعدوا الفقراء علانية فقد أحسنتم، وإن تساعدوا الفقراءسراً فهو أحسن، ويكفر الله سيئاتكم جزاءً.

النساء4/53: أفلا ينفع الذين لا يؤتون الناس مثقال نواة مالاً وعرشا؟

النور24/22: لا ينبغي للأغنياء وذوي النعم أن يغفلوا عن أقاربهم والفقراءوالمهاجرين في سبيل الله، وينبغي للمؤمنين أن يتحلوا بالشجاعة والاستغفارلخلق الله والامتناع عن المنكرات، ألا تحب أن يغفر الله لك ويرحمك؟إن الله غفور رحيم.

القرضالحسن

البقرة2/245: مَنْ يُقْرِضُ اللّٰهَ قَرْضاً حسَناً ليضُاعِفِ اللّٰهُ مَا آتَاه؟ اللّٰهُ هوُ الذَّي يَأخْذُ ويَعُطِي وإِلَيَهْ تِرَدُّوْنَ.

الحديد57/18: المتصدقون والمتصدقات والمقرضون قروضاً حسنة (أي يقرضون الله قروضاً حسنة)

(فمن كان فقيراً إلى الله يضاعف له أجره، وينال بذلك ثواباً كريماً).

البقرة 280/2: وإن عسرت فأنظروا حتى يعذر، إن عفوتم خير لكم وإن كنتم تعلمون.

الربا

البقرة 275-276/2: الذين يأكلون الربا لا يقومون إلا كما يقوم الذي يتخبطه الشيطان من المس ذلك بأنهم قالوا إنما البيع مثل الربا وأحل الله البيع وحرم الربا فمن نصح ربه وترك الربا فقد أخذ ما قد سلف وأمره إلى الله وأما الذين يأكلون الربا فأولئك أصحاب النار خالدين فيها ينقص الله الربا حتى ينفد خيره ويزيد في الصدقة والله لا يحب كل كفار أثيم يا أيها الذين آمنوا اتقوا الله وإن كنتم مؤمنين فذروا ما بقي من الربا

النساء 161/4: يأخذون الربا وقد حرمناه فحرمنا عليهم هذه النعم لأنهم يأكلون أموال الناس بالباطل وأعتدنا للكافرين منهم عذابا أليماً.

آل عمران 130/3: يا أيها الذين آمنوا لا تأكلوا الربا أضعافا مضاعفة واتقوا الله لعلكم تفلحون.

الروم 39/30: وكل ما آتيتم من ربا لتربوا في أموال الناس فلن يربو عند الله ولكن كل زكاة أخرجتموها ابتغاء مرضاة الله فأولئك هم المضاعفون.

في هذا الفصل، يركز المؤمن الحقيقي بعد أداء الصلاة (أن يكون معتدلاً في كل شيء ليكون مثالاً لخادم الله للإنسانية) على دفع الزكاة. كانت الزكاة ضريبة على الثروة والدخل كانت ضرورية لإدارة الشؤون المالية للمجتمعات الإسلامية التي تشكلت حديثاً، وفي البداية، بدا أن 2.5٪ كانت كافية. في الوقت الحاضر، معظم الدول الإسلامية فقيرة، ومن واجب الدول الغنية والمسلمين الأفراد مساعدتهم في هذه الضريبة الدينية الإلزامية. ربما يكون من الممكن تشكيل بنك زكاة عالمي بفرع في كل دولة، مع أعضاء مجلس إدارة منتخبين أو معينين ومجموعة واضحة من القواعد التي سيثق بها الناس ليس فقط للتبرع بالمال له ولكن أيضاً للثقة في الطرق التي يتم توزيعها في جميع أنحاء العالم لصالح المسلمين. بهذه الطريقة، يمكن للدول ذات الاحتياطيات الكبيرة من النفط والغاز أن تدفع أكثر. في كل عام، أثناء عيد الأضحى في اليوم العاشر من ذي الحجة، يضحي المسلمون المؤمنون الأثرياء في مكة وفي جميع أنحاء العالم بخروف، ويمكن أن يذهب ما يعادله إلى WZB (بنك الزكاة العالمي)، كما يمكن أن تكون الضرائب/ الغرامات المفروضة على عدم الصيام (القرآن الكريم) وضريبة عيد الفطر في نهاية شهر رمضان نواة ومصدر دخل سنوي للبنك. في السابق، وقعت البنوك القائمة على أفكار مماثلة في بعض البلدان مثل إيران ضحية للاختلاس من قبل الإداريين الفاسدين وفقدت ثقة السكان. كمسلمين، نحتاج إلى إيقاظ هذا الشعور بالأخوة الإسلامية والخير مرة أخرى بطريقة لطيفة ومنظمة؛ يعلم الله أن هناك حاجة ملحة لذلك.

لقد رأيت وتحدثت كثيراً في إيران عن حقيقة أن البنوك تدفع فائدة تصل إلى 20% على شهادات الادخار الطويلة الأجل، ويعتبر بعض الزعماء الدينيين هذا ربا. أعتقد أنه يجب أن يكون هناك نظام لقيمة سلة الخبز القياسية (سعر مجموعة من العناصر الضرورية للحياة الأساسية للفرد) والتي تحدد كل عام تكلفة ذلك وتدفع 2-3% فوق هذا الارتفاع. إذا تم حساب ذلك بهذه الطريقة، فسوف يدركون أنه مع فائدة 20% التي تدفعها البنوك ومعدل تضخم يبلغ 30%، فهذا ليس ربا ولكنه السماح للبنوك بسرقة منهم وجعلهم أكثر فقراً.

الفصل العاشر:
الأمر بالمعروف والنهي عن المنكر

(الالتزام بالأخلاق والعادات والقانون وليس بالضرورة الشريعة القديمة)

الأمر بالمعروف هو الالتزام بالأخلاق والقوانين والأعراف الاجتماعية (القوانين المدنية)، ولا علاقة له بالله لأنه لا يقتضي الأمر بما تأمر به الشريعة (ماشرو)، بل يأمر بما هو مقبول من العادات والأخلاق (**معروف**). إن العرف هو كل ما يقبله كل الناس على أنه حسن، وهو متأصل في طبيعتنا. أما كلمة "الدين" فتعني الخضوع والانقياد في أطر وقواعد محددة، وهو أمر من القلب. إن الاعتراف بالفجور والتقوى منقوش في حمضنا النووي.

وفي القرآن الكريم ورد ذكر العمل الصالح أربعين مرة (**معروف**) وليس **الشريعة/المشروع**. يتعلق الأمر بحقوق الناس، وخاصة حقوق المرأة المطلقة حسب عرف المجتمع. لقد زيّن الله قلوبنا بالأعمال الصالحة [الأعراف:49]، وكره إليكم الكفر والعصيان.

الأعمال الصالحة (**معروف**) يعني ما أقره العقلاء واتفقوا عليه في زمانهم على أنه أخلاقي ومشروع، وما ينبغي الحث على اجتنابه هو ما لم يقره العوام وهو محرم. والأمر بالمعروف يكون في العلاقة بين البشر بعضهم بعضا، وليس في العلاقة بين البشر والله، كالصلاة والصيام والصدقة وغير ذلك. ولو كان هذا مقصوداً لسمي الأمر بما أوصت به الشريعة التي قد مضى عليها قرون، والنهي عما حرمته الشريعة التي قد مضى عليها قرون، بل وحتى ما حرمته القوانين القديمة جداً، بل وحتى غير المشروعة.

وفي الآية التالية يبدو أن الدعوة إلى الخير والنهي عن المنكر ستكون من مسئولية فئة خاصة (الخبراء،

(المعلمون والفلاسفة والمشرعون والشرطة الذين يدعون الآخرين إلى ما هوأفضل في الأخلاق والسلوك والثقافة والمعرفة والسياسة والفن وما إلى ذلك) مجموعة من الناس المتعلمين الذين لديهم وظيفتان: 1- تحديد أفضل‌الحلول لمشاكل المجتمع واستخدام وسائل الإعلام لإعلام الناس بذلك‌و 2- دعوة الآخرين إلى ما هو صحيح وثنيهم عن الخطأ. هذه الوظيفة تحمي‌زمام المجتمع من الاستيلاء عليه من قبل قوى الاستبداد السياسي والديني‌والاقتصادي. إن استخدام "الصواب" (المعروف) و "الخطأ" (المنكر) بدلاً‌من المسموح (الحلال) والمحرم (الحرام) والأفعال والخطايا الدينية وغير الدينية‌أو الفاضلة يدل على أن الطبيعة البشرية الفطرية والعقل السليم يجعل‌الناس على دراية بالمكانة الأخلاقية للشيء. الصواب هو قيمة يعترف بها‌المجتمع السليم على أنها جيدة واكتسب المعرفة عنها.

إن‌المعروف في القرآن الكريم هو الفعل الذي يرى الناس أنه حسن، وقدورد في القرآن الكريم 47 مرة، أكثرها في سورة البقرة 15 مرة، وخاصة فيما‌يتصل بالعلاقات الزوجية، وحقوق الطرفين وذريتهما، وحقوق ما بعد الطلاق،‌والحديث الصحيح. إلا أن معايير كل ذلك تختلف وفقاً‌لثقافة المجتمع‌وطبيعة سكانه. وفي وجوب الأمر بالمعروف والنهي عن المنكر، لا ينبغي‌أن يفُهم الأمر على أنه أمر يصدر من موقف استعلاء أو فرض اعتقاد على‌الآخرين، لأن هذا يتعارض مع مبدأ "لا إكراه في الدين". بل إن الأمر بالمعروف‌هنا يعني التعبير عن الرأي وتقديم الإرشاد. وفي الوقت الحاضر، يعني‌الوفاء بهذا الواجب أن ينتقد شعب الأمة حكامه ويحاسبهم عندما يتعدون‌على حقوق الشعب المنصوص عليها في الدستور. لقمان 31/17: قال‌لابنه: "أمر بالمعروف وانه عن المنكر واصبر على ما قد يأتيك؛ أي قل الحقيقة‌وواجه العواقب".

آل عمران 104/3: (ولتكن منكم أمة يدعون المخالفين إلى الخير ويأمرون الناس بالمعروف وينهونهم عن المنكر وأولئك هم الفائزون. والأمة هي الجماعة التي لها هدف وتوجه مشترك، والخير هي كل ما يرغبه الناس من الخير والمتعة).

التوبة 71/9: والمؤمنون والمؤمنات بعضهم أولياء بعض يأمرون بالمعروف وينهون عن المنكر ويقيمون الصلاة ويؤتون الزكاة ويطيعون الله ورسوله أولئك سيرحمهم الله إن الله عزيز حكيم.

في القرآن الكريم هناك أربع ذنوب/جرائم يعاقب عليها وهي: السرقة، والزنا العلني، والقتل العمد، والإخلال بالأمن العام. ويخبر الله نبيه في عدة آيات في القرآن الكريم أن الله لم يعطك الحق في التدخل في حياة الناس، على سبيل المثال:

الشورى 48/42: فإن أعرضوا فما أرسلناك عليهم حفيظا إن عليك إلا البلاغ والنبأ إن إذا أذقنا الإنسان رحمتنا افتخر بها وإن يصبه سوء بما قدمت يداه فإن الإنسان كان كفوراً (48) (إن عليك إلا القول المبين)

النحل 82/16: فإن تولوا فما عليك إلا البلاغ.

ق 45/50: نحن أعلم بما يقولون لست أنت بمكره عليهم فمن خاف وعيد فذكر بالقرآن

الأنعام 104/6: لقد جاءكم النور من عند ربك فمن أضاء له فلنفسه ومن أعمى عنه فإنه عليه وما أنا لكم بحفيظ.

قال النبي: نحن الذين نعتمد على الله، لا على الله. كما أن الله يعتبر حرية الإنسان وسلطانه أهم من أي شيء آخر، وترك له حرية اختيار دينه، بل وحتى الشرك بالله، وهذا هو المعنى الحقيقي للحرية التي منحها الله:

البقرة 256/2: لا إكراه في الدين، فقد تبين الرشد من الضلال، فمن يكفر بالطاغوت ويؤمن بالله فقد تمسك بالعروة الوثقى من النجاة لا انفصام لها، والله سميع عليم.

هود 28/11: قال نوح يا قوم أرأيتم إن كنت على بينة من ربي وقد آتاني رحمة منه ثم أخفيت عنكم أضطررناها عليكم وأنتم لها كارهون (28)

في القرآن الكريم وردت كلمة (الويل) 27 مرة، 12 مرة منها إشارة إلى الكاذبين، وويل لبعض المصلين الذين يصلون، وويل للمحتالين، وويل للمعيبين، ولكن حتى مرة واحدة لم يذكر فيها ويل لمن لا يرتدين الحجاب، أو ويل لشاربي الخمر. ووفقاً لبعض الفقهاء فإن الأمر بالمعروف والنهي عن المنكر هو أهم الواجبات الدينية، والمحرك والسند لبقية الواجبات. وهم يرون أن عدم تحقيق هذين الواجبين في المجتمع يعني معصية الله ورسوله.

إن كل أفراد هذا المجتمع سوف يغضب الله عليهم، وبما أننا أعضاء في هذا المجتمع، فمن أجل تجنب الضرر لأنفسنا، يجب أن نحرص بشكل خاص على فرض الأمر بالمعروف والنهي عن المنكر، حتى في حياة الناس الشخصية، مثل شرب الخمر أو تجنب ما يعتبر حجاباً سيئاً للإناث. إن منطقهم هو "إنك إذا رأيت ذلك أعمى وإذا بقيت صامتاً، فهذا إثم".

هناك رأي مختلف بين الفقهاء فيما يتعلق بكيفية التعامل مع المفسدين، ويتراوح بين الجلد والزنا.

السجن إلى الإذلال والتوبيخ والتفسير، مع أن الله يقول:

التوبة 71/9: "المؤمنون والمؤمنات بعضهم أولياء بعض يأمرون بالمعروف وينهون عن المنكر ويقيمون الصلاة ويؤتون الزكاة ويطيعون الله ورسوله أولئك سيرحمهم الله إن الله عزيز حكيم".

وهذا يعني أن بين المسلمين والمسلمات رابطة ود ومودة، فلا يحتاج فعل الخير إلى الغضب والضرب من باب الود والإحسان، وقد نصح الله موسى: (طه 44/20): {فَقُولُوا لَهُ قَوْلاً لَيِّناً لَعَلَّهُ يَتَذَكَّرُ أَوْ يَخْشَىٰ}.

وبناءً على هذه الآية يرى فريق من الفقهاء جواز الأمر بالمعروف والنهي عن المنكر في الشأن العام بالألفاظ اللينة، من قبل العلماء والمفكرين المعروفين المعتبرين، ويرى آخرون أنه إذا صدرت ثلاث فتاوى مختلفة من الفقهاء على مدى القرون الماضية في مسألة ما، فإن وجوب الأمر بالمعروف والنهي عن المنكر منسوخ.

بالطبع، في نظام الجمهورية الإسلامية، فإن رأي الفقيه الحكومي هو الأعلى والملزم. وقد اعتبر الفيلسوف والفقيه بقيادة آية الله مصباح يزدي الحرية صنماً يجب إسقاطه في إيران، لأنه يعتقد هو ومعظم الفقهاء أن " الحرية تعني عدم التقييد، بينما الدين والأحكام الإلهية هي واجبات، وليس لناحق الاختيار. يجب أن يكون الناس محدودين ومغلقين، وليسوا أحراراً". من وجهة نظر هؤلاء الفقهاء، فإن البشر صغار مثل اليتامى، وهم بحاجة إلى ولي شرعي مطلق. وهم يعتقدون أن من واجبهم الديني إجبار الناس على الذهاب إلى الجنة من خلال الأمر بالمعروف والنهي عن المنكر، دون اعتبار أن الذهاب إلى الجنة مكتسب ومستحق وليس إجباراً.

رغم أن الأحكام لا تشكل إلا 4% من القرآن، والباقي في معظمه توجيهات إلى أن يصبح الإنسان متوازناً يعيش في مجتمع أخلاقي يريده الله.

قال النبي صلى الله عليه وسلم: «إنما بعثت لأتمم مكارم الأخلاق لا للأمر والنهي» وقد أثنى الله على النبي صلى الله عليه وسلم في القرآن الكريم بأخلاقه الحميدة:

القلم 68/4: ﴿وإنك لعلى خلق عظيم﴾

الإسراء 17/70: ﴿ولقد كرمنا بني آدم﴾ . ﴾ وكرمنا الإنسان وجعلنا له الملائكة يسجدون .

إن اعتبار الإنسان صغيراً هو أمر بعيد عن الإنصاف والمعرفة الإلهية، ويعتبر الفقهاء أن من واجبهم الديني الحفاظ على مظهر الدين وعدم الاهتمام بالمعنى، فمثلاً في تعليم الصلاة فإن كيفية نطق الـ (والله أعلم) أهم من غرض الصلاة، فهم يركزون على وضع اليدين، وترتيب الوضوء، وهل يجب القنوت والآمين، إلخ، ولكنهم لا يفهمون لماذا يصلي الإنسان غير أنه واجب، أو معنى ما يقال أثناء الصلاة. كما أنهم يهتمون بالحجاب الكامل للمرأة في المجتمع إلى حد الظلم بدلاً من تعليم العفة والأخلاق، وأصبح التدين هو تنفيذ القواعد والطقوس، مثل قطع يد السارق، والإعدام، والرجم، والحجاب، إلخ.

إذا كان القرآن يقول لا إكراه في الدين فلا مكان للكراهية في الدين، فجوهر الدين هو الحب والتصوف، وهو بعيد عن الإكراه والكره والأحكام. وقد اعتمد فقهاء الشيعة طوال تاريخ الإسلام على الفقه الفردي والقضايا الفردية أكثر من اعتمادهم على فقه الدولة، وبسبب اختلاف آراء كل فقيه ومرجع تقليد فقد كتبوا رسائل وعرضوا آراءهم الخاصة في قضايا فقهية مختلفة.

في وقت الهجرة إلى يثرب، لم يكتف النبي بتبليغ رسالة الله إلى الناس، وبعد الهجرة، وبناءً على طلب أهل المدينة، قبل الزعامة السياسية لذلك السكان بموافقة واختيار القبائل التي تعيش هناك، وأطلق على يثرب اسم مدينة النبي. وقد أدرك أنه مدين بزعامة سياسية لأصوات الناس، وكان يتشاور معهم كثيراً في أمور الحكم، ولم يمنح نفسه سوى صوت واحد. وفي مرسومه إلى مالك الأشتر، حاكم مصر الجديد، حذر حضرة علي، صهر النبي وأحد الخلفاء الأربعة بعد النبي، من أربع واجبات لحكمه، وهي: جمع الضرائب، وتشكيل الجيش، والعدالة، وتنمية المدينة. ولا يوجد في المرسوم أي كلمة عن التدخل في الدين، أو الحياة الشخصية، أو الحجاب، أو الخمر، وما إلى ذلك.

وفي معركة صفين، عندما أنهى علي الحرب مع معاوية بتصويت الشعب، نهى الخوارج عنه واعتبروه كافراً، ولكن علياً (عليه السلام) قال: إن تصويت الشعب أراد ذلك.

وفي عصر نزول القرآن الكريم، كانت الآيات المنسوخة والمتقادمة دليلاً على تغير الزمان ومتطلباته الاجتماعية. فقد كان الله والرسول، عندما واجها مشاكل أو احتجاجات من الناس، يغيران القوانين والأعراف المعتادة، مثل قانون ميراث النساء والفتيات، الذي لم تكن النساء في الحجاز يحصلن عليه من قبل. والطلاق كظاهر (في هذا النوع من الطلاق يقارن الرجل زوجته بأحد أقاربه أو أمه، فتصبح زوجته حراماً عليه)، والطلاق من جانب واحد من قبل الرجل، **والحفاظ على أوديه** ((المدة التي لا يجوز للمرأة المطلقة أو الأرملة خلالها أن تتزوج رجلاً آخر) من سنة إلى أربعة أشهر وعشرة أيام، وذلك كله بسبب احتجاج نساء زمن النبي على الشروط السابقة.

إن الشريعة في زمن نزول القرآن تختلف من الناحية العقلية، فمثلاً الآن بعد أن نزل القرآن على البشر بثلاثة قرون،

وإذاكان الحمل في الأسابيع الأولى من الحمل يمكن تحديده بتحليل الدم والبول،أو تحديد والد الطفل بتحليل وراثي، فلا ينطبق الحكم نفسه. ومع تساوي‌الرجل والمرأة في الحقوق، وعدم كون الرجل ولياً، وعدم كونه العائل‌الوحيد للأسرة، وتراجع رغبة المرأة في الزواج الدائم تدريجياً، فإن المساواة‌في الميراث بين الرجل والمرأة لا تتعارض مع الشريعة الإسلامية.

لقدتغيرت قواعد المعروف اليوم بشكل جذري فيما يتعلق بالطلاق. فمعظم‌النساء مستقلات ومتعلمات ومجتهدات، وكثيراً ما لا يكسبن أكثر من‌أزواجهن، ولكنهن لا يكسبن أقل. ونظراً‌لارتفاع معدل ذكائهن عن الرجال،فإن دقتهن ومثابرتهن سوف تتفوقان على الرجال قريباً. كما أن الرجال‌في إيران لا يرغبون كثيراً‌في الزواج لأسباب عديدة مثل الالتزام بدفع المهرفي البداية، والنفقة في حالة الطلاق، وطلب الزوجة أجراً‌في المنزل، وحق‌الزوجة في ممتلكاته، وعدم وجود حقوق الطلاق من جانب واحد التي كانوايتمتعون بها من قبل.

في‌هذه المرحلة، وكما هو الحال في البلدان المتقدمة حيث يتمتع الرجال‌والنساء بحقوق متساوية، يجب أن يكون نظام إعطاء الرجل وتلقي المرأة‌من بين المحرمات، ويجب أن يكون الأمر بالمعروف بداية لحياة مشتركة‌بين شابين تقوم على الحب والتفاهم. ولا ينبغي أن يكون المهر والهبة‌إلزاميين، وإذا انفصلا بسبب سوء التفاهم، فيجب أن يستند هذا الطلاق‌والانفصال وفقاً لعدالة وقوانين البلدان المتقدمة. ويبدو أن النظام الغربي‌أقل تهديداً وأكثر تشجيعاً للزواج.

ومن‌المعلوم أن الإمام الحسين (عليه السلام) رفض بيعة يزيد الذي أراد أن‌يرث خلافة دمشق من أبيه معاوية، وكان تحالف الحسين مهماً‌لأنه حفيد‌النبي والوحيد الذي بقي على قيد الحياة من نسله المباشر، وكان هدف‌الحسين الأمر بالمعروف والنهي عن المنكر ومنع نشوء سلالة. السابق

لقد تم انتخاب جميع الخلفاء (الراشدين) بناءً على أصوات المسلمين ومشاورة الشيوخ، وسيكون يزيد إماماً ظالماً. قال الحسين عليه السلام في معارضة الحر: "ألا ترى أن الحق لا يعمل به، وأن الباطل لا يُنهى عنه؟" أو " أفضل الكل كلمة عدل عند إمام ظالم". لم يثر الإمام أبداً قضية الحجاب وشرب الخمر في بلاط يزيد لأن ثورة الإمام الحسين (عليه السلام) لم تكن تتعلق بالعلاقة بين البشر والله؛ بل كانت الناس ضد الحكومة.

في أغلب الدول الغربية يختار الشعب الحكومات بأصواتهم "الأمر بالمعروف والنهي عن المنكر". هذا هو الحق الذي يطالب به الشعب من الحكومة، والأمر بالمعروف والنهي عن المنكر من الحكومة تجاه الشعب يعني وضع القوانين الحديثة بحيث يرضى الناس ويرضي الله، ثم الإصرار على تنفيذها بشكل صحيح دون استثناء. الأمر بالمعروف والنهي عن المنكر من الشعب لمسئولي الحكومة وممثليها المنتخبين هو إعادة انتخابهم أو عزلهم بأصواتهم.

ويرى بعض الفقهاء أن الحجاب الإسلامي مقصود به ستر المرأة، لأنه يعتبر عارا على الرجل، ويجب سترها حتى لا يراها أحد، إلا أن هذا الحجاب كان واجبا على النساء الحرات فقط، أما الخادمات والإماء فلم يكن لهن حجاب حتى يتميزن عن الحرائر.

في الوقت الحاضر، في الدول الغربية، تعني الدعوة إلى الحجاب الإسلامي عادة الدعوة إلى ارتداء المرأة لأقصى قدر من الحجاب. وهذا يحدد هويتها كعضو في الأمة الإسلامية، ولكنه لا يساهم بالضرورة في عفتها. وعلى العكس من ذلك، فإن حظر الحجاب يعني ارتداء الحجاب في الأماكن العامة إلى الحد الذي لا يمكن التعرف على الأفراد من خلاله، وهو ما يحظر عليهم عملياً المشاركة في المدارس وأماكن العمل.

إن النهي الحقيقي عن المنكر من قبل الحكومة ينبغي أن يركز على منع اختلاس خزينة الدولة من قبل كبار المسؤولين، والاتجار بالمخدرات، والاتجار الجنسي بالفتيات والصبيان، والرشوة، وانتهاك القانون لتحقيق منفعة شخصية، وتشجيع وترويج الدعارة، والعديد من القضايا الأخرى.

إن الشباب المتعلمين، الذين يعرفون القواعد من خلال الإنترنت ووسائل الإعلام الاجتماعية، غالبا ما يكونون أكثر اطلاعا من آبائهم. واليوم، تمتد قضايا ما هو جيد وما هو سيئ إلى ما هو أبعد من الحجاب، والأوشحة، وإظهار بعض خصلات الشعر وطلاء الأظافر. يواجه الشباب تحديات مثل الإدمان على المخدرات، والتدخين، والحشيش، والمقامرة، والكحول، والدعارة، والأمراض المنقولة جنسيا بما في ذلك الإيدز، والفقر النسبي، والأحلام غير المحققة، واليأس من المستقبل، والمنافسة في المدرسة ومكان العمل، واستحالة الزواج والحصول على منزل بسبب ارتفاع أسعار المساكن ونقص الوظائف، والاضطرابات العقلية بسبب الإجهاد، والأمراض الجسدية بسبب سوء التغذية وتلوث الهواء، والعديد من المشاكل الأخرى. يحتاج الشباب إلى التوجيه من شخصيات رحيمة يمكنها توجيههم بعيدا عن الدمار، مثل الأب أو الأخ أو الأخت الطيبين. يجب على الحكومة أن تعطي الأولوية للوقاية من هذه القضايا وعلاجها، على غرار الطريقة التي تتعامل بها البلدان المتقدمة مع احتياجات الشباب، ويجب على المجتمع أن يقدم المساعدة على الفور.

ومن المهم أن نتذكر:

النجم 38/53: «لا تزر نفس وزر أخرى».

إن الممارسات مثل الرجم حتى الموت للزنا، وقطع يد السارق، والضرب، واللعن، وقتل الفتيات الصغيرات بسبب الحجاب، والزواج المؤقت، والتقية، وتعدد الزوجات، من بين الاعتراضات على الفقه الحالي التي تساهم في نفور الجيل الأصغر من الإسلام.

باختصار، عندما تكون هناك حاجة للتوعية والتثقيف، يصبح من الواجب نشر الوعي وتطبيقه في

الممارسة، وإزالة أي عقبات. واعتماداً على نوع القضية، قد تقع المسؤولية على عاتق الأفراد، ونظام التعليم، والمشرعين، والحكومات، إما بشكل منفصل أو جماعي. ومع ذلك، فإن التقويم سيؤدي في النهاية إلى حل، على الرغم من كونه غير مرغوب فيه.

إن الأمر بالمعروف والنهي عن المنكر من الممارسات التي أقرها المثقفون في ذلك العصر. ففي المجتمعات الديمقراطية، يضع ممثلو الأغلبية المنتخبون القوانين، وتلتزم بها السلطات وتنفذها. وتشكل الأعمال الصالحة أساس العلاقات الاجتماعية، في حين أن الأعمال السيئة هي أعمال تخالف القانون والأخلاق. ويعمل إنفاذ القانون دون قيد أو شرط من قبل الجميع، مع فرض عقوبات مدنية على المخالفين، كآلية للإنفاذ. وفي هذه المجتمعات، تقع مسؤولية تعليم السلوك الأخلاقي والقانوني وتثبيط ما يعتبر شراً على عاتق الأسر، ونظام التعليم، والمراكز الدينية، والصحافة، وغيرها من المؤسسات. والمواطن الصالح يطيع القوانين ويمارسها. **ضبط النفس (التقوى))**, الامتناع عن مخالفة القانون **(الفسق).**

في عهد الرسول، بعد الهجرة إلى المدينة، كان القرآن بمثابة مصدر لقوانين جديدة في مجتمع الحجاز الفاسد وغير الأخلاقي. وبصرف النظر عن ذلك، لم تكن هناك قوانين مدونة تدعمها السلطة التنفيذية. كان المسلمون مسؤولين عن توجيه بعضهم البعض لإقامة النظام الاجتماعي والأخلاقي على أساس القرآن وتعاليم الرسول. لذلك، كان الأمر بالمعروف والنهي عن المنكر أحد أهم الواجبات. بعد ذلك، عندما تأسست الحكومات الإسلامية في مناطق مختلفة من العالم، تأثر التنفيذ غير المشروط للقوانين الإسلامية القائمة على الأمر بالمعروف والنهي عن المنكر ليس فقط بالقرآن وسنة النبي، ولكن أيضاً بالفقه المحلي والتقاليد والعوامل الاجتماعية وإرادة الحكام وآراء علماء الدين في كل بلد وأزمنة مختلفة، تمتد أحياناً لقرون ولكنها محظورة من قبل المجتمع.

التكيف مع العصر، وهذه القواعد للأمر بالمعروف والنهي عن المنكر تحتاج إلى التحديث، ولكنها ظلت كما هي.

اليوم، في البلدان المتحضرة، ينتخب الناس المشرعين بأصواتهم، ويلعبون دوراً في وضع القوانين وفقاً للدستور المدون. ولا يُكافأ الأمر بالمعروف والنهي عن المنكر التقليديين فحسب، بل يُعتبر مخالفتهما جريمة. وبالنسبة للمسلمين في أميركا وأوروبا الغربية، فإن الأمر بالمعروف يستلزم طاعة قوانين المجتمع، والحفاظ على علاقات اجتماعية إيجابية مع الزملاء والجيران وأبناء الوطن من مختلف الديانات، دون محاولة فرض آرائهم أو أحكامهم على حياتهم الخاصة.

ومن الجدير بالذكر أن البنية التقليدية للأسرة في إيران شهدت خلال القرن الماضي تغيرات كبيرة، حيث تم التخلي عن ممارسات مثل بقاء المرأة في المنزل، وارتداء الحجاب الكامل مع قناع، والرد على جرس الباب حسب نوع الصوت للتمييز بين الرجل والمرأة، وطلب الإذن من الزوج للخروج من المنزل. ويرجع هذا التحول إلى رفض مثل هذه الممارسات من قبل المجتمع الفكري، الذي يعتبرها مخزية وغير قانونية في العديد من البلدان. إن المرأة اليوم متعلمة ولها الحق في التصويت، والميراث، وتولي مناصب مهمة مثل الرئاسة والوزيرة والمحامية والطبيبة وعضو مجلس الشيوخ، حتى في البلدان الإسلامية. أصبحت العديد من الممارسات الشائعة في المجتمعات المنغلقة والأمية والمقلدة في الماضي غير شعبية أو موصومة، في حين أصبحت الممارسات السلبية في السابق مقبولة ومقبولة الآن.

ولكي يصبح أي تغيير في الحكم مبدأ أساسيا في المجتمع، فلابد أولا من اعتراف المجتمع نفسه بعدم فعاليته أو عدم أخلاقيته. وبعد ذلك لابد من تهييئة البيئة المناسبة لقبول التغييرات نحو قانون جديد.

عندما وضع النبي أحكاماً جديدة للمجتمع، كانت هذه الأحكام مبنية على الفطرة السليمة المقبولة في ذلك المجتمع.

كان الإنسان يدرك أن الحكم كان خاطئاً اجتماعياً أو واجه اعتراضات معقولة وعقلانية، وإذا لم يكن السعي إلى التغيير غير أخلاقي أو معادياً للمجتمع، فإنه كان يصححه أو يغيره، بأوامر الله من خلال الوحي.

الشورى 38/42: «... وتشاوروا في أمركم».

النحل 90/16: "إن الله يأمر بالعدل والإحسان وإيتاء ذي القربى وينهى عن الفحشاء والمنكر والبغي يعظكم لعلكم تذكرون".

البقرة 26/2: "... من آمن بالله واليوم الآخر وعمل صالحاً فقد كتب له أجره عند ربه"

آل عمران 110/3: كنتم خير أمة أخرجت للناس تأمرون الناس بالمعروف وتنهونهم عن المنكر وتؤمنون بالله ولو آمن أهل الكتاب لكان خيراً لهم منهم المؤمنون ولكن أكثرهم فاسقون

يبدو أن بداية هذه الآية تنطبق أيضاً على آباء الدستور الأمريكي وإعلان الاستقلال. لقد كانوا حقاً من بين أفضل البشر.

التغابن 9/64: إذا جمعكم ليوم الجمع ذلك يوم التغابن يكفر عن الذين آمنوا به وعملوا صالحين. وأصول دخول الجنة ثلاثة: 1) الإيمان بالله (التوحيد)، 2) الإيمان باليوم الآخر (البعث)، 3) العمل الصالح (غاية الحياة أن تكون عبداً لله).

في خاتمة إن الفقه وقوانين الشريعة ليست قابلة للتغيير فحسب، بل إن التغيير إلزامي ويتطلب تغييرات دورية.

وبعدالأنبياء، وضع الله هذه المسؤولية على عادات المجتمع وآراءه وأصواتالناس الأحرار الراشدين الأذكياء المبنية على التوجيه الأخلاقي من الكتبالسماوية، وخاصة القرآن الكريم.

الفصل الحادي عشر: الفضائل والرذائل الأخلاقية

(الرجوع والتوبة ومغفرة الذنوب)

أتاريخ الأخلاق

قال النبي: إن رسالتي النبوية هي إتمام مكارم الأخلاق، ولذلك رأيت من الضروري أن أتناول هذا الموضوع بتفصيل أكثر، ومن المفيد والنافع في هذا المجال أن نستعرض تاريخ مكارم الأخلاق من آدم إلى خاتم الأنبياء.

3/33-:إن الله اصطفى آدم ونوحاً وآل إبراهيم وآل عمران من بين العالمين.

في اعتقاد آدم إن الإنسان المذكور هنا (ليس أول إنسان على الأرض) هو نبي بعد العصر الجليدي، وعندما ترك البشر تدريجيا الحياة الفردية الخالية من الهموم في الغابة واستقروا في بلاد ما بين النهرين للزراعة وتربية الحيوانات، وكان سلوكهم يتطلب وجود نبي/معلم للأخلاق، تم اختياره. أخذ الله منه عهدا قائلا "أنا ربكم وهو يقبل". حذره الله من الاقتراب من هذه الشجرة ليأكل من ثمرها ربما فقط لاختبار تقواه/ضبط النفس. ولأن عدم القيام بشيء أصعب بكثير من القيام به، استسلم لأناه الجسدي وفضولي لمعرفة ما يحدث وفعل ما قيل له ألا يفعله. بسبب عصيانه لله، طُرِد من السماء. لاحقاً، علمه الله بعض الكلمات (ربما صفاته وأخلاقه) وطلب منه التوبة. غفر له (دروس مهمة جداً مخفية في هذه القصة). لاحقاً، سيختار الأجيال التالية أنبياء لهداية رعاياهم.

مريم 58/19: أولئك الذين انعم الله عليهم من النبيين من ذرية آدم وممن حملنا معهم نوح (في الفلك) ومن نسله ل

إبراهيموإسرائيل (**يعقوب**)ومنهم من هدينا واجتبينا وإذا تتلى عليهم آياتالرحمن خروا سجدا ويبكون

بعدعشرة أجيال من آدم، اختير نوح (عليه السلام) نبياً. وكانت الوصايا التيأعطاها الله لقوم نوح هي: لا تعبدوا الأصنام، لا تحلفوا زوراً، لا تسرقوا، لاتنتحروا، لا تزنوا، لا تأكلوا الدماء والحيوانات الحية، لا تشهدوا بالزور (كانتهذه الوصايا دليلاًعلى الفساد المستشري في تلك المجتمعات). وكانتمعظمها تحرّم المنكرات، وكانت لمنع الفساد من التأثير على المجتمع.

وبعدعشرة أجيال أخرى من نوح، اختير إبراهيم نبياً. وإبراهيم هو أول نبيللتوحيد وضد الوثنيين، وحنيف (الحنيف هو الرجل صاحب الرأي الصحيحوالصادق). وسيأتي أنبياء كثيرون من جيل إبراهيم يشجعون قومهمعلى الحق والتقوى واحترام العهد الذي عقدوه مع الله من قبل آدم، والبقاءعلى ولائهم له قدر استطاعتهم.

حضرةموسى (**موسى**) بعد نوح بحوالي ألف عام وقبل المسيح بحوالي 1200عام، تم اختياره ليكون نبياً، وأُرسلت تعليمات الله الجديدة بالوصايا العشرإلى العبرانيين في صحراء سيناء عندما تحرروا من أسر فرعون في مصروكانوا يتجهون نحو الأرض الموعودة. تمت إضافة "الراحة يوم السبت (إلزامية)" و"احترم والديك" إلى وصايا نوح. أضاف علماء اليهود العديد من المحظوراتوالعقوبات إلى فقههم.

منذ2022 سنة،**يسوع روح الله**لقد خرج المسيح (عليه السلام) من العذراءمريم إلى الأرض، وكان تجسيداًلروح الله وحبه لعباده، وقد أوصى المسيح(عليه السلام) بالعطف والشفقة والتواضع واللطف ومغفرة الخطاة والأعداءومواجهة الظالمين ونصرة المظلومين وحب الآخرين.

الجيران(بما في ذلك الغرباء والأعداء وغير المؤمنين). كان قدوة عملية للآخرين في الحياة وأوصى الآخرين بعبادة الله وحده.

كانت الحاجة إلى إرسال نبي في المنطقة العربية للعرب واليهود في المنطقة كبيرة إلى درجة أنه قبل مرور ألف عام (في كل ألف عام يظهر نبي - باباطاهر) وفي عام 609 م**النبي محمد**(وقد بعُث صلى الله عليه وسلم نبيا إلى مكة، وبعد 13 سنة هاجر إلى المدينة حيث كان يعيش اليهود.

أما فيما يتعلق بالفضائل الأخلاقية التي قصدها القرآن والنبي، والتي كانت سبب بعثته، فمن الضروري أولاً أن نذكر باختصار آراء المعلمين والأنبياء غير الساميين للبشرية في بقية العالم حتى ذلك الوقت.

أكثر من**1800 سنة قبل الميلاد، حمورابي**"نشر الملك البابلي الكلداني آشور أول وثيقة قانونية معروفة تحتوي على 282 مادة حول الحقوق المدنية والجنائية والتجارية لشعب بلاده. تم اكتشاف هذا العمود الحجري في سوسة عام 1901 وهو محفوظ في متحف اللوفر في باريس، فرنسا."**انا حمورابي**"الملك الذي اختارته الآلهة لجلب الرخاء للشعب، ونشر العدل والإنصاف على الأرض، والقضاء على الظلم والشر، حتى لا يتمكن القوي من ظلم الضعيف. لم أسمح لأحد بإزعاج الناس وإيذائهم. لم أسمح لأحد بظلم طفل يتيم أو أرملة. لقد جعلت قلب الإله العظيم مردوخ سعيداً إلى الأبد." بعد 1300 عام من حمورابي وحوالي**قبل الميلاد بخمسمائة عام، قورش الكبير** مملكة الأخمينيين في الإمبراطورية الفارسية، بعد غزو بابل وتحرير اليهود من نير**نبونيد ملك بابل**وإعادتهم إلى القدس ودفع ثمن إعادة بناء وإصلاح هيكل سليمان، أمر بصنع اسطوانة بالخط البابلي (538 ق.م) تم العثور على هذه الاسطوانة الطينية في عام 1879 في ضريح في مدينة بابل القديمة وهي محفوظة في المتحف البريطاني:"**لقد أسست حرية عبادة رسلهم.**

"لقد جعلت الله للناس أجمعين، وأمرت بأن لا يظلم أحد بسبب دينه،وأمرت بأن لا يهدم بيت، وكفلت السلام والسكينة والراحة للناسأجمعين، وحرصت على أن يعيش أهل مدينة بابل وجميع المدنالمقدسة في خير ووفرة، وحلت مشكلة عجز الناس، وقضيت علىالبطالة".كورش، مثل حمورابي، يدين باختياره ونجاحه للإله العظيم مردوخ،أراد كورش إرضاء هذا الإله، بأفكاره وأفعاله.

حضرةزرادشت، النبي الفارسي، عاش من 600 إلى 1000 سنة قبل الميلادحسب روايات مختلفة، وكما تعلمون فإن شعار دينه هو: الأفكار الطيبة،والأقوال الطيبة، والأعمال الصالحة (ما وثقه كورش في أسطوانته)، وهوأقصر طريق إلى الحياة الأخلاقية والدينية والإنسانية، ويشمل سائر التعريفات.

في‌عام 528 قبل الميلاد، وفي سن 53 عاماً، تحت شجرة بودي، سيدهارتاغوتاما، أصبح بفخربوذا((الاستيقاظ من نوم الجهل والتفكير السليم). وتوصل إلى أن الحفاظ على التوازن والاعتدال في الحياة (الصراط المستقيم) هو الطريق إلى السعادة، وأن الإفراط والتقشف (المبالغة والنقصان)) كلاهما خطأ.

الفيلسوف‌اليوناني‌أفلاطون(428-348 قبل الميلاد) هو مؤسس الأكاديميةفي أثينا، وتلميذ سقراط ومعلم أرسطوكان يعتقد أن الناس سعداءفي مجتمع تسوده المساواة والعدالة والجمال (الطبيعة البشرية)، وهذايتطلب أشخاصاً متدينين يسعون إلى التميز في عملهم، مهما كان ما يفعلونه.الحياة جيدة وقيمة عندما يكون هناك انسجام بين حكمة الشخص وروحه‌ورغبته الطبيعية. من وجهة نظر أفلاطون، فإن الشخص المتطور والأخلاقي‌هو شخص يضحي بآماله ورغباته من أجل المصلحة العامة إذا لزم‌الأمر. في هذه الأثناء، يعلن أفلاطون أثناء خطاب عام أن: الخير واحد.

أمضى‌أرسطو عشرين عاماً في ارتباط وثيق بأفلاطون، حيث كانا منخرطين في‌الدراسة والتدريس في الأكاديمية. وتوفي في عام 322 قبل الميلاد في

كان أرسطو يعتقد أن القيم الأخلاقية تكمن في الاعتدال (الصراط المستقيم) في الأعمال والكرم والتسامح والشجاعة والصدق. ووفقاً له، فإن حكمة ولباقة المثقف تنير عندما تتحكم في أخلاق الناس وسلوكهم وتوجههم. التقوى والفضيلة هي مجموعات فرعية من الصفات الجيدة التي ليست متأصلة ولكنها مكتسبة من خلال الممارسة لتصبح جزءاً من الروح. يؤدي الفشل في استخدامها بشكل فعال إلى فقدان هذه الصفات المرغوبة إلى الأبد. تلعب الفضيلة دوراً مباشراً في أفعالنا وأهدافنا، حيث يختار الشخص المتدين دائماً طريق الاعتدال (الصراط المستقيم). لا يمكن الاعتدال في الأمور التي تعتبر غير مقبولة أخلاقياً (الرذائل الأخلاقية) مثل الكذب والسرقة والزنا والانتحار. الحكمة والمعرفة والعقل والخبرة والوعي ضرورية للتمييز بين الطريق الصحيح والطريق الخاطئ في أوقات مختلفة. من المستحيل أن تكون جيداً دون أن تكون حكيماً، أو أن تكون حكيماً حقاً دون اكتساب الصفات الجيدة (التقوى). إن الاعتدال في الحياة لا يكون إلا إذا اجتمعت فيه الحجة والعقل السليم مع الطريق المستقيم الذي هو الاعتدال، فالاعتدال في الحياة عقلاني وأخلاقي، والإفراط فيه والتقصير فيه عاطفيان ومذمومان من كلا الطرفين. إننا نجد السعادة عندما نلتزم بالاعتدال الذي يقوم على العقل والأخلاق والمشاعر والتفكير والتأمل والتدبر في الأوامر الإلهية، والذي ينبغي أن يكون بمثابة منارة للممارسة السليمة والمقبولة للقيم الأخلاقية. وينبغي للإنسان أن يعيش على نحو يجعل آثار حياته تستمر حتى بعد وفاته.

في القرن السادس عشر (1517)، قام راهب مسيحي يدعى **مارتن لوثر** في ألمانيا تمردوا على الكنيسة الكاثوليكية ونشروا أطروحة في 95 مقالاً، وضعوا الأساس للدين اللوثري وفروعه العديدة لاحقاً، وهي البروتستانتية في إنجلترا. مبادئها الثلاثة المهمة هي: 1- خلق الله جميع الناس متساوين، وقرب الجميع من الله واحد. لا يمكن لرجال الدين أن يزعموا التفوق أو أن يعملوا كممثلين لله على الأرض (ويغفرون خطايا الناس من خلال الجمع بين الاعتراف ودفع الجزية).

2-الإيمان هو العلاقة الروحية بين القلب والله من خلال ممارسات ضميرية واختيارية،ورفض التقليد والاتباع الديني الأعمى بسبب الإكراه أو الجهل. 3- اتصال الإنسان بالله يتم مباشرة من خلال فهم الكلمة الإلهية الموجودة في الكتب المقدسة التوراة والإنجيل وهي متاحة للجميع (ترجم الإنجيل من اللاتينية إلى الألمانية)، مما يلغي الحاجة إلى الوسطاء. انفصلت كنيسة إنجلترا بقيادة ملك إنجلترا عن الكنيسة التي يرأسها البابا في روما، وأصبح ملك إنجلترا رئيساً للبلاد والكنيسة. ومع ذلك، لم تكن فقه ومعتقدات الديانة البروتستانتية في إنجلترا خالية بشكل كافٍ من الخرافات الكاثوليكية. فقد ظهرت مجموعة من (الخوارج) أو الانفصاليين تسمى **هاجر الحجاج إلى أمريكا في عام 1630** وهكذا، من خلال تكوين حياة مستقلة، كان بوسعهم أن يتبعوا دينهم بالطريقة التي شعروا أنها مناسبة. وصلوا إلى المكان الذي أصبح الآن مدينة بليموث، جنوب شرق بوسطن، وبعد سنوات وصل البيوريتانيون (الأصوليون، المتشددون) إلى خليج ماساتشوستس (بوسطن). انفصل أحفاد المؤسسين والمهاجرين الإنجليز عن إنجلترا بعد ما يقرب من 150 عاماً بسبب الحروب المحلية. **إعلان استقلال الولايات المتحدة** يعلن ما يلي: "نحن نعلم هذه الحقائق كحقائق بديهية مفادها أن جميع البشر خلقوا متساوين وأن ربهم أعطاهم حقوقاً معينة غير قابلة للتصرف،والتي تشمل الحق في حياة كريمة، والحرية، والسعي إلى السعادة ". تم التوقيع على هذا الإعلان من قبل 56 شخصاً، بعضهم من المشاهير وبعضهم من عامة الناس الذين حضروا الاجتماع في فيلادلفيا. عندما وقع أحد الموقعين المشهورين، السيد **بن فرانكلين** غادر السيد الرئيس الاجتماع،فسأله أحد المراسلين: هل لدينا الآن نظام ملكي أم ديمقراطي؟ فأجاب:"الديمقراطية إذا استطعتم الحفاظ عليها". **جون آدامز** وكتب جون ماتيس،وهو الموقع الآخر والرئيس الثاني للولايات المتحدة، في مقال في إحدى الصحف المحلية في بوسطن: "إن هذا الدستور فعال من أجل ديمقراطية الناس الدينيين والأخلاقيين، ولكنه غير كافٍ لحكم المجتمعات الأخرى".

وهذابالضبط ما كان يعتقده أرسطو، مؤسس عقيدة الديمقراطية.
لقدأثبت التاريخ أن الدول التي يسكنها شعوب ضعيفة التعليم، والتي تعتبرالدين موروثاً في الأسرة وتقليداً لعلماء الدين، ولا تحترم الأخلاق الأساسية،لم تتمكن الديمقراطية من حماية الجمهورية في أي منها على الرغممن إراقة الدماء والثورات العديدة لإنشائها... إن إحدى مواثيق حقوقالشعب العشر، المرفقة بالإعلان المذكور أعلاه، تحظر تدخل الدين أو أن يكون له أي دور في الحكومة، أو حرمان الأفراد أو الجماعات من ممارسة أنشطتهمالدينية، مهما كانت. وفي مثل هذا المجتمع يزدهر الناس الأحرار بامتلاكهمللوسائل اللازمة. وسوف يستفيد العالم من ثمار أفكارهم وأفعالهمالصالحة، وسوف ينمو الأمل لدى الشباب الذين يسعون إلى حياة ومستقبلأفضل.

والآنلنعد إلى زمن النبي محمد، وأحوال العرب البدو في مكة وما حولها،والعرب واليهود في المدينة قبل 1400 سنة، عندما كان العرب يدفنونبناتهم حديثات الولادة خوفاً من الفقر، وكانت الحروب القبلية والقتلأمراً شائعاً، وكان العبيد والمطلقات والأرامل بلا حقوق، وكانوا قليليالثروة، وكان توجههم إلى الله (صلواتهم) وإن كان يبدو سخيفاً (القرآن)، وكانت ثرواتهم وأموالهم رهناً، وكان عدد الأبناء الذكور كبيراً، وكان اليهود يرجمونويقطعون الأيدي ويحكمون كل أنواع المحرمات، وهكذا في حياتهم اليومية.وعلى جانبي هذه الصحراء العربية الملتهبة كان الرومان والإغريق والإيرانيونمتحضرين لأكثر من ألف عام وكان لديهم أسس أخلاقية جيدة، فكانأتباع موسى (عليه السلام) في القدس، وأتباع عيسى (عليه السلام) في أوروباوجزء من الشرق الأوسط، وأتباع زرادشت في أراضي الإمبراطورية الإيرانيةالقديمة، وأتباع بوذا وكونفوشيوس في الصين وفي كل مكان، يبشرونبالأخلاق ويعيشون على الطريق المستقيم (المتوازن) ويجعلونه نموذجاًلأفكارهم وأفعالهم.

لقداعتبر جميع الأنبياء ومعلمي البشرية والفلاسفة أن الاعتدال في كل أمرأخلاقي فضيلة، وأن تطرفه وإفراطه ونقصانه رذائل أخلاقية ومذمومة (طريقمستقيم)، وأكدوا أن الحد الأوسط والطريق المستقيم ليسا أكثر من واحد،بل يميلان إلى اليمين أو اليسار بدرجات متفاوتة وقد يكونان بلا حدود.وفي القرآن الكريم يتحدث الله مراراً وتكراراً عن محبة الصالحين (الذينيحسنون إلى الناس والظالمين)، والأتقياء (الذين يقيمون العدل بغضالنظر عن الصديق أو العدو)، والصابرين، والمتوكلين، وعدم محبة الظالمين،والفجار، والخائنين، والمتكبرين، والمفسدين، والكافرين. إن كلمةمحبة الله تعني المتكبرين والمتفاخرين، والمسيئين (الذين يخالفون القوانينالإلهية ويخترعون القوانين الحلال والحرام)، والكفار، والمعتدين (المرابينومانعي الصدقات، ومرتكبي الفواحش)، والنمامين الذين ينشرون القيلوالقال، والفراحين (السعداء والمخادعين). وبطبيعة الحال، فإن محبة اللهوعدم محبته تعني التأثيرات العملية على التطور وكذلك التأثيرات الخارجيةلأفعالنا.

الدعاءالعشرون من الصحيفة السجادية للإمام السجاد (ع) يتحدث عن الفضائلالأخلاقية (الفردية والاجتماعية) ويتضمن ضرورة تحويل الحسد إلىحب، والكف عن البحث عن عيوب الآخرين وإزالة العيوب من النفس، ورفضطلب السلطة والسعي إلى التفوق بانتهاك حقوق الآخرين، ومراعاة آدابالمجتمع والآداب العامة، وتجنب الإسراف، والرد باللطف على الأشرار،وتحمل المسؤولية، وتحويل عداوة الأصدقاء والأقارب إلى صداقة، وضرورةإزالة عدم الثقة والريبة من الآخرين بالأعمال، والتعاون، وخدمة المجتمع،والمعاشرة الصحيحة بالسلوك الحسن، وإيجاد الأمن والسلام بمحاربةالقسوة والعنف، والاهتمام بكرامة وسلامة الناس، وإن كان ذلك ضاراً.

إن الإنسان لابد وأن يتحلى بالفضائل الأخلاقية التي ينبغي أن يسعى إلى اكتسابها، ومنها ضرورة مواجهة الظلم حتى ولو كان ضاراً بالفرد، وأهمية هداية الناس إذا أمكن، وفضائل اللطف والتسامح والمحبة والصدق والثقة والخوف من الله ومساعدة المحتاجين وحسن الخلق واحترام حرية الآخرين (العدالة الاجتماعية) واحترام الوالدين وإيتاء الزكاة والصدقة والكرم والتضحية (إيثار مصلحة الآخرين على مصلحة النفس) كلها فضائل أخلاقية ينبغي للإنسان أن يسعى إلى اكتسابها.

الرذائل الأخلاقية تشمل الشرك (بأي نوع)، والفجور، والسرقة، والدعارة (بأي نوع)، والانتحار، وسرقة أموال الناس، وإخلاف الوعد، وحنث اليمين، والنفاق، والرشوة، والكذب، والربا، والاحتكار، والكبر، والغيبة والنميمة، والإسراف، والظلم.

إغراء الشيطان

أعوذ بالله من الشيطان الرجيم.

الشيطان صفة تطلق على كل متمرد يبتعد عن حرم الله. إبليس، الذي كان ذات يوم ملاكاً من نار وطاقة، عصى أمر الله (بسبب الأنانية والتمييز والتفوق المادي) بالسجود لآدم (المصنوع من الطين والمادة)، مما أدى إلى هبوطه من عالم الملائكة. وأعلن عن نيته تضليل أولئك المترددين بين طريقي الرحمن والشيطان، وحثهم على اختيار طريق الشيطان. إبليس، بسبب غطرسته وتفوقه في المادة (الطاقة)،   رفض احترام البشر بدافع الكبرياء والحسد. لذلك، فإن الكبرياء والكبرياء والحسد هي مبادئ الأفكار الشريرة. في الثقافة القرآنية، يُطلق على البشر المتمردين والشياطين، والنيازك والمذنبات السماوية الضالة، والعوامل المسببة للأمراض، اسم الشياطين/الجن.

وفقاً للقرآن الكريم، تمكن سيدنا سليمان (الملك سليمان)، بفضل الله، من كبح جماح المعتدين الأشرار (المغول أو الصينيين) وأشركهم في أعمال بناء مثل البناء والتشييد،

الإبحار، والغوص، وبناء الموانئ، وبناء السدود، والقبض على الأشرار الآخرين.

أما الوسائل التي يضل بها الشيطان الإنسان والتي ذكرها القرآن فهي: الفتنة، والوسواس، وإثارة الشكوك، ووعد الفقر، والأمر بالدعارة، وإثارة اللذة والجمال في المعصية، وإثارة اليأس والقنوط، وإثارة الفتنة والبغضاء بين الأفراد والأمم، والفجور.

الغيرة والكبرياء والغرور

وتختلف أساليب الشيطان باختلاف الناس، وتعتمد على شخصياتهم وقدراتهم، فهو يغوي بالتدريج، خطوة خطوة، وبإصرار، فيفتح ثغرات في الجدار العقائدي والفكر لدى المسلمين، ويوسعها بالتدريج ليهدمها (الشهوانية ونموها التدريجي).

يقول الله للنبي:

المؤمنون 97-98/23: "وللتغلب على الغل والغضب والعنف، قل: يا رب أعوذ بك من همزات الشياطين ونزعاتهم، وأعوذ بك أن تأتيني".

لقد وعد الله أنه إذا وثقنا به فإنه سيحمينا من التجارب الشريرة.

الناس 1-6/114: "قل أعوذ برب الناس ملك الناس إله واحد من شر الخناسين الذين يوسوسون في القلب من الجن والناس"

الحج 4/22: «مكتوب في اللوح المحفوظ: من اتخذ الشيطان ولياً وقائداً أضله الشيطان وأوقعه في عذاب محرق».

النور24/21: "يا أيها الذين آمنوا لا تتبعوا الشيطان فإنه من يتبع خطواته‌يزنه الشيطان على الفحشاء والمنكر".

النحل98-99/16: «إذا أردت أن تقرأ القرآن فاستعن بالله، واستعن بالشيطان،فإن الشيطان لا سلطان له على من آمن بالله وتوكل عليه».

فوارس36/41: "فكلما أتاكم البلاء والفساد من كيد الشيطان وإغوائه، فالجأوا‌إلى الله الذي يسمع ويعلم".

الأحزاب3/33: «وتوكل على الله فهو حسبك».

التغابن13/64: «هو الرب وحده لا إله إلا هو، وعلى الله يعتمد المؤمنون‌في أعمالهم».

النحل99/16: «لن يغلب الشيطان على من يؤمن بالله ويتوكل عليه».

آل‌عمران 160/3: {إن ينصركم الله فلا غالب لكم وإن يخذلكم فمن ذا الذي‌ينصركم من بعده وعلى الله يتوكل المؤمنون}.

سورة‌الشورى 36/42: "وما أوتيتم من الأشياء وجعلتموها هي ضروريات‌الحياة الدنيا، وما عند الله خير وأبقى خاصة لمن توكل على ربه وتوكل‌عليه".

يبدوأن الشيطان الأكبر يعيش في وجودنا في صورة روح الفجور، ويجب‌كبح جماحه بالنزاهة.

الصفات‌التي تبعد الشيطان بشكل خاص هي: العفة، البراءة، الصدق، الموثوقية،الأمانة، الجدارة بالثقة، الواقعية، تقدير الصدق، الامتناع عن إيذاء‌الآخرين، التصرف بشكل لائق.

بأدب وسلام، مسامحة الأشخاص الذين لم يؤذوك بشكل كبير، تجنب الكلمات غير الضرورية، الدعارة، والفحش، حسن الخلق، مراعاة الآخرين واللغة الجيدة. باختصار، التسامح، الصبر، التسامح، ضبط النفس، الاحترام، الأدب، واللياقة (الحكمة، التقوى).

الخطايا الأخلاقية والدينية

تشمل الخطايا الأخلاقية الكذب والسرقة والقتل والخيانة وما إلى ذلك. وتعتبر هذه الخطايا في كل مكان وفي نظر الجميع، بغض النظر عن الانتماء الديني. وهي تتعلق بالعلاقة بين الناس والمجتمع.

تختلف الخطايا الشرعية باختلاف المعتقدات الدينية. على سبيل المثال، الطلاق خطيئة عند الكاثوليك ولكن ليس عند اليهود أو المسلمين. شرب الكحول ليس خطيئة في المسيحية واليهودية، لكنه محرم في الإسلام. الربا ليس محرماً في اليهودية لغير اليهود. تسلط الاختلافات في القوانين الحلال والحرام عبر الأديان الضوء على التفسيرات المتنوعة للأخلاق والشريعة الدينية. لا يوجد مفهوم حلال أو حرام في شريعة يسوع فيما يتعلق بالله.

إن عدم الصيام معصية شرعية، أما شرب الخمر فليس معصية أخلاقية بل هو معصية شرعية، ولا يعتبر علماء الأخلاق شرب الخمر أمراً سيئاً، وكذلك عدم ارتداء الحجاب لا يعتبر معصية عند علماء الأخلاق، بل هو معصية دينية، وأحياناً تتداخل المعاصي الدينية والأخلاقية، مثل الكذب والسرقة والقتل.

الطلاق مكروه في الإسلام، قال النبي: "الطلاق عندي شر ما يكون"، ولكن كان لابد من إباحته (وهو جائز، ولكن الله لا يحبه). لم يقر الله والنبي العبودية، ولكنها كانت موجودة في زمن النبي بسبب الأعراف الاجتماعية السائدة.

الخطيئة الأخلاقية خاطئة بطبيعتها ومدانة عالمياً بغض النظر عن مكان حدوثه في العالم.

الخطايا الشرعية ليست غير قانونية بطبيعتها، مثل عدم الصيام وشرب الخمر والحجاب غير اللائق، فهي لا تعتبر معاصي في الديانات الأخرى. فإذا لم نخالف الوصية علناً كمسلمين، وإذا لم نفعل ذلك بسبب المعصية، وإذا ارتكبنا هذه المعاصي سراً ولم نعلن عنها، فربما يغفر الله هذه المعاصي. والمعاصي الشرعية معاصٍ إذا ارتكبت علناً، أما إذا ارتكبت سراً فإن عواقبها تعتمد على خوف العبد من الله.

النجم 22/ 53: إنما المتقون هم الذين يجتنبون كبائر الإثم والفواحش إلا صغيرها فإن ربك غفور رحيم.

موضوع تجنب **الكبائر (الكبيرة))** ورد ذكرها في ثلاث آيات من القرآن الكريم، وهي تدل على أنها مما يصنف على أنه إثم **(الخطايا الأنانية)&** فواحش **(الأفعال المخزية، والسلوكيات الفاحشة، والخطيرة، والفاضحة، والمبالغ فيها)**. لا يمكن للإنسان أن يكون بريئاً بسبب الإرادة الحرة والرغبة في الخطيئة، والتي هي جزء من الطبيعة البشرية كجسدية، وحقيقة أن الشياطين الخارجية والداخلية تتربص دائماً.

الخطيئة والجريمة والتعدي والفجور والتمرد والظلم والطغيان والآثام والإسراف والفحش والزنا والتجديف هي خطايا مختلفة ولكل منها عواقبها الخاصة. وفقاً لقانون نيوتن في الطبيعة، لكل فعل رد فعل مساوٍ له. يقول الأمريكيون، كل ما يدور حولك يعود إليك (دائرة) أو يقول الإيرانيون "ما تعطيه بيد واحدة، ستحصل عليه باليد نفسها".

العقوبات الإنسانية عقدية وقانونية وأحيانا محلية بحسب نوع الجريمة وبما يتناسب معها، وهي في الحقيقة ضمان لسلامة المجتمع وتتضمن درسا أو تحذيرا للمذنب ومنع الآخرين من ارتكابها وتطبيقا للعدالة الاجتماعية، لأن المخالف للقانون يستحق العقاب.

كما أن أنظمة الله تعاقب المذنبين في الدنيا والآخرة بما يتناسب مع نوع المعصية وتأثيرها في الكون، وإلا فإن عدم المبالاة بالأعمال الصالحة والسيئة يكون بعيداً عن عدالة الله.

تبعاً للعواقب فإن الخطايا المختلفة لها عواقب مختلفة:

زنب: الذَّنّبْ يُعني الذيل وله ذيل، ويقال للذنوب التي تأتي بمضاعفات وعواقب بعد ارتكاب الذنب، ولا يطهرها إلا غفران الله. وفي القرآن الكريم يقول الله "غافر الذنوب وقابل التوبة".

إن المغفرة من صفات الله الحسنى، كما أن المذنبين في هذا العالم يحاكمون وفقاً للقوانين المدنية. **"زنب"** إن المغفرة هي محو آثار الذنب وآثاره، وليس محو الذنب نفسه، والغفران هو محو آثار الذنب ومحو آثاره، والذنب يمكن محوه ولكن لا يمكن محوه "**سيئِّات (أفعال شريرة)** إن الذنوب قد تغطى بإرادة الله لحماية المذنب من العار في المجتمع، والغفران عن الذنوب لا يعدو أن يكون تحييداً لآثارها السيئة، أما الذنوب فقد تغفر بالعمل الصالح.

الفتح 48/2 (مخاطبا النبي): غفر الله لك ذنبك الماضي والمستقبل (وآثاره الطويلة الأمد) وأتم عليك نعمته، وهداك إلى الصراط المستقيم. فيبدو أن سلسلة وآثار ذنب الإنسان الصالح والطالح في الأجيال والعصور السابقة واللاحقة قد تنسب إليه، وتؤثر على الحمض النووي. (نزلت هذه الآية بعد 19 سنة من بدء البعثة النبوية). بعض التصورات والأفكار السلبية عن الناس هي أيضا ذنوب، فلا تتجسسوا على بعضكم البعض، ولا تسبوا أحدا تحطوا من شأنه أو ترفعوا من شأنه.

آل عمران 193/3: «... اللهم أذهب عنا آثار ذنوبنا واستر سيئاتنا وتوفنا صالحين».

إثم(التعدي المتعمد):وهو عكس البر، ويعني ضيق الأفق والأنانية، ويشملالذنوب كالزنا والربا والبخس، وتجنب الشهادة بالحق في المحكمة إذاكان ذلك ضد النفس أو الأهل أو الأصدقاء.

الأنعام6/120: ابتعد عن الأنانية الظاهرة والباطنة، واحذر أن يعاقب أصحابالأنانية على أعمالهم.

أمافيما يتعلق بمظهر الإنسان وطبيعته الداخلية، فإن العديد من تصرفاتناالأنانية تجاه الآخرين قد تكون ملحوظة خارجياً، ولكن معظمها يحدثفي الخفاء أو داخلياً، ويرتبط بنوايانا ودوافعنا. يجب أن يكون كلامنا وسلوكنامدفوعين بالتقوى وليس الأنانية. وقد ذُكر هذا المفهوم للصفات الداخليةوالخارجية في خمس آيات أخرى من القرآن الكريم، مؤكدة على النعمالخارجية والداخلية.

الفحشوالزنى والفحش:تشير هذه المصطلحات إلى الأقوال والأفعالالتي تتسم بالقبح والفحش، سواء أكان ذلك ظاهرياًأم باطنياً. ومن الأمثلةعلى ذلك الفساد في الغرائز الجنسية، والدعارة، والكذب، والتجديف،والفحش.

النساء4/31: إن تجتنبوا كبائر الذنوب نكفر عنكم سيئاتكم وندخلكم مدخلاكريما.

النجم53/32: إنما المتقون هم الذين يجتنبون كبائر الإثم والفواحش إلاصغيرها فإن ربك يغفر لها.

الأعراف7/33: قلْ إِنَّمَا نهىَ رَبِّ عنْ هذَّاالفواحش **(الفواحش)**سواء ارتكبتعلانية أو سرا، **إثم**، الظلم غير المبرر **(باغي)**، "الاشتراك في الله بغير عقل،والقول على الله بغير علم."

الأنعام6/151: ... أمرنا الله باجتناب القبح الظاهر والباطن(**فافاهيش**).

وقدورد موضوع تجنب الكبائر في ثلاث آيات قرآنية، منها الآية (الإثم) والآية(الفاحشة).

عدوان:وهو عكس التقوى، ويتضمن اعتداء على حقوق الآخرين.

الكفر:هو تجاهل الحقائق، أما التكفير فهو تغطية السيئات وآثارها السيئةومحوها.

خطية:القيام بشيء سيء عن طريق الخطأ أو التهور.

النساء11/4: {ومن يعمل خطيئة أو إثما ثم يرم به بريئا فعليه وزر ظنكمذلك إثم مبين}.

هذهالآية تنسب الكسب إلى الإثم، بالإضافة إلى الخطيئة، وتعتبر الأخطاءفي الكسب، مثل فعل شيء خاطئ عمداً، من ذنوب الإثم.

هوب:الذنب أو الميل إلى المعصية مما يسبب الألم والحزن للإنسان، وقدورد هذا المصطلح مرة واحدة في القرآن الكريم، في شأن أخذ أموال اليتامىأو تحويل أموالهم الطيبة إلى أموال رديئة، وهو من الكبائر (الكبيرة 2/4).

الحنث(شهادة الزور):وقد وردت كلمة (حنث) مرتين في القرآن (ص 44/38: (... ولا تنقضوا العهد إنكم كنتم تنقضون). الواجهة 56/46: (وكانوا ينقضونالعهد كثيراً فكلمة (حنث) تعني الانتهاك ونقض العهد.

راجس(فعل قذر)): يشير إلى القذارة التي تسببها المعصية، كما يقول القرآن:{يا أيها الذين آمنوا إنما الخمر والميسر والأنس والأزلام رجس من عملالشيطان فاجتنبوه لعلكم تفلحون} (المائدة 90/5). ويضع القرآن الرجسكعائئق أمام الإيمان ويحذر من المعصية.

النجاسةهي تلوث أخلاقي، تطهره الطهارة، وتنشأ عن قلة العقل، والنفاق، وقلةالإيمان.

الإسراف:والإسراف في الأكل، والتسلط، والإسراف في الغرائز الجنسية،وعدم شكر النعم (كل زيادة ونقصان)، والخروج عن حدود الاعتدال والوسطية،كل ذلك يعتبر إسرافاً.

جوناه:الأفعال النابعة من الأنا غير المنضبطة، وعدم الإيمان، والأعمال القبيحة.والجهل بآثار وعواقب الأفعال، والتمسك اللاواعي بالعادات والتقاليدالمجتمعية، قد يغُفر للإنسان إذا كان بطبيعته حريصاً على الحفاظ علىنفسه وكان قلبه مخلصاً.

المائدة93/5: ليس على الذين آمنوا وعملوا الصالحات جناح فيما طعمواإذا كانوا اتقوا الله مؤمنين صالحين والله يحب المتقين.

يندم:إنه شعور بالفشل والهزيمة لا توجد فرصة للتعويض عنه. وكثيراً مايشار إلى يوم القيامة بأنه يوم الندم.

انتقام:إنكار أو رفض شيء أو شخص ما، مما يدل على شكل من أشكالالرفض وعدم السماح لشخص ما بالنجاح.

عزب(العقاب، العذاب، الهلاك):إنها المعاناة، والحرمان من نتائج أيجهد، والبقاء خالي الوفاض.

النساء23/4: هذه الآية عددت ثلاثة عشر محرماً في الزواج، مؤكدة على الخصوصيةالتي كانت موجودة منذ القدم في كل الأمم والأديان، وفقاً لفطرةالإنسان، وقد أكدها الإسلام كقاعدة أساسية.

الحديد13/57: يوم القيامة لا يدخل في شبكة الأمان إلا من أصلح نفسه،أما من تظاهر بالصلاح فهو خارجها. المنافقون رجالاً ونساءً

والنساءسوف يطلبن النور من المؤمنين ولكن سيقابلهن جدار يفصلهن عن بعضه، مع الرحمة لمن في الداخل والعقاب للمدعين.

باختصار،ذنوب أخلاقية واجتماعية مثل الكذب والسرقة والاختلاس،وكذلك ذنوب الزنب والإثم والفحش، وردت في القرآن مراراً وتكراراً. ويدين القرآن الظلم والإسراف والخيانة والفطرسة والفسادوالكفر والعدوان ونكران الجميل والتفاخر وضيق الأفق والبخل والقذف والسعي وراء الثروة والسلطة، كما يتضح في آيات عديدة..

النجم53/38: ولا تزر أحد وزر أحد.

إن الذنوب الشرعية مثل ترك الصلاة والصيام وشرب الخمر والقمار وأكل المحرمات يجب تجنبها، ولكن إذا ارتكبت فلا يجوز نشرها ولا تشجيع الآخرين على ارتكابها، على أمل أن يغفر الله هذه الذنوب،ولكن الأفراد لن يكونوا محصنين ضد الآثار الجانبية (زنب، رجس)، مثل المرض والفقر وتكوين عادات المعصية..

متعلق**الحجاب.**إن التمييز ضد مرتديات الحجاب الكامل (الحجاب والنقاب) منتشر في أغلب الدول الأوروبية والغربية. وحتى في دول مثل فرنسا،كثيراً ما تتعرض الفتيات المسلمات اللاتي يرتدين الحجاب للنبذ في المدارس. ومع ذلك، تستطيع الأم المتعلمة أن تربي أطفالها بشكل أفضل وتساهم في رفاهة الأسرة وأمنها. وينبغي تكييف الفقه الإسلامي أو تنفيذه لضمان عدم إعاقة الشؤون الشخصية مثل الحجاب والصلاة والصيام للتنمية الاجتماعية والمالية والثقافية للفرد. وينبغي التركيز على النتائج المرجوة من هذه الممارسات. وينبغي تحديد القيود أو عدم وجودها محلياً من خلال تصويت الأغلبية، بموافقة علماء الدين في البلاد.

منع النفاق وتشجيع الالتزام الحقيقي بالممارسات الدينية.

إن الخطايا الأخلاقية التي تسبب الفساد المجتمعي، مثل الرشوة والسرقة والاختلاس والكذب والاحتيال والاكتناز والاتجار غير المشروع والإدمان، وغيرها، يجب أن يتم التعامل معها بشكل منفصل. ويجب معاقبة المجرمين والمخالفين للقانون لحماية المجتمع وردع الآخرين، وضمان المساواة أمام القانون لجميع أفراد المجتمع.

الشرك:

هناك أكثر من 130 آية في القرآن تتحدث عن الشرك، أي الانحراف عن التوحيد. وهناك أنواع مختلفة من الشرك. الشرك الصريح يشمل عبادة الأصنام، أو اتخاذ الولد لله، أو المشاركة مع الله في أي شيء عند الصلاة، أو رجاء الشفاعة من الأئمة باعتبارهم عباد الله المخصوصين في الآخرة، أو عبادة المال، أو عبادة الأهل، أو طلب السلطة، أو الطموح، إلخ. كل ما في حياتنا يأخذ أولوية على كوننا عبيداً لله هو شرك.

قال النبي صلى الله عليه وسلم: إن الشرك كالنملة السوداء الصغيرة تتحرك في الليل على حجر أسود، ربما يصعب معرفتها.

النساء 48/4: إن الله لا يغفر أن يشرك به ويغفر ما دون ذلك لمن يشاء ومن يشرك بالله فقد افترى إفكاً

النساء 116/4: إِنَّ اللَّهَ لَا يَغْفِرُ أَنْ يُشْرَكَ بِهِ وَيَغْفِرُ مَا دُونَ ذَلِكَ لِمَنْ يَشَاءُ وَمَنْ يُشْرِكْ بِاللَّهِ فَقَدْ ضَلَّ ضَلَالاً بَعِيداً

النحل 19/16: وَاللَّهُ يَعْلَمُ مَا تُسِرُّونَ وَمَا تُعْلِنُونَ.

النحل20-16/21: والذين يدعون من دون الله لا يخلقون شيئا بل هم يخلقونوالموتى أموات ولا يشعرون أيان يبعثون.

يونس66/10: كل من في السموات والأرض عبد الله ومن يدعون شركاءالله في حاجاتهم إن هم إلا يتبعون الخرافات وينطقون بغير علم.

فاطر40/35: قل أخبروني عن شركائكم الذين تدعون من دون الله أروني ماذا خلقوا من الأرض هل لهم شرك في السموات أأتيناهم كتابا فهم على بينة منه كلا لا يعد الظالمون بعضهم بعضا إلا غرورا

النحل86/16: ولما رأى المشركون شركاءهم قالوا ربنا هؤلاء شركاؤنا الذين كنا ندعو من دونك فقالوا لهم إنكم لكاذبون

وكثيراً ما يسأل المشركون عن الآلهة والشفعاء يوم القيامة، فأين هم الآن؟ إما أنهم غير موجودين، وإن وجدوا يتهمون المشركين بالانحراف والتوجه إليهم لتحقيق مصالحهم الخاصة، مما يؤدي إلى العذاب الأبدي في الجحيم.

وهذه الآيات تخص الأئمة الأموات الذين يلجأ إليهم الناس في حاجاتهم، حتى أنهم لا يستطيعون أن يعينوا أنفسهم، وهذا النوع من الطاعة والانقياد المطلق للأوامر الدينية مخالف لأمر الله في العبادة، وهو شرك. (التوبة31/9)

حتى بناء المساجد وترميمها من قبل **موشرك** لا يجوز قبولها إذا كانت لدوافع خفية مثل النفاق أو الشهرة أو إساءة استخدام السلطة. **موشركين** إنهم يضيعون ولا يهتدون.

النمل27/62: أم من يجيب دعوة المضطر إذا دعاه فيكشف عنه الضر ويجعلكمخلفاء في الأرض... أإله غير الله قليل ما تذكرون

ولايجوز الاستغفار للمشرك الممارس، ولو كانا من أقرب أقربائه.

"إن بر الوالدين واجب، وطاعتهما في الشرك محرم" (العنكبوت 28/ 29،ولقمان 31/15).

يونس10/28: يوم القيامة يواجه الإمام والمظلوم، والعابد والمعبود، والمستكبروالضعيف، فيقول الإمام المعبود للمشركين: ما خدمتمونا ولكن أردتممصالحكم.

يوسف12/108: آمنوا بالتوحيد على بصيرة (وليس بالتقليد أو اتباع الآخرينبأعينكم وآذانك مغلقة عن الحقيقة).

الأعراف7/33: قلْ حرَّمَ ربَيِّ الفْوَاحشَ مَا ظهَرَ مِنِهْا ومَا بطنَ والْبغْيْانَ وغْضّ النّاسِ عنْ حقّهِ ومَا لمَ ينُزَّلِ اللهّ بهِ مِن حكُْمٍ قوَمْاً ومَا لا تعَلْمَوُنَ (نسبةإليه في قدرته على الشفاعة لنا)

القصص28/67: فمَنَ تاَبَ وآمنَ وعَمَلَ صَالحِاً فيَرَجْىَ أنَ يكْوُنَ مِنَ المْخُتْاَرينَ.

النساء4/116: إن الله لا يغفر أن يشرك به ويغفر ما دون ذلك لمن يشاءومن يشرك بالله فقد ضل ضلالا بعيدا

وبحسبالآيات السابقة فإن الخطيئة الوحيدة التي لا تغفر هي الارتباطبالله.

النحل16/19: وَاللَّهُ يَعْلَمُ مَا تُسِرُّونَ وَمَا تُعْلِنُونَ.

النحل16/21: إن الأموات أموات لا يعلمون متى يبعثون.

يونس10/66: واعلموا أن من في السموات والأرض ومن يتبعون من شرك فإنه لله إن يتبعون إلا الظن وإن هم إلا يظنون

فاطر35/40: قل أفرأيتم آلهتكم التي تدعون من دون الله لتقضوا حوائجكم أروني ماذا خلقوا من الأرض أم ماذا تعاونوا في السموات أم آتيناهم كتابا يستندون إليه منه بينة كلا بل يعد الظالمون بعضهم بعضا غرورا

النحل16/86: والذين أشركوا إذا رأوا شركاءهم قالوا يا رب هؤلاء الشركاء الذين كنا نعبدهم ونسألهم الشفاعة والحاجات فقالوا إنك من الكاذبين.

(حبطت صلاتك وأعمالك)

وكثيراً ما يسأل المشركون عن الآلهة والشفعاء يوم القيامة، فأين هم الآن؟ إما أنهم ليسوا كذلك، وإن كانوا كذلك، قالوا: كنتم ضالين ولجأتم إلينا لمصالحكم، والآن عقابكم جهنم الأبدية. هذه الآيات تتحدث عن الأولياء الذين يلجأ إليهم الناس في حاجاتهم، وهم غير قادرين حتى على مساعدة أنفسهم. إن الطاعة المطلقة للأوامر الدينية مخالفة لأوامر الله في العبادة، وتعتبر شركاً. (التوبة 9/31) حتى بناء المساجد وترميمها من قبل المشرك لا يقبل إذا كان ذلك من أجل النفاق في المجتمع، أو اكتساب الشهرة أو السلطة،

إنجهود المشركين (بالإضافة إلى أن المشرك الحقيقي يحب أي شيء أكثر من الله مثل المال، أو الوظيفة، أو الأسرة، أو السلطة، وما إلى ذلك يعتبر شركاً تذهب سدى، وهم لا يهتدون.

النمل27/62: أمنَ يجيب دعوة المضطر إذا دعاه ويكشف الضر عنه ويجعلكمخلفاء في الأرض... أإله غير الله قليل ما تذكرون

"ولا يجوز الاستغفار للمشركين ولو من الأقرباء، ويجب على الأبناء بر الوالدينالمشركين، وطاعتهما في الشرك محرمة" (العنكبوت 29/28، ولقمان31/15).

يونس10/28: ويوم القيامة يقف الإمام والمظلوم، والعابد وآلهته، والمستكبروالضعيف، فيقول الآلهة للمشركين: ما عبدتمونا ولكن أردتم مصالحكم.

يوسف12/108: قلْ هٰذِهِ سَبِيلِي أَدْعُو إِلَى اللَّهِ عَلَىٰ بَصِيرَةٍ أَنَا وَمَنْ اتَّبَعَنِي سُبْحَانَ اللَّهِ وَمَا أَنَا مِنَ الْمُشْرِكِينَ

سورةالأعراف 7/33: قلْ إِنَّمَا حَرَّمَ رَبِّيَ الْفَوَاحِشَ مَا ظَهَرَ مِنْهَا وَبَاطَنَهَا وَالإِثْمَ وَالْبَغْيَانَ وَأَنْ تُشْرِكُوا بِاللَّهِ مَا لَمْ يُنَزِّلْ بِهِ حُجَّةً وَأَنْ تَقُولُوا عَلَى اللَّهِ مَا لاتَعْلَمُونَ

القصص28/67: وأما من تاب وآمن وعمل صالحاً فعسى أن يكون من المفلحين.

شروطمغفرة الله من الشرك: التوبة من الشرك بكل أنواعه على الوجه الحقيقيوعدم العودة إليه، وإقام الصلاة والعمل الصالح واختيار الحياة المتوازنةعلى الصراط المستقيم، وإيتاء الزكاة.

أحدالأسباب التي قد تجعل الشرك هو الخطيئة الوحيدة التي لا يغفرهاالله، هو أنه عندما يصبح الشخص منخرطاً ومهووساً بشيء دنيوي في حياته مثل السلطة أو المال أو العائلة أو طائفة مختلفة وما إلى ذلك، فسيكون من الصعب على هذا الفرد تغيير اتجاهه واختيار طريق الله بدلاً من ذلك، وهو التغيير الضروري لكي يغفر الله له، لذلك ليس الله الرحيم ولكن الإنسان هو الذي يحكم على نفسه بالوقوع في فخ حب وعبادة الشيء الخطأ.

الفسق:

إن الفجور هو الخروج عن الشريعة والأنظمة وحرم الله، فالثمرة التي تخرج من قشرتها الواقية تفسد، فإذا خرج الإنسان من قشرته الواقية من الشريعة والأخلاق التي تحمي بذرة وجوده المقدسة، فإنه يصبح خاطئاً، وتدمر مواهبه الداخلية تدريجياً.

البقرة 62/2: إن الذين آمنوا والذين هادوا والنصارى والصابئين من آمن منهم بالله واليوم الآخر وعمل صالحا أولئك لهم أجرهم عند ربهم ولا خوف عليهم ولا هم يحزنون.

إن الهداية والضلال في النظام الإلهي يتحققان بالعمل لا بالعقل واللغة، وفي لغة القرآن الواضحة يضل الفاسقون.

إن المتجاوزين هم عكس ذلك **أولال الباب (رجال الفهم)**. ويمكن الاستشهاد بالأدلة من ثلاث آيات من القرآن الكريم عن المعتدين((**فاسقين**)) عمل من **قطع العلاقات مع الأهل والأقارب والقبيلة.**

النساء 88/4: فما تفرقتم في المنافقين الذين نكصهم الله بما كسبوا أتريدون أن تهدي من أذن الله له في ذلك؟

من يضلل الله فلن تجد له سبيلا.

محمد47/22: إحداث الفرقة والاختلاف في الأمة الواحدة.

المؤمنون23/53: فتفرقوا في الذي بينهم كصفحات الكتاب كل فريق بما عندهم راضون

الذنوب التي لها عقوبة دنيوية:

وفي القرآن الكريم حدد العقوبة الدنيوية لـ**أربع خطايا فقط** بما في ذلك انتهاك الحياة (**الانتقام**)، ملكية (**سرقة**)، شرف (**الزنا**)، وسلامة الأفراد، وحتى في هذه الحالات فضل الله المغفرة على الانتقام.

ولكي نفهم بشكل أفضل رحمة الله وعطفه على المسلمين، نذكر هنا العقوبة لكل من الذنوب الشنيعة والكبيرة: السرقة، والزنا، والقصاص للقتل استناداً إلى القرآن الكريم.

عقوبات **قطع أيدي السارقين ورجم الزناة**. والتي كتبت وأجريت باسم الإسلام، هي توصية مجموعة من الفقهاء، أو عادات قبلية لعرب الحجاز، أو مسلمي القارة الأفريقية، أو مأخوذة من قوانين قديمة لليهودية.

وقد حددت القوانين المدنية في البلدان غير الإسلامية العقوبة المناسبة لكل من الجرائم المذكورة أعلاه، وفي بعض البلدان الإسلامية اعتمدتها حسب مقتضيات الزمان والمكان، وهي خطوات ضرورية أيضاً لتجنب الإسلاموفوبيا ومعاداة الإسلام بين الشباب المسلم.

سرقة:

الماﺋدة5/38: والسارق والسارقة فاقطعوا أيديهما جزاء بما كسبا نكالا من الله والله عزيز حكيم.

ومن المهم أن نذكر أن كلمة قطع اليد وردت في القرآن أيضاً عن صديقات زليخة حين رأوا يوسف لأول مرة، ولعل معنى قطع اليد بالسكين هو وضع علامة على جلد اليد بأداة حادة، فيُعرف السارق بندبة داﺋمة، كما أن كلمة قطع اليد تستخدم أيضاً بمعنى عدم القدرة على الوصول إلى شيء ما.

يوسف31/12: فلما سمعت زليخا بمكرهم أرسلت إليهم فأعدت لهم مأدبة وأعطت كل واحد منهم سكينا وقالت اخرج لهم فلما رأوه تعجبوا منه وقطعوا أيديهم وقالوا حاشا لله ما هذا بشر إن هذا إلا ملك كريم

وجاء في كتاب "برهان القرآن" لصدر الدين البلاغي ص 173-171 أن أحكام الفقه الإسلامي والقوانين الشرعية المتعلقة بالسارق وقطع يده لم تطبق إلا ست مرات خلال الأربعماﺋة سنة التي طبقت فيها القوانين الجناﺋية الإسلامية وذلك للأسباب التالية:

1.يجب أن يكون اللص حكيما.

2.يجب أن يكون السن القانوني وقت السرقة.

3.لقد ارتكبها بمحض إرادته.

4.يجب أن يكون للسلع المسروقة سند ملكية وفقاً لـ الشريعة الإسلامية.

5.أن تكون قيمة المسروق ربع ريال على الأقل. دينار (في ذلك الوقت).

6.يجب على السارق أن يعلم حكم الإسلام في نفسه أثناء السرقة.
السرقة.

7.يتم استبعاد الشخص المستأجر (العامل) والضيف من
عقوبة(حد) إذا سرقوا شيئاً من صاحب العمل أو المضيف.

8.إذا سرق أحد مال ولده فعليه الحد.
لن يتم تطبيقه عليه.

9.لا حد لسرقة الطعام في عام المجاعة.
للجائعين.

10.إذا سرق جندي شيئاً من غنائم الحرب التي كان يملكها
من اشترك في الاستحواذ فهو معفى من عقوبة السرقة.

11.إذا سرق أحد الشريكين من ممتلكات الشريك الآخر و
إذا ادعى أنه اعتبر تلك الملكية حقه ونصيبه، فإنه يعفى من تنفيذ العقوبة.

12.إذا اشترى المتهم البضاعة أو أصبح مالكها
من سرق عن طريق الميراث أو نحوه قبل ثبوت السرقة من قبل ولي الأمر
الشرعي فإنه يعفى من العقوبة.

13.إذا كان من الممكن افتراض أن البضائع لم يتم أخذها للمستودع
الغرض من السرقة، لن يتم تنفيذ العقوبة.

14.إذا كان الشيء المسروق محظوراً، فإن السارق معفي من المسؤولية.
العقاب، لذلك لا توجد عقوبة على سرقة الخمر ولحم الخنزير وما شابه ذلك.

15.الشرط الذي يعتبر به أخذ المال سرقة هو:
أنها تؤخذ من منزل دخوله مشروط بإذن صاحب المنزل.

16.أحد شروط تنفيذ
العقوبة هي إزالة المال من تميمة صاحبه (هارز)، والمقصود بها العبد،
ومعنى الهارز هو المكان

حيث يتم الاحتفاظ بالممتلكات للحماية، مثل الحرز للذهب والمجوهرات والمال هو الخزنة، والحرز للفاكهة هو الحديقة، والحرز للماشية هو الإسطبل.

17.ينبغي أن تؤخذ الأموال سراً وليس بطريقة لا يمكن أن يراها أحد.
يمكن لأي شخص أن يرى ذلك.

18.قام اللص بإخراج المسروقات بنفسه من المنزل.
تميمة،فإذا حملها على رجليه أو أخذ معه طفلاً لم يلحقه الحد.

19.إذا تاب السارق قبل أن تثبت سرقته للحاكم، فإنه لا يجوز له أن يسرق.
لن يتم معاقبته.

20.لإثبات السرقة، يجب أن يشهد شخصان صالحان. إما إن شهد البار، وحلف صاحب المال، أو اعترف السارق نفسه مرتين، فإن اعترف مرة واحدة ولم يعد راغباً في الاعتراف، بقي حق صاحب المال، ولكن لا ينفذ العقوبة على السارق.

21.في تنفيذ عقوبة السرقة، من الواجب:
شرط أن يتولى مالك العقار متابعة القضية.

22.شرط منفذ العقوبة (القاضي) هو:
أن يكون حكمه وفق معايير وضوابط الشريعة الإسلامية، وإلا فليس له حق تنفيذ العقوبة.

23.عندما يتم إثبات السرقة من خلال مراعاة كافة الشروط و فإذا كان هناك قيود فإن الإسلام يشير إلى تاريخ وفضل المذنب، كما قال الإمام علي عليه السلام للص الذي اعترف بذنبه وتاب: هل تذكر من القرآن شيئا؟قال الرجل: نعم أحفظ سورة البقرة، فقال الإمام علي: أعفو عن يدك لسورة البقرة.

24.كذلك في جميع الأحوال التي تثبت فيها السرقة بشهادة السارق الاعتراف،فإن حاكم الشريعة حر في العفو عن المذنب متى شاء.

إننا نرى أن الشريعة الإسلامية المقدسة مليئة بالحب والعطف حتى على اللصوص. واليوم فإن القوانين الجنائية في مختلف البلدان تنفي وتطغى على ضرورة وجود قوانين شرعية فيما يتعلق بالسرقة والسطو. وعلينا أن نحاول أن نضمن تطبيق القوانين على الجميع في كل مكان، وعلى كل نوع من أنواع السرقة بشكل مناسب. واليوم، للأسف، يمكن معاقبة اللصوص الصغار في بلدنا، ولكن مختلس المليارات من الدولارات يفلتون بسهولة من القانون.

الزنا (العلاقة الجنسية مع امرأة متزوجة):

الإسراء 32/17: ولا تقربوا **الزنا (والزنى)**، وهذا بالتأكيد أمر قبيح للغاية وطريقة سيئة.

المائدة 89/5: لا يؤاخذكم الله بالباطل في أيمانكم ولكن يؤاخذكم بما عقدتم أيمانكم فجزاؤه إطعام عشرة مساكين من أوسط ما تطعمون أهليكم أو كسوتهم أو تحرير رقبة فمن لم يستطع فعليه صيام ثلاثة أيام ذلك جزاء أيمانكم التي أقسمتم وأوفوا أيمانكم كذلك يبين الله لكم آياته لعلكم تشكرون

النساء 15-18/4: ومن نسائكم اللاتي يأتين الفاحشة فاستشهدوا عليهن أربعة من أنفسكم فإن شهدوا فأمسكوهن في بيوتهن حتى يموتن أو يفتح الله لهن سبيلا. 16- والذين يفعلون ذلك من الرجال فاعذبوهما فإن تابوا وأصلحوا فذروهما إن الله تواب رحيم. 17- إنما التوبة التي يقبلها الله للذين يعملون الفاحشة بجهالة ثم يتوبون من قريب. 18- لا يفلح التوبة من تاب الله عليهن.

الذين يستمرون في معصية الله حتى يقول أحدهم: تبت الآن، ولا الذين يموتون وهم ينكرون ذلك، ينتظرهم عذاب أليم.

النور 2/24: والزانية والزاني فاجلدوا كل واحد منهما مائة جلدة ولا تأخذكم بهما رأفة في دين الله إن كنتم تؤمنون بالله واليوم الآخر وليشهد عذابهما طائفة من المؤمنين

إن كلمتي الدعارة والفحش والزنا مختلفتان، فالفحش له معنى عام ويدل على كل قول أو فعل فاحش، وقد يكون أخلاقياً أو حسياً، أما الزنا فهو شكل من أشكال الدعارة في العلاقات الجنسية يدوم ويستقر، وليس خديعة لمرة واحدة.

النور 9/24-4: والذين يرمون المحصنات ثم لم يأتوا بأربعة شهداء فاجلدوهم ثمانين جلدة ولا تقبلوا لهم شهادة أبدا إنهم كانوا فاسقين (4) إلا من تاب منهم وأصلح وكان الله غفورا رحيما (5) والذين يرمون أزواجهم ولم يكن لهم شهداء إلا أنفسهم فليشهدوا أربع شهادات بالله إنه لمن الصادقين(6) والخامسة أن لعنة الله عليه إن كان من الكاذبين (7) فإن يدرأ عنها العذاب أن تشهد أربع شهادات بالله إنه لمن الكاذبين (8) والخامسة أن غضب الله عليها إن كان من الصادقين (9)

تصنف عقوبة الزنا في القانون الجنائي والفقه الإسلامي إلى 8 درجات بحسب ظروف المعصية وظروف مرتكبيها (أدلة القرآن، قوانين العقوبات الإسلامية، 180-177، لصدر الدين البلاغي):

1. الرجم (غير موجود في القرآن)

2. الجمع بين السوط والحجر

271

3.مائة جلدة

4.مائة جلدة وحلق الرأس والنفي من المدينة

5.50 جلدة

6.75 جلدة

7.الدات يعني حمل عدة سياط وضربها مرة واحدة

8.أي مجموعة من عقوبات التعزير

أصول الشروط المذكورة في الكتب والأحاديث في تنفيذ الزنا:

1-لإثبات وقوع الزنا ووجوب قصاص المرأة لا بد من شهادة أربعة شهود صالحين من الرجال أو ثلاثة رجال وامرأتان أو رجلان صالحان وأربع نساء مؤمنات ومعارف (غير أعداء) وإذا كان الشهود رجلين وأربع نساء غير معروفين للمذنبين لم تقبل شهادتهم لأن المرأة والزاني متزوجان فلا يرجمان.

2-أن يكون محل الزنا واحدا في شهادة الشهود.

3-أن يكون زمان الزنا واحداً في شهادة الشهود، فيكون أربعة رجال صالحين قد شهدوا معاً في وقت واحد على ارتكاب الفعل الجنسي.

4-يجب أن تكون شهادة الشهود في مجلس واحد، وليس شهادة واحدة على انفراد.

5-عندما يقول أربعة من الصالحين أنهم سمعوا من أربعة صالحين آخرين، فهذا لا يكفي.

6-إذا شهد أربعة شهود عدل على وقوع الزنا مع امرأة وهم لا يعرفون تلك المرأة،

لاتقبل الشهادة؛ لأنه قد تكون تلك المرأة زوجة الرجل، ولم يعرفاها.

7-إذا شهد ثلاثة من أربعة أشخاص مجتمعين وامتنع الرابع عن الشهادةأو كان قوله مخالفاً لقول هؤلاء الثلاثة فإنه يقام على هؤلاء الثلاثة حدالقذف.

8-إذا اعترف الزاني بذنبه ثلاث مرات فلا ينفذ عليه الحد، ويجب عليه أن يعترف أربع مرات.

9-إذا اعترف أربع مرات في مجلس واحد لم يقام الحد، ويجب أن يكون في أربع مناسبات وفي أربع مجالس.

10-ليس للقاضي الحق في تشجيع المتهم على الاعتراف ومساعدته في إصدار الأحكام، ويجب عليه أن يحاول عدم إثبات الذنب حفاظاً على الحياءوالشرف والعفة والطهارة العامة في المجتمع، ويجب عليه تفسير وتوضيحالشكوك لصالح المتهم وحث المتهم على إنكار الذنب.

11-إذا أنكر المتزوج بعد اعترافه أربع مرات لا يطبق عليه حد الرجم وتخففعقوبته.

12-المسلم الجديد الذي لا يعرف عقوبات الإسلام لا تترتب عليه العقوبة.

13-وأما الزاني غير المحصن المريض فإن لولي الأمر الشرعي أن يستعملبدل السوط مكنسة أو عود تمر، ويكون كل عود مكنسة أو عود نخلسوطاً.

14-يشترط في إقامة الحد أن لا يكون السوط مؤذياً لجسد الإنسان، ويشترطلإقامة الحد أن يكون المتهم عاقلاً غير راغب في الاعتراف بأن فعلهكان معصية عظيمة.

١٥-إذا تزوج أحد امرأة أخرى بالخطأ فلا حرج عليه.

16-إن تنفيذ كل حكم من أحكام الإسلام يتوقف على طلب المظلوم.

17-إذا أكرهت المرأة على الزنا فلا عقاب عليها.

لقدتجنب فقهاء الإسلام الإهانة بشكل صارم وراعوا الحذر في تنفيذ العقوبة،لذلك عملياً في الإسلام فإن الطريق لتحرير الزنا من عقوبة الرجم مفتوحتماماً أمام الطرفين (وبالطبع لم يوص الله في القرآن بالرجم كعقوبة للزنا)، إلا إذا ارتكبا الزنا علانية، ففي هذه الحالة سوف تتعرض عفة المجتمعللمساءلة وقد تشجع آخرين على فعل ذلك، وعملياً فقط في هذه الظروفسيكون عدد الشهود كافياً لتنفيذ العقوبة.

وبالطبعفإن هدف هذه المقالة هو إظهار أنه حتى الزنا والسرقة، وهما منالكبائر، فإن الله الرحمن الرحيم ذكر في القرآن عقوبة شديدة للتخويف منهماومنع انتشارهما في المجتمع، ولكنه عمليا جعل تطبيقها مستحيلا.

ويرىبعض الفقهاء أن هذه القوانين لا تسري إلا عندما تقوم الحكومة الإسلاميةبواجبها في توفير التسهيلات للزواج والتوظيف وغير ذلك، بحيث تقلالحاجة إلى الزنا والسرقة في المجتمع.

وبطبيعةالحال، في هذا العصر من الحضارة الإنسانية، وبسبب وضع القوانينالمدنية المناسبة لكل مجتمع، أصبحت هذه العقوبات أقل معنى وتطبيقا،وقد تناولتها فقط لبعض القراء الذين ينتقدون الشريعة الإسلامية المقدسةبسبب جهلهم وعدم كفاية المعلومات لديهم.

أليس من الأفضل في الجمهورية الإسلامية بدلاً من الاهتمام بمظهر الدين مثل فرض الحجاب، التركيز على أسباب السرقة والاختلاس والدعارة وإدمان المخدرات والأمراض المنقولة جنسياً التي تنتشر بشكل وبائي، وتوفير التربية الجنسية للطلاب في سن النشاط الجنسي في المدارس وتوفير أدوات سهلة الوصول مجاناً لمنع الحمل بين المراهقين وانتشار الأمراض المنقولة جنسياً، وإنشاء مراكز مرخصة تحت سيطرة إدارة الصحة على أطراف المدن الكبرى لتلبية الاحتياجات الجنسية الطبيعية للشباب بغض النظر عما يعتقده الزعماء الدينيون والمجتمع أنه مناسب أم لا، لأن الجيل الأصغر سناً لديه سهولة الوصول إلى سيل المعلومات الإباحية في وسائل التواصل الاجتماعي.

إن الإصرار على إنشاء مجتمع ديني وفقهي عن طريق الخوف والعقاب أمر غير ممكن، بل يجب بدلاً من ذلك توجيه الجهود الدينية والطيبة والتقية نحو التركيز على تشكيل مجتمع مثقف وأخلاقي ومتحرر، لديه العمل والدخل والأمل في المستقبل.

القصاص (الانتقام، عقوبة القتل العمد):

نزلت الآية التالية عن القصاص في حرب أحد، لمنع العنف المفرط من جانب المحاربين، حتى لا يقتلوا العديد من رجال العدو من أجل موت واحد منهم من جانبهم، من باب العدل وعدم النصيحة بالمثل.

البقرة 178/2: يا أيها الذين آمنوا كتب عليكم القصاص في القتلى الحر بالحر والعبد بالعبد والأنثى بالأنثى فمن خفف عنه أخيه فدية بالمعروف وأد إليه بالمعروف ذلك مغفرة من ربكم ورحمة ومن اعتدى بعد ذلك فله عذاب أليم

إنالقصاص هو البحث عن الجريمة وملاحقتها لمنع تكرارها وتحديد العقوبةنفسها (وليس أكثر). وتجدر الإشارة إلى أن عقوبة القتل غير العمد ليستالقصاص، بل دفع الفدية. ولا ينبغي أن يتم القصاص (الموت شنقاً) إلافي ظروف متساوية، ويتحول قصاص الرجل لقتله امرأة أو الرجل الحر لقتلهعبداً إلى فدية. لقد حول القرآن أجواء الكراهية والانتقام، بنسيم المغفرةوالرحمة، إلى أجواء من النقاء والأخوة في الإيمان بجملة "فمن عفا عنأخيه" من أجل قيادة العلاقات الاجتماعية إلى المصالحة والإصلاح. إن مطلبالعدالة هو القصاص ولكن بخصمه وتحويله إلى دية (**اصنعها بنفسك**من الله أن ينمي الإنسان بتدريبه على الرحمة والتوجه نحو الأخوة والمحبة.

البقرة179/2: ولكم في القصاص حياة، لا في الانتقام، يا أولي الألباب لعلكمتتقون.

المائدة45/5: وكتبنا عليهم (في التوراة) أن النفس بالنفس والعين بالعينوالأذن بالأذن والسن بالسن وغير ذلك ولكل جريح جزاء سواء فكل منصدق في العفو (اتبع توصية المغفرة الإلهية) فإن المغفرة غفرت له (منذنوبه السابقة) ومن لم يعمل بما أنزل الله (ينتقم بأكثر مما يجب) فأولئكهم الظالمون لا محالة.

الأسراء33/17: لا تقتلوا نفساً حرم الله قتلها إلا بحق الله، وأحلنا لولي المقتولمظلوماً مظلوماً أن يحكم على قاتله (بالعفو أو الفداء أو القصاص)، ولكنالقصاص (يجب أن يكون بالعدل) ولم نحل لولي المقتول أن يفرط في القتل.

في القتل وسفك الدماء حتى يكون عمله مقبولا ومؤيدا منا.

الصوف:

البقرة 188/2: ولا يأخذ بعضكم أموال بعض بالباطل، ولا يرفعون دعوى إلى القضاء ليأخذوا شيئاً تعلمون أنه باطل.

الإسراف والتوازن:

الإسراء 27/17: إن المبذرين كانوا إخوان الشياطين وكان الشيطان لربه كفورا.

الفرقان 67/25: والذين لا يسرفون ولا يقتصدون في الإنفاق ويعتدلون بين ذلك هم خصومة.

الأعراف 31/7: وكلوا واشربوا ولا تسرفوا إن الله لا يحب المسرفين.

الأنعام 141/6: ... إن الله لا يحب المسرفين.

الأسراء 29/17: ولا تبسط يدك كثيراً ولا تبسطها كل البسط فتقعد ملوماً نادماً

استهلاك الكحول والمقامرة:

النحل 67/16: تتخذون من ثمرات النخيل والأعناب خمراً ورزقاً طيباً إن في ذلك لآية للعالمين. (سنة 2 هـ)

البقرة 219/2: يسألونك عن الخمر (**خمر**) **والمقامرة**. قل أن هناك آثاراً ضارة كبيرة (**إثم**) فيهما منافع للناس، ومضارهما أكثر من منافعهما.

النساء4/43: يا أيها الذين آمنوا لا تقربوا الصلاة وأنتم سكارى حتى تعلمواما تقولون. (سنة 8هـ)

المائدة5/90: (من آخر ما نزل على النبي قبل وفاته) يا أيها الذين آمنواإن الخمر والميسر والأنس واليانصيب رجس من عمل الشيطان فاجتنبوهلعلكم تفلحون. (السنة التاسعة للهجرة)

المائدة5/91: إنما يريد الشيطان أن يوقع بينكم العداوة والبغضاء في الخمروالميسر ويصدكم عن ذكر الله وعن الصلاة فهلا أنتُم منتهون

المعنىالرئيسي للخمر هو "التغطية"، ولأن المشروبات الكحولية تغير الحالةالنفسية، فإنها تسمى خمراً. لذلك، في الآية الأولى أعلاه، ذكرت المسكراتوالأرزاق الطيبة منتجات التمر والعنب، أو فوائد الخمر، وفي الآيةالثانية، يسأل بعض المؤمنين النبي عما إذا كان الخمر حراماً أم حلالاً، والإجابةالمقدمة هي أن هناك فوائد في القمار والخمر، لكن مساوئها وآثارهاالضارة أكثر بكثير. في الآية الثالثة، يقول القرآن "ولا تسكروا في الصلاةحتى تفقهوا ما تفعلون وما تقولون". أخيراً، بعد الخلفية التعليمية فيالآية الأخيرة، يعلن الله أنها فعل شرير يجب تجنبه.

الخمرغير محرمة في القرآن، أولاً يقول أن الفاكهة التي تصنع منها الخمر،مثل كل شيء آخر في الحياة، يمكن استخدامها بالطريقة الصحيحة والطريقةالخاطئة. لقد جعل المسلمين تدريجياً يفهمون فوائد ومضار الخمروخلال السنوات القليلة الأولى أخبر أتباعه بعدم الصلاة وهم في حالة سكُر،وبما أن الصلاة تقام خمس مرات في اليوم، فلا يسُمح لهم بشرب الخمرفي معظم الأوقات، ثم قال الله لاحقاً أن الضرر يفوق النفع، وأخيراً قالإنه عمل شرير ويجب عليك التوقف عنه، وفي السنة التاسعة من الهجرةحرم شرب الخمر دون أي تهديد.

لقدقاد القرآن الكريم العرب المدمنين على الخمر إلى الطريق الصحيح تدريجيا خلال23 عاما، حتى أنه عندما أمركم بالتوقف عن هذا الفعل الشرير، يستطيع الجميع التوقفعن شرب الخمر على الفور.

في الديانتين اليهودية والمسيحية لا يوجد مانع ديني من شرب الخمر، ويقالأن من معجزات السيد المسيح تحويل الماء إلى خمر في العشاء الأخير،وأمر السيد المسيح عليه السلام جميع الرسل ما عدا يهوذا الخائن أنيشربوا منه، والآن في كل يوم أحد وهو يوم مقدس عند المسيحيين يشربكل مشارك يحضر الخدمات الدينية في الكنيسة بعض الخمر الأحمر على أنه دم المسيح مع قطعة خبز على أنها جسده حتى يذوب رمز المسيح فيجسده وروحه ويؤثر على سلوكه.

في أمريكا، يعاني 3 من كل 10 أشخاص من مشاكل الإدمان على الكحول،ويموت 88000 شخص من الأمراض الناجمة عن هذا الإدمان كل عام.في الواقع، في أمريكا، تعد الأمراض المرتبطة بالكحول ثالث أكبر سببللوفاة المبكرة والتي يمكن الوقاية منها. وفقاً لإحصائيات منظمة الصحةالعالمية في عام 2012، مات 3.300.000 شخص على هذا الكوكب بسببالكحول والآثار الضارة المرتبطة به. أدى قانون حظر استهلاك الكحولفي أمريكا والغرامات والسجن (1933-1920) إلى زيادة عدد مدمني الكحولوالوفيات الناتجة عن ذلك بسبب الخمور والشوائب، ولهذا السبب،أصبح الاستخدام وزواج المثليين قانونيين الآن في بعض الولايات الأمريكية.

توصي الجمعية الأمريكية لأمراض القلب بتناول 200-150 مل من النبيذالأحمر يومياً نظراً لتأثيراته المهدئة ونسبة مضادات الأكسدة العالية التيتساهم في صحة القلب. لكن الاستهلاك اليومي لهذه الكمية الصغيرة يمكنأن يزيد تدريجياً لدى بعض الأشخاص ويؤدي في النهاية إلى الإدمان والعديدمن المضاعفات الاجتماعية والاقتصادية والصحية. بالإضافة إلى ذلك،أظهرت دراسة حديثة من إنجلترا نشرت في مجلة الجمعية الطبية الأمريكيةأن حتى الاستهلاك اليومي الصغير للكحول مضر بالصحة.

ومن خلال ما سبق يمكن الاستنتاج أن:

1.تناول كافة العقاقير المخدرة والمسببة للإدمان والتي تكون ضارة. المخدرات التي تضر بالصحة، مثل الأفيون والهيروين والحشيش، وربما حتى السجائر والشيشة، لما لها من ضرر على الصحة العقلية والجسدية والمالية والاجتماعية، ولها نفس تأثير الكحول وهي أعمال سيئة ويجب تجنبها.

2.التخلص من الإدمان ليس بالمهمة السهلة وسوف يساعد الله لقد أعد الله المسلمين بالتدريج وعلى مدى سنوات طويلة وأمرهم بالامتناع عن شرب الخمر في الوقت المناسب. ولو أمر الله العرب الذين يشربون الخمر منذ البداية بتحريم شرب الخمر لما تحققت النتيجة المرجوة، ولهذا السبب ربما لم يدخل كثير من الناس في الإسلام. أولاً، دخلوا في الإسلام ثم بقوة الإيمان والدين استطاعوا أن يقلعوا عن الإدمان.

3.يجب على الشخص المدمن أن يشارك بانتظام في أنشطة مماثلة لدى المرضى وبرنامج الخطوات الاثنتي عشرة (AA = مدمن الكحول المجهول) إيمان قوي ببرنامج علاج الإدمان والأشخاص المشاركين فيه، ويثقون ويأملون في مساعدة الله، ولديهم دافع قوي مثل الحفاظ على الصحة، والاهتمام بسبل عيش الأسرة، ومخاطر العمل، والخوف من فشل الكبد وسرطان الكبد، والموت المبكر، وما إلى ذلك.

لقد كنت أمارس الطب في أمريكا لأكثر من خمسين عاماً، وكان لي اتصال بالعديد من المرضى الذين كانوا في الأصل من إيطاليا والبرتغال. كان هؤلاء الأشخاص، الذين كانوا في الغالب عمال مصانع، يصنعون النبيذ في منازلهم ويشربون كأساً منه كل يوم بعد العمل في وقت العشاء. كانت هذه الكمية مريحة وساعدتهم على النوم دون أن يصابوا بالسكر. لقد تعلم هؤلاء الأشخاص ثقافة شرب كمية معقولة من النبيذ على مر القرون ونادراً ما كانوا يستهلكون أكثر من كأس واحدة إلا في المناسبات الخاصة. كان معظم هؤلاء الأشخاص من الرجال الذين تجاوزوا الثمانين من العمر ولم يصابوا بأي أمراض مرتبطة باستهلاك الكحول. ربما في الآية

إنما ورد في الآية 219 من سورة البقرة من أن فيها من المنافع ما هو إلا الأثرالإيجابي لكميتها القليلة، وكل الضرر المترتب على المشروبات الكحوليةيرجع إلى الإفراط في تناولها (أكثر من 60 جراماً من الكحول يومياً إلىحد السُكر والجنون، وعلى العكس من ذلك ففي المجتمع الأمريكي ذي البشرةالحمراء حيث ثقافة الشرب ضعيفة فإن معدل الوفيات بسبب الإفراطفي تناول المشروبات الكحولية مرتفع بين الشباب.

إنكلمة خمر التي تستخدم للإشارة إلى المسكرات والتغيرات في الحالة العقلية،يمكن تطبيقها على نحو مماثل على الماريجوانا والهيروين والأفيون والسجائروالهوكا وأي شيء آخر يؤثر على الدماغ، وكما نعلم فإن معظمها يمكنأن يرتبط بأذى جسدي مميت.

إنالقمار يسبب الإدمان مثله كمثل الكحول، وقد يكلف المقامر خسارةأغلب أو كل أرباحه وممتلكاته. وأنا أعرف أشخاصاً خسروا أغلب مدخراتهمفي بيوت القمار وسوق الأوراق المالية وقضوا بقية حياتهم في بؤس.كما أن بيوت القمار (الكازينو) كثيراً ما تُبْنى في المناطق الفقيرة حتى يأخذالفقراء معاشهم التقاعدي الشهري من الحكومة إلى بيوت القمار على أملأن يحالفهم الحظ هذه المرة، وأن تتحسن حياتهم بالفوز بالجائزة الكبرى،دون أن يدركوا أنهم خاسرون دائماً، وأن واحداً من كل ألف قد يحالفهالحظ ويفوز بجائزة كبرى. واليوم، في أميركا، كما توجد مجموعات التعافيمن إدمان الكحول (AA)، توجد أيضاً مجموعات التعافي من إدمان القمار(GA). والمشاركون في هذه المجموعات هم الأشخاص الذين خسروا أصولهمويتعين عليهم أن يخضعوا بانتظام للخطوات الاثنتي عشرة لإدمان القمار.

يمكناعتبار المشاركة في سوق الأوراق المالية أيضاً مقامرة للأشخاصغير المطلعين أو الذين لا يحصلون على مساعدة الخبراء ذوي الصلة.في أوقات الكساد الأعظم في أمريكا بسبب الأزمة الاقتصادية وإفلاسالشركات، فقد الكثير من الناس كل مدخراتهم التي خططوا لها للتقاعدوانتحروا في مدينة نيويورك بالقفز من نوافذ الشقق.

الأطعمة الحلال والحرام:

المائدة 5/5: اليوم أحل لكم الطعام الطيب، وأحل لهم طعام أهل الكتاب، وأحل لهم طعامكم.

الأنعام 145/6: قُلْ يَا أَيُّهَا النَّبِيُّ لا أَجَدِ فِي مَا أُوحِيَ إِلَيَّ مِنْ شَيءٍ محُرَّمًا عَلَى طَعَامِهِ إِلّا الْخَيْطَانَ. **لحم الميتة والدم المسفوك ولحم الخنزير فهي نجسة.**

(بيئة مسببة للأمراض وبيئة لتكاثر الفيروسات والبكتيريا) أو حيوان ذبح على غير الله جهلاً، ولكن من أجبر على أكل تلك الأطعمة المحرمة بغير قصد العصيان ومخالفة أوامر الله، وبقدر الضرورة فقط، فإن الله يغفر له، إن ربك لغفور رحيم.

ويحرم الله الرحيم على الناس في ذلك الوقت تناول الأطعمة التي يحتمل أن تكون ملوثة بالطفيليات والجراثيم.

75% من سكان الأرض، عدا المسلمين، يأكلون لحم الخنزير، وذلك حسب الآية 5 من سورة المائدة: (وإن كان طعام أهل الكتاب طاهراً حلال أكله).

يعيش طفيلي التريكينوسيس في عضلات الخنازير، ويصاب الإنسان بهذا الطفيلي الذي لم يكن له علاج حتى فترة قريبة، بسبب تناول لحم الخنزير المصاب، وخاصة إذا لم يتم طهيه بشكل كافٍ، بعد دخول الجسم، تدخل يرقة هذا الطفيلي إلى الدم عبر الجهاز الهضمي وتهاجر إلى أعضاء مختلفة من الجسم مثل القلب والدماغ والرئتين والعضلات والكلى وتشكل آلية الدفاع في الجسم جداراً حولها لاحتوائها. تسبب هذه الكتل التي تشغل الحيز، حسب موقعها، الصداع والصرع وآلام العضلات ومشاكل القلب والرئة والكلى. حالياً، وخاصة في البلدان المتقدمة، يتم تربية الخنازير في مزارع خاصة. علاوة على ذلك، فإن صناعة اللحوم بما في ذلك الطيور والأبقار والدواجن المنزلية

لحم الخنزير تحت سيطرة إدارة الغذاء والدواء في الولايات المتحدة. هذه المشكلة غير موجودة، لكن لحم الخنزير البري لا يزال بإمكانه نقل هذا المرض إلى البشر في أجزاء مختلفة من العالم.

السبب في نجاسات الكلاب عند الفقهاء في الإسلام هو أنها تنقل مرض الكيس المائي المستعصي للإنسان، والذي قد يسبب أوراماً كبيرة في الرئتين والكبد والدماغ، وهذا بالطبع لا ينطبق على الكلاب المنزلية تحت إشراف الأطباء البيطريين، الكلب صديق الإنسان المثالي الذي يمثل الولاء الكامل لصاحبه، وقد ذكر في سورة الكهف أنه إنسان، وله فوائد كثيرة للإنسان، فكيف يكون هذا الصديق الوفي نجساً، ويستحق الرجم والقتل في أغلب الدول الإسلامية البدائية؟

الظلم (الظلم):

الشورى 30/42: كل بلاء ومصيبة تصيبكم فهي من عملكم القبيح، ويعفو عن كثير.

الأنفال 25/8: واحذر أن تأتيك الفاجعة فلا تكون خاصة بالظالمين بل تشمل الجميع واعلم أن عذاب الله شديد.

الأنبياء 11/21: وكان في القرى والبلاد قوما أقوياء دمرناهم ظلماً وأنشأنا مكانهم قوما آخرين.

النور 9/24: إن الذين يحبون أن تشيع الفاحشة بين المؤمنين لهم عذاب أليم في الدنيا والآخرة والله يعلم وأنتم لا تعلمون.

النجم 39/53: واعلم أن الإنسان لن يصل إلى شيء إلا بقدر جهده.

وبالجملة فإن محرمات القرآن، وخاصة الربا، والرشوة، والاحتكار، وأحكام ما أنزل الله على رسله، والقتل بغير حق، وهتك العرض، والكذب، والسرقة،

القذف،والاتهام، والكبر والغرور، والطمع، والتعدي على حقوق الآخرين،والفساد والفساد، والظلم بالمعنى العام، والإسراف وتحريم الحقوق المالية، من الرذائل التي ينبغي تجنبها بشدة.

مغفرة الذنوب

يقول الله في القرآن أنه في ظل ظروف خاصة يمكن أن تغفر كل الذنوب إلا الشرك، ويكفي من رحمته أنه لا يغفر الكثير من ذنوب عباده فحسب،بل ويخفيها عن الآخرين أيضاً. لا يتوقع الله من أي شخص أكثر من الأفضل ما يستطيع أن يفعله وفقاً لقدرته.

البقرة2/286: لا يكلف الله نفساً إلا وسعها، فما اكتسبه من خير فهو له،وما اكتسبه من شر فهو له.

اطلب المغفرة:**استغفار**((طلب المغفرة) من جذر الكلمة **غفْرْ**("التغطية والمحو" يعني قبول الخطأ والاستعداد للتطهير والإصلاح والتغيير، وبعد ذلك تنزول ظلمة القلب ويشرق عليه نور الحقيقة. قال الإمام علي (ع): إن التوبة من الكبيرة لا بد أن تتم بستة مراحل:

1.الندم على ما حدث في الماضي

2.العزم على تركها إلى الأبد

3.دفع الحقوق من الناس المدوسين والتخلص من عواقبها

4.الوفاء بالالتزامات التي تم فقدها حتى الآن

5.إذابة اللحوم المتحصل عليها بالرشوة و«الاستغلال».

6.تذوق مشقة الطاعة بدلاً من حلاوة الدعاء.

الخطيئة.

التوبة:البقرة 37/2: فآدم بعد أن أخطأ وندم، أمره الله بالتوبة، فقبل اللهتوبته.

النساء4/18: من عمل سيئات في حياته ثم إذا رأى الموت ندم عليها وقالتبت لم تقبل توبته.

سورةالإسراء 25/17: الله أعلم بما في نفسك منك، فإذا كنت صالحاً فاعلمأن الله يغفر لمن تاب إليه توبة صادقة.

العنكبوت7/ 29: ونمحو سيئات الذين آمنوا بالله وعملوا الصالحات ولنجزينهمأكثر مما كانوا يكسبون.

النحل119/16: إن الله غفور رحيم للذين يعملون السيئات بجهالة ثم تابواإليه وعملوا صالحاً.

التحريم8/66: يا أيها الذين آمنوا توبوا إلى الله يستركم ويهلككم.

فالتوبةإذن هي الاعتراف بالذنب وعدم العودة إليه، والعمل بدلاً منه بالأعمالالخيرية، يغفر الله السيئات وآثارها السيئة والفاضحة.

مغفرةالذنوب:

النساء31/4: إن تجتنبوا كبائر الذنوب نكفر عنكم سيئاتكم الصغرى وندخلكممدخلا كريما.

الزمر35/39: ليذهب الله عنهم أسوأ الذي عملوا ويجزيهم أجرهم بأحسنالذي كانوا يعملون.

مريم76/19: ويزيد الله الذين اهتدوا هدى والباقيات الصالحات خير ثواباعند ربك وخير منقلبا.

البقرة185/2-183: يا أيها الذين آمنوا كتب عليكم الصيام كما كتب على الذين من قبلكم لعلكم تتقون (183) أياما معدودات فمن كان منكم مريضاأو على سفر فعدة من أيام أخر وعلى الذين يطيقونه فدية طعام مسكينومن تطوع خيرا فهو خير له وأن تصوموا خير لكم إن كنتم تعلمون (184) شهر رمضان الذي أنزل فيه القرآن هدى للناس وبينات من الهدى والفرقانفمن شهده منكم فليصمه ومن كان مريضا أو على سفر فعدة من أيامأخر يريد الله بكم اليسر ولا يريد بكم العسر ولتكملوا العدة ولتكبروا الله على ما هداكم ولعلكم تشكرون (185)

الطلاق7/65: لا يُكلفِّ الله أحداً إلا بقدر ما آتاه من القدرة.

المائدة101/5: يا أيها الذين آمنوا لا تسألوا عن أشياء إن تبينّ لكم تسؤكم ولكن إذا نزل القرآن فاسألوا ينُزْلَ إليكم عفا الله عن ذلك والله غفور حليم

أماعن الخمر فإن الخمر محرم، وقد أمر بعدم الصلاة وأنت سكران،وأن الخمر والميسر يسببان الشقاق والشقاق بينكم، فتجنبوهما،والقرآن لم يذكر ذلك.

يوصى بالجلد المعتاد 80 جلدة للشخص الذي تناول الكحول.

وفي بداية الثورة الإسلامية، أدت هذه العقوبات إلى هجرة الناس وحتى الأطباء إلى وطنهم، وحرمت الناس من تخصصاتهم.

من المؤكد أن السُّكر المستمر والإدمان على القمار يمثلان مشكلة اجتماعية خطيرة وكبيرة، ووجود مجموعات مدمني الكحول والمقامرين والمخدرات المجهولين في جميع أنحاء العالم أمر واضح.

ومع ذلك، فيما يتعلق بالسماح باستهلاك المشروبات الكحولية المعتدلة للسياح الأجانب (المسموح به في دينهم)، فإننا لسنا مسؤولين عن توجيهاتهم الجيدة (المعروفة) والسيئة (المنكرة)، وسوف يجذب المزيد من السياح إذا سمح بذلك، خاصة في وقت حيث بسبب العقوبات الدولية القاسية على إيران، تحتاج البلاد إلى الاعتماد على عملتها الواردة، والتي يمكن أن تكون شريان حياة اقتصادياً.

في حالة الزنا الذي يعتبر من أعظم الذنوب، تجب الشهادة العلنية لأربعة رجال صالحين على الزناة بأنهم مارسوا الجماع في نفس الوقت وفي نفس المكان، أما إذا أنكرت المرأة ذلك بحلفها بالله فإنها تغفر لها، وبحسب الفقهاء فإن الصور والفيديوهات غير مقبولة لأنها تعتبر تجسساً وتحرياً على شئون الناس الشخصية وهي محرمة، كما أنها قد تكون معدلة بالفوتوشوب بواسطة تقنية الذكاء الاصطناعي..

وعلى هذا النحو، فإن من زنى في حدائق المدينة وأمام الناس ليشاهدوه، فإنه يعاقب عليه لأنه يهين الأخلاق العامة، ولكن لا يوجد ذكر للرجم، بل يجب أن يكون الجلد على نحو لا يسبب ضرراً جسيماً للجلد ولحم الجسد.

في حالة السرقة، وبعد النظر في العديد من الشروط وإثبات عدم الحاجة إلى السارق والشكوى المستأجرة، يجب وضع علامة على يد السارق بقطع وخدش الجلد على اليد، حتى يتم التعرف على اللصوص المرضى (المصابين بالسرقة) في المجتمع وحماية الناس من سلوكهم غير اللائق. قبل 14 قرناً، لم تكن هناك سجون ولا معالجون نفسيون للمساعدة.

واللفظ المستعمل في هذا الصدد هو نفس اللفظ المستعمل في قصة يوسف وزليخة، حيث قطعت النساء في المجلس أيديهن بعد أن رأين يوسف، أو لعل معنى قطع الأيدي هو ما يسمى تقصير الأيدي في العمل (قطع الوصول)، وهو القانون اليوم. وفي حالة اللصوص، فإن حبسهم يعني قطع أيديهم عملياً عن السرقة، أو أفضل من ذلك، توفير مهنة ودخل لهم حتى لا يحتاجوا إلى السرقة.

بل إن الفقهاء وضعوا 19 شرطاً لتنفيذ حكم قطع اليد، مستندين في ذلك إلى الروايات والأحاديث، وعلى أرض الواقع لم ينفذ قطع اليد إلا نادراً خلال القرون الأربعة عشر الماضية.

الكذب هو أم كل الذنوب، وفي أمريكا الحلف الكاذب والكذب له غرامة كبيرة. في هذه الأيام في بلدنا إيران، يروي الناس بوضوح كل أنواع الأكاذيب، التي يقبلها الشيعة ويطلقون عليها اسم الكذب. **طاغية** أو إذا لم تسأل عما تحتاج إلى معرفته، فلن يخبروك بالحقيقة. لقد أصبحت السرقات واسعة النطاق التي يرتكبها مسؤولون فاسدون يتظاهرون بالدين، فيختلس الشخص في اليوم الأول المزيد من الخزانة ثم يهرب من البلاد على الطريقة العصرية ومعظم الوقت إلى كندا أو يسُامح و... في الوقت الحالي، تتمثل المحاولة في أن كل مسؤول من المسؤول السابق يسرق المزيد من الخزانة والبنوك ويأخذ قرضاً بدون فوائد وبدون دعم أو يعطيه لأصدقائه وأقاربه دون نية سداد أصل القرض أو الفائدة.

اليوم،**حجاب**إن مشكلة الفتيات والنساء في إيران هي مشكلة كبيرة. تعمل النساء جنباً إلى جنب مع الرجال، وبمساعدة الهواتف الذكية، يمكن للرجال والنساء التواصل باستمرار مع بعضهم البعض، ويزورون العديد من المواقع ويشاهدون القنوات الفضائية المختلفة، ويطلعون على ما يحدث في العالم.اليوم، لا يمكن ممارسة الحياة القبلية المحجبة في الحجاز إلا في أجزاء من المملكة العربية السعودية والإمارات العربية المتحدة والكويت وأفغانستان التي حكمتها طالبان. في الوقت الحاضر، لا يمكنك منع النساء الإيرانيات المتعلمات من الخروج من المنزل والدراسة والعمل وممارسة الأعمال التجارية والقيادة وامتلاك هاتف ذكي واختيار الزوج المفضل وارتداء الحجاب وما إلى ذلك.

في مثل هذه الحالة، هل من المهم أن يكون هناك صرامة في تغطية الشعر؟أم أن المقصود من ذلك هو إثارة المشاكل للنساء من قبل أشخاص من الطبقة الدنيا الذين لديهم شكوك حول أكتافهم. أنا أعيش في ضواحي نيوتن وبروكلين في بوسطن، حيث العديد من السكان من اليهود الأرثوذكس.في أيام السبت، لا يقومون حتى بتشغيل مفتاح الكهرباء ولا يفتحون باب الثلاجة حتى لا يضيء الضوء. عندما يخرجون من المنزل، يرتدون شعراً مستعاراً يغطي شعرهم، وقد لا يكون هذا الشعر المستعار من شعر الإنسان، فهو على رؤوسهم، والتنورة تغطي حتى كاحليهم. يجب على إيران الإسلامية أن تفكر في السماح بهذا النوع من الحجاب حيث لا توجد حاجة للقناع والنقاب!؟

ومن القضايا الاجتماعية المهمة الأخرى في إيران اليوم عدم رغبة الشباب في الزواج، وزيادة حالات الطلاق، وسجن الأزواج لعدم قدرتهم على دفع المهر، وهو ما يزيد من إرهاقهم. كما أن توقعات أسرة الفتاة من صهرها المستقبلي بالحصول على تعليم عالٍ ووظيفة ومنزل وسيارة، وطلب مهر كبير وتنفيذه في حالة حدوث نزاعات عائلية من قبل الزوجة، كل هذا يظُهر انحرافاً عن الطريق الصحيح. لقد أمر الله ووعد بدعم الأسرة بزواج الشباب، حتى لو كانوا فقراء.

الناس لا يصدقون ما يقوله الله، ونتيجة لعدم الزواج والحاجة الجنسية، زادت العلاقات غير الشرعية بين الشباب، وانتشر المرض الجنسي مثل السيلان و

ان مرض الزهري الذي تم القضاء عليه سابقا والامراض الفيروسية المنقولة جنسيا الاخرى في تزايد مستمر والايدز يهدد المجتمع وكل هذا بسبب القيود غير المبررة وفي الخفاء لا يمكن السيطرة على الناس وقبل الثورة كانت العاهرات يحصلن على تصاريح عمل وتصاريح صحية وكانوا يخضعون للفحص الطبي كل اسبوع وكانوا يعيشون في منطقة معينة في جنوب طهران تسمى "شهر نو" اما الان ففي كل الشوارع تمارس النساء البغاء بسبب احتياجاتهن المادية وحتى الفتيات والفتيان يمارسون البغاء لاسباب عدة وليس معروفا كم عدد المرضى الجنسيين الذين سيتعاملون معهم وكم عدد الاخرين الذين سينقلون العدوى لهم خلال النهار اليس من الافضل ان يعودوا الى نظام ما قبل الثورة؟ يجب التعامل مع العاهرات في الشوارع بجدية واغلاق اعمالهن في اسرع وقت ممكن.

"الزواج الأبيض" شائع ويجده الشباب ضرورياً في الدول الغربية، وقليل من الأزواج يتزوجون قانونياً من بعضهم البعض دون العيش معاً أو معرفة بعضهم البعض عن كثب لفترة من الوقت، والزواج الأبيض ليس غريباً في المدن الكبرى في إيران، وهذه الحياة التي يعيشها الرجل والمرأة معاً بدون تسجيل زواج. كان عقد الزواج ضرورياً لغرض إلزام الرجل بأن يكون معيل الأسرة ويتحمل نفقات الزوجة وتربية الأطفال، والمشاركة في التعليم والأبوة، للأطفال الناتجين عن العيش معاً بين رجل وامرأة، والمهر حتى تتمكن المرأة، التي كانت غالباً أمية وليس لديها مصدر دخل، في حالة الانفصال من أن تعيش حياتها في حالة الطلاق. ولكن الآن بعد أن أصبح كل من الرجل والمرأة قادرين على العمل وكسب الدخل واختبار الحمض النووي يثبت من هو الأب دون أي شك وقوانين الأسرة حددت حقوق الأطفال، فإن الزواج الأبيض لا يعطي إجابة إيجابية على الرغبات الجنسية للشباب فحسب، وتكوين الأسرة والحد من الأمراض المنقولة جنسياً والجرائم الجنسية. في حالة الزواج، لأن الرجال والنساء يعرفون بعضهم البعض أكثر (الأخلاق، الحب، عدم الإدمان، الاعتراف العائلي)، سوف ينخفض عدد حالات الطلاق والمضاعفات الناتجة عنها للأطراف والأطفال.

عددكبير من الأزواج الشباب ينفصلون ويطلقون بعد فترة قصيرة بسببإدمان الزوج الذي كان يخفيه عن الخطيبة وأهلها قبل الزواج، أو إساءةالزوج، إلخ، أو تطلق المرأة لأخذها مهراً، والذي قد يكون أحياناً السببالرئيسي لزواجها من هذا الشاب الثري، والمحاكم بتنفيذه تسجن الزوجإذا عجز عن الدفع، لكن الزواج الأبيض يمنع بالتأكيد تنفيذ المهر لأنه لايوجد مهر ولا يوجد طلاق. وإذا لم يكن هناك تفاهم بين الطرفين، فسوف ينفصلان،وإذا كان هناك تفاهم، فسوف يتزوجان قانونياً بعد فترة. هذه الطريقةمن العيش المشترك شائعة بين الشباب العازبين في أمريكا وأوروبا،وإذا أدت إلى الزواج، فمن المرجح أن تستمر.

إنالإنسان اليوم سواء كان ذكرا أو أنثى متعلم وذكي وحكيم ومستقل بنفسهويستطيع أن يدير حياته باستقلالية، إلا أن ما يحتاج إليه هو الأسرة والرفقةوالإجماع والمساعدة المالية والصحة الجسدية والإيمان الروحي بالله والقدر،مما يعطي لحياته معنى وعمقا واتجاها. والأمة الإسلامية بتحديث تعاليمالإسلام بما لا يضر بجوهرها تستطيع أن تفعل الشيء نفسه. وقد تبنىالمسيحيون واليهود هذا الأسلوب في الحياة، ونحن نرى نتائجه الإيجابيةفي حياتهم الشخصية والاجتماعية اليومية.

يصفالله تعالى الإنسان في القرآن بأنه صاحب روح يوحى إليها كل شيءسواء كان صواباً أو خطأ، ويمكنه أن يتعلم الطريقة الصحيحة للعيش بناءًعلى ذلك، بالإضافة إلى المعرفة والحكمة التي يتم الحصول عليها من التجربةوالعلم والقرآن والقوانين الاجتماعية والقانونية. يجب التحكم في النفس(النفس) حتى لا تضل، فبعض التقاليد القديمة والقوانين الاجتماعيةالتي كانت تعتبر طريقاً مستقيماً من قبل لا تتوافق مع الحياة الحديثةاليوم. تحتاج الروح إلى التوازن في الاستفادة من الهدايا الدنيوية وهيترتفع إلى عالم السماء.

الشمس7-10/91: والنفس التي صورها وأحسنها وألهمها علم ما هي الإثموما معناه.

التقوى قد أفلح من طهرها ومن أفسدها فقد هلك

وفي القرآن الكريم وردت كلمة (يحب) على الله 40 مرة، 17 مرة عن الصالحين والأبرار والأتقياء والصابرين والمتوكلين، و23 مرة عن المفسدين والكفار وغيرهم.

الفتح 2/48: (خطاب إلى النبي) ليغفر لك الله ما تقدم من ذنبك وما تأخر ويتم نعمته عليك ويهديك صراطاً مستقيماً.

نزلت هذه الآية بعد بعثة النبي صلى الله عليه وسلم بـ 19 سنة.

يبدو أن أفعال الإنسان الصالحة والطالحة تترك أثراً متسلسلاً حتى في الأجيال التالية ولكن تضاف إلى حسابه عند الله.

بعض الأفكار السلبية هي خطيئة، لا تتجسسوا على بعضكم البعض.

النجم 38/53: ولا تزر أحد وزر أحد.

الأنعام 120/6: اتركوا الأنانية الظاهرة والباطنة واحذروا الذين يتحلون بالأنانية في طبعهم وضميرهم فسوف يجزون قريبا بما كانوا يرتكبون.

أما بالنسبة لظاهر الخطيئة والذات الداخلية فإن كثيراً من أنانيتنا في علاقتنا بالآخرين تظهر ظاهرياً ويلاحظها الجميع ولكن أغلبها داخلية وتتعلق بالقصد والدافع وراء أفعالنا والمعنى أن دافع كلام الإنسان وسلوكه يجب أن يكون خارج الأنانية ومبنياً على الصراط المستقيم.

بالإضافة إلى هذه الآية، نجد كلمتي "الظاهر" و"الباطن" في خمس آيات أخرى من القرآن الكريم:

-التي تعتمد على ظاهر الله وباطنه وكونه
على‌علم بجميع الأشياء الواضحة والمخفية.

-لقمان ٢٠/٣١: ألم تر أن الله سخر لكم من ذراريكم
مافي السماوات وما في الأرض وأنزل عليكم نعمه ظاهرة وباطنة ومن
الناس‌من يجادل في الله بغير علم ولا هدى ولا كتاب منير

-الأعراف 33/7: قلْ إِنمَّا حَرَّمَ رَبِّيَ الفْوَاحشَ
(الفَاحش) الظَّاهرينَ وَالبَاطنِينَ وَالإِثمْ وَالبْغَيْ وَأنَ تْشُرْكِوُا بِاللهِ مَا لمَ يْنُزَلِّ
بهِ سلُطَانًاْ وَأنَ تْقَوُلُوا علَىَ اللهِ مَا لَا تعَلْمَوُنَ)

الأنعام6/151: أمرنا الله تعالى بعدم الاقتراب من الفواحش الظاهرة
والباطنة.

-الحديد 13/57: في ذلك اليوم (يوم القيامة) الذي فيه
"سيقول المنافقون والمنافقات للذين آمنوا انظروا إلينا نستعير من نوركم
فيقال‌ارجعوا والتمسوا نورا فإذا بينهما جدار له باب داخله الرحمة وخارجه
العذاب"

الأنعام6/120: ... إن الذين ابتغوا إثم الأثم سيجزون ما كانوا يكسبون.

وبالجملة‌يجب تجنب المعاصي الأخلاقية والاجتماعية مثل الكذب
والسرقة‌والاختلاس والدعارة والزنى والإثم والفحش.

إن‌المعاصي الشرعية مثل ترك الصلاة، وعدم الصيام، وشرب الخمر،
والقمار،وأكل لحم الخنزير، يجب تجنبها، وإذا فعلتها فقد تضرك في
النهاية،ولكن الله خلقك حراً مستقلاً، وعاقبة فعلك هي:

إن الاختيار سيلحق بك في الدنيا و/أو الآخرة، ولكن إذا فعلته فلا تنشره ولا تشجع الآخرين على فعله، وقد يغفر الله لك هذه الذنوب الصغيرة ويرحمك إذا كنت مستحقاً لذلك.

حجاب المرأة اليوم يعتمد على بيئة معيشتها وعملها وظروفها الاجتماعية، علاوة على أن الحجاب هو من أجل العفة، وهي قضية أخلاقية وشخصية، وقطعة قماش على الرأس لن تفعل ذلك.

لقد حرمت المشروبات الكحولية في السنة الأخيرة من البعثة النبوية، والإفراط في تناول الخمر حتى الثمالة يزيل الوازع الديني ويجعل الخبيث أسوأ، والطيب أهدأ، ويكشف عن حقيقته. ومن الضروري بالنسبة للسكير أن يستهلك كمية كبيرة من الكحول. إن تناول 60 جراماً على الأقل يومياً لأكثر من 10 سنوات ضروري لتطوير أمراض الكبد المستعصية والمميتة، مثل تليف الكبد وسرطان الكبد واضطرابات الدماغ، ولهذا السبب، فهو محرم.

لحم الخنزير الذي يعتبر اللحم المفضل لدى 75% من سكان العالم كان محرماً من الله في الجزيرة العربية آنذاك ربما لأنه إذا تلوث فإنه قد يسبب مرض الدودة الشريطية. وفي الدول الغربية التي تضيف دهن الخنزير في الغالب إلى الأطعمة الجاهزة يرى بعض علماء المسلمين أن اللحم حرام، ولكن دهن الخنزير ليس حراماً، وتعيش يرقات الطفيليات في اللحم فقط.

أما فيما يتعلق بالحجاب، فإن أغلب الدول الأوروبية والغربية تميز ضد من ترتدي الحجاب الكامل (غطاء ونقاب)، وحتى في دول مثل فرنسا، لا يسمح للفتيات المحجبات بالذهاب إلى المدارس العامة. وبعد الثورة، طُردت سيدة مسلمة كنت أعرفها جيداً من مكتبة جامعة هارفارد بسبب ارتدائها الحجاب. وليس من العدل أن نحرم النصف الأفضل من البشرية، اللاتي هن أمهات المستقبل، ومعلمات الأطفال الأوائل، والمديرات، والمبدعات، وربما المعيلات المحتملات للأسرة، من هذا.

من التعليم بسبب الحجاب المفروض من قبل الوالدين، وفي إيران الحكومة.

ينبغي لقوانيننا يجب تعديلها أو تنفيذها بطريقة لا تجعل رجال الدولة يسمح بالتدخل في الحجاب والصلاة والصيام والشؤون الشخصية للأفراد، حتى لا يهرب الشباب من الإسلام والدين أو في أفضل الأحوال يتحولون إلى ديانات أخرى أو في أسوأ الأحوال يصبحون ملحدين، وهذا له مخاطره الخاصة من خلال فصل الشخص عن المرساة العاطفية عند الحاجة.

بدلاً من إهدار الموارد على فرض الحجاب، يجب التركيز على منع الخطايا الأخلاقية مثل الفساد الرسمي، والكذب، والرشوة، والسرقة، والاختلاس. يجب معاقبة المخالف للقانون من ذوي النفوذ الكبير من أجل تثقيف المجرمين وغيرهم. لا يوجد عذر للسماح لهم بالإفلات من العقاب دينياً أو اجتماعياً أو قانونياً.

آداب التحدث:

الأسراء 53/17: قل لعبادي يقولوا التي هي أحسن إن الشيطان ينزغ بينهم وإن الشيطان كان للإنسان عدوا مبينا (17)

آل عمران 159/3: فبما رحمة من الله لنت لهم ولو كنت فظا غليظ القلب لانفضوا من حولك فاعف عنهم واستغفر لهم وشاورهم في الأمر وإذا عزمت فتوكل على الله إن الله يحب المتوكلين (159)

الفصل12:
عصرالتنوير الأوروبي

وبعدأن تعرفنا على التوصيات القرآنية للصراط المستقيم في حياة الفرد،فلا بد أن ننظر ماذا فعل المسلمون بحياتهم الفردية والاجتماعية والجماعيةفيما يتصل بالصراط المستقيم؟

مالذي أدى إلى تقدم المجتمعات الغربية في عصر التنوير، وهل هي على‌الطريق المستقيم؟ وكيف تفاعل المسلمون معه؟

وسأتناول‌في هذا الفصل بعض نماذج الأمة الناجحة والمنظومة التربويةالتي استرشدت بأفكار التنوير، ثم أبحث عن الطريق المستقيم لهذا العصرالإسلامي الحديث على أساس المبادئ القرآنية، ولذلك سأبحث في هذاالفصل عن أسباب تقدم الدول الغربية وتخلف المسلمين، والدروس التي‌ينبغي أن نتعلمها ونطبقها.

في‌القرن الثامن عشر، استنتج المفكرون والفلاسفة الغربيون أن الله أنشأالطبيعة ونفذها بشكل علمي كامل بقوانين فيزيائية ورياضية لا تتغير،وكما هو الحال مع القوى الأربع المحركة للعالم، يمكن فهم معظمها من‌خلال المنطق والرياضيات والعلوم التجريبية.

لقدسعى العلماء إلى كشف أسرار الطبيعة لإنقاذ البشرية من أوبئة الفقروالجوع والجهل والبطالة والمرض. وبعبارة أخرى، فقد حولوا اهتمامهم من‌الدين ومركزية الله إلى العلم والديمقراطية والسعادة البشرية. وكانت أسئلةمثل أسباب المرض والموت، ولماذا تفاجئ العواصف والثلوج والأمطارالناس وكيف يمكن التنبؤ بها، وكيف يمكن زيادة ثروة الأمم، وفهمهاوإدراكها، من بين الأسئلة التي طرحت في هذا السياق.

إن الديمقراطية تعني أن المعرفة يجب أن تتحسن وأن تقدم التقدم والحياة الأفضل لجميع الناس. وبالتوازي مع ذلك، نشأت الحكومات الديمقراطية في العالم على أساس المساواة في حقوق الناس وأن لكل شخص الحق في التمتع بالأمن والرخاء والراحة والسلام والسعادة طوال حياته، وأن الحكومات ملزمة بتوفير الوسائل لتحقيق ذلك. وفي الواقع، أصبحت هذه الحقوق في الديمقراطية حقوقاً تؤخذ من الحكومة، ولا تمنحها لها حكومتها. والديمقراطية هي حكم الشعب من قبل الشعب ومن أجل الشعب، ويطالب بحقوقه من خلال الانتخابات الحرة لأن السياسيين والمشرعين، الذين غالباً ما يكونون محامين ناجحين ومطلعين على مجتمعهم، وينتخبهم الشعب، يمكن استبدالهم بأصوات نفس الشعب خلال فترة الانتخابات التالية إذا لزم الأمر.

وفي البلدان الديمقراطية الغربية، أنشئت الجامعات لتطوير العلوم والأبحاث في الفيزياء والكيمياء والعلوم الطبيعية والأدوية وعلم الوراثة والطب والزراعة والهندسة وغيرها، وتجمعت فيها أفضل العقول من جميع أنحاء العالم، بتعاونهم وتفاهمهم المتبادل، للكشف عن الأسرار والمجهول العلمي.

وعلى النقيض من العصور الوسطى، لم يكن للدين أو العرق أو العلاقة العائلية أو الثروة أدنى دور في هذه الاختيارات، وكانت معايير الاختيار للجامعات النخبوية هي الذكاء والمثابرة والصدق واهتمام العلماء بإنشاء واكتشاف المعرفة الجديدة القائمة على المنطق والفكر النقدي والفكر الأداتي والمثمر والإرادة والاستقلال والإبداع والابتكارات النشطة، فقد حلت محل القدر والمصير السلبي.

لقد تم استبدال المجتمع الزراعي الذي دام عدة آلاف من السنين بسبب طريقة التفكير القائمة على المعرفة التي تبناها نخب المجتمع، وتم إنشاء الثورات بما في ذلك الثورة الصناعية والزراعية والعلمية والصحية والإلكترونية وتكنولوجيا المعلومات والذكاء الاصطناعي، مما أدى إلى زيادة متوسط العمر المتوقع،

إن الثراء للناس، والتخفيف من حدة الفقر، وتعليم الناس والقضاء على الجهل وغير ذلك الكثير. لقد أدت النهضة التي بدأت في أوروبا إلى إنشاء جمهورية ودستور ديمقراطي في أمريكا الشمالية وأوروبا، ثم أستراليا ونيوزيلندا. وفي العقود القليلة الماضية، قدم اختراع الكمبيوتر والإنترنت والمواقع الإلكترونية ومحركات البحث المختلفة عن المعلومات مثل Google وYouTube وFacebook وTikTok وInstagram وChatGPT وغيرها حدوداً للعلم والتجارة والصحة للجمهور، بالإضافة إلى تنوعها واستخدامها يتزايد ويتطور يوماً بعد يوم. قريباً، سوف يسارع الذكاء الاصطناعي إلى مساعدة البشر في اتخاذ القرارات الصعبة وقد يتجاوز حتى أدمغتنا الجماعية.

اليوم، يستخدم أكثر من 75% من سكان العالم الإنترنت. وتعتبر الدول الإسلامية، وخاصة الإيرانيين، من أكبر المستفيدين منه، رغم أنها لم تساهم بأي شكل من الأشكال في إنشاء وتطوير العلوم الجديدة وخصوبتها، إلا أنها تستخدم منتجاتها العديدة بشكل متزايد. وفي العامين الماضيين، عندما كان مرض كوفيد-19 يؤثر على العالم، تم استخدام الإنترنت والهواتف الذكية والأجهزة اللوحية للتعليم عن بعد لأطفال المدارس والعمل في المنزل للعديد من العاملين في المكاتب، وبالتالي منع انتشار هذا المرض المعدي القاتل.

في هذا القسم، لإظهار تأثير العلم والسياسة والدين على حياة الناس في العقود القليلة الماضية والدور الذي لعبناه نحن الإيرانيون والمسلمين أو لم نلعبه في إنتاجه واستهلاكه، سأقارن بين الماضي والحاضر. **نمط حياتي** وعائلتي في المدينة التي ولدت فيها قبل أكثر من 70 عاماً.

من الولادة حتى سن السابعة عشر

ولدت في 12 نوفمبر 1945، الذي صادف عيد الأضحى، في غرفة بلا كهرباء، أضيئت بمصباح يحرق الكيروسين بمساعدة قابلة أمية في مدينة نائين وسط الصحراء، نائين إحدى مدن محافظة أصفهان،

"وكان عدد سكان المدينة في ذلك اليوم لا يتجاوز ثلاثة آلاف نسمة. وُلدت لأبٍ في العشرين من عمره وأمٍ في السادسة عشرة من عمرها. وكان الابن الأول للعائلة قد توفي بسبب السعال الديكي قبل أن يبلغ عامين. وكنت مصاباً بالتهاب الملتحمة لمدة عامين، وكانت والدتي تأخذني كل يوم إلى المرحوم تاج حكيم باشي للعلاج، وكان يضع بضع قطرات من كبريتات دي زانج في عيني. وكان يتقاضى الحد الأدنى، أو كان الزبائن يحضرون له سلعاً مثل الحليب والزبادي والدجاج والبيض وما إلى ذلك. ولم يكن هناك الكثير من المال الذي يتم تبادله. ولم يكن هناك طبيب متعلم في نين. وأخيراً، وبفضل الله، تحسنت عيني بعد حوالي عام من العلاج. وكان ينساب تيار من الماء عبر المنازل، حيث يغسل الناس أطباقهم وملابسهم وأيديهم ووجوههم، ثم يذهبون إلى السهول والصحارى للزراعة. وكانت لدينا بعض الأراضي الزراعية حيث كنا نزرع القمح والقطن بالتناوب كل عامين، ويبقى عام واحد للأرض لترتاح وتصبح منتجة مرة أخرى. كان السماد الذي نحصل عليه من مخلفات المنزل هو مصدر انتشار العدوى الطفيلية وخاصة دودة الاسكارس التي عانى منها كل الناس تقريبا مرة واحدة على الأقل، إن لم يكن بشكل مزمن، مما تسبب في آلام المعدة وفقر الدم والضعف وسوء التغذية. لم تكن الأسمدة الكيميائية قد اخترعت بعد. كان لدينا عدد قليل من الدجاج والديوك في المنزل، وفي معظم الأحيان، عدد قليل من الأغنام التي تزودنا بالزبادي الصالح للأكل لفترة من العام، والحملان لتزويدنا باللحوم في الشتاء. كان طعامنا عبارة عن خبز وشاي حلو في الصباح، وخبز مع حساء لحم الضأن في المساء يتكون من لحم الضأن والحمص والبصل والماء. لم يكن هناك فاصوليا أو طماطم أو بطاطس في نين، كان الطعام طبيعياً وعضوياً وفقاً لمصطلحات اليوم. رأيت لحوماً مثل النقانق والبولونيا لأول مرة عندما ذهبت إلى طهران للدراسة في الجامعة. لم يكن أحد يعرف ماهي الساندويتش. كنا نحضر مياه الشرب يوميا من خزانات الحي في جرة، وفي الصيف نتركها في صالة البيت لتبرد، فلا أحد يملك ثلاجة. أما مياه الشرب التي نحضرها لتخزينها في الخزانات فكانت تأتي من قرية همباد التي تبعد 18 كيلومترا عن نين في

الشتاءعندما لم يكن للقرية أي استخدام لمجرى المياه الجوفية الطبيعي من القناة المفتوحة، وبعد ملئه وترك الرواسب الطينية تستقر، أصبح صافياً وقابلاً للاستخدام بعد 6 أسابيع، مرة أخرى لبعض الوقت عليك تصفية الماء من صنبور الخزانات بقطعة قماش من الكتان حتى لا تدخل الطفيليات الحمراء الصغيرة إلى إبريق الماء، لأنها يمكن أن تسبب الإسهال. لم يتم إنتاج القمامة والفضلات في المنازل، كان كل شيء قابلاً للاستهلاك بطريقة ما. لم يكن هناك مخبز في السوق، وكان الجميع يخبزون الخبز في منازلهم بالحطب والفرن مرة كل أسبوعين. في الشتاء، كرسي الفحم (كورسي)، ثم جاء سخان علاء الدين الكاروسيني، الذي كان يستخدم أثناء النهار فقط. في الليل، كنا ننام جميعاً في غرفة واحدة، الوالدان والطفل الذي كان موجوداً دائماً تحت لحاف واحد، وأنا وأخوي الأصغران تحت لحاف آخر. كان باب المساجد مفتوحا دائما ولم يكن أحد يذهب إلى المسجد للصلاة، أو إذا فعلوا، كان هناك عدد قليل فقط، والمدن الكبيرة والصغيرة مثل لم يكن لديها إمام الجمعة للصلاة على عكس اليوم، كان الناس متدينين، والجميع يصلي الصلوات اليومية وغالبا ما كانوا يصومون، كانت الحسينيات تفتح خلال شهر محرم، وأحيانا في الليل كان هناك راعي لإعطاء الشاي للمشاركين واثنان أو ثلاثة من الملالي منخفضي المستوى الذين يلقون خطبة ولكنها تتعلق في الغالب بالرثاء على استشهاد الإمام الحسين، في يوم عاشوراء، كانت الأحياء المختلفة تتناوب على الذهاب إلى إمامزاده سلطان علي، الذي يقال أنه ابن موسى بن جعفر. في صباح عيد النوروز (أول يوم من الربيع هو رأس السنة الفارسية)، اعتدنا على ارتداء ملابس جديدة، والتي كانت مرة واحدة فقط في السنة، وكانت مكسرات رأس السنة الجديدة عبارة عن حمص محمص وزبيب وتمر، وبعد ذلك بسكويت الأرز، بسكويت السكر، والبقلاوة، والتي كانت والدتي تصنعها في فرن طيني. لم يكن هناك فاكهة في العيد لأنه لم يكن موسم الفاكهة، إذا كان لدى أحد المال، كان يدفع عيدية لا تزيد عن ريالين أو خمسة ريالات، كان الأطفال يلعبون حفاة في الزقاق، وصلت الكهرباء إلى نين لاحقاً عندما كنت في الصف الخامس أو السادس من المدرسة الابتدائية، كان برنامج الراديو الصباحي يوم الجمعة ممتعاً والقصص

كانتشوارع المدينة مليئة بالمعلومات، وكان بها سوق مسقوف، وطريق غيرممهد يحيط بالمدينة ويمتد من جنوب إيران إلى طهران وشمالها، وهو اليومالشارع الرئيسي لنين، وبالطبع ممهد، ولم تكن بها مطاعم، وكان لدى شخصواحد سيارة جيب، وفيما بعد وصل عدد السيارات إلى ثلاث، وكان معظمالناس يسيرون إلى وجهتهم في المدينة، أو لديهم دراجة. وأحتفظ برخصةركوب الدراجات كتذكار. وكان عدد الدراجات النارية قليلاً ولم تكن هناكعربات نقل أو دراجات ثلاثية العجلات. وفي كل حي من الأحياء السبعةكان لدى شخص بقرة. وإذا مرضت، كنت تذهب في اليوم السابق أوفي الصباح الباكر وتعطي وعاءً، حتى تحصل غداً ربما على كوبين من الحليبالمخفف بالماء بخمسة ريالات، وكان حليب البقر للمرضى فقط، وفيالمنازل كان هناك حليب من الأغنام والماعز في الربيع والصيف لصنع الزبادي.ولم يكن هناك زبدة ومربى، ولا محلات ألبان أو آيس كريم أو حلويات.

في الربيع والصيف والخريف، كانت الفواكه المحلية مثل التوت والشمام والخيار والبطيخ متوفرة في السوق. وفي الخريف، كان يتم بيع العنبوالرمان وبعض التين أيضاً. ومع ذلك، كان عدد قليل جداً من الناس قادرينعلى شراء الفاكهة أو اللحوم. لم يكن هناك ثلج أو ثلاجة؛ بدلاً من ذلك،تم استخدام مروحة من القش لتبريد وطرد الذباب المزعج في الصيف.كان الإدمان على تدخين الغليون (تشوبوج) والشيشة والسجائر أمراًشائعاً، لكن استهلاك الكحول كان نادراً. في بعض مراسم الزفاف، كان رجلمن عائلة تعُرف باسم بيتشي يعزف على القطران ويغني، بينما كان آخرونيعزفون على السيرينا والدف والدائرة. كانت الوظائف الأخرى منخفضةالمستوى حصرية أيضاً لهذه العائلة، التي كانت تعيش في ضواحيالمدينة وخارج بوابات المدينة. لم تكن الدعارة مرئية، وكان عدد شاربيالكحول المحترفين محدوداً، وغالباً ما يرُى خلال احتفالات النوروز. وعلىالرغم من أن العديد من الناس كانوا عاطلين عن العمل باستثناء موظفيالحكومة، إلا أنه لم يكن هناك شعور واسع النطاق بالبطالة. كانت مشاريعالبناء ضئيلة، وكانت تقتصر عادة على تغطية الأسطح بقش الطين لحمايتهامن المطر والثلوج. كان الجميع فقراء ولكنهم كانوا راضين، وكانوا يساعدون

كان من الممكن أن يتعاون الناس فيما بينهم في الشؤون الزراعية، الأمر الذي قلل من الحاجة إلى المال. وكانت معاملات المقايضة شائعة في الأعمال الزراعية، وكانت العديد من النساء ينسجن السجاد في المنزل للمساهمة في تمويل أسرهن.

كان الزواج بين الأقارب المقربين شائعاً، وكانت معظم العائلات تنجب العديد من الأطفال بسبب نقص وسائل منع الحمل. وكان الطلاق نادراً أو غير موجود لأنني لم أكن أعرف أي مطلقين. في الشوارع والأزقة، كان الأفراد الأصغر سناً يرحبون بالأكبر سناً، وفي المدرسة، كان الطلاب يحترمون ويخشون معلميهم. كان تحقيق معدل تراكمي يبلغ 15 أو أكثر نادراً، حيث كانت الدرجات العالية تمُنح فقط لأولئك الذين يستحقونها حقاً. كانت الرغبات المادية لا تشكل أهمية كبيرة بالنسبة لهم، حيث كانوا راضين بما لديهم. استمرت حياتهم بنفس الطريقة عاماً بعد عام.

كان متوسط العمر المتوقع مرتفعاً، وكانت النوبات القلبية والسكتات الدماغية نادرة الحدوث. وكانت معظم المشكلات الصحية مرتبطة بألم في الصدر أو مشاكل في الكلى، وكانت الوفيات غالباً ما تعُزى إلى أسباب طبيعية مثل تضخم البروستاتا لدى الرجال أو المضاعفات أثناء الولادة لدى الشابات. وكان الوصول إلى الرعاية الطبية محدوداً، مع عدم وجود أطباء أو معامل متاحة لتشخيص الأمراض.

في سوق نائين القديم المسقوف، كانت المحلات متخصصة، لا تعرض سوى عدد قليل من السلع. كان هناك خمسة محلات لبيع الفاكهة والخضروات في السوق بالكامل، وكانت المنازل الطينية موروثة بشكل عام، وكان عدد قليل من الناس ينتقلون. كان لكل حي حمام "تركي" عام حيث يستحم السكان كل أسبوعين أو أقل، باستخدام الصابون وأدوات خاصة لتنظيف بشرتهم. كان الختان وإجراءات الأسنان يتم إجراؤها بواسطة الحلاقين، ونادراً ما كانوا يذبحون دجاجة لضيف عزيز قادم من طهران. كانت الدجاجات تبيض وكان لها دور رئيسي في إطعام الأسرة. كانت الأطباق التقليدية مثل حساء غورميه سبزي شائعة خلال الاحتفالات. في الشتاء، تصبح الشوارع موحلة بعد هطول الأمطار أو الثلوج، ويذهب الطلاب إلى المدرسة بملابس وأحذية مبللة (جيفيه).

وكانت‌الأحذية الجلدية نادرة، ولم تكن هناك شوارع أو أزقة أسفلتية، ولم تكن‌هناك مركبات خاصة أو عامة.

كانت‌الحج إلى مكة أو مشهد أو كربلاء تعتبر ذات أهمية، وكان الحجاج يضيفون‌بفخر ألقاباً مثل مشهدي أو كربلائي إلى أسمائهم عند عودتهم. كانت‌النساء والفتيات يرتدين الحجاب (الشادور)، وكانت النساء العاملات، وخاصة‌المعلمات، قليلات. كانت نين تضم سبعة أحياء وسبعة حمامات ومسجداً‌كبيراً وسبعة مساجد بارزة وسبع حسينيات وسبعة أبواب، اثنتان منها‌لا تزالان مسورتين. كانت الرحلات الصيفية للترفيه غير شائعة في نين،‌حيث كانت العائلات الثرية من الخانات تقضي صيفها في شاليهات موروثة‌وقرى جبلية.

كان‌الفلاحون يخدمون أصحاب الأراضي ويتقاسمون محاصيلهم، مما أدى‌إلى تعزيز العلاقة الطيبة بينهم. كانت هناك مدرستان ثانويتان، واحدة للبنين‌وأخرى للبنات، حيث أصبح معظم الخريجين مدرسين. كانت القبولات‌الجامعية نادرة بالنسبة لطلاب المدن الصغيرة، مع وجود عدد قليل‌فقط من الأماكن المتاحة كل عام. كنت أول شخص من مدرسة نين الثانوية‌يتم قبوله في كلية الطب بطهران، بينما قبل ثلاث سنوات، تم قبول‌أربعة خريجين من نفس الفصل في كلية كراج الزراعية. كانت خيارات النقل‌محدودة، حيث كانت حافلة صغيرة واحدة تسافر إلى أصفهان يومياً، وكان‌المسافرون إلى طهران مضطرين إلى انتظار الحافلات من يزد أو كرمان.‌كانت الرحلة بين نين وطهران تستغرق 14 ساعة بالحافلة، مما يترك‌المسافرين متربة عند الوصول. كان مرآب حافلات نين، المسمى إكسبورت،‌يقع في نهاية شارع مولوي بالقرب من ميدان شوش في طهران.

كان‌هناك مكتب بريد به عاملان، أحدهما يخدم قرية نين والآخر يخدم قرية‌محمدية والقرى المجاورة مثل بافران ومزرعة شاه، وكان هذا كافياً لتلبية‌احتياجاتهم. وكانت خدمات التلغراف متاحة، وربما كان هناك هاتف أيضاً.‌وكان يتم الحصول على الطاقة من الفحم والحطب، بينما كان يتم طحن‌القمح وتحويله إلى دقيق في مطاحن المياه. وكانت الشوارع تضاُء ليلاً‌بمصابيح تعمل بالزيت، وكان يتولى العناية بها حارس المصابيح البلدية؛‌وكان هذا هو مدى الخدمات التي تقدمها "قاعة المدينة". ولم تكن هناك‌فنادق.

بسبب محدودية حركة الشاحنات وناقلات النفط وحافلات الركاب المتجهة إلى طهران من الجنوب، تم إنشاء محطة وقود لخدمة الشاحنات المارة عند مدخل المدينة.

لقد ظلت الحياة في نائين على حالها لقرون من الزمان. فقد تم إدخال الهاتف بعد عدة سنوات من مغادرتي للدراسة الجامعية، ولم يكن الهاتف يحمل أكثر من أربعة أرقام، وكانت المكالمات تتم من خلال مشغل. وكانت الأبواب الخشبية للمنازل مزينة بمقابض حديدية جميلة للرجال والنساء. وظلت أبواب المساجد مفتوحة، حيث كانت السرقة معدومة تقريباً، وكان الناس يمقتون مثل هذه الأفعال. وخلال فترة وجودي في نائين، لا أستطيع أن أتذكر حالة سرقة واحدة.

بقدر ما أستطيع أن أتذكر، كان هناك مستشفى به ستة أسرة لاستقبال المرضى وعيادة تديرها منظمة الخدمات الاجتماعية الإمبراطورية، وكل منها يضم طبيباً عاماً.

ويستمتع ناين الآن بثمار التنوير الغربي.

ولكي أعقد مقارنة بين نين في الماضي وحالتها الحالية، دعوني أروي لكم زيارتي الأخيرة خلال عيد النوروز لزيارة أقاربي المقربين. عند الاقتراب من نين من ناحية كاشان، فإن أول ما يلفت انتباهي هو الفنادق ومراكز التسوق ومركز تسوق حديث، إلى جانب جامعة آزاد. وتعج الشوارع بالمطاعم ومقاهي الإنترنت والمحلات التجارية المزينة بلافتات مضيئة. وتصطف محلات السوبر ماركت ومحلات الجزارة وأسواق الأسماك والمتاجر المتخصصة التي تقدم أنواعاً مختلفة من اللحوم والمأكولات الخفيفة والكباب على جانبي الشوارع. وتنتشر العيادات الطبية التي تقدم خدمات الطب العائلي والطب الباطني وطب الأطفال والجراحة وأمراض النساء والتوليد والعظام وأمراض القلب والأورام وطب الأسنان والصيدليات. كما تتوافر الغاز والمياه المتدفقة عبر الأنابيب والكهرباء وأجهزة التلفزيون الرقمية الذكية المتصلة بالإنترنت والثلاجات وأنظمة التدفئة المركزية التي تعمل بالغاز أو النفط وأجهزة الكمبيوتر وتوفر الفاكهة على مدار العام، وهي وسائل راحة قياسية في كل منزل. وتعمل المخابز المتخصصة في أنواع مختلفة من الخبز الإيراني على مدار الساعة.

تقدم مجموعة متنوعة من المخبوزات. تتميز طاولات الطعام بمجموعة متنوعة من الأطباق، مصحوبة بمشروبات صفراء أو سوداء خفيفة، في الغالب كندا دراي أو كوكاكولا. أصبحت المشروبات التقليدية مثل الدوغ أقل شيوعاً. غالباً ما يختار الأطفال البيتزا أو السندويشات التي يتم شراؤها من المتجر، وغالباً ما يتجنبون الخيارات الأخرى للأرز والكباب. أصبح الطبق الشعبي "أبجوشت" نادراً الآن، ويعتبره الكثيرون قديم الطراز. تمتلك كل أسرة سيارة أو دراجة نارية واحدة على الأقل، وتربط خدمات الحافلات المتكررة نين بأصفهان ويزد وطهران. يقع مطار أصفهان الدولي على بعد ساعة بالسيارة، في حين تقع محطة القطار الوطنية على بعد أقل من ثلاثين دقيقة. تفتخر المدينة بـ 75 سيارة أجرة وسيارة أجرة ووكالات سفر. على الرغم من عدم وجود نقص في الأطباء والمهندسين وخريجي الجامعات، فقد ظهرت رذائل مثل الإدمان والدعارة. تشهد التجمعات العائلية الجميع منغمسين في هواتفهم الذكية من Apple أو Samsung، ويتصفحون منصات التواصل الاجتماعي مثل Facebook أو WhatsApp أو Telegram أو Instagram أو Twitter. بسبب جائحة كوفيد-19، تحول التدريس إلى الإنترنت، حيث يقوم المعلمون بإجراء الفصول الدراسية عبر الهواتف الذكية أو الأجهزة اللوحية أو أجهزة الكمبيوتر.

وتكشف الزيارات العائلية عن إحصاءات مفزعة عن حالات الطلاق والإدمان والبطالة، حتى بين المهنيين وخريجي الجامعات الجدد. ويفخر البعض بأطفالهم الذين يدرسون في الخارج، في حين يطمح العديد من الشباب إلى محاكاة أنماط الحياة الفاخرة التي تصورها البرامج التلفزيونية الأجنبية. ويستكشف الشباب الإنترنت مسلحين بالأجهزة اللوحية والهواتف الذكية، فيتعثرون على محتوى مضلل وفاحش. ويتوقعون الدعم المالي والملابس العصرية والسيارات والأنشطة الترفيهية من والديهم. ولتحقيق هذه الرغبات، يلجأ بعض الآباء إلى وظائف ثانية أو حتى الانخراط في أنشطة غير مشروعة، مما يترك لهم وقتاً أقل لتربية الأبناء بشكل صحيح. وقد طغت الممتلكات المادية على القيم الأخلاقية، ويحلم العديد من الشباب بالحصول على تأشيرات إلى دول أجنبية.

إن الآباء والأمهات في كثير من الأحيان يتجاهلون أنشطة أبنائهم، ويتجاهلون نفاقهم. وفي الوقت نفسه، تمطرهم التقارير الإعلامية بقصص الفسادبين النخبة في البلاد، جنباً إلى جنب مع كفاح المواطنين العاديين للحصول على قروض للزواج أو السكن. وتتعرض النساء للضغوط للالتزام بقواعد اللباس الصارمة، ومن المتوقع أن يساهمن مالياً بينما يتم تهميشهن في الأدوار التقليدية في الأسرة. وفي مواجهة الفرص المحدودة، يلجأ الشباب غالباً إلى العمل الشاق أو الهجرة إلى الأحياء الفقيرة في المناطق الحضرية، متسائلين عن توقعات الحكومة بولائهم والتزامهم بالمبادئ الإسلامية.

إن آباء هؤلاء الأطفال غير مطلعين، ولا يدركون النفاق السائد في حياتهم الخاصة سواء داخل المنزل أو خارجه. ويستمع أطفالهم بانتظام من الراديو والتلفزيون والصحف والإنترنت ومنصات التواصل الاجتماعي إلى أن البلاد غارقة في عاصفة من الفساد، مع حكايات اختلاس تتعلق بالنفط والغاز ومنصات النفط وناقلات النفط. ويسمعون عن مليارات الدولارات التي يتم إقراضها لأطفال الزعماء السياسيين، دون نية السداد. وفي الوقت نفسه، يكافح المواطنون العاديون للحصول على قروض لتلبية احتياجات أساسية مثل الزواج أو السكن. وتجبَر النساء على الالتزام بقواعد الحجاب الصارمة، مما يحد من حريتهن في ارتداء ملابس معينة والمشاركة في أنشطة معينة. وكثيراً ما يُتوقع منهن المساهمة مالياً من خلال أعمال شاقة مثل نسج السجاد، على الرغم من مؤهلاتهن الأكاديمية. وعند الزواج، يقتصر دورهن على الأدوار التقليدية المتمثلة في تدبير المنزل وتربية الأطفال. وعلى نحو مماثل، يواجه الشباب خيارات محدودة، فإما العمل في الزراعة أو العمل الشاق في القرى أو المدن، أو الهجرة إلى الأحياء الفقيرة في المدن حيث يعملون بأجور زهيدة. وفي ظل هذه الظروف، فكيف تتوقع الحكومة منهم الطاعة والولاء الثابتين كمواطنين وكمسلمين؟

مجموعة من الأشخاص الذين هم بمثابة قرة عين النظام، بملابس وحقائب وأحذية من ماركات أوروبية وأمريكية شهيرة.

إن المصممين يستمتعون في الأماكن العامة مثل المطاعم والمتنزهات، مع أحدث طراز من الهواتف الذكية والإنترنت الحديث في متناول أيديهم، على اتصال بأصدقائهم وأفراد أسرهم في الخارج وتبادل الصور والرسائل عن إسرافهم. إن السفر إلى الخارج لقضاء العطلات، ومقاطع الفيديو لحفلاتهم الليلية البرية المثيرة تنتشر على نطاق واسع. يستخدم المزيد من الشباب المثقفين أحدث هواتف آيفون من إنتاج شركة آبل مع القدرة على أداء حوالي 42 نشاطاً، بما في ذلك بالطبع الفصول الدراسية عبر الإنترنت في الجامعات في جميع أنحاء العالم، والاستماع إلى كتب Audible على موقع Amazon، واختيار الشعر بلغات مختلفة، وشراء وبيع السلع المختلفة وكسب المال، وشراء البقالة عبر الإنترنت وتوصيلها إلى المنزل من خلال الإنترنت، والذي يشمل الشراء والبيع غير القانوني للمواد المسببة للإدمان، أو العثور على صديقة أو صديق، والمواعدة، وبالطبع، يأتي بعد ذلك الدعارة. باختصار، هناك طرق مختلفة لتحقيق الهدف المطلوب اعتماداً على ثقافة المستهلك. أستطيع أن أقول بجرأة أنه وفقاً لملاحظاتي، فإن مستوى الاستخدام المضلل والمضر للإنترنت في إيران، حتى في المدن الصغيرة، أعلى من كل البلدان التي سافرت إليها، وخاصة في الشرق الأوسط، وربما يرجع ذلك إلى ارتفاع معدل الذكاء، وضعف المعتقدات الدينية، وانخفاض مستوى المعرفة الاجتماعية وثقافة استخدام الإنترنت، وعقدة النقص مقارنة بشباب العالم الذين يرونهم على وسائل التواصل الاجتماعي. ويمكن القول بجرأة أن معظم الشباب في إيران يستخدمون التكنولوجيا المتقدمة كوسيلة للترفيه والتواصل وسوء الاستخدام. إن شباب اليوم، من الفتيات والفتيان، يعرفون كل شيء، ويريدون كل شيء، ولا يؤمنون بالدين لأن ما يرونه ويسمعونه في أنماط المجتمع هو النفاق، وبالتالي لا يمكن للدين والإيمان أن يخترقا بعمق فيهم ليصبحا جزءاً مثبطاً إضافياً من طبيعتهم الحيوانية. ولهذا السبب، فإن عدد الزيجات أقل، والطلاق أكثر، وغالباً ما يكون السبب هو التوقعات والرغبات غير المحققة والمستحيلة للزوجين من بعضهما البعض.

الأمل الوحيد لبعض الشباب هو أنه بعد العمل الشاق الذي قام به آباؤهم وتحمل النفقات الباهظة، سيحصلون على

إن هؤلاء الشباب الذين يأتون إلى إيران من الخارج، ويصلون إلى مكان ما ويجتازون امتحان القبول في إحدى الجامعات الرائدة في البلاد ويتخرجون منها، يطلبون على الفور مغادرة البلاد. وإذا تم قبولهم، فإنهم يغادرون البلاد ويخدمون الأجانب، مثل خريجي جامعة شريف، الذين تشكل جامعة ستانفورد في أمريكا مركز ثقلهم. وإذا بقوا في البلاد لسبب ما، ما لم تكن لديهم علاقة مع كبار المسؤولين، فإنهم غالباً ما يعيشون غير راضين ويشكون من الجميع وكل شيء، ويسيرون حتماً مع التيار ويذوبون في المجتمع، ويتعاملون مع العمل الشاق، ويعيشون تحت خط الفقر، ويفعلون كل ما هو ضروري لكسب لقمة العيش الضئيلة. إن إحصائيات هجرة الشباب الإيراني المتعلم إلى أمريكا والدول الغربية مرتفعة بشكل لا يصدق.

لا داعي للتذكير بأن التقدم المذهل الذي طرأ على حياة الناس، من ثراء وطول عمر وصحة ونظافة وزراعة متقدمة وتربية حيوانية وراحة في الحياة من ماء الصنبور والغاز وأجهزة التدفئة والتبريد والثلاجات والمجمدات والمعلومات العامة والجامعات والمرافق والمركبات الحديثة والأرز البسمتي الهندي والشاي السيلاني واللحوم المستوردة من أستراليا ونيوزيلندا والدجاج والبيض الوفير، كل هذا ندين به لظاهرة التنوير والثورات التي نتجت عنها، دون أن نلعب أدنى دور في إنتاجها في القرون القليلة الماضية. نحن المسلمون، وخاصة الإيرانيون، مجتمع استهلاكي وعلمي، ولا نهتم كثيراً بمحاولة تغيير هذا النمط من الحياة؛ ويبدو أن الكذب والسرقة والاحتيال والقسوة والحسد والتخريب وكل شر ممكن مستشري.

إن التغيير والتقدم الحقيقيين لا يمكن أن يتحققا إلا إذا رافقنا القافلة العالمية للعلم والمعرفة والمنطق والفكر والعمل والإنتاج بدلا من الاستهلاك فقط؛ والعمل بالبحث والتحقيق بدلا من الطاعة العمياء والتقليد؛ والمجتمع الذي يركز على الإنسان بدلا من النظرة الذاتية وعبادة الذات؛ والإسلام الحقيقي الذي يؤمن بالآخرة ويظهر ذلك من خلال ممارستها وخدمة الآخرين بدلا من التظاهر والتظاهر بالإسلام.

حسب الاسم والولادة. وبحسب القرآن فإن هدف الخلق البشري هو تحسين المجتمع وحياة البشر والكائنات الأخرى من حيوانات ونباتات وجمادات، وإن كان ذلك يتم بمرور الزمن وفق قوانين الله الثابتة حتى بدون تدخل الإنسان ومبادئ التطور، لكن تربية البذور، وتربية الدواجن مع زيادة الدجاج اللاحم والدجاج البياض باختيار المنتج، وتربية الأسماك وجميع أنواع المأكولات البحرية، والأبقار المعدلة وراثياً للحلب أو اللحم، وتقزيم النباتات المثمرة من الحبوب والبقوليات وأشجار الفاكهة لجعلها مقاومة للرياح والحرارة والبرودة، وندرة المياه الشديدة وتحلية المياه المالحة، وجعل عناقيد القمح والذرة والأرز أكثر خصوبة، والري بالتنقيط لتقليل استهلاك المياه، والزراعة في الماء بدلاً من الأرض والزراعة على الجدران في الأماكن التي لا يوجد بها أرض زراعية والحد من قطع الغابات، وإنتاج الطاقة الشمسية وطاقة الرياح، ومئات الأمثلة الأخرى، كلها من إنجازات ظاهرة التنوير ونتيجة للعلوم التي قدمت مساعدة لا يمكن إنكارها في إطعام الناس والقضاء على الجوع، والنمو الطويل، إن زيادة الذكاء وطول العمر، والواقع أن الأشخاص المسؤولين عن ذلك قد عملوا بجد واجتهاد لخدمة الخلافة الحقيقية لله على الأرض ونوع جهودهم هو ما يتوقعه الله منا، وهذا ما تعنيه الصلاة والإتباع والعبادة، وتحسين حياة البشرية وفهم الإنسان للطبيعة من خلال الإنجازات العلمية. لقد علمتني مراقبتي للأميركيين لأكثر من نصف قرن أنهم يعتبرون الكذب والغيبة والغش وإيذاء المرؤوسين وانتهاك حقوق الآخرين أمراً سيئاً حقاً، ونادراً ما يرتكبونه، وإذا فعلوا ذلك، فإنهم سيدفعون الثمن بطرق اجتماعية مختلفة، مثل الشعور بالخجل والرفض الاجتماعي والاعتراف بالخطايا والتوبة في الكنيسة، والعقاب بالقانون، مثل دفع الغرامات والسجن. كل الناس متساوون أمام القانون وتنفيذه لا جدال فيه، وقد حاكم ممثلو الأمة الأميركية وعاقبوا اثنين من رؤسائهم نيكسون وكلينتون بسبب جرائم بسيطة.

الكذب، حتى مرحلة العزل والعزل من المناصب.

بالطبع من الظواهر الحديثة أن العلماء يفهمون تدريجيا أسرار الطبيعة مثل التطور والجاذبية ودوران الأرض حول نفسها وحول الشمس ونظرية الانفجار العظيم والطقس وتوقعاته واكتشاف الحمض النووي والتغيرات الجينية وكيفية التحكم فيها وغير ذلك، ويظن البعض أنه لا داعي لوجود إله لأنهم استطاعوا فهم بعض أسرار الطبيعة، والإلحاد بين العلماء يتزايد يوما بعد يوم، وبالطبع فإن الكفر ليس هو السبب في سوء الأخلاق والسلوك السيئ لدى جميع الناس، بل على العكس من ذلك فإن العلماء بفهمهم العميق هم في الغالب بشر مثاليون يسيرون على خطى عبد الله الذي يعيش على الطريق المستقيم، ولكن بعضهم فقدوا معقلهم وسنده وهو الله، وأصبحوا وحيدين في حالات طارئة غريبة، مع أن الله لم يتخل عنهم وهم يتمتعون دائما بركاته العامة، وإذا لم يضلوا فيغضب الله عليهم فسوف ينتفعون من بركاته الخاصة أيضا. يجب أن تعلم أن العلماء المشهورين مثل نيوتن وجاليليو وأينشتاين وستيفن هوكينج ومعظم العلماء والحائزين على جائزة نوبل في العلوم الذين رأيتهم وسمعت عنهم وأعرفهم في هارفارد ومعهد ماساتشوستس للتكنولوجيا يذهبون إلى الكنيسة أو الكنيس كل أسبوع، ويرتدي اليهود بفخر قبعتهم الصغيرة (اليرمولكه) وهي علامة على الالتزام بالدين واليهودية، في جميع المواقف في العمل وخارج المنزل على رؤوسهم احتراماً في حضرة الله، وفي الواقع هذا الرمز هو تذكير بالبقاء على الطريق المستقيم طوال اليوم والليلة.

لقد لاحظت مرات عديدة في الاجتماعات الطبية أن هؤلاء العلماء، عندما لا يكونون في مدينتهم بسبب مؤتمر علمي، يذهبون في اليوم السابق للبحث عن عنوان الكنيسة أو الكنيس المعني، وفي يوم معين، السبت لليهود والأحد للمسيحيين، مع جميع أعضاء الكنيسة أو الكنيس.

ينبغي للعائلة أن تذهب إلى مكان العبادة، نظيفة، وفي أحسن الثياب، وتستمع إلى كلام إمامها الديني لمدة ساعة بعد الصلاة إلى الله. نعم! إن البقاء والعيش على الطريق المستقيم يتطلبان عناية وعملاً مستمرين.

لذلك فإن التنوير يعتمد على الأخلاق، والتركيز على الإنسان، والتركيز على المجتمع، والتقدم، وليس على الكفر.

ومن المؤسف أن الزعماء الدينيين وأتباع الديانات المختلفة الجهلة لعبوا دوراً مهماً في جعل الناس يكرهون الدين، مثل الحروب الصليبية، والتعذيب والقتل، ومحاكم التفتيش في أوروبا في العصور الوسطى، والحرب بين السنة والشيعة، وتنظيم داعش الذي قتل وقطع رؤوس الأبرياء، ووضعهم على مرأى من العالم على اليوتيوب، واغتصاب النساء والفتيات الإيزيديات لإثارة الخوف من المسلمين وتأكيد مكانتهم الإرهابية في العالم. والحقيقة أن هذه المجموعة من غير المسلمين غير المتعلمين، والجهلة بالقرآن والغرباء عن دروس القرآن، تسببوا في أكبر ضرر للإسلام باسم كونهم مسلمين جهاديين متدينين.

ولكي يصبح المسلمون أفضل، ويفكرون بشكل أفضل، وينضمون إلى مجموعة عباد الله في العالم، بالإضافة إلى تحديث وتكامل الفقه الإسلامي، نحتاج إلى التعلم من النماذج الناجحة والمتمرسة في الحكومات والتعليم والشعب، حتى لا نتبع المثل والأسس الوهمية مرة أخرى. ولهذا، اخترت الحكومة الأمريكية، ومدرسة روكسبري اللاتينية الثانوية، والشعب اليهودي كأمثلة للحكومة الناجحة والنظام التعليمي والأمة، وحاولت قدر استطاعتي التحقيق في أسباب نجاحهم وتزويد القراء بالمعلومات. ربما يمكن أن يلعب ذلك دوراً في تحولهم الأساسي والتغييرات الثقافية إلى الأفضل.

الولايات المتحدة الأمريكية ودستورها الديمقراطي

ونظراً للدور المهم الذي لعبته الولايات المتحدة في تعزيز أهداف عصر التنوير وتحسين مستويات المعيشة العالمية،

سنناقش بإيجاز الدستور الأمريكي ونظام التعليم باعتباره نموذجاً ناجحاً يمكن للآخرين في جميع أنحاء العالم محاكاته.

في القرن السادس عشر الميلادي، أسس مصلح ديني يدعى مارتن لوثر الحركة البروتستانتية بهدف إحياء المسيحية وتحويل التركيز عن السلطة المركزية للكنيسة الكاثوليكية. أدت المبادئ الثلاثة للبروتستانتية إلى تغييرات تحويلية في أوروبا:

1.جميع الأفراد خلقوا متساوين في نظر الله، مع الوصول المباشر إليه.

2.الإيمان الديني هو مسألة شخصية، متجذرة في الفرد. الضمير بدلا من فرضه من خلال الجهل أو الإكراه.

3.إن العلاقة بين الإنسان والله مباشرة، يتم ذلك من خلال فهم الكتب الإلهية المتاحة للجميع، دون الحاجة إلى وسطاء.

لقد استقر البيوريتانيون، البروتستانت الإنجليز الذين كانوا يسعون إلى الحرية الدينية، في منطقة بوسطن في ولاية ماساتشوستس، حيث قاوموا الحكم البريطاني، الأمر الذي أدى في نهاية المطاف إلى الاستقلال وتأسيس المبادئ الديمقراطية المستمدة من النصوص الدينية. ويضمن الدستور الأمريكي، الذي تأسس على المبادئ الأخلاقية المستمدة من التوراة والإنجيل، الفصل بين الدين والحكومة، مما يسمح للأفراد بممارسة أي دين أو عدم ممارسة أي دين بحرية.

يتألف النظام السياسي الأميركي من حزبين رئيسيين، الديمقراطيون والجمهوريون، مع ممثلين ينتخبهم الشعب لمجلس النواب ومجلس الشيوخ لمدة أربع سنوات. ويتولى الرئيس المنتخب من الشعب، إلى جانب أعضاء مجلس الوزراء المعينين، إنفاذ القوانين، في حين تضمن المحكمة العليا، التي تتألف من تسعة قضاة يتم تعيينهم مدى الحياة، امتثال التشريعات للمبادئ الدستورية.

لقدحافظت الولايات المتحدة على الاستقرار القانوني لأكثر من 250 عاماً من خلال إشراف المحكمة العليا والانتخابات الديمقراطية، على عكس العديد من البلدان الأخرى حيث يتلاعب الدكتاتوريون بالقوانين لتحقيق مكاسب شخصية. لقدجعل هذا الاستقرار الدولار الأمريكي العملة الأكثر ثقة على مستوى العالم، على الرغم من كونه عملة ورقية منذ عام 1972.

إن القيم الدستورية الأميركية تجتذب المواهب من مختلف أنحاء العالم، وخاصة من الهند والصين وأميركا الوسطى والجنوبية وأفريقيا وإيران. ولكن الافتقار إلى الفرص في إيران يؤدي إلى هجرة الأدمغة إلى الغرب.

في أميركا، يسود مبدأ الجدارة، حيث يدعم الزملاء المتفوقون التقدم، الأمر الذي يعكس الاعتقاد بأن "النخبة ترتفع إلى القمة".

إن نظرة عامة موجزة على تاريخ استقلال أميركا تكشف لنا أن حفلة شاي بوسطن في عام 1773 كانت لحظة محورية، ترمز إلى المقاومة للضرائب البريطانية دون تمثيل. كما عزز المؤتمر القاري اللاحق في عام 1774 وإعلان الاستقلال في عام 1776 استقلال أميركا، وأرست المبدأ التوجيهي للحكم: "نحن الشعب".

إعلان الاستقلال يظل الدستور الأمريكي، الذي ألفه توماس جيفرسون، رمزاً أيقونياً يجسد حقوق وتطلعات الشعب الأمريكي، ويضمن عدم تناقض أي قانون أو عمل حكومي مع مبادئه.

"نحن نؤمن بهذه الحقائق باعتبارها بديهية، وهي أن جميع البشر خلقوا متساوين، وأنهم وهبوا من خالقهم حقوقاً غير قابلة للتصرف، ومن بين هذه الحقوق الحياة، والحرية، والسعي إلى السعادة."

"نحن نأخذ هذه الحقائق باعتبارها بديهية بأن جميع البشر خلقوا متساوين وأن خالقهم منحهم بعض الحقوق غير القابلة للتصرف، والتي تشمل الحق في الحياة والحرية والسعي وراء السعادة."

وكان من بين الموقعين على هذا الإعلان شخصيات مشهورة مثل جورج واشنطن أول رئيس للولايات المتحدة الأمريكية، وتوماس جيفرسون، وجون آدامز، وصامويل آدامز، وجون هانكوك، وبنجامين فرانكلين، وغيرهم.

وبعد التوقيع على هذه الوثيقة ومغادرة الاجتماع، سأل أحد المراسلين السيد بن فرانكلين، الذي كان يمثل فيلادلفيا (رغم أنه ولد في بوسطن)، "ما الذي أنجزته؟ هل لدينا الآن نظام ملكي أم ديمقراطية وحرية؟" فأجاب: "إذا استطعتم الحفاظ عليه، فلدينا ديمقراطية".

لقد كتب جون آدامز، وهو أحد الموقعين على ميثاق الحرية، والرئيس الثاني للولايات المتحدة، والذي كان من بوسطن، في مقال له أن "هذا الدستور يهدف إلى ديمقراطية الناس المتدينين والأخلاقيين، وهو غير كاف لحكم أي نوع آخر من المجتمعات". ومن أجل إرساء الحرية واستقرارها، فإن فهم العلاقة بين الإنسان والله هو أحد الالتزامات. فبدون سياج الدين، سوف يحرم الأشرار وغير المتدينين وغير المتعلمين الآخرين من حريتهم باسم الحرية وتفسير القوانين بأنفسهم.

إن كل جيل عليه واجب التضحية من أجل حريته وحريات الأجيال القادمة وحماية الحرية من الخطر بالخلق والتسامح والانضباط. وهذا لا يمكن أن يتحقق إلا بالإيمان الحقيقي والإيمان بالعلاقة بين الله وعباده، والتي تلخصت في إعلان الاستقلال. "إننا نؤكد أن هذه الحقائق واضحة ولا تحتاج إلى تفسير: أن جميع البشر خلقوا متساوين في نظر الله، وأن الله قد وضع حقوقاً متساوية لا يمكن إنكارها لجميع البشر، والتي تشمل:

"الحق في الحياة، والحق في التمتع بالحرية، والحق في السلام والسعادة طوال الحياة.

"الحياة والحرية والسعي إلى السعادة."

الدستورالأمريكيتم التوقيع على الدستور الأمريكي، الذي كتب على أساس الإعلان المذكور أعلاه، من قبل الممثلين المنتخبين للشعب في فيلادلفيا في 17 سبتمبر 1787، ودخل حيز التنفيذ في عام 1789. ومنذ ذلك الحين، تمت إضافة 27 تعديلاً إلى الدستور، تتعلق التعديلات العشرة الأولى منها بحماية الحرية الشخصية، وتقييد الحكومة في الأمور المتعلقة بحرية الأفراد، وتنفيذ العدالة في المجتمع.

الكلمات الثلاث الأولى من الدستور **"نحن الشعب"** إن القانون والحكومة في خدمة الشعب، وقد ثبت خلال القرون الثلاثة الماضية أن القانون قابل للتنفيذ ومحترم، وقد شكل مثالاً يحتذى به في معظم دول العالم".

إن الشعب هو الذي ينتخب كل من يشغل هذا المنصب، بدءاً من الرئيس وحتى الممثلين المنتخبين لمجلس النواب ومجلس الشيوخ، والمدعين العامين للمقاطعات، والمحافظين، ورؤساء البلديات، وهم في واقع الأمر يتقاضون رواتبهم من الشعب لأن ميزانية الحكومة تأتي من الضرائب. أما المسؤولون المعينون والمنتخبون الوحيدون فهم قضاة المحكمة العليا، الذين يتم تحديدهم وتقديمهم إلى مجلس الشيوخ للموافقة عليهم من قِبلَ ممثلي الشعب المنتخبين، ويتم انتخابهم إذا كانوا مؤهلين. إن قضاة المحكمة العليا هم مدى الحياة ولا يجوز عزلهم؛ وواجبهم هو حماية الدستور في جسده وروحه. وقد تم وضع عدة آليات للضوابط والتوازنات بحيث لا يمكن لأي شخص أو أي مؤسسة أن تتصرف بشكل تعسفي ودكتاتوري ضد الدستور.

وفي الدستور، مع مبادئ **قواعد الأغلبية وحقوق الأقلية**، ويتم ضمان الحرية والمساواة النسبية في الحقوق لجميع أعضاء المجتمع بشكل فعال.

التعديلات 1 و2 و3، التي تمت الموافقة عليها في عام 1791، تحظر على الكونجرس الأمريكي إقرار قوانين تسلب حرية الأفراد وحرية الدين وحرية التعبير وحرية العقيدة.

الصحافة، وحرية التجمع السياسي، وضمان الحرية في إعداد القوانين الجديدة.

ليس للحكومة الحق في إعلان دين رسمي للبلاد أو أن يكون لها كنيسة وطنية رسمية، أو أن تفضل ديناً على آخر في أي أمر.

التعديل الرابع: صدر عام 1791، وهو يحظر تفتيش أي شخص بأي شكل من الأشكال، بشكل فردي أو جماعي، خارج المنزل أو داخله، من قبل الشرطة أو غيرهم من المسؤولين الحكوميين (وهذا يشمل عمليات التفتيش الجسدي، والسيارات، واختبارات الدم أو البول)، ما لم يكن لديهم إذن رسمي من المدعي العام أو ممثله، وقد اعترفوا بقوة وبسبب مقبول لدى المحكمة بأن الشخص الذي تم تفتيشه هو مخالف للقانون ومدمر للضمان الاجتماعي.

يضمن التعديل الخامس، الذي تم التصديق عليه في عام 1791، عدم محاكمة الأشخاص في المحكمة دون سبب. ومن وجهة نظر اجتماعية، ستحكم هيئة المحلفين، المكونة من 12 شخصاً، وتصوت على إدانة الشخص أو براءته. بالإضافة إلى ذلك، لا يمكن إجبار أي شخص على الشهادة ضد نفسه. إذا اعترف شخص بارتكاب جريمة تحت الإكراه، فلن تقبل المحكمة اعترافه. يُفترض أن الشخص بريء ما لم يثبت العكس.

ينص التعديل السادس على أن محاكمة المجرم يجب أن تتم على الفور، مع تحديد كفالة معقولة للإفراج قبل المحاكمة. يجب أن تكون المحاكمة علنية، ويجب أن يشهد الشهود ضد المتهم في المحكمة وفي حضورهم، ويجب أن يكون للمتهم تمثيل قانوني. إذا لم يكن المتهم قادراً على تحمل تكاليف محامٍ، فيمكنه الحصول على محامٍ من الحكومة. علاوة على ذلك، يجب السماح للشهود لصالح المتهم بالإدلاء بشهادتهم أثناء المحاكمة في المحكمة.

عند إلقاء القبض، يتعين على الشرطة إبلاغ الشخص بالتهم وسبب الاعتقال. كما يتعين عليها إبلاغ الشخص بحقه في الصمت وحضور محاميه.

محاميهم(ميراندا رايت). إذا أثبت الشخص المعتقل أن الشرطة لم تشرح له بشكل كامل ميراندا رايت بعد الاعتقال وقبل الاعتراف بالجريمة، فسيتم إغلاق القضية لصالح المتهم. بالإضافة إلى ذلك، لا يمكن للمحكمة فرض عقوبة قاسية وغير عادية على الشخص المذنب.

في مدينة بوسطن، قبل قرنين تقريباً من استقلال أمريكا، كانت هناك مدرسة وجامعة هارفارد، وأول مكتبة عامة، ومتنزه وطني للاستخدام العام. وقد قاموا بترجمة الكتاب المقدس من اللاتينية إلى الإنجليزية، وجعلوه متاحاً للعامة، وركزوا على محو الأمية.

مع الثورة الصناعية، أصبحت الحاجة إلى عمال متعلمين في المصانع قادرين على القراءة والكتابة أكثر أهمية. وقد منُح العمال المزيد من الحقوق الإنسانية والاقتصادية والسياسية، وشاركوا في أرباح المصانع لزيادة كفاءة العمل والإنتاج.

ورغم الديمقراطية وفصل السياسة عن الدين، فإن الروحانية تظل ذات أهمية كبيرة في المجتمع الأميركي. ووفقاً لمسح علمي أجراه معهد جالوب للشعب الأميركي، ونشرته مجلة نيوز ويك في الخامس من سبتمبر/أيلول 2005:

1. %64 اعتبروا أنفسهم متدينين، و24% روحانيين، و8% لا.

2. %80 يؤمنون بالله خالق الكون.

3. %67 يؤمنون ببقاء الروح واستمرارها من الحياة بعد الموت.

4. %57 اعتبروا أن الروحانية مهمة جداً في حياتهم اليومية.

5. %39 التزموا بالدين لإنشاء علاقة شخصية مع إله.

6. %64 شاركوا في الأنشطة الدينية مثل العبادة و تأمل.

وعلى‌هذا، فرغم تراجع الانتماء إلى المؤسسات الدينية الرسمية، فإن تدين‌الناس لا يزال يشكل أهمية كبيرة. فالمجتمع الحديث ينظر إلى الدين من‌منظور الحياة الأخلاقية وعلاقتها بالنفس والمجتمع والبيئة، بما يتماشى‌مع المبادئ الدينية والروحانية والمنطق العلمي والعلاقات السببية.

يعيش‌في أمريكا حوالي 6.5 مليون مسلم، أغلبهم من المهاجرين من الدول‌العربية والشرق الأوسط وتركيا وباكستان وبنجلاديش والهند ونيجيريا والصومال‌وغيرها. ووفقاً للدراسات الإحصائية:

-65% سنة، و11% شيعة، و15% يعتبرون أنفسهم مسلم‌فقط.

-47% يحضرون إلى المسجد يوم الأحد.

-40% من النساء المسلمات لا يرتدين الحجاب مطلقاً، بينما 36% يرتدينه دائماً يفعلون‌ذلك، والبقية يرتدونه بشكل انتقائي.

يعتقد57% من المسلمين أن مراعاة الشريعة الإسلامية مسألة شخصية،وإذا لم تكن هناك أسباب وجيهة فهي مقبولة. وتعتقد هذه المجموعة‌أن هناك أكثر من طريق للوصول إلى الجنة، كما فسرها القرآن. ودينهم‌عقلاني وأخلاقي. وهم يستمدون المعرفة المباشرة من القرآن، وكذلك‌من كتابات وسلوك المفكرين والعلماء في عصرهم ومحيطهم. وبالنسبة‌لهم، فإن العبادة تؤدي دوراً دينياً ضرورياً، مثل الإيمان بوجود الله والنبي‌والقرآن باعتباره كلام الله، وكذلك الإيمان بالبعث. وعلى العكس من ذلك،فإن دين معظم الأميين دين تعبد وسببي، وغالباً ما يستند إلى التقاليد‌الأجداد أو إملاءات السلطات الدينية.

الإيرانيون‌الذين هاجروا إلى أمريكا بعد الثورة هم في الغالب مسلمون بالاسم،ولكن أكثر من 90٪ منهم لا يلتزمون بالإسلام من حيث الاعتقاد والممارسة،على الأقل ليس ظاهرياً (معلومات شخصية).

ونتيجةلذلك، فإن أطفالهم غالباً ما يبتعدون عن الإسلام بسبب عدم توجيه والديهمبشكل كافٍ لمعالجة الأسئلة والشكوك التي تنشأ فيما يتعلق بالفقه الإسلامي، أو بسبب التأثيرات الخارجية السلبية.

إن غذاء الحكمة هو العقل، والشباب المسلم المتعلم يبحث عن تفسيرات عقلانية للفقه المفروض. والتدين مستمد من الكتاب والحكمة والمنطق والإيمان واتباع المثقفين والفلاسفة والصوفية وليس الفقهاء بالضرورة. وهم يعطون الأولوية للعقلانية على التمسك الديني الأعمى. وقد أثبت مرور الزمن والعلم والتكنولوجيا أن حتى الآراء التي تعتبر عقلانية في عصرما قد تكون عرضة للخطأ بالنسبة للأجيال القادمة. لذلك يفضل المثقفون والعلماء الشريعة القائمة على العقل والمنطق على الشريعة الوضعية والسببية. ومن واجب المفكرين الدينيين الجدد أن يقترحوا الشريعة الإسلامية بما يتفق مع معرفة وحس البيئة التي يعيشون فيها. ويجب أن يكون هذا الدين مرناً وقابلاً للتفسير للسماح للمسلمين، وخاصة في الدول الغربية، بالعيش ديمقراطياً ودينياً وأخلاقياً دون تعارض مع مجتمعهم وبيئتهم. ويجب أن يشجع على الإنسانية وخدمة المجتمع والشرعية والديمقراطية العقلانية.

إن المجتمعات الإيرانية والإسلامية لابد وأن تخضع لعملية تحول كاملة؛ فهي حتى الآن كانت على المسار الخطأ. ومن خلال أخذ الأمثلة من الآخرين والحفاظ على المبادئ الدينية والأخلاقية والثقافية والتقاليدية، فإنها تستطيع أن تحمي حياتها الروحية. والواقع أن التغيير الكامل ضروري لتحقيق النجاح.

إن النهضة الفقهية والثورة الفقهية أمر ضروري للانتقال من الفردية والمصلحة الآنية إلى التعاون والتضامن والجماعية والتشبيك والمصلحة الاجتماعية طويلة الأمد، وهذا لا يتحقق إلا بالالتزام بالنصائح والأوامر والقوانين القرآنية، والعيش على الصراط المستقيم في كل زمان ومكان وظروف، وتفنيد الخرافات، والتعمق في فهم القرآن وتفسيره والعمل به، والحفاظ على التوازن.

إن التعليم في كافة مناحي الحياة اليومية أمر ضروري. فكثير من الأمور عبارة عن كذب لا يعرفه إلا الإيرانيون. وهي تحمل أهمية خاصة بالنسبة لنا نحن الإيرانيين، وكثيراً ما نبالغ في تضخيمها. فالمجاملات تعلم الأطفال الكذب والخداع والنفاق، ويزداد انتشارها يومياً بين الأطفال بسبب تعرضهم لأشكال مختلفة منها من الكبار من حولهم. ومن المثير للاهتمام أنه لا توجد كلمة مكافئة لها في القاموس الإنجليزي. فالكذب أم الخطايا، ويتعلم الأطفال هذا النوع من السلوك باعتباره مقبولاً، على غرار "التقية"، وهي كذبة مباحة في الطائفة الشيعية.

في أمريكا، في المحكمة والمحادثات مع الشرطة الفيدرالية، قد يتم منح المغفرة عن جريمة ما، ولكن الكذب، حتى لو كان تافهاً على ما يبدو، لا يمكن مسامحته، ويصبح الكذب جريمة إضافية.

لقد تم فصل الرئيس ريتشارد نيكسون بسبب الكذب بشأن معرفته بفضيحة ووترجيت، ونجا الرئيس بيل كلينتون بأعجوبة من الطرد بسبب أكاذيب تافهة على ما يبدو عن مونيكا لوينسكي، المتدربة في البيت الأبيض.

يحُظر الزواج بين الأقارب من الدرجة الأولى، مثل أبناء العمومة، بسبب خطر إصابة أطفالهم بأمراض وراثية خطيرة أو خلل في الحمض النووي.

إن توظيف أقارب الدرجة الأولى في العمل الحكومي محظور وغير قانوني بسبب احتمالية التأثير غير المشروع، كما أن المناقصات والمزايدات للمشاريع العامة حقيقية ومنظمة.

تعلم أن تعيش وتترك الآخرين يعيشون أو تعامل الآخرين بالطريقة التي تحب أن يعاملوك بها. ولا تحاول إعادة اختراع العجلة؛ بل عليك أن تستفيد من تجارب الآخرين بدلاً من إضاعة الوقت.

كان التدخين شائعاً في أمريكا قبل خمسين عاماً، ولكن اليوم، مع إقرار القوانين ضد الإعلان عن بيع السجائر، ومنع البيع للشباب دون سن 18 عاماً، وتثقيف البالغين حول المخاطر الصحية للتدخين مثل سرطان الرئة، أصبح التدخين من العادات الشائعة في أمريكا.

لقدانخفض عدد المدمنين على السجائر بشكل ملحوظ بسبب ارتفاع معدلاتالإصابة بانتفاخ الرئة وزيادة الضرائب على بيع السجائر، والآن أصبحمن النادر أن نرى أشخاصاً يدخنون في الحفلات أو الاجتماعات. وقد كانتنفيذ القوانين والتعليم المناسب وزيادة الأسعار، التي تعمل كشكل منأشكال الضرائب على المدخنين، فعالاً في الحد من معدلات التدخين. وفيمايتعلق بالمشروبات الكحولية، فحتى قبل 30 عاماً، لم تكن الأمراض الناجمةعن الإفراط في تناول الكحول نادرة. كنت أقابل مريضاً واحداً على الأقلفي المستشفى كل أسبوع يموت بسبب نزيف دوالي المريء الناجم عنتليف الكبد الناتج عن الإفراط في تناول الكحول. ومع ذلك، في السنواتالأخيرة، أدرك الأفراد المتعلمون أن إدمان الكحول واستهلاك أكثر من250 مل من النبيذ (25 جراماً من الكحول) يومياً يمكن أن يؤدي إلى التهابالبنكرياس المزمن وآلام البطن وتليف الكبد وسرطان الكبد والجنون الناتجعن الإفراط في تناول الكحول والصرع والهذيان الارتعاشي والوفاة المبكرة.على الرغم من أن بعض الباحثين يعتقدون أن شرب كأس من النبيذالأحمر ليلاً يساعد على الاسترخاء، ويساعد على النوم، ويزيد من متوسطالعمر المتوقع.

ولمنعالوفيات وإصابات النخاع الشوكي والارتجاجات الناجمة عن الحوادث،فرضت أمريكا ارتداء حزام الأمان والالتزام بالحد الأقصى للسرعة (55ميلاً في الساعة) أثناء القيادة. والآن، بعد سنوات عديدة، أصبح ارتداء حزامالأمان عادة لدى الناس أثناء القيادة والسفر. فمن الإلزامي ارتداء حزام الأمانأثناء ركوب السيارة، وحتى لو لم يكن إلزامياً، لا يزال الناس يستخدمونأحزمة الأمان. بالإضافة إلى ذلك، فإن الغرامات المفروضة على السائقينالذين يستخدمون الهواتف المحمولة والاستخدام الإلزامي لمقاعدالأطفال في المقعد الخلفي أثناء القيادة أنقذت حياة العديد من الرضعوالأطفال الصغار. ومن الأمثلة المذكورة أعلاه، يمكننا أن نفهم أنه يمكنمنع الإصابات الجسدية والأخلاقية والاجتماعية من خلال وضع القوانينوتنفيذها الصارم والتدريب المناسب.

ويتبعالالتزام بالحجاب أيضاً مبادئ مماثلة، وتختلف أهميته في البلدان الإسلامية.ففي أمريكا، حيث لا يُسمح للنساء بارتداء الحجاب،

إن عدم ارتداء الحجاب من الأمور التي تؤدي إلى العفة والعلاقات غير الشرعية، وهي حالات أقل شيوعاً. وقد أكدت لي خبرتي التي امتدت خمسين عاماً في أميركا هذا الأمر بقوة. ولذلك، يتعين علينا أن نقتدي بدول وأمم أخرى تبنت الاعتدال، وتمكنت من الحفاظ على احترام إخوانها المسلمين، وتجنب التشدد المفرط إلى الحد الذي قد يؤدي إلى كراهية الناس للإسلام.

ولجذب المزيد من السياح الأجانب الذين يزورون إيران لمشاهدة المعالم السياحية، وهو أمر مهم لاقتصاد البلاد، لا ينبغي لنا أن نفرض الحجاب والامتناع عن الكحول كواجبات شرعية ونضغط عليهم للالتزام بقانون الأمر بالمعروف والنهي عن المنكر. يجب قراءة القرآن وفهمه والعمل به. يجب على المسلم الحقيقي أن يعبد في خدمة الخلق؛ تعني الصلاة العيش على مسار مستقيم ومتوازن، وتجنب التجاوزات الأخلاقية والاجتماعية والقانونية. ومن المستحسن التبرع بما لا يقل عن 2.5٪ من دخل المرء للزكاة للمساهمة في بناء مجتمع أفضل.

مدرسة روكسبري اللاتينية الثانوية، نظام تعليمي نموذجي

يتطرق هذا القسم إلى نظام التعليم في أمريكا، ويتناول بالتفصيل مدرسة ثانوية للبنين تخرج منها ابني الأكبر، سعيد.

تعد مدرسة RL الثانوية واحدة من أقدم المدارس الثانوية في أمريكا الشمالية، وتقع في حي روكسبري في بوسطن. تأسست في عام 1645 من قبل جون إليوت بإذن رسمي من الملك تشارلز الأول ملك إنجلترا. احتفلت مدرسة RL الثانوية بالذكرى السنوية 375 لها في عام 2020. تولى جون إليوت، وهو مهاجر بيوريتاني، مسؤولية تعلم لغة الأمريكيين الأصليين في منطقة بوسطن، وتعليمهم اللغة الإنجليزية والكتاب المقدس. قام بترجمة وتأليف الكتب المقدسة التوراة والكتاب المقدس من اللاتينية، وبدء محو الأمية الإنجليزية بين أولئك الذين يفتقرون إليها، وتحويلهم إلى المسيحية البروتستانتية. حالياً، يتم تدريس الكتاب المقدس في مدرسة RL الثانوية.

تم تأليف هذا الكتاب وترجمته جون إليوت، وهو موجود في مدرسة روكسبري اللاتينية الثانوية، وهو مفتوح للجمهور. كانت المجموعة البيوريتانية تؤمن بمسؤوليتها الروحية والدينية في عيش حياة مثالية بناءً على تعليمات التوراة والكتاب المقدس الأخلاقي، بهدف توجيه المجتمع الكاثوليكي الأوروبي الضال نحو التوبة والمغفرة من الله.

أسس المهاجرون البيوريتانيون مدرسة روكسبري اللاتينية لإعداد الطلاب للالتحاق بكلية كامبريدج التي تأسست عام 1636، والتي سميت فيما بعد بجامعة هارفارد، وتقع على الضفة الشمالية لنهر تشارلز في كامبريدج. وحتى يومنا هذا، يواصل عدد كبير من خريجي المدارس الثانوية في جامعة هارفارد دراستهم سنوياً.

ويؤكد العقد غير المكتوب بين هذه المدرسة الثانوية وطلابها على الالتزام المتبادل: حيث تتعهد المدرسة بتوفير أفضل تعليم ممكن، في حين يُتوقع من الطلاب بذل أقصى جهد ممكن ليصبحوا أعضاء فعالين في المجتمع، بدءاً من سنوات دراستهم. وإلى جانب المساعي الأكاديمية، يشارك الطلاب في أنشطة مختلفة خارج المنهج الدراسي مثل الرياضة والمسرح والموسيقى والتحدث أمام الجمهور والسياسة. ويتم تشجيعهم على توسيع معارفهم ومهاراتهم وثقتهم بأنفسهم.

إن فلسفة وشعار هذه المدرسة الثانوية "المعروفة والمحبوبة" تدل على الفهم العميق لاهتمامات الطالب وظروفه العائلية ومكانته، مع تعزيز بيئة داعمة حيث يهتم المعلمون والطلاب على حد سواء ببعضهم البعض.

تؤكد المدرسة على خدمة الآخرين، والمشاركة في جميع الأنشطة، واحتضان الشمولية بغض النظر عن الاختلافات في اللون أو العرق أو الجنسية أو الدين أو الوضع المالي. وهي مكرسة لتعزيز محو الأمية بين الجميع، بما في ذلك السود والأمريكيين الأصليين.

تجدر الإشارة إلى أن المهاجرين البيوريتانيين أسسوا أول حديقة عامة ومكتبة عامة ومدرسة ثانوية وجامعة في مدينة بوسطن، مما جعل محو الأمية إلزامياً للجميع. كما قاموا بترجمة الكتاب المقدس

لأول مرة، انتقلت اللغة اللاتينية إلى الإنجليزية وحتى إلى لغة الهنود في ماساتشوستس، مما ضمن إمكانية الوصول للجميع. انتقد البيوريتانيون المسيحية الكاثوليكية بسبب ما اعتبروه ممارسات خرافية، مما أدى إلى الدعوة إلى الانفصال عن كنيسة روما.

بعد عشر سنوات من مغادرتهم إنجلترا وإقامتهم في هولندا، هاجر البيوريتانيون إلى أمريكا الشمالية لإنشاء "يوتوبيا" بسبب الظروف المعيشية غير المواتية في هولندا.

تعد بوسطن، بتاريخها الغني في استقلال أمريكا، مركزاً للتعليم، حيث تضم مؤسسات مرموقة مثل جامعة هارفارد ومعهد ماساتشوستس للتكنولوجيا.

حدد جون إليوت هدف إنشاء مدرسة RL الثانوية لخدمة كل من الناس والكنيسة مادياً وروحياً. تعُلمّ المدرسة الثانوية الطلاب "التفكير محلياً والعمل عالمياً"، وتشجعهم على معالجة المخاوف البيئية والاحتباس الحراري والفقر وغيرها من القضايا المجتمعية. باختصار، يتم حث الطلاب على القيام بدورهم في توفير بيئة أفضل لبلدهم والعالم من أجل حياة آمنة ومريحة للآخرين.

يتم مناقشة اللاجئين السياسيين والصحة العالمية والأمن الوطني والعالمي في الفصول الدراسية بجدية، وتتعلم أن سلامتك وازدهارك وصحتك في سلامة وراحة وصحة الآخرين في العالم، ولتحقيق هذا الهدف، يجب أن يكون لدى المدارس أطفال وطلاب استثنائيون يتمتعون بقيم عالية متعلمة. لا يتم تدريب الأطباء والمهندسين المستقبليين فقط هنا، يتم تدريب خريجي RL بطريقة تجعلهم يختارون خدمة الآخرين ويكونون أشخاصاً استثنائيين. مرتين في الأسبوع، يذكر مدير المدرسة الطلاب في طابور الصباح قبل الفصل لمدة نصف ساعة أنه في كل يوم تواجه خيارات مختلفة، تذكر أن تختار الطريق المستقيم حتى لو كان صعباً وعلى حسابك. كل طالب لديه معلم مرشد يلتقي به مرتين في الأسبوع ويرشده في واجباته المدرسية ويسأل عن أفكاره ومشاكله في المنزل و

في المجتمع، يشجعون الطلاب على التفكير وطرح الأسئلة وحب التعلم. عدد الطلاب في كل فصل 18 طالباً، ينقسمون إلى ثلاث مجموعات من 6 طلاب، لتعلم الدرس، يشرح المعلم 75% فقط من المادة المراد دراستها ومناقشتها، ويتم حل بقية الدرس بالتعاون بين المجموعات الثلاث فردياً وجماعياً، في الواقع، جميع الطلاب من خلال مساعدة بعضهم البعض في حل جزء من اللغز وتعليم بعضهم البعض. يعرف مديرو المدرسة كيفية توجيه ذلك الطالب من خلال معرفة كل طالب من حيث عائلته ونظرته وآماله. طريقة التدريس ليست بالضرورة إلقاء محاضرات في الفصل والإجابة على الأسئلة وإجراء الاختبارات وإعطاء الدرجات، المعلمون لديهم واجب توجيه الجميع وفقاً لمعرفتهم، يعتقدون أن خشب الرمان وخشب الجوز والحديد والورق، كل منها له غرض. إنها مصنوعة وتحتاج إلى أدوات وجهود مختلفة لثنيها، تحلق شفرات غصن الرمان الممزق وتنقعه في الماء لمدة 24 ساعة، تنقع خشب الجوز في الماء لمدة أيام وتثنيه بالمشابك والضغط، وتصهر الحديد في النار، وتشكله بالمطرقة، وتطوي الورق وتصنع منه حسب معرفتك واهتمامك قارباً أو طائرة ورقية، لتلعب بها مع الأطفال وهذه هي فلسفة وطريقة تفكير وعمل هذه المدرسة الثانوية التي صنعت طلاباً وأشخاصاً ناجحين من الرياضة إلى الخطابة العامة، في المجتمع والقبول في الجامعات المرموقة، وهذا يعني أنه يمكنك رؤية تجمع المتضادات في شخص واحد، كيف يمكن أن يكونوا أشخاصاً بدرجات عالية في امتحان القبول الوطني (SAT)، وفريق رياضي فائز على مستوى المقاطعة، وواحداً من أفضل فرق الخطابة العامة على مستوى الدولة. يستغرق الأمر وقتاً للتعرف على الطالب وتشجيعه على اتباع مسار أحلامه وإظهار الطريق له لمنعه ربما من الوقوع في حفرة أو الوقوع في بئر. في هذه المدرسة الثانوية، يساعد الطلاب بعضهم البعض على النجاح ويسعدون بنجاح بعضهم البعض.

المدرسة الثانوية هي مؤسسة خاصة غير ربحية، ويتم قبول الطلاب من خلال المقابلات ورسائل التوصية من الطلاب السابقين.

المعلمون،والدرجات العالية في امتحان القبول (SSAT). تقبل المدرسة 50 طالباًفي الصف السابع وخمسين طالباً آخرين في الصف التاسع، لذا فهي تتخرجمنها مائة طالب دبلوم كل عام، وقد تخرج منها خريجون ناجحون للغايةفي السنوات الـ 375 الماضية والذين تركوا لها الكثير من الهبات، وبالتاليفإن رسومها الدراسية أقل من نصف المدارس الثانوية غير الربحية الأخرىفي المنطقة.

وتعودالعديد من المقاعد إلى الفقراء والسود والأقليات، الذين يتم قبولهمدون دفع الرسوم الدراسية إذا استوفوا معايير القبول.

سعيدابننا الاكبر والذي حصل على اعلى الدرجات في المدرسة الابتدائيةوامتحان القبول في المدارس الثانوية غير الربحية وفي الصف الرابعالابتدائي من مجلس النواب وحاكم ولاية ماساتشوستس مايكل دوكاكيسحصل على خطاب تقدير لمشاركته وفوزه في مسابقة Bowl Future Problem Solving العالمية التي اقيمت في ولاية نبراسكا تم رفضهفي المقابلة للدخول في الصف السابع من RL شارك مرة اخرى للدخولفي الصف التاسع وبمؤهلات مناسبة تمت دعوته للمقابلة وهذه المرةاستشرت احد اصدقائئي الذي تخرج ابنه ووالده من مدرسة RL وقد قدملي تلك المدرسة وكتب لي خطاب توصية سألته عن سبب الرفض سألصديقه في لجنة القبول بالمدرسة الثانوية وقال لي قبل 3 سنوات كانكل شيء جيدا ولكن عندما سألوه لماذا اخترت هذه المدرسة اجاب لانهافضل مدرسة ثانوية في امريكا واريد ان اذهب الى هارفارد واصبح طبيباجيدا قلت له هذا صحيح قال لا، لأنه كان عليه أن يجيب، أريد أن أكونمستعداً لأن أكون خادماً وإنساناً صالحاً في أي وظيفة أختارها في المستقبلحتى أتمكن من سداد قرضي لله والبشرية. هذه المرة، وبهذه الطريقةفي التفكير والإجابة الصحيحة، التحق بالمدرسة الثانوية وقضى السنواتالثلاث من الدراسة الثانوية هناك.

على مائدة العشاء، كان سعيد يتحدث كثيراً عن مدير المدرسة الثانوية السيدتوني جارفيس الذي كان قساً مشيخياً وحاصلاً على درجة الدكتوراه في اللاهوت والعلوم التربوية من جامعة هارفارد. على سبيل المثال، كان كثيراً ما يذكر الطلاب بألا يرفضوا أبداً يد شخص يمد يده إليكم طلباً للمساعدة، وألا يلوموا أبداً شخصاً محبطاً لأي سبب من الأسباب، بل أمسكوا باليد الساقطة وارفعوها، ربما تكون يد الله، تمتد إليكم وتختبركم.

الكذب والغش من الذنوب التي لا تغتفر والتي تؤدي إلى الطرد من المدرسة الثانوية الواقعية. المشاركة في الأعمال العامة ومساعدة المحتاجين والفقراء وتحسين البيئة والتطوع في المساعدات الاجتماعية المختلفة هي واجب كل إنسان وهي إلزامية للطلاب.

المشاركة في فرق رياضية بمستوى قدرة الطالب، والمساعدة أكاديمياً وأن تكون أخاً كبيراً لطالب من الطبقة الدنيا لمدة ساعتين في الأسبوع هو واجب كل طالب. ومن المثير للاهتمام في هذه المدرسة الثانوية أن الطلاب هم الأعلى أكاديمياً في الولايات المتحدة ويتم تصنيفهم في مناظرات وخطابات الأمم المتحدة النموذجية، من حيث الرياضة، غالباً ما يفوزون بالمركز الأول إلى الثالث في مسابقات رياضية مختلفة بين المدارس الثانوية في منطقة بوسطن، يتمتع الطلاب الذين لديهم أعلى قبول في أفضل الجامعات الأمريكية بمكانة عالية في الرياضة، وهذا يوضح حقيقة أن المدرسة والمعلم والدليل الجيد يمكنهم بالإضافة إلى تحسين المعرفة، رفع ثقة الطلاب بأنفسهم إلى الحد الذي يحققون فيه أقصى قدر من الكفاءة والفعالية من أنشطتهم.

أتذكر عندما عدت إلى المنزل متأخراً من المكتب وكنا نتناول العشاء، رن هاتف المنزل ورد سعيد، كان صديقاً قديماً اتصل للدردشة، كان طويل الكلام ولكنه لطيف والحديث معه يمكن أن يكون مريحاً، قال ماسي لسعيد، أخبره أن والدك لم يعد إلى المنزل بعد، قال سعيد هذه كذبة وأنا لا أكذب. لم نسمع منه كذبة قط واليوم أصبح سعيد واحداً من أفضل وأنجح جراحي القلب في أمريكا.

لقدأكدت المدرسة الثانوية للطلاب: "من أعطي هذا القدر، توقع منه الكثير". ولهذا السبب، سأخجل من المحاسب الذي كان يعتني بشؤوني الضريبيةفي نهاية العام إذا خصصت أقل من 5% من دخلي السنوي للأعمالالخيرية. (نوع من الزكاة)

لقدعلمني أصدقائي وأهل بيتي وزملائي في المجتمع الأمريكي أن قيمةالإنسان ورأس ماله تكمن في تحسين مستوى الثقافة والتعليم والحياةفي المجتمع الذي نحن أعضاء فيه. وأنا مدين للمجتمع والثقافة في الولاياتالمتحدة الأمريكية بكل ما علمني إياه أنا وأسرتي.

اليهودوأسباب نجاحهم (الأمة الناجحة)

ورغمأن اليهود الصهاينة ارتكبوا خطايا جسيمة في أرض إسرائيل، مدعينأنها الميراث الشرعي للأنبياء داود وموسى وأبناء إبراهيم، فإن الفلسطينيينعانوا كثيراً. فقد شردوا من ديارهم، وحُبِسوا في مخيمات مثلقطاع غزة والضفة الغربية، وتعرضوا للعنف، مما أسفر عن مقتل الآلافمن الرجال والنساء والأطفال الأبرياء. ورغم الصراخ العالمي، فإنهم مازالوا بلا رادع، ويحظون بدعم أخلاقي ومالي وعسكري من الولايات المتحدةالأمريكية. وفي رأيي أن السبب هو أن اليهود شعب مؤثر وقوي للغايةفي أوروبا وأمريكا، وقد امتد نطاق نفوذهم الآن إلى روسيا والصين والدولالعربية. وهم يمسكون بالنبض الاقتصادي والسياسي والعلمي والفني،والأهم من ذلك، وسائل الاتصال الجماهيري. والناس في السلطة والأثرياء،وخاصة في أمريكا، يتبعون رغباتهم، وأدنى معارضة لهم يمكن أن تؤديإلى إزاحتهم من مناصبهم. ويمتد هذا الدعم الثابت إلى السياسات الأمريكيةالإسرائيلية، حيث أن شخصيات بارزة مثل زوجة الرئيس بايدن،وكاميلا هاريس نائبة الرئيس، كلاهما يهودية.

كيف استطاع جيل وعرق كان على وشك الفناء والزوال قبل بضعة عقود من الزمان أن يبرزوا إلى هذه المكانة في فترة وجيزة؟ لماذا نجحوا إلى هذا الحد في عملهم، في العلم، وفي العمل المصرفي، وفي السياسة، وفي احتكار أدوات الاتصال العامة مثل الإذاعة والصحف والتلفزيون والسينما والمسرح والفنون الجميلة والموسيقى والرسم والمتاحف وغيرها، بينما يبدو المسلمون متخلفين عنهم؟ لعلنا نستطيع أن نتعلم من تجاربهم وأساليب حياتهم التي لا تتعارض مع معتقداتنا وتقاليدنا في حياتنا الأسرية والاجتماعية.

بلغ عدد سكان العالم في عام 2015 نحو 7.3 مليار نسمة:

-2.3 مليار مسيحي

-1.8 مليار مسلم

-1.1 مليار هندوسي

-1.2 مليار ملحد

-مليار بوذي

-21 مليون يهودي (0.028% من سكان العالم)

وبحسب إحصائيات نشرت في مقال على الإنترنت، فمنذ عام 1901، عندما أنشئت جائزة نوبل، حصل 887 شخصاً على جائزة نوبل، من بينهم 197 يهودياً، 41% منهم في الاقتصاد، و28% في الطب، و26% في الفيزياء، و19% في الكيمياء، و13% في الأدب، و9% فازوا بجائزة نوبل للسلام. بالإضافة إلى ذلك، فإن 25% من أغنى 400 أميركي هم من اليهود، في حين أن 6 ملايين يهودي فقط يعيشون في أميركا، و70% من سوق الأسهم العالمية مملوكة لليهود. ومعظم الصحف الكبرى ووسائل الإعلام العامة مثل التلفزيون مملوكة لليهود. وفي الجامعات الأميركية المهمة، فإن معظم الأشخاص المهمين ورؤساء الأقسام هم من اليهود. ولنتذكر أيضاً أن موسى وعيسى (عليهما السلام)، وكارل ماركس، وفرويد، وأينشتاين، وأوبنهايمر (مخترع القنبلة الذرية) كانوا جميعاً يهوداً.

وبسبب النجاح الكبير الذي حققه اليهود والأخلاق والثقافة اليهودية المسيحية، فإن أغلب الأسر في كوريا الجنوبية تقرأ دروساً من التلمود (التوراة الشفوية) لأطفالها كل يوم وتستخدمها كنموذج للنجاح في حياتهم. وهذا الموضوع نفسه محل جدال ساخن في الصين، وخاصة على شبكة الإنترنت. واليهود في أميركا عموماً ينتمون إلى الطبقة العليا أو المتوسطة العليا اجتماعياً ومالياً وعلمياً.

من بين 320 مليون شخص في الولايات المتحدة، 70% من المسيحيين، و20% من الكاثوليك، و47% من البروتستانت. ووفقاً لتعداد عام 2017، يوجد 5.3 مليون يهودي في أمريكا و6.5 مليون في إسرائيل.

من بين الممثلين التسعة للمحكمة العليا، هناك ثلاث نساء، واحدة منهن يهودية، وواحد من الرجال الستة يهودي؛ والبقية مسيحيون. وبالتالي، فإن اثنين من التسعة يهود. ومن هذه المقدمة الموجزة، يمكننا أن نستنتج أن اليهود، على الرغم من كونهم مجموعة صغيرة جداً في المجتمع البشري، كانوا تاريخياً متقدمين من حيث الذكاء والعلم والمعرفة والمثابرة والاقتصاد والسياسة، مما جعلهم في كثير من الأحيان موضع غيرة البشر.

وبالمقارنة فإن المسلمين في العالم الذين يبلغ عددهم نحو مليار وسبعمائة مليون نسمة (أي 85 ضعف عدد اليهود) لم يحصلوا إلا على جائزة نوبل في العلوم: محمد عبد السلام الباكستاني الأصل في الفيزياء من إنجلترا، وأحمد زويل المصري الأصل المقيم في أميركا. وبالإضافة إلى ذلك فقد حصل سبعة مسلمين على جائزة نوبل للسلام، ومنهم أنور السادات، وياسر عرفات، وشيرين عبادي، ومحمد البرادعي، ومحمد يونس، وملالا يوسف زاي، وتوكل كرمان (السيدة اليمنية).

أربعون بالمائة من اليهود الأميركيين هم من اليهود التقدميين أو الليبراليين (اليهود الإصلاحيين).

اليهود الإصلاحيون يؤمنون بأن الدين تقدمي وليس ثابتاً ولا يتغير، وأن الوحي الإلهي مستمر وليس حكراً على النبي موسى وجبل سيناء وصحراء سيناء.

إن أهم مسئولية أخلاقية ودينية لليهود الإصلاحيين هي الدفاع عن حقوق المحتاجين والضعفاء والمضطهدين في المجتمع، بغض النظر عن اللون والدين والأصل. ولكي يكون المرء يهودياً إصلاحياً، يجب عليه أن يستمع إلى الصوت الداخلي لموسى في قلبه وعقله ويحاول تحسين كل ما يهمه ومجتمعه في العمل اليومي، والسعي إلى المساعدة في تصحيح أوجه القصور. يؤمن اليهود الإصلاحيون بأنهم يد الله على الأرض لخلق عالم أفضل لجميع الكائنات، وتحسين شئون الفقراء والضعفاء والمضطهدين وكل ما هو مكسور وضال في الانحدار والفساد بأي طريقة ممكنة. في الواقع، فإن الشخص مسؤول أمام المجتمع. العدالة الاجتماعية هي أحد المبادئ الأخرى لليهود الإصلاحيين؛ فهم لا ينسون أبداً أن الله مهتم بتحسين حياة وشئون الأفراد والمجتمع والبيئة اليومية، وأن العمل على تحسين المشاكل والصعوبات الاجتماعية في نظر الله أفضل من القلق بشأن الآخرة والمجهول في السماء.

لقد شهدت عدة مرات أنهم صوتوا لتحسين المدارس الحكومية (مباني، رواتب المعلمين، صالات الرياضة، إلخ) في مكان إقامتهم، ولتوفير الأموال اللازمة، صوتوا لزيادة ضريبة الأملاك السنوية، وهي ليست زيادة صغيرة (نوع من الزكاة). ولعل أحد أسباب نجاحهم جميعاً وحظوظهم عند الله هو وفائهم بالوعد الذي قطعوه مع الله. لقد توقع الله هذا الأسلوب في الحياة من المسلمين، ولكن للأسف ضل معظمنا، وواجهنا غضبه. شتاؤنا دافئ بلا ثلوج ولا أمطار، ولكن في الربيع هناك جليد وفيضانات وأمطار، ليس لها فائدة سوى خسارة المزارعين، وبركة للأرض والأزهار والحيوانات، إلخ، وإذلال للناس السفهاء.

الغربيون (المسلمون في الممارسة وليس بالاسم) مشغولون باختراع السيارات والطائرات وأجهزة التلفاز والكهرباء والهواتف الذكية والبريد الإلكتروني والفيسبوك والإنستغرام والرسائل القصيرة وتيليجرام ومحرك البحث جوجل والدردشة GPT وما إلى ذلك، مما أثر على حياة البشرية، وخاصة نحن.

الإيرانيون.نحن بلا شك مستخدمون لهذه الاختراعات، ولكن ماذا فعلنا نحنالمسلمين في القرون القليلة الماضية باستثناء اختراع خطف الطائرات،والثورات العديدة والمدمرة في كثير من الأحيان في البلدان الإسلامية،وانتشار الإدمان على الأفيون ومنتجاته في العالم، والاستخدام غيراللائق لوسائل التواصل الاجتماعي، واختراع طالبان والقاعدة، والأسوأ من ذلك كله، جماعة داعش (داعش)، التي تدعي الخلافة الإسلامية وتريد إقامةحكم القانون الإسلامي في العراق وسوريا. بجرائمها الوحشية والحيوانية،تتسبب في انتشار الإرهاب والكراهية للإسلام في العالم إلى الحدالذي يجعل شبابنا في الدول الغربية يخجلون من القول إنهم ينتمون إلىأمة وأسرة مسلمة.

أرثوذكسي(اليهود المتدينون أو الأرثوذكس أو الأصوليون صارمون للغايةفيما يتعلق بقوانين وأوامر التوراة كما تم تفسيرها وشرحها في كتاب التلمود.وهم يشكلون 50٪ من اليهود البريطانيين، و27٪ من اليهود الإسرائيليين،و13٪ من اليهود الأميركيين. والصهاينة ومعظم اليهود في الشرقالأوسط من الأرثوذكس. ومعظم نسائهم يبقين في المنزل، وينجبونالأطفال، وربات البيوت. ومستوى معرفتهم منخفض، وعندما يخرجون،يرتدون الشعر المستعار بدلاً من الأوشحة، وتغطي تنانيرهم حتى الكاحلين.وهم يحاولون إنجاب المزيد من الأطفال لزيادة عدد السكان اليهود.

محافظيعتقد اليهود أن الوحي جماعي ولا وجود للوحي الشخصي، ولذلكفإنهم يقررون ويغيرون شؤونهم الدينية والاجتماعية بالإجماع تقريباً. ويعتقدونأن الجماعة والتقاليد أفضل من الأصوات الفردية في أمور الوحي (الوحي الجماعي). وهذه المجموعة هي حامية الطقوس العرقية والدينية اليهودية.وتعتبر القوانين اليهودية أصلية، وفي نفس الوقت قابلة للتغيير. وهميفضلون أسلوب البحث العلمي لتأسيس أو تغيير قوانينهم الدينية. وبدلاً من الاعتماد على الطرق التقليدية والكتب القديمة، فإنهم يعتبرون إجماعأتباعهم هو الشرط الأساسي لقبول القوانين الدينية. ومعظم اليهود المحافظينفي أمريكا،

وخاصةأولئك الذين يعيشون في منطقة نيويورك، يتفقون على مبادئ اليهودية،ولا يعتبرون التغيير جائزاً.

أسباب نجاح اليهود:

ومن أهم المبادئ الدينية عند اليهود التمسك بالوصايا السبع لنوح ثم الوصاياالعشر للنبي موسى التي أوصلها الله إليه على جبل سيناء/طور في صحراءسيناء مخاطباً موسى (موسى كليم الله) باعتبارها شرائع ثابتة لا تتغير.ومن العوامل المهمة أيضاً الاعتقاد بتعليم وتعلم الموسيقى، وهو ما تعتمدعليه الكتب الدينية. عاش النبي أو الملك داود بين 972-1012 ق.م، وهوبحسب القرآن صاحب كتاب المزامير السماوي، وهو الكتاب الذي يسمىاليوم المزامير وهو ملحق بالتوراة ويحتوي على 150 مزموراً، كل مزموريعني "ناي" (مزمار). وفي المزامير يتم ذكر استخدام الآلات الإيقاعية والنفخيةوالوترية من أجل السعادة. إن حضرة سليمان النبي ابن حضرة داودفي كتابه الشعري يشارك ربه أسراره واحتياجاته بصدق ومحبة ويندب بعده(استمع إلى ناي عندما يحكي، إنه يشكو من الفراق - مولانا). في زمن دانيالالنبي، الذي كان في نفس وقت داريوش وكروش الكبير، كانت الموسيقىشائعة. لعب اليهود دوراً فعالاً في تعزيز الموسيقى ورفعها حتىاليوم. يحاولون تعليم أطفالهم السعادة واللطف والتصوف ومعرفة لغة أخرى(لغة موسيقية) التي تخلق الفرح وبناء المجتمع في العلاقة مع الله والبشر.كما أن تعلم الموسيقى لا يقوي خلايا الدماغ والمعرفة فحسب، بل إنهأيضاً، مثل العلوم الرياضية، يزيد من قوة الخيال والتفكير. ويزيد من ذكاءالدماغ. تعتبر الموسيقى عند اليهود جزءاً مهماً من العبادة، وهي تهيئ العقلالبشري لخلق المعرفة والفنون المتعلقة بها، أي الرسم والمسرح والكتابةوما إلى ذلك، وتقوي الثقافة العامة.

ومن أمثلة الحياة اليهودية: التعليم، العمل الجاد، العدالة، السعي إلى رفع مستوى معيشة جميع الناس، التضامن، الرفقة والتواصل وتكوين مجموعات مختلفة تساعدهم على التقدم، المدارس الجيدة، القيم العائلية، احترام الدين والسلوك وفقاً لمبادئ الدين، احترام العادات الثقافية والدينية والالتزام بها، التصوف الكابالا أو قبول مجموع الأضداد، وهو الاعتدال والطريق المستقيم، المساعدات المالية للفنانين والمدارس الفنية، الترويج ونشر الفنون البصرية والسينما والمسرح والنحت والرسم والموسيقى وشؤون المتاحف للحفاظ على الأشياء القديمة والقيمة والاحتفاظ بها، التطوع في الشؤون العامة والصحافة والكتابة والجهد والصدق في البحث العلمي ونشره في المجلات المرموقة، محاولة تعلم وإتقان العزف على آلة موسيقية، إلخ.

شعارهم هو أن تكون يقظاً ومراقباً للعالم من حولك حتى تتمكن من تعويض الحق الذي يدين لك به العالم من خلال إصلاح مصائب عائلتك ومجتمعك.

في المراجعة السنوية (ليالي القدر اليهودية)، اسأل ضميرك ونفسك: هل كنت الصديق الذي كان ينبغي أن أكونه في العام الماضي؟ هل كنت الوالد الذي أردت أن أكونه؟ هل كنت معلماً أو أي شيء آخر ينبغي أن أكونه؟ هل كنت المواطن الذي ينبغي أن أكونه؟ هل قمت بواجبي الديني والعائلي والضميري تجاه الجميع كما ينبغي أن أكون وكما كان بإمكاني أن أكون؟ بطرح هذه الأسئلة، يسائل نفسه بصدق ويحاول إصلاح وتعويض نقائصه. بالإضافة إلى الالتزام بالعادات والتقاليد والصدق في العمل ومحاولة أن يكون خادماً جيداً لله، يعتقد معظم الباحثين اليهود أن معرفتهم هي التي جعلتهم قادة المجتمع في الـ 2000 عام الماضية.

في عام 70 م دمر الرومان الكنيس الكبير لليهود في القدس للمرة الثانية، وأجبروا على الهجرة من القدس. في ذلك الوقت، وفقاً لأمر الحاخامات والعلماء، كان كل رجل يهودي ملزماً بتعليم تلاميذه.

لقدكان من أهم أهداف التعليم الديني في إسرائيل تعليم الأبناء قراءة وكتابةالتوراة منذ سن السادسة إلى السابعة في المدرسة أو في البيت أو في الكنيس، كما كان من أهداف التعليم الديني أيضاً الحفاظ على اللغة العبريةوحمايتها. وبما أن أغلب المجتمعات كانت تعاني من الأمية التامة، وكانت القدرة على القراءة والكتابة نادرة، فقد أصبح اليهود المتعلمون مصدرأغلب الشؤون الإدارية في أماكن إقامتهم. ونتيجة لهذا، أصبحوا أكثر دخلاً، وكانوا أقرب إلى السلطات من بقية السكان، ومع الاتصال ببعضهم البعض، كانوا على اطلاع بالأحداث الاجتماعية والاقتصادية في وقت مبكر وبصورةأسرع، ومع رأس المال، كان بوسعهم التفوق على الآخرين في شراء العقاراتوالأملاك. وعلى نحو مماثل، ومع مرور القرون، ومع التقرب من المسؤولينالحكوميين والسياسيين، وجمع الثروة والأملاك، من خلال طاعة واتباعوالعمل بأوامر الكتب المقدسة من التوراة والمزامير وقوانين التلمود، فقدبنوا حياتهم الشخصية والعائلية والاجتماعية على قاعدة أخلاقية متينة.وأصبحوا أكثر نجاحاً يوماً بعد يوم كما نرى اليوم. على سبيل المثال، في الفترة من 750 إلى 900 ميلادية، وبما أن أغلب اليهود في إيران وبلاد مابين النهرين كانوا متعلمين، فقد هجروا العمل الزراعي وعيُّنوا في الخدماتالحكومية في المدن الخاضعة للخلافة العباسية. فضلاً عن ذلك، وبسببالمكانة الاستثنائية للقوة المالية، والتعلم، وعدم تحريم الربا (على النقيضمن المسيحية والإسلام)، وإعطاء القروض والحصول على فوائد أعلىمن المعتاد في السوق، فقد احتكر اليهود هذا المجال، ولهذا السبب تفوقواعلى غيرهم في الأمور الاقتصادية والمصرفية أيضاً.

في مدرسة يهودية تدعى مدرسة ابن ميمون الابتدائية في بروكلين، والتي تقع بالقرب من تشيستنت هيل حيث أعيش، يتم تذكير الطلاب بالمبادئالثمانية المهمة الواردة في التوراة والتلمود كل يوم:

1.قم بأداء واجباتك المنزلية يومياً. (من المدرسة إلى نهاية الحياة إلى أياكان ما أنت منخرط فيه)

2.التعامل مع الموظفين والمرؤوسين باحترام وعدالة.

3.تقديم أقصى وأفضل الخدمات لعملائك.

4.كن صادقا مع عملائك.

5.تصرف دائماً بطريقة تجعلك تعتقد أن الله موجود. مراقبةأفعالك.

6.حاول أن تصبح معروفاً بالصدق والإنسانية والعدالة في مجتمع.

7.تشجيع وتقبل النقد الذاتي.

8.اجعل الصدقة والصدقة من واجباتك.

وأخيرا،يتم تعليمهم بشكل منهجي احترام حياة الناس وأرواحهم وممتلكاتهم،والسلام والهدوء، والتعايش السلمي، والمساواة في الحقوق، ودراسةالعلوم، ودعم المسؤولية الأسرية والاجتماعية، ويتم تذكيرهم يوميا بأنيصبحوا محفورين في أذهانهم وجزء من ضمائرهم. ولهذا السبب، في أمريكا،يحظى الأطباء والمحامون والعلماء والباحثون والصحفيون والمصرفيوناليهود بثقة أكبر من غيرهم ولديهم المزيد من العملاء.

وينصحالتلمود بأن النجاح الخارجي ليس بالأمر المهم، بل الأهم أن تشعربالنجاح في ضميرك وقلبك، وهذا لن يحدث إلا إذا كنت صادقاً ومستقيماً في علاقاتك مع الآخرين. وفي هذه الحالة، حتى الخسارة الظاهريةما زالت فوزاً.

إنالجهد مسئولية أوكلها الله إلينا، ولكن نتيجة الجهد موجودة وهي هبةمن الله، بمعنى آخر النجاح هبة من الله لا يمكن الحصول عليها إلا بالسعي،فهم يعتقدون حقاً أن الله سيساعدهم بجهودهم في أعمالهم (التوكلوالتوكل) ويعملون على ذلك.

ولعلالأسباب المذكورة أعلاه هي التي جعلت هذا الشعب يبقى على قيدالحياة طيلة تاريخه المضطرب في الألف سنة الماضية رغم عداوات أهلالبلاد وحسدهم وحسدهم إلى حد الإبادة الجماعية، أو ربما كان ذلك ضرورياًلبقائهم كأقلية.

لقدكان اليهود على مر التاريخ يحرصون على إظهار صفاتهم. ولعل هذه الصفاتالأخلاقية والعملية هي التي ساعدت أغلب الأطباء الأجانب في أميركاعلى النجاح بفضل مساعدة الأطباء اليهود. فمثلاً، كان للدكتور ماجيار فيشيكاغو، والدكتور سلافين في سانت لويس، والدكتور كيث هينلي في آنأربور بولاية ميشيغان، والدكتور كيرت إيسلباخر في بوسطن، والدكتور بيتركارب، والدكتور روبرت وينر، والدكتور لاري روزومنا في نوروود بولاية ماساتشوستس،دور كبير في تقدمي العلمي والمهني ونجاحي. وأنا مدين لهمإلى الأبد.

وبسببالموقع الجغرافي، كان نحو نصف مرضاي من اليهود، ورغم أننيمسلم شيعي إيراني ومؤمن، فإن الصفات الأخلاقية والقدرة العلمية كانتمعايير اختيارهم. وليس ما هو دينك أو أي عائلة أو أي بلد أتيت منه. فقطقارن ذلك بسلوكنا نحن الإيرانيين تجاه المهاجرين الأفغان المسلمين الفقراءفي بلدنا.

الفصل13:
تحديث الفقه

هل الفقه الإسلامي متغير ومتغير وهل هناك أسباب أو ضرورة لذلك؟

آل عمران 19/3: إن الدين عند الله الإسلام وما اختلف الذين أوتوا الكتب من بعد ما جاءهم العلم إلا أنهم رأوا أنفسهم فضلاء.

دين الله راقي، مستقر، دائم، معطاء.

وبحسب الآيات القرآنية فإن نوحاً وإبراهيم وإسماعيل ويعقوب وموسى وعيسى وكل المخلوقات المعروفة وغير المعروفة (الجن) مسلمون ويخضعون لقوانين الطبيعة وعلى طريق التطور والتحسين المستقيم. والإسلام هو دين كل المخلوقات. فقط أحكام الشريعة كانت مختلفة حسب الزمان:

يونس 72/10: فإن توليتم فلا أسألكم عليه أجرا إن أجري إلا على الله وأمرت أن أكون من المسلمين **مسلمون** (**نوح**)

البقرة 127-128/2-2: وإذ إبراهيم يرفع القواعد من البيت وإسماعيل ربنا تقبل منا إنك أنت السميع العليم. **إبراهيم وإسماعيل**). ربنا اجعلنا لك من المستسلمين (**مسلمون**)، ومن ذريتنا أمة مسلمة لك (**مسلمة**). ربنا أرنا مناسكنا وتب علينا إنك أنت التواب الرحيم.

البقرة 132/2: ووصى إبراهيم بنيه ويعقوب أن يا بني إن الله اصطفى لكم الدين فلا تموتن إلا وأنتم مؤمنون **المسلمون (يعقوب)**.

يونس84/10: **وموسى**قال يا قوم إن كنتم آمنتم بالله فعليه توكلوا إن كنتممن الكافرين**المسلمون (مقدم).**

آل‌عمران 52/3: فلما أحس عيسى منهم الكفر قال من أنصاري إلى الله‌قال الحواريون نحن أنصار الله آمنا بالله واشهد أننا مؤمنون**المسلمون(يسوع).**

النمل31/27: لا تَعلُوا علَيّ وأْتُوني سلِيماً.**(المسلمين).**

الجن14/72: منا من أسلم لله ومنا من ظلم ومن أسلم لله فقد اهتدى إلى‌الحق.

آل‌عمران 85/3: ومن يبتغ غير الإسلام دينا فلن يقبل منه وهو في الآخرةمن الخاسرين.

وكماسبق أن ناقشنا، فإن الله تعالى يرى أن خضوع العباد للقوانين الإلهية(الإسلام) أمر واجب، وذلك وفقاً للآيات القرآنية عن الدين، والتي تعني‌القوانين (الإلهية والبشرية)، كما أن خضوع العباد للقوانين التي وضعها‌البشر أمر ضروري في كل بلد. فالقوانين الإلهية ثابتة لا تتغير بالنسبة‌لجميع المخلوقات.

لذلك،كان جميع الأنبياء مسلمين. كل المخلوقات المعروفة وغير المعروفة،بما في ذلك الطيور والهواء والجبال والمياه والحيوانات والنباتات والأجرام‌السماوية، إلخ، مسلمون ويتبعون قوانين الله وعنايته ذات الصلة. البوذيون‌واليهود والمسيحيون والمحمديون، إلخ.*كل الأديان متشابهة في الأساس،تختلف فقط في الشريعة، ومناسبة لعصرها، والقوانين الدينية الوضعية(الفقه)لقد كانت عادات وتقاليد الماضي عرضة للتغيير على أساس‌الزمن والثقافات.*

وفي‌هذا الفصل نناقش ضرورة وضع فقه إسلامي موحد وحديث مستمدمن القرآن والسنة النبوية (فكر الرسول الكريم وليس منهجه).

"ومن الضروري أن يتوافق هذا الرأي مع أسلوب حياته الذي كان يمارس في عصره ومكانه، والرأي المعقول وتصويت الأغلبية، لإحياء الإسلام الحقيقي خاصة بين الأجيال الشابة."

والسؤال الذي يطرح نفسه هو: هل تحديث الإسلام (الإصلاح) من الناحية الدينية أمر عقلاني، وهل هذه النهضة مفيدة للمسلمين من الناحية الدينية والسياسية والاقتصادية والاجتماعية؟

في هذا الفصل حاولت أن أستنتج ضرورة التغيير بناء على **1- القرآن الكريم** 2- مع التغيرات الزمنية للأحكام المنسوخة والملغاة في حياة النبي صلى الله عليه وسلم. **فروع مختلفة في الإسلام** بعد النبي. 3- **سبب**, 4 - **الرأي العام**. (تصويت، شوفرا). 5- **تشمل عدل الله ورحمته وإحسانه** بلا حد زمني، يأمر بما هو مقبول كحسن، وينهى عما هو قبيح في نظر أغلب الناس، ويقبله الخبراء الاجتماعيون والأخلاقيون.

وبعد سنوات من وفاة النبي صلى الله عليه وسلم، وفي ظل ظروف اجتماعية خاصة، ومع مرور الزمن، أدت المفاهيم المختلفة للشريعة الإسلامية إلى ظهور المذهبين السني والشيعي، ثم نشأت في هذين المذهبين فروع مختلفة. ولكن للأسف، توقف هذا الإسلام التقدمي عن النظر إلى الأمام والسير مع العصر بعد فترة من الزمن، وحل محله الفقه الإسلامي الجامد والرجعي أحياناً لقرون عديدة.

في الوقت الحاضر، مع التغيرات المحورية في أحوال البشر مع مرور الزمن، وتحول العالم إلى قرية صغيرة مترابطة ومدركة لأحوال بعضها البعض لحظيا، وظروف الحياة في أماكن مختلفة، وأحوال المجتمعات الإسلامية (الدينية والاجتماعية والعلمية والاقتصادية والسياسية) وما إلى ذلك، فإن المراجعة الشاملة للقوانين والفقه الإسلامي تبدو ليست ضرورية فحسب، بل إنها طارئة وإلزامية.

فليستعيدالمسلمون هيبتهم واحترامهم المفقود باستخدام القرآن والعقلوالتعاليم المأخوذة من السنة النبوية والتي تقبلها أغلبية الناس اليوم،حتى يتمكنوا من تحقيق الرسالة القرآنية في أن يكونوا قدوة لبقية سكانالعالم.

السنةوبعض الآيات القرآنية المتعلقة بنبينا الحبيب محمد المصطفى (صلى الله عليه وآله وسلم)

قالالنبي صلى الله عليه وسلم: «إنما اختيرت لتعظيم مكارم الأخلاق». هناكأشياء كثيرة عن نبي الإسلام العظيم محمد المصطفى المصطفى (صلىالله عليه وسلم) في القرآن، أهمها أنه عبد الله ورسوله وبشر على صراطمستقيم، وقد بلغ رسالة الله كما تلقاها إلى قومه (أمين) وقد باركه الله،وكان يتيماً أمياً لا يقرأ ولا يكتب، وكان معروفاً بأمانته لله ولقومه، وكانحسن الخلق ولطيفاً جداً، وخاصة مع من حوله، وكان إنساناً يأكل ويمشيفي الشارع والسوق، وكان علمه مقتصراً على الوحي الإلهي وما تعلمهمنه. [ومن غير المحتمل أن يكون قداسة البابا في ذلك الوقت قد علمبمعجزة الرقم 19 في الحروف المقطعة في القرآن، (الحرف الغامض أو الحروفالمنفصلة أو الحروف المنفصلة هي تركيبات من حرف واحد إلى خمسةأحرف عربية تظهر في بداية 29 من أصل 114 سورة (سور) القرآن الكريمبعد البسملة مباشرة، وتعُرف هذه الحروف أيضاً باسم الفواتح (حتآوُف) أو "الفاتحات" لأنها تشكل الآية الافتتاحية لسورها الخاصة، والعديدمن الموضوعات العلمية حول خلق العالم واستكماله والأنظمة، ودورانالكواكب، أو حول خلق الجنين ونموه وكيف ينتج الحليب في ثدي الأم،وما إلى ذلك، الموجودة في القرآن الكريم. تم اكتشاف بعض أدق المعارفالعلمية في القرآن الكريم في القرن الماضي. لذلك، كان ينقل الوحيالإلهي فقط.

إن الله يطلب من الناس مراراً وتكراراً أن يتبعوا الله ورسوله محمداً (صلى الله عليه وسلم)، ويطلب منه ألا يقلق كثيراً، وألا يعرض نفسه للمتاعب ويخاطر بحياته من أجل نشر الدين. وفي الوقت نفسه هناك نصائح مثل "استغفر لذنوبك، ولا تجهل يغفر الله لك، وكن تقياً، واصبر، فقد ضللتم فاهتديتم، ولا تعرضوا للأيتام والضعفاء". وهذا يدل على جانب من الإنسانية، ويدل على أنه كان شخصاً نبيلاً يمكن أن تتأثر مشاعره به.

تتحدث الآيات القرآنية التالية عن شخصية النبي ومسؤوليته ورسالته:

الأنبياء21/107: وما أرسلناك إلا رحمة للعالمين.

المائدة5/13: فاغفر لهم واصفح عنهم إن الله يحب المحسنين.

الأعراف7/199: خذ العفو وأمر بالعرف وابتعد عن الجاهلين.

مؤمنون23/96: ادفع السيئة بالتي هي أحسن نحن أعلم بما يصفون.

الأنعام6/161: قُلْ إِنَّ رَبِّي هَدَانِي إِلَىٰ صِرَاطٍ مُسْتَقِيمٍ، دِيناً قَيِّماً، مِلَّةَ إِبْرَاهِيمَ حَنِيفاً وَمَا كَانَ مِنَ المْشُرِكِينَ.

هود11/56: إني توكلت على الله ربي وربكم ما من دابة إلا هو آخذ بناصيتها إن ربي على صراط مستقيم

الحج22/67: ولكل أمة جعلنا منسكاً هم ناظمونه فلا ينازعونك في دينك وادعهم إلى ربك إنك على صراط مستقيم

المؤمنون23/73: إنك تدعوهم إلى صراط مستقيم.

يس1-4/36: يس. (1) والقرآن الحكيم (2) وإنك لمن المرسلين (3) وإنك على صراط مستقيم (4)

الفتح2/48: أن يغفر الله لك ما تقدم من ذنبك وما تأخر، ويتم نعمته عليك، ويهديك صراطاً مستقيماً.

وقد وردت طاعة الله والرسول في القرآن الكريم عشرين مرة على الأقل، لأن النبي صلى الله عليه وسلم كان حامل وحي الله وتعليماته وأمينه.

التوبة9/128: لقد جاءكم رسول من أنفسكم يحزنه أن يصيبكم أذى أو ضرحريص عليكم وبالمؤمنين رؤوف رحيم

المؤمنون32/23: وأرسلنا إليهم رسولا منهم أن اعبدوا الله ما لكم من إلهغيره أفلا تتقون

سورة الاسراء 93/17: أو يكون لك بيت من زخرف أو ترقى في السماء ولن نؤمن لرقيك حتى تنزل كتابا نقرؤه قل سبحان ربي أأنا إلا بشر رسول

الأحقاف46/9: قُلْ مَا أَنَا بِدَئُ الْمُرْسِلِينَ وَمَا أَدْرِي مَا يُفْعَلُ بِي وَلَا بِكِمُ ْ إِنِمَّا أَتَّبَعُ مَا يُوحَىَ إِلَيَّ وَمَا أَنَا إِلَّا نَذِيرٌ مُبِينٌ

آل عمران 144/3: وما محمد إلا رسول قد خلت من قبله الرسل أفإن مات أو قتل انقلبتم على أعقابكم ومن ينقلب على عقبيه فلن يضر الله شيئا وسيجزي الله الشاكرين.

شعرة125/26: إني لكم رسول أمين.

شعرة26/178: إني لكم رسول أمين.

الأحزاب33/21: لقد كانت لكم في رسول الله أسوة حسنة ولمن كان يرجوالله واليوم الآخر وذكر الله كثيراً.

القلم4/68: وإنك لعلى خلق عظيم.

النور54 / 24: قلْ أطِيعوُا اللّهَ وأطِيعوُا الرسّوُلَ فإِنْ توَلّوْا فإَِنمّا يكُفْرُرُ علَيَهْ مِا كانَ علَيَكْمُ وإِنْ تطُيِعوهُ تهَتْدَوُا ومَا علَى الرسّوُلِ إلِا البْشُرْىَ

المائدة67/5: يا أيها الرسول بلغ ما أنزل إليك من ربك وإن لم تفعل فمابلغت رسالته والله يعصمك من الناس إن الله لا يهدي القوم الكافرين

طه20/2: ما أنزلنا عليك القرآن لتشقى.

الكهف6/18: فربما تهلك نفسك حزناً على أفعالهم إذا لم يؤمنوا بهذا القول.

فاطر8/35: أفمن زين له عمله السيئ أن يراه حسنة كمن ليس كذلك؟ فإن الله يضل من يشاء ويهدي من يشاء فلا تهلك نفسك بالندم عليهم إن الله أعلم بما يفعلون.

محمد19 / 47: واعلم أنه لا إله إلا الله، استغفر لذنبك وللمؤمنين والمؤمنات، الله يعلم حركتك ومثواك.

المؤمنون118/23: قلُ ربِّ اغفر وارحم وأنت خير الراحمين.

النساء106/ 4 : واستغفروا الله إن الله غفور رحيم .

غافر55 / 40 : فاصبر إن وعد الله حق واستغفر لذنبك وسبح بحمد ربك بالعشي والإبكار

النصر3/110: فسبح بحمد ربك واستغفره إنه كان توابا.ً

التوبة43/9: أعذرك الله لم أذنت لهم من قبل أن يأتيك الذين صدقوا وأنت تعلم الكاذبين

التحريم1/66: يا أيها النبي لم تحرم ما أحل الله لك ابتغاء مرضاة أزواجك والله غفور رحيم

الأنعام35/6: وإن كان كبُر عليك إعراضهم فاجعل لهم نفقاً في الأرض أو سلماً في السماء إن استطعت لتأتيهم بآية ولو شاء الله لجمعهم إلى الهدى فلا تكونن من الجاهلين.

الأحزاب1/33: يا أيها النبي اتق الله ولا تطع الكافرين والمنافقين إن الله عليم حكيم.

عباس1/80: فعبس وأعرض.

الزهى9/93: وَأمَّا الأَيَّامُ فلاَ تَقسُوُا علَيَهْمْ.

الزهى7/93: ووَجَدَكَ هَاوياً هَادِئاً.

الشورى52/42: وكذلك أوحينا إليك روحا من أمرنا ما كنت تدري ما الكتاب ولا الإيمان ولكن جعلناه نورا نهدي به الناس

من نشاء من عبادنا إنك تهدي إلى صراط مستقيم.

هل يحتاج العصر الحاضر إلى مراجعة الشريعة والفقه الإسلامي؟

الفقه هو الفهم والإدراك، وأصول الفقه هي الإلمام بأحكام الشريعة ومعرفة نوعية الاستدلال من القرآن والحديث والروايات لأداء الشؤون الدينية في مختلف الأزمنة والأماكن (الاجتهاد). وهو ينقسم إلى قسمين: ديني وسياسي. فبعد وفاة النبي (ص) مباشرة، فتُح باب الاجتهاد أمام أهل السنة، ولكن الشيعة لم يشعروا بالحاجة إلى الاجتهاد بسبب الأئمة الذين كانوا فقهاء عصرهم، وخاصة الإمام الصادق. وبدأ الاجتهاد الشيعي بعد غيبة الإمام الثاني عشر (ولد سنة 255 هـ في التقويم القمري)، ويتعامل مع الحياة الشخصية للناس (الدينية). ولم يكن الفقه الشيعي سياسياً ونشطاً إلا في فترات محدودة من عصر البويه، وبداية العصر الصفوي، وإيران الحالية.

لقد استقر الفقه الديني السني في العصر العباسي، وبقيت أربعة من المذاهب السنية المائة والثلاثين. إلا أن الفقه السياسي السني استمر إلى نهاية الخلافة العثمانية في تركيا. ولذلك فإن أهل السنة يتمتعون بخبرة واسعة في الفقه السياسي. والفقه الحالي في إيران هو فقه ديني سياسي، والجزء الديني منه غني وقديم، والجزء السياسي منه جديد وفي طور اكتساب الخبرة. وطبقاً لدستور الجمهورية الإسلامية فإن الولي الفقيه هو الزعيم السياسي والديني والمحدد للفقه الشيعي.

ولكن للأسف، وبغض النظر عن الشيعة والسنة، فإن الفقه الإسلامي لم يصحح قط قضايا مثل تعدد الزوجات للرجال، وحقوق المرأة والأسرة، وحق الأم في ولاية الطفل على الأقل مثل الأب، وطرق الزواج، وقانون الأحوال الشخصية.

إن العقوبات مثل الرجم للزنا وقطع اليد للسرقة والجلد لشرب الخمر وغيرها من العقوبات باقية في الكتب وإن لم يكن من الممكن تطبيقها إلا في إيران وأفغانستان وحتى دول مثل إندونيسيا وتونس والمغرب وتركيا ذات الثقافات المختلفة التي تتبع نفس الدين لم تنتبه لهذه القضايا.

إن كثيراً من الأحكام الشرعية والفقهية هي من مدخلات الدين ومرتبطة به، وضعها الفقهاء بما يتناسب مع الزمان والمكان وظروف المسلمين الاجتماعية والسياسية، وخاصة عند الشيعة، وقد استندت إلى أصول أربعة هي القرآن والسنة والعقل والإجماع.

يبدو أن جمود الفقه هو أحد عوامل تخلف المسلمين، وإذا لم يحدث تغيير فإننا سوف نتراجع أكثر فأكثر، لأن أحوال حياتنا الفردية والاجتماعية تتقدم بسرعة لا يمكن وصفها (نمو كامل).

إن الإيمان بالدين هو حاجتنا الروحية، وضرورة استمرار التدين هي صياغة فقه اجتماعي عقلاني قرآني جديد.

وبالإضافة إلى اختلاف الأديان فإن المتغيرات الأخرى مثل الأحكام المنسوخة والملغاة، وتغير العقل العملي الذي يخضع للمعرفة والحكمة والزمان، والأمر بالمعروف والنهي عن المنكر الذي يرتبط أيضاً بالثقافة والزمان والمكان، تؤكد تماماً ضرورة تغير الفقه الإسلامي وفقاً لظروف الزمان ومكان المجتمعات البشرية.

لقد تغيرت قواعد الفقه في مختلف شرائع الإسلام منذ البداية (آدم) إلى الآن، ولكن مبدأ الدين لم يتغير، وقد أوصى الإسلام بحياة متوازنة وتقدم تطوري حسب الزمان والمكان لجميع الناس. وكما تغيرت قواعد زماننا (آدم) إلى الآن، فقد تغيرت قواعد الإسلام إلى الأبد.

لقدتغير النبي موسى في زمن عيسى عليه السلام، وكما تغيرت قواعد زمن عيسىعليه السلام في زمن النبي محمد عليه السلام بحسب الزمان والمكانوثقافة الشعب الذي اختير محمد عليه السلام لقيادته، ففي هذا الوقتيبدو من الضروري والحيوي، وخاصة بالنسبة للتقدميين والمتعلمين وبعضالمسلمين الذين يعيشون في الدول الغربية، أن يحدث تغيير في الفقهالإسلامي لا ينطبق على كل المسلمين فحسب، بل ويتوافق مع الإنسانيةوالقرآن.

تختلفالمذاهب الفقهية في الإسلام اختلافاًكبيراًفي الشريعة، نذكرها باختصارفيما يلي، وهذه الآراء المقبولة تدل على أن تغيير الأحكام وتفسيرهاكان من الأمور المعتادة في الفقه قديماً:

-المذاهب الفقهية المختلفة عند أهل السنة: الحنفية، المالكيوالشافعي والحنبلي.

-الديانات اللاهوتية - الأشاعرة، المعتزلة.

-الحركات السنية الفكرية - السلفية، الوهابية، الفرقة البندي، والإخوانالمسلمين.

نسبةالشرائع المختلفة: 31% حنفي، 25% مالكي، 16% شافعي، 4% حنبلة،5% سلفية ووهابية، و23% شيعة.

1.الحنفي:

والمسلمونالحنفيون هم أهل الرأي، كما قال أبو حنيفة بعد كل فتوى:

"هذا رأينا فقط" وكان مخالفاًللحديث ولا يقبل الحديث والخبر الواحد.

تعتمدالشريعة الحنفية على سبعة أصول: القرآن، السنة، أقوال الصحابة،القياس، الرأي، الإقرار، الإجماع،

في مناقشة القدر والإرادة الحرة، يؤمنون بحرية الفعل البشري.

-الإجماع: الإجماع ورأي واحد من جميع الفقهاء.

-التصويت : قادم من العقل

-القياس: تطبيق الحكم الشرعي في مسألة على مسألة مشابهة. مسألةلم يرد فيها حكم في النصوص الشرعية. (الاستدلال المنطقي من الجزءإلى الكل)

-الإستصلاح: (المصلحة العامة) ما فيه مصلحة الإسلام و المسلمون.

-الاستحسان: (الثناء، الموافقة) على رأي رجل دين.

عالم

-الجمارك: عادات الدول الإسلامية ما دامت لا تتعارض مع الشريعة الإسلامية.

لايتعارض مع مبادئ الشريعة الإسلامية الأساسية.

2.ال‏مالكي:

القرآنوالأحاديث الصحيحة هما مصدراهما، وهو الأقرب إلى الحنفية، وأرجحهماسنة وفتوى الخلفاء الراشدين الأربعة، وبخاصة عمر، وإذا لم يجيبالقرآن والأحاديث الصحيحة، فإن تصرفات أهل المدينة في القرون الثلاثةالأولى بعد النبي أو الجيل الأول من المسلمين، والصحابة، والقياس والمصلحةالعامة، وعادات الناس في جميع البلاد الإسلامية، إذا لم تكن مخالفةللدرجات العليا من الشريعة.

إنالاعتماد الأكبر هو على المصلحة العامة.

3.الشافعي:

لايقبلون الاستحسان، أي لا يقبلون رأي العلماء وفتاوى العلماء، لأنه أنسنةللشريعة، وهو من أقدم المذاهب الفقهية.

هناك العديد من المدارس السنية في إيران، ونسبة كبيرة من أهل السنة في إيران هم من الشافعيين.

4. الحنبلي:

إنهم لا يقبلون التقليد ويعتقدون أن معنى القرآن حرفي، ويقولون إن عليك أن تقرأ القرآن والحديث بنفسك وتتوصل إلى استنتاجات حول القضايا. (إنهم الأكثر محافظة في الشؤون الدينية والأكثر ليبرالية في العلاقات التجارية).

5. السلفية والتكفيرية (الوهابية والديبندية و (الإخوان المسلمون):

تأسست السلفية بهدف إحياء العصر القديم والحديث بهدف إقامة الخلافة الإسلامية.

نشأت الوهابية في القرن الثامن عشر في السعودية وحددت هدفها بتحسين الإسلام جذريا والعودة إلى التعاليم الأصلية في القرآن والحديث ومعارضة أي نوع من البدعة بعد ذلك. من وجهة نظر فقهية، يتبعون المذهب الحنبلي (لا يقبلون التقليد)، ومن وجهة نظر اعتقادية، يتبعون عقيدة ابن تيمية ويعارضون تفسير القرآن والأحاديث.

بدأت السلفية الديفباندية في القرن الثامن عشر في منطقة ديفباند في الهند على يد شاه ولي الله دهلوي.

وهم ضد البدع والجهل والخرافات، ويعتقدون أن خلاص المسلمين يكمن في تعلم التعاليم القرآنية والتأمل فيها والعمل بها، وهم ناشطون في الهند وباكستان وأفغانستان.

الإخوان المسلمون حركة سياسية سنية عابرة للحدود، يتبعون سنة النبي صلى الله عليه وسلم في كل أمور الإيمان والعبادة، وتهذيب النفس، وتحسين الواقع السياسي،

ويهتمون بالأحوال العلمية والاجتماعية والاقتصادية للمسلمين، ويولون اهتماماً خاصاً بالإعلان والتوجيه، ويعتقدون أن رئيس الدولة يجب أن ينتخبه الشعب، ويفسرون الجهاد بأنه بذل الجهد في سبيل الله.

وعلى العموم فإن الفقه السني يعتمد على القرآن والسنة والحديث الصحيح والإجماع والرأي والعرف والقياس والعقل والاستحسان والاستصلاح، ولا يقبلون المجتهد والفتوى والتقليد والمتعة والتقية.

الديانات الشيعية:

الفقه الشيعي يعتمد على القرآن والسنة والعقل والإجماع. ومن بين شيعة علي (عليه السلام) اليوم يمكن ذكر ثلاث فرق: فرق اثني عشرية (اثنا عشر إماماً)، وإسماعيلية (سبعة أئمة أنهوا الإمامة بإسماعيل ابن الإمام جعفر الصادق)، وزيدية (أتباع زيد بن علي). يعتمد الدين الشيعي على تفسير القرآن وسنة النبي محمد (صلى الله عليه وسلم)، والذي تم التعبير عنه وتعليمه من خلال أئمة الشيعة. والقاسم المشترك بين جميع الشيعة هو الاعتقاد بتنصيب علي بن أبي طالب لخلافة محمد كأول خليفة وإمامة أولاد علي وفاطمة من بعده (لا يقبلون بأبي بكر وعمر وعثمان خلفاء راشدين)
.

7- الشيعة الإمامية = فرقة الإسماعيلية: وهم بعد الإمام جعفر الصادق يؤمنون بإمامة ابنه الأكبر إسماعيل، ولا يؤمنون بالجنة والنار المادية ويؤمنون بتناسخ الأرواح، ومن أهم عقائدهم الأمر بالمعروف والنهي عن المنكر.

تقوم الطائفة الإسماعيلية بإعادة صياغة القرآن والأحاديث والأحكام الشرعية لأنها لا تقبل بالضرورة ترجمة بسيطة لها.

العبارات وانظر إلى ما هي الرسالة الحقيقية والخفية والباطنية والباطنية لله في الجمل القرآنية.

الفرق بين المذاهب الشيعية الإثني عشرية والمذاهب السنية:

في **أصول الشيعة** الدين، والحديث مقبول إذا كان موافقاً للقرآن والعقل. وفي أصول الدين، أضيفت ركنا العدل من الله والإمامة التي اختارها الله إلى أركان التوحيد والبعث والنبوة الثلاثة، وهي أصول الدين السني. وفي تفسير الشريعة، يؤكد الشيعة الأصوليون، ومعظمهم من الإيرانيين، على القرآن والفقه والأحاديث وحياة الأئمة الاثني عشر والمعصومين الأربعة عشر، واجتهاد وفتوى المجتهد، وموضوعات تقليد المجتهد، والمرجعية، والعقل، **متُّاعةُ** (شكل من أشكال الزواج محدد المدة **التقية** ((الكذب المغرض) والإيمان بوجود الإمام وغيبته. **المهدي** الإمام الثاني عشر هو الإمام المهدي (ع)، الذي يعتقد الشيعة أنه سيكون منقذ البشرية، وينتظره الشيعة لإنقاذهم من الظلم وإقامة العدل والخير.

الشيعة الإثني عشرية تنقسم إلى فئتين: **إخباري والأصول (الموضوعية).**

اخباري الشيعة يقبلون الأحاديث والروايات (**رافايات**) من قبل الأئمة الإثني عشر، الذين وردوا في كتاب الأربعة **الشيخ الطوسي والكليني والشيخ الصدوق** إنهم يؤمنون بأن القرآن الكريم محرف، وأن القرآن الحقيقي سيأتي على يد المهدي المختفي، الإمام الثاني عشر الذي بقي حياً بين أتباعه. ولهذا السبب تعتبر الأحاديث في الحوزات العلمية في قم والنجف حجة، ويلعب القرآن الكريم دوراً ثانوياً.

ال**اخباري (صفوي)** لقد دخل الشيعة في الخرافة في الدين. **أصولية شيعية** (قاجارية) فدخلوا في الاجتهاد والاستدلال وكان ذلك حسناً، ولكنهم للأسف وقعوا في الاتباع (**تغليد**) من أ**مجتهد**

إلزاميةولا تسمح بتغيير مصدر التقليد الذي يختاره التابع والمفكر المستقل. (**خرافات**) والاتباع المطلق لمجتهد (مرجع التقليد) منع التفكير النقدي. لقد أدىمفهوم ولي الفقيه العملي في الجمهورية الإسلامية إلى القضاء على إمكانيةتعدد الآراء الفقهية والتنافس فيما بينها. فهناك شخص واحد على رأسجميع الفقهاء. وهو يفكر ويحكم دينياً وسياسياً للجميع.

والآن،من أجل الفائدة التاريخية والتعلم، دعونا نصف باختصار أفكار فرقةالمعتزلة التي لم تعد موجودة، ولكن بعض أفكارها اخترقت فروعاً أخرىتدريجياً.

ال**المعتزلة**كانوا مجموعة من علماء السنة المعروفين بأصالتهم الفكريةوتقديرهم للعقل وحرية التفكير. فقاموا بتفسير النصوص الدينية بمايتنافى مع العقل، مثل رؤية الله أو يوم القيامة، وأنكروها لأن رؤية الله فيكل مكان بلا مكان ولا اتجاه أمر غير ممكن عقليا.

وكانبعض علماء الشيعة العقلانيين كالشيخ المفيد والسيد مرتضى قريبينمن المعتزلة، إلا أن علماء الشيعة الذين كانوا أكثر إيماناً بالحديث والفقهكانوا أكثر اختلافاً مع المعتزلة وكانوا ضد العقلانية وعلم الكلام (**علم الكلام**(وعلى العكس من المعتزلة فإن الشيعة لا يعتبرون الأمر بالمعروف والنهيعن المنكر أصولاً للدين، بل يعتبرونها فروعاً للدين).

إنأهم الفرق بين المعتزلة والشيعة هو في مسألة**إمامة**. وعند المعتزلة لاحاجة إلى أن يعين الله إماماً بعد النبي، وقد رأى فريق من المعتزلة أن عليبن أبي طالب (عليه السلام) أفضل من غيره بعد النبي، ولكنهم قبلوا بالخلفاءالثلاثة قبل علي، وكان السبب في ذلك مصلحة المجتمع.

اعتقدالمعتزلة أن طلب المغفرة من الله مستحيل بدون توبة، وتوقع المسؤوليةخارج قدرة الإنسان مستحيل، وأفعال العباد ليست من خلق الله،والعناية الإلهية ليست من أعمال العباد، والإنسان حر وليس مجبر، ولهالقدرة على فعله قبل أن يقدم على الفعل أو يتركه، وفي الصراع بين الحديثوالعقل يتقدم العقل، ولا يمكن تفسير القرآن إلا بالعقل، وكلام الله مخلوقوليس أزلي، والقرآن فعل الله بناء على الأحداث الجارية وليس صفة له،مشيرين إلى القرآن الذي يسمي نفسه حديثاً(مخلوق).

أماالأشاعرة فقد كانوا على خلاف المعتزلة ضد التدبر، ويعتقدون بعموميةإرادة الله وحكمه ومصيره في كل شيء، بما في ذلك أفعال البشر، ويعتقدونأن الإنسان ليس مستقلاً، وأن أفعاله إرادة الله وخلقه، فلا يكون الإنسانخالقاً لأفعاله بل مكتسباً لها، ولا غاية لأفعال الله، والشر كالخير من الله،ومراعاة البر والصلاح ليست واجبة على الله، والعدل أيضاً من مسائل الشريعة،وليس من موجبات العقل والطبيعة.

ومهماكانت الاختلافات السابقة فلا فرق بين الأنبياء وأديانهم، وإنما الفرقفي الشريعة، أما في نظر الله فإن كرامة الإنسان تتوقف على درجة تقواه.

البقرة136/2: قلْ آمنّا بِاللهِ وما أُنزِل إلَيْنا وما أُنزِل إلَى إِبْراهِيم وإِسِمْاعِيل وإِسِحْاق ويَعْقُوبَ والأسْبَاطِ وما أُوتِي مُوسَى وعِيسى وما أُنزِل إلَىالنبِّيّنَ مِنْ ربِّهِم لا نفُرِّقُ بَيَنْ أَحَدٍ مِنِهْمُ وهَوُ مسُلِمٌ.

آلعمران 84/3: قلْ آمنّا بِاللهِ وما أُنْزِل إلَيْنا وما أُنْزِل إلَى إِبْراهِيم وإِسِمْاعِيل وإِسِحْاق ويَعْقُوبَ والأصْلَاحِينَ

(وأنبياء من ذرية يعقوب) وما أوتي موسى وعيسى والأنبياء من ربهم لا نفرق بين أحد منهم نحن مسلمون له (أوامره لا أهواءنا)

"جميع أنبياء الله ورسله كانوا مسلمين."

إذن، هناك دين واحد، وهو الإسلام (التوحيد والسير على الصراط المستقيم). إلا أن الشرائع (الشريعة) تغيرت تبعاً للمجتمعات المختلفة وعصر الوحي، كما تغير الخير والشر والحلال والحرام. وفي نظر الله، ترتبط كرامة الإنسان بتقواه (ضبط النفس والاعتدال في الحياة والنفع) وليس بفرعه من الإسلام (شيعي، سني، مسيحي، يهودي، بوذي، غير متدين، لأن الأفراد غير المتدينين يعترفون بالله أيضاً، لكنهم لا يؤمنون بضرورة الانتماء إلى دين معين). فالإنسانية، بمعناها التقليدي، هي حالة في خدمة الخلق والحياة المتوازنة.

إن الآيات السابقة وحياة أتباع الديانات الأخرى لا تقيس معيار العبودية بنوع الطعام والشراب، أو بطريقة لباس الناس وحجابهم، لأن آثار هذه الأفعال دنيوية أكثر منها في الآخرة. ولعل الغرض من التوصية بالهجرة والسفر حول العالم في القرآن هو رؤية طريقة تفكير وحياة أتباع الديانات الأخرى وفهم سر نجاحهم بعيون ناقدة عقلانية، وليس بنظارات الاختلاف والتمييز الملونة.

الأحكام القرآنية المنسوخة والمبطلة في حياة النبي (آية النسخ والمنسوخ)

هاجر النبي وأصحابه من مكة إلى يثرب (التي أصبحت فيما بعد مدينة النبي أو المدينة المنورة) في أواخر السنة الثالثة عشرة بعد اختياره نبياً وكان ذلك في العام

622م بداية التقويم الإسلاميفي السنة الأولى من الهجرة، عاش النبي صلى‌الله عليه وسلم في المدينة المنورة، وقاد أهلها خلال العشر سنوات التالية.وخلال هذه الفترة القصيرة، وبناءً على المطالب الاجتماعية الجديدة للمسلمين‌ومجتمع المدينة، ورحمة الله بعباده، وتلبية طلباتهم المعقولة، غيرّالله وحولّ بعض القواعد الجديدة والقديمة في المدينة المنورة.

تغييرحكم الشريعة في الحلال والحرام في القرآن أو السنة يسمى **إلغاء.** إن‌وجود هذه الأحكام في القرآن الكريم قد يكون أحد الأسباب التي تجعلنا نستنتج‌أن**عدم ثبات الأحكام الفقهية.**

البقرة106/2يقول: "إذا نسخنا (استبدلنا) أي آية (في الطبيعة أو القانون) أو أخرجناها (من الأرض والزمان والعقول) أتينا بما هو أفضل منها أومثلها".

النحل101/16: {وإذا بدلنا حديثا بدل حديث والله أعلم بما ينزل قالوا إنماأنت مفتر وأكثرهم لا يعلمون}

إن‌قضية النسخ والنسخ وتأكيد هذه الآية لأن "الله أعلم بما ينزل" تدل على‌أن أحكام الله تتفق مع مقتضيات الزمان والمكان، وتنمو وتتكامل تدريجياًحسب ما يراه مناسباً. إن التطور البشري والتغيرات التي طرأت على‌المجتمع البشري في الفترة الزمنية التي تقارب 1500 عام بين نزول التوراةونزول القرآن، مثل كل الأمور التربوية والعلمية، يمكن وينبغي أن تغيربعض الأحكام.

خلال‌فترة تقل عن عشر سنوات بعد الهجرة، عندما كان النبي، بالإضافة‌إلى النبوة، يشرف على القيادة ونوع من الحكم على أهل يثرب (المدينة)، تغيرت بعض الأحكام الشرعية لأسباب مثل النظر في

إنتغيير القبلة من القدس إلى مكة كان بسبب أن العرب الجدد غير المسلمينقبل الإسلام كانوا يعتبرون مكة بيت الله الذي أسسه إبراهيم وابنهإسماعيل جد عرب تلك المنطقة، ومكان مبارك حيث كان يقام فيه مناسكالحج قبل قرون من الإسلام. ولم يكونوا على دراية كبيرة بالقدس التيهي قبلة اليهود، ولم تسمح لهم وطنيتهم بالابتعاد عن مكة والتوجه نحوالقدس. ولإرضائهم والتعرف على المنافقين اليهود، غير الله اتجاه القبلة180 درجة نحو مكة.

البقرة 144/2 تقول: (لقد نراك تقلب وجهك في السماء فلنوليّنك) **القبلة**فول وجهك شطر المسجد الحرام وحيث ما كنتم فولوا وجوهكم شطرهوإن الذين أوتوا الكتاب ليعلمون أنه الحق من ربهم "والله ليس بغافلعما يعملون". كذلك فإن الأطعمة المختلفة التي حرمت على اليهود منذمئات السنين، ربما لأسباب صحية، أصبحت حلالاًللمسلمين، باستثناءلحم الخنزير، الذي لا يزال محرماًأكل لحومه المصابة (الخنزير البري) بسبب انتقال مرض داء الشعريات المستعصي. واليوم، يعد لحم الخنزير المحليأكثر اللحوم استهلاكاًفي العالم، وهو اللحم المفضل لثلاثة أرباع سكانالعالم. لأنه من الناحية الصحية، فإن بيئة تكاثره ولحومه خاضعة للرقابةوخالية من طفيليات داء الشعريات. ولو بعث النبي اليوم، ربما كان منالحلال للمسلمين أكله أيضاً. في السابق، كان يحُرم الجمع بين الحليب واللحومفي تحضير الطعام لأن كلاهما كانا بيئة جيدة لتكاثر الميكروبات السامة،وقد يلوث أحدهما الآخر ويسبب تسمماًغذائياًأشد خطورة. كما كانيحُرم الكثير من المأكولات البحرية.

كان على اليهود أن يذبحوا الحيوان حلالاً باسم الله، وهو ما يشبه الذبح الحلال الإسلامي. ويجب إزالة كل الدم من أوعية الدم في رقبة الحيوان لأن الدم المتبقي في اللحم يمكن أن يكون مصدراً للأمراض المعدية والإسهال والقيء في البيئة المناسبة، بل وحتى يسبب الموت. ويمكن أن يؤدي ضخ الدم الشرياني إلى نقل جميع أنواع الأمراض المعدية. بالإضافة إلى ذلك، كان شرب دم شرياني الإبل شائعاً بين العرب البدائيين، وهو شكل غير إنساني من أشكال إساءة معاملة الحيوانات.

وقد صدرت الأوامر بمنع الخمر والميسر للمسلمين في السنة التاسعة للهجرة، وبعد البعثة النبوية باثنين وعشرين عاماً، ولعل ذلك راجع إلى ما شاهده المسلمون مؤخراً من احتمالية نشوزهم في الصلاة، والأمراض الناجمة عن الإفراط في تناول الخمر، وتأثير السكر على العلاقات الزوجية، وغير ذلك. وقد نصحت بعدم تناول المشروبات الكحولية، ولم تحرم.

إن القمار قد يدمر الاستقرار المالي في بعض الأسر، فالمشاركة في سوق الأوراق المالية لشراء الأسهم هي نوع من المقامرة بالنسبة لمعظم الناس ذوي المعرفة القليلة والدخل المنخفض، ولكنها شائعة في البلدان الإسلامية. وتعتبر الجمهورية الإسلامية ذلك جائزاً بسبب نقص الأموال وتشجع الناس على المشاركة في شراء الأسهم. وبطبيعة الحال، فإن شراء أسهم الشركات المعروفة والموثوقة مع حماية رأس المال الأولي والربح المشروع يمكن أن يساعد في إنتاجية الجمهور وريادة الأعمال دون مشاكل ولا يشكل مقامرة.

جاء في سورة المائدة 90/5: "إن الله جعل الخمر والميسر واليانصيب وأكل الحرام والقول الفاحش والغيبة والكذب والقذف رجساً" فلم يقل إنها معصية أو أنها محرمة، بل قال إنها رجس أي أنها تؤثر على جسدك ونفسك بشكل سيئ فتجنبها، والرجس هو التلوث الأخلاقي الذي يمكن إزالته بتغيير السلوك وضبط النفس.

إن رفض النبي صلى الله عليه وسلم لزواج المتعة (مؤقتاً لأسباب مختلفة) وزيارة قبور الأولياء الأموات مبني على الأحاديث التي رواها علماء السنة.

هؤلاء كان للتغييرات عدة أسباب ومن أهمها لطف الله بالمسلمين الجدد في المدينة المنورة وانسجامه مع الحكمة الفكرية في عصرهم، وذلك على النحو التالي:

الحالة الاجتماعية: أحكام الطلاق، وميراث المرأة، وتحريم نكاح المتعة، وإباحة نكاح أربع، وتحريم زيارة القبور منعاً لشرك الأموات، ولم يأذن النبي صلى الله عليه وسلم لأحد أن يصور صورته المباركة حتى لا تكون عبرة لعابدي البشر من بعده.

تيسير: المائدة 3/5: "أحل الله للمسلمين أطعمة كثيرة كانت محرمة على اليهود أو حرمها العرب لتغير الأحوال الاجتماعية والصحية". الحرام هو القيود التي قد تكون بسبب القوانين الدينية أو العرفية أو الطبيعية، مثل عدم تناول الأطعمة الملوثة بمسببات الأمراض، ومنع القيادة تحت تأثير الخمر، وعدم زراعة الزهور والنباتات في الصحراء الجافة. الحلال في اللغة العربية يعني الحرية والإطلاق وإزالة العوائق وفك العقد.

خصم الأحكام القاسية:

تقول المائدة 101/5: "يا أيها الذين آمنوا لا تسألوا عن أشياء تسوءكم إذا تبين لكم ولكن إذا نزل القرآن فافعلوا يتبين لكم وضع الله عنها والله غفور حليم".

النساء 28/4: {يريد الله أن يخفف عنكم وخلق الإنسان ضعيفا}.

قبول التوبة لمن كان ضعيفاً في التحكم في شهواته الجنسية.

البقرة 187/2: "أحل لكم ليلة الصيام الرفث إلى نسائكم هن لباس لكم وأنتم لباس لهن علم الله أنكم ستخونون أنفسكم فعفا عنكم وعذركم فالآن عاشروهن وابتغوا ما كتب الله لكم وكلوا واشربوا حتى يتبين لكم الخيط الأبيض من الخيط الأسود من الفجر ثم أتموا الصيام إلى الليل ولا تعاشروهن وأنتم عاكفون في المساجد تلك حدود الله فلا تقربوها كذلك يبين الله آياته للناس لعلهم يتقون".

هذه الآية تتحدث عن رفع النهي عن الأكل والشرب والاختلاط بالزوجة في ليالي شهر رمضان المبارك بسبب احتمال الخيانة.

التصعيد: وقد تم تحريم الخمر وجميع المسكرات والقمار واليانصيب تدريجيا على أربع مراحل:

1. السنة الثانية للهجرة: النحل 67/16: "من ثمرات النخيل والتين" تخرجون منه خمراً وطعاماً طيباً إن في ذلك لآية لقوم يعقلون

2. سنة 8 هـ: النساء 43/4: «لا تقربوا الصلاة وأنتم في الصلاة». "سكُراً حتى تعرف ما تقوله."

3. السنة 9 هـ: البقرة 219/2: «ويسألونك عن الخمر والميسر» "القمار، ويقولون إن فيه مخاطر عظيمة، وإن كان منفعته للناس، إلا أن ضرره أعظم من نفعه".

4. السنة 9 هـ: المائدة 90-91/5: ﴿إنّ الخْمَرَّ والأَخَرْىَ لَا تَأْكُلُوُن﴾ [النور: 11]. الخمر والميسر والأصنام واليانصيب رجس من عمل الشيطان فاجتنبوه لعلكم تنجوون إن الشيطان يريد أن يلقي العداوة والبغضاء بينكم

بينكم الخمر والميسر ويصدكم عن ذكر الله وعن الصلاة أفلا تنتهون؟

حجاب: في السنة السادسة للهجرة - الأحزاب 53/33 جاء: "لا تدخلوا بيوت النبي إلا بإذنكم إلى طعام من غير انتظار تجهيزه، وادخلوا إذا دعيتم، وتفرقوا بعد الطعام، ولا تتكلموا، فإن ذلك يؤذي النبي، وإذا أردتم شيئاً من نساء النبي فاسألوا من وراء الحجاب، ذلك أطهر لقلوبكم وقلوبهن، وما كان لكم أن تؤذوا رسول الله، ولا تنكحوا أزواجه من بعده أبداً، إن ذلك كان في عين الله عظيماً، فلا تؤذوا رسول الله".

نور 27-31/24 تقول: "يا أيها الذين آمنوا لا تدخلوا بيتاً إلا بيوتكم حتى تستأذنوا وتسلموا على أهله ذلك خير لكم لعلكم تذكرون فإن لم تجدوا فيه أحداً فلا تدخلوه حتى يؤذن لكم وإن قيل لكم ارجعوا فارجعوا هو أزكى لكم والله عليم بما تعملون وقل للمؤمنين يغضوا من أبصارهم ويحفظوا فروجهم وقل للمؤمنات يغضضن من أبصارهن ويحفظن فروجهن ولا يبدين زينتهن إلا ما ظهر منها وليضربن بخمرهن على جيوبهن ولا يبدين زينتهن إلا لبعولتهن أو آبائهن أو أحمائهن أو أبنائهن أو ابن أخواتهن أو نسائهن أو ما ملكت أيمانهن أو الذين تولاهم غير الإربة من الرجال أو الطفل الذي لا يرى منكم بأسا" "ولا يعلمن عورة النساء، ولا يضربن بأقدامهن ليظهرن ما يخفين من مفاتنهن، وتوبوا إلى الله جميعاً أيها المؤمنون لعلكم تفلحون".

اليوم، مع التقدم في الثقافة الإنسانية والعلاقات بين الرجال والنساء في العمل، وفي المدرسة، وما إلى ذلك، أصبح كل جنس

إن هذا القيد الذي نزل على زوجات النبي ثم طبق على كل النساء ليس عملياً ولا يطبق، وذلك لأسباب عديدة. فمهما حكم الفقهاء بشأن الحجاب، فإنه لا يلقى آذاناً صاغية، كما نرى اليوم مع الفتيات الإيرانيات المتعلمات. وفي حين ينبغي أن يكون الحجاب مسألة شخصية ومحلية، فإن الجمهورية الإسلامية، من خلال محاولتها فرض قواعد الحجاب اللاإنسانية المفروضة، لا تسبح ضد التيار فحسب، بل إنها تفقد أيضاً أتباعها لمدرستها الفكرية بالآلاف. ولو تم اختيار النبي اليوم، لكانت قواعد الحجاب التي أملاها الله مختلفة تماماً، ويتوقع الله والنبي منا أن نفهم رحمة الله وألا نحاول سجن وتقييد النصف الأفضل من البشرية في غطاء قبلي.

وقد اعترض الأعداء العنيدون على الآيات المنسوخة والأحكام المتغيرة، وهل القرآن وحي من الله أم أقوال وآراء النبي صلى الله عليه وسلم؟ وأنا أعتقد أن:

1. الله رحيم وكريم ويريد الأفضل لعباده.

2. لا يوجد في القرآن أي محتوى غير منطقي.

3. الأعمال الصالحة المقبولة من مختلف الناس. الأوقات مقبولة من قبل الأعضاء العقلانيين والمتعلمين في هذا المجتمع وخاضعة لتصويت الأغلبية.

4. خلق الله الإنسان ليكون يده وخادمه وخليفته، حراً وكريماً. إن الإسلام مستقل، ويولي الله اهتماماً واحتراماً للآراء المعقولة للأغلبية. وتغير القوانين الدينية في الأزمنة المختلفة والثقافات المختلفة دليل على ذلك.

5. قوانين الله ثابتة في الطبيعة؛ لذلك، فإن الحرية والخيارات التي أنعم الله بها على البشر، مثل قوة الجاذبية، وقدرات الماء، والنار، والهواء، والشمس، والقمر، إلخ، غير قابلة للتغيير، ولن يحرم الله أي إنسان من إرادته الحرة لأي سبب من الأسباب.

ليس الأمر أنه لا يستطيع ذلك، بل إنه لا يريد ذلك؛ فالله لا يتصرف مثلنا بناءً على نزوة.

إذن فالله لا يعلم ماذا قررنا أن نفعل غداً أو بعد غد، بل ينتظر منا أن نتصرف وفقاً لطبيعتنا المدربة على نحو صحيح ومتطور، يرتكز على ذكائنا وفهمنا وعقلنا وعلمنا وإمكانياتنا وبيئاتنا المعيشية والتعليمية. (وهذا يخالف تماماً استنتاج الجابري من حديث يقول إن كل ما يحدث لنا، خيراً كان أم شراً، مكتوب على لوح القدر وليس لنا فيه خيار، نحن مجرد ممثلين).

ومن الأمثلة الأخرى (جف القلم) التي وردت في القرآن الكريم مدة حياة الجنين في بطن أمه وعمر الإنسان، ففي الوقت الحاضر أقصى عمر للإنسان هو قرن من الزمان، يقول الله تعالى في القرآن: (ولقد خلقنا الموت) (البقرة: 67)، ومن المعروف اليوم أن في نهاية الحمض النووي والكروموسومات جزء يسمى التيلومير، يحدد طوله عمر الإنسان، وعندما يتلف التيلومير تدريجيا بسبب عوامل مختلفة، لا تستطيع الخلايا الانقسام، ويموت الإنسان، وطول التيلومير أطول عند النساء منه عند الرجال، وعند الرجال السود منه عند الرجال البيض. إن سرعة تقصير طول التيلومير، والذي يرتبط بعمر الإنسان الثابت، تتسارع بسبب العوامل الوراثية، ونوع التغذية، والنشاط البدني، والضغوط النفسية، وخاصة اضطراب ما بعد الصدمة أثناء الطفولة وقبل البلوغ، والأمراض المختلفة، ونتيجة لذلك، فإنه يسبب عمراً أقصر خاصة إذا كان أيضاً في ضائقة طبية، لذلك هناك عاملان يشاركان في طول العمر: أحدهما طول التيلومير الذي يحدد مسبقاً عمرنا، والآخر عوامل تزيد من تدهوره وتقصير العمر أو في الطب اليوم، بإذن الله واكتشاف العوامل المسببة للأمراض، يمكن للأدوية والجراحة منع الموت المبكر، كما أن ممارسة الرياضة، والراحة، والنوم الكافي، والطعام قليل الدسم والأعشاب،

البيئة الهادئة، والبروبيوتيك، وربما تساعد التيلومير على إطالة عمره الافتراضي المحدد مسبقاً.

6. يتصرف البشر ذوو الروح الحرة بناءً على قراراتهم المختلفة في حياتهم. إن حياة الناس تعتمد على خشونة ونضج أنانيتهم. وبطبيعة الحال، فقد اختار الله عبر التاريخ أنبياء يحملون رسائل مناسبة لتعليم الناس الطريقة الصحيحة للحياة من أجل النمو الروحي والتطور نحو الكمال، وفي كل مرة كان يضيف المزيد من التعليمات الكاملة في الكتب المقدسة. وعندما كانت المجتمعات فاسدة وغير قابلة للإصلاح من تلقاء نفسها، كان يُرسل الأنبياء لهداية تلك الأمم، وإذا لم تكن غير قابلة للإصلاح، كانت تدُمر.

في الكتاب المقدس، في سفر التكوين، الفصل السادس، ورد: عندما رأى الله أن الناس يغرقون في الخطيئة ويتجهون باستمرار نحو القبح والأوساخ، ندم وحزن على خلق الإنسان (تمكن نوح من أن يكون له أقل من مائة تابع في غضون بضع مئات من السنين كنبي بسبع وصايا. لذلك، قال الله، سأمحو البشر الذين خلقتهم من على وجه الأرض. لكن نوح وعائلته حظوا بمحبة الله، وقطع معه عهداً بأن السفينة ستحميه وزوجته وبناته. قصة تدمير قوم لوط بسبب الشذوذ الجنسي بين النساء والرجال في منطقة سدوم وعمورة، مدينة بومبي المدفونة في جنوب إيطاليا تحت رماد ثوران جبل فيزوف التي تم الكشف عنها في القرن الماضي تظهر أدلة على انتشار الدعارة الوبائية بين سكان تلك المدينة الشهوانيين، أو معجزات الحفاظ على أصحاب الكهف آمنين من الكفار، وقوم موسى من الكفار، الفراعنة، والحفاظ على جسد الفرعون كمثال للعالم...

7. وفي حديث قدسي آخر مشهور بين الصوفيين يقول الله: كان الله كنزاً مخفياً، لكنه أراد أن يعُرف، فخلق العالم وكل ما فيه. وكل أعماله أمثلة على جماله وخيره وكمالاته. وبالمثل، يريد الله أن يتزين عبده وخليفته بصفاته، كما تتزين يداه وعبده ...

"وأن يوفق الله تعالى بين خلقه ومخلوقاته إلى ما فيه خيرهم وصلاحهم، وأن يوفقهم ...

8.ومن بين الأنبياء الأوائل، نوح، بإعلانه عن الأنبياء السبعة، لقد كان إبراهيم عليه السلام، بإيمانه الراسخ والثابت بالتوحيد، والذي أظهر صدق الإيمان والثقة، لم يمر عبر النار بسلام فحسب، بل كان مستعداً أيضاً للتضحية بابنه إسماعيل بأمر الله، كمثال لكل الموحدين. كما كان موسى (عليه السلام) والوصايا العشر التي أبلغها الله له على جبل الطور في صحراء سيناء، حيث تبدأ أبجدية العبودية، وكان عيسى (عليه السلام)، الذي كان كلمة الله وروحه، قد أعطى رسالة الحب والصداقة لله والبشر. لقد بشر، وكانت رسالته الأكثر شهرة هي أن تحب جارك كما تحب نفسك ولا تفعل للآخرين ما لا تحب أن يفعلوه لك. كان محمد (صلى الله عليه وسلم) النبي الذي عاش بين الناس كرسول لمدة 23 عاماً. وبعد هجرته إلى المدينة المنورة في آخر 11 عاماً من حياته، أوكل إليه الناس مهمة حكم أهل المدينة المنورة بأنفسهم. ولهذا السبب، فهي أكثر المواضيع التي يمكن مناقشتها من حيث الشريعة والفقه. لقد عاش حياة الجماعة بخيرها وسيئاتها، وهدى الناس بالوحي والعقل والملاحظة والعرف. وبسبب تغيرات الزمان والبيئة والمجتمع، حتى في هذه الفترة القصيرة، تم نسخ وإلغاء آيات من القرآن الكريم.

لقدحدثت هذه التغييرات، حتى يفهم الناس أنه لأسباب مختلفة، حتى في وقت‌قصير جداً، فإن القضايا الاجتماعية والتقاليد القديمة إذا لم تكن متوافقة‌مع الحياة المجتمعية الحالية المقبولة، والمنطق السليم، والرضا العام،‌فإن التغييرات مقبولة وممكنة من قبل الله و/أو نيابة عنه.

AQL (الاستدلال)

أغل‌(العقل، الحكمة، العقل، العقلانية، الذكاء، الحس السليم، العلم‌العملي)

إن‌المعنى الأساسي لكلمة أغل هو الحفظ والتذكر، والتفكير، ونتيجة التعلم‌هي المعرفة. واستخدام هذه المعرفة المكتسبة في الحياة يسمى الاستدلال.‌والشخص الحكيم يستخدم هذه المعرفة المكتسبة بشكل مناسب.‌هناك نوعان من الاستدلال: الأول فطري وطبيعي؛ فنحن نولد به إلى‌حد ما (الحمض النووي المشروط). ويساعدنا على التمييز بين ما هو جيد‌وما هو سيئ (الضمير)، والثاني مكتسب بالخبرة والمعرفة ولكن يوافق عليه‌الضمير. الأول هو الشريعة في داخل كل منا، والثاني هو الشريعة خارج كل‌واحد منا. ولأن المعرفة والعلم والخبرة والمجتمع تشكل أساس ما هو جيد‌وما هو سيئ، ولأن العلم والثقافات شهدت تغييرات محورية في القرن الماضي،‌وخاصة العقود القليلة الماضية، فإن ما كان عادياً ومقبولاً ومعقولاً حتى‌قبل قرن من الزمان لم يعد مقبولاً كحكمة ومعقول الآن من قبل المجتمع‌ككل. لا تصدق ذلك! تخيل أنه من الممكن أن تسأل شخصاً مات قبل‌100 عام عما إذا كان يعتقد أنه من الممكن أو حتى من الحكمة التفكير فيما‌يراه اليوم على هذه الأرض. القرآن الكريم يشجعنا على التفكير، ويوبخنا عندما‌لا نفعل ذلك.

في‌القرآن الكريم، هناك ما لا يقل عن 49 حالة يستخدم فيها الله مشتقات‌من كلمة "أَجَهْلَ"، مثل "تفكروا"، "لماذا لا تفكرون"، "لكي تتفكروا "، "لقوم يتفكرون"، "إذا فكرتم"، غالباً ما لا يفكرون"، "أكثر الناس لا يفكرون"، وفي آية واحدة، العنكبوت 43: "وهؤلاء هم الذين يتفكرون".

"أمثلة نضربها للناس ولا يعقلها إلا العالمون"

الشورى42/38: «... وتشاوروا في أمركم».

الأنبياء21/10: لقد أنزلنا إليك كتاباً فيه ذكر أفلا تتفكر فيه؟

يوسف12/2: «ولقد أنزلنا عليكم القرآن مقروءا لعلكم تعقلون».

محمد47/24: «فلولا يتدبرون القرآن أم وضعت على قلوبهم أقفالها؟»

طه20/113: "وكذلك أنزلنا القرآن عربيا وصرفنا فيه من شتىّ أنواع النذورلعلهم يخافون أو تحُيَىّ لهم ذكرى".

ولقدضربنا للناس في هذا القرآن من كل مثل لعلهم يتفكرون (وقرآناً عربياًغير ذي عوج لعلهم يتحكمون) الزمر 39/27-28:

غافر40/54: {والكتاب الذي أنزلناه إلى بني إسرائـيل هداية للعالمين}.

الزمر39/18: «الذين يستمعون القول فيتبعون أحسنه أولئك الذين هداهمالله وأولئك هم الراشدون».

"أصحاب الحكمة والضمير. (الناس الأذكياء والمعقولين)"

الأنفال22/8: "إن شر الدواب عند الله الصم البكم الذين لا يعقلون"

الحج46/22: "أفلم يسيروا في الأرض فتكون لهم قلوب يعقلون بها أو آذان يسمعون بها فإنها لا تعمى الأبصار ولكن تعمى القلوب التي في الصدور".

البقرة171/2: "إنهم صم وبكم وعميان لذلك لا يعقلون (العين والأذن واللسان هي أدوات اكتساب المعرفة والتواصل) فمن فعل الأشياء على غير فهم وتقليد(**مغل الدين**"إنهم ليسوا مستعدين للاستماع إلى كلمة حكيمة. فهم لا يدافعون عن الحقيقة بألسنتهم ولا يتكلمون بالحق، ولا يملكون البصيرة اللازمة للتعرف على الأفعال غير الأخلاقية."

يونس١٠٠/١٠: «إن الله يجعل الرجس على الذين لا يعقلون».

الفرقان73/25: "عباد الرحمن الذين إذا ذكروا بآيات ربهم لم يخروا كالعمي والصم"

الفرقان63/25: "وضرب الله الرحيم مثلاً للمؤمنين بسيدنا إبراهيم الذي لم يزل يسأل الله حتى اطمأن قلبه".

البقرة260/2: «قال إبراهيم رب أرني كيف تحيي الموتى قال أولم تؤمن قال بلى ولكن أريد أن يطمئن قلبي»

الغاشية 21-22/88: {وذكرهم يا أيها النبي إنما أنت مذكر. لست عليهم بمسيطر}.

فهذه الآيات تدل على ضرورة التدقيق والتساؤل والرجوع إلى العقل والرأي في كل الأمور وخاصة القضايا الدينية المبنية على العدل والمساواة والإحسان، بل وتشير إلى أن النبي لم يكن له الإذن بفرض رسالته بالقوة.

فصول 3/41: كتاب فصلت آياته قرآناً عربياً لقوم يعلمون.

الفعل في الآية السابقة هو فعل مضارع، ويدل على الاستمرار في التعلم ومحاولة الفهم، أي أن القرآن مفيد إلى الأبد للناس الذين يسعون إلى فهمه.

ويؤكد القرآن ويصر على ضرورة التعقل والتفكير، ولا يقر الأعمال غير الحكيمة، لأن وجود التناقضات في الكلام الإلهي مرفوض.

"في كل وقت إذا تعارض العقل مع الحكمة وصدر حكم من أحكام أوفتوى فقيه ولم يقبل العقل صحة ذلك الحكم فإن مثل هذا الحكم لاينتمي إلى الشريعة الحقيقية" (آية الله السيد جواد الغراوي الأصفهاني).(رحمه الله وأسكنه فسيح جناته).

ما الذي ينبغي أن نفعله للإسلام اليوم؟ ما هو الطريق الأخلاقي المستقيم اليوم؟

إن المبالغة والانحراف عن العرف والتوازن الاجتماعي خروج عن الصراط المستقيم، وتتفق فرق الإسلام المحمدي المختلفة على الدور التوجيهي للقرآن والسنة النبوية في

إن الشيعة الإخباريون (الشيعة الصفويون الذين أدخلوا الخرافات والروايات والأحاديث المكذوبة إلى الإسلام) يخالفون القرآن الكريم، ويعتمدون أكثر على الأحاديث والتقاليد التي رواها الأئمة الإثني عشر. وهم يعتقدون أن القرآن الحالي محرف وينتظرون أن ينزل القرآن الحقيقي على يد المهدي، إمام الزمان، منقذ الشيعة، الذي تنبأ بظهوره لإرساء السلام والعدالة.

وإذا نظرنا إلى الجانب العملي من السنة النبوية اليوم، نجد أن بعض الممارسات تعتبر مرفوضة ومرفوضة من قبل المجتمعات المتحضرة، باستثناء الأمور الأخلاقية التي تتفق مع القرآن والعقل. ومع ذلك، فإن ممارسات مثل الزواج، بعد أربعة عشر قرناً من الزمان، تعتبر غير قانونية في بعض البلدان. والنبي، وفقاً للقرآن، على الرغم من أنه كان طيباً وأميناً في نقل الوحي الإلهي، إلا أنه كان مجرد رسول محدود المعلومات.

ولو تم اختيار النبي اليوم، لكي يتم قبوله واستماعه من قبل المجتمع وتجنب المتاعب القانونية، فمن المرجح أن يمتنع عن الزواج المتعدد ويؤيد قواعد الحجاب الأقل صرامة بالنسبة للنساء، على عكس الصرامة الحالية التي نراها في بعض الأنظمة الإسلامية.

إن التغييرات الجذرية فيما يتعلق بحقوق المرأة، والميراث، والطلاق، وتعويض الرضاعة، وتعدد الزوجات، كما نص عليها الله والرسول، تقدم دروساً قيمة للمسلمين في المستقبل.

إلى جانب القرآن الكريم، تنبع القوانين الدينية بشكل أساسي من فقهاء عصرهم، الذين يتمتعون بالسلطة في استخدام الحديث والرواية والإجماع والرأي والموافقة والقياس والفتوى لصياغة أحكام جديدة. ومع ذلك، يظل العديد من فقهاء الشيعة معزولين، ويفتقرون إلى التعرض للأفكار الديمقراطية أو المجتمعات المتنوعة وغير مؤهلين للحصول على رأي في الوقت المناسب حول بعض القضايا الاجتماعية، في حين أن القوانين الفقهية، التي تشكل جزءاً لا يتجزأ من الشريعة الإسلامية، يجب أن تتطور مع الوقت. ومع ذلك، غالباً ما تحدث الزيجات داخل أسر الفقهاء، مما يحد من الثقافة.

إن اعتماد الشيعة على الأحاديث والروايات بدلاً من القرآن الكريم قد يؤدي إلى تضييق وجهات النظر. ومن الأهمية بمكان أن ندرك أن عفة المرأة لا تتوقف على ملابسها، وأن المساهمات المجتمعية اليوم تمتد إلى ما هو أبعد من الأدوار التقليدية.

إن اتباع السنة بشكل أعمى لا يخدم الإسلام المعاصر؛ بل إنه يعرضه لخطر الفشل الأخلاقي والاجتماعي. وبدلاً من ذلك، فإن تبني العقل والقيم الديمقراطية والمشاركة في المجتمع يتوافق بشكل أكبر مع روح الإسلام.

لقد تعثرت عقلانية جماعة المعتزلة بسبب التوقيت السابق لأوانه والتطرف، كما حدث مع المفكرين المسلمين الذين تم نبذهم في القرن الثاني عشر. وعلى النقيض من ذلك، عزز التنوير الغربي التقدم الذي يركز على الإنسان، والمثل الديمقراطية، والتقدم العلمي.

مع تمتع المسلمين بالتقدم الحديث، فإن مساهمتهم في التقدم كانت ضئيلة. ومن الضروري أن نقدر هذه النعم ونشارك في التنمية المجتمعية دون تقويض الأيدي التي تطعمنا.

علينا أن نفكر كيف نكون شركاء نافعين للإنسانية كمسلمين، نجسد العبودية الحقيقية والمسؤولة، ونساعد ونجسد أيدي الله على الأرض، بدلاً من الانغماس في التكفير والجهاد الناجم عن الجهل والكراهية، والذي يسعى إلى إيذاء من يختلف عنا في اللباس أو الكلام أو الفكر. دعونا نعزز اللطف والرحمة ونمتنع عن قطع الأيدي التي تساعدنا على تحرير أنفسنا من الفقر والبؤس.

ولكي ننطلق في هذا الطريق، فلابد أن نتخلص من القيود والأغلال والحجب التي تعيق مسيرتنا على الطريق المستقيم. ومن خلال الفحص النقدي لممارساتنا وفهمنا للإسلام، نستطيع أن نقتدي بغيرنا ممن راجعوا شريعتهم مع الحفاظ على إنسانيتهم ودينهم.

إنالشروع في هذه الرحلة قد يكون محفوفاً بالتحديات والعقبات، ولكن البدءفيها، مهما كانت صعبة، أمر ضروري. والقرآن الكريم، الوحي والمعجزة الإلهية،يقدم إرشادات، إذا تم اتباعها وتنفيذها جنباً إلى جنب مع الفقه المحدث،يمكن أن تساعد في استعادة الشباب المحبطين الذين ابتعدوا عنالإسلام بسبب سوء التفسير والتطبيق السائئد في مجتمعاتهم.

ولنعملسريعاً على التغلب على الركود والتخلف الذي دام قروناً من الزمانبين المسلمين، ولنخطو خطوة إلى جانب رواد التنوير، ونسعى إلى تحقيقالتقدم في العلوم والمجتمع. ويتعين علينا أن ندافع عن حرية التعبير،وحقوق الإنسان، والديمقراطية الإسلامية، مع تجنب السلوكيات المسببةللفساد مثل الكذب، والاختلاس، والكسل، والتدهور البيئي.

ورغمأن المبادئ الديمقراطية تتوافق مع الإسلام، فإن جوانب معينة منالديمقراطية المتطرفة الليبرالية تشكل تحديات وقد تؤدي إلى ضرر مجتمعي.ويتعين على المسلمين الامتناع عن تأييد ممارسات مثل تعاطي المخدرات،أو استهلاك الكحول، أو المقامرة، أو زواج المثليين، والتي تتعارضمع الأخلاق الإسلامية والتماسك المجتمعي.

يتعينعلينا احترام حقوق المجتمع وتعزيز سيادة القانون، والسعي إلى استبدالأو تعديل القوانين الجائرة من خلال التعليم العام والانتخابات النزيهة،بدلاً من اللجوء إلى العنف أو العصيان.

إنكتابة هذه السطور تتزامن مع شهر نوفمبر 1398 هـ شمسي، وتستحضردعاء رأس السنة، وهو دعاء عميق للتجديد والتحول. ومع ذلك، فإنالكثيرين يرددونه لفظياً فقط، على غرار الصلوات الطقسية أو تلاوة القرآنالكريم، دون فهم دلالاته العميقة.

نسألالله أن يرزقنا البصيرة وينير قلوبنا لنستوعب ظروفنا. فلنستقبل هذاالعام الجديد بالتفاؤل، ونسعى إلى التحسن الشخصي والجماعي. والتفكيرفي تقاليد رأس السنة الغربية، حيث يصنع الأفراد

ولكن،مع أننا نتخذ قرارات لمواجهة التحديات الشخصية، فينبغي علينا أيضاً أن نسعى إلى تحسين أنفسنا، والسعي للحصول على المساعدة من الداخل ومن الآخرين.

وكما هو الحال في شعيرة الحج المتمثلة في رمي الشياطين، حيث يرمز الحجاج إلى رمي الحجارة على شيطانهم الداخلي، يتعين علينا أن نحدد عيوبنا ونواجهها بعزم ومثابرة.

خلال رأس السنة، يعتقد اليهود أن الله يختم مصيرهم للعام المقبل في يوم الغفران. ويستخدمون هذا الوقت للتأمل الذاتي، والسعي إلى المغفرة، وتصحيح أخطاء الماضي. ويؤكد هذا النهج على المساءلة الشخصية والجهود الاستباقية لتحسين الذات والمجتمع.

في حين يلتمس المسلمون من الله أن يحسنوا أحوالهم في عيد الأضحى، يتحمل الغربيون واليهود المسؤولية الشخصية عن أفعالهم، ويسعون بنشاط إلى إيجاد حلول للتحديات التي تواجههم. فلنحاول أن نحاكي هذا الشعور بالمسؤولية، فنستعين برحمة الله في توجيهنا إلى إثراء حياة الآخرين والمساعدة في تعزيز بيئة صحية ومستدامة.

فلنمهد الطريق للأجيال القادمة بالتحرر من الجهل والقمع والخرافات، والسعي إلى التقدم من خلال الرحمة الإلهية والمساعي العقلانية. "نحن الماضي الفوضوي لأطفالنا"، فلنعمل على شق طريق جديد، يغذي أرواحنا ويعزز رفاهيتنا في المجالات الجسدية والعقلية والرقمية، مع مكافحة الإدمان والوقاية منه.

ولنبدأ بالتركيز على أنفسنا وأسرنا، فبدلاً من الكذب أو خداع الآخرين، يجب أن نسعى إلى كسب الرزق الحلال وتجنب المعاصي والأفعال غير اللائقة وغير القانونية. ولا ينبغي أن ننظر إلى الصلاة على أنها مجرد أداء للواجب؛ بل يجب أن نفهم معناها ونتمسك بها ونسعى إلى السير على الطريق المستقيم، حتى لو كان ذلك يعني التقدم بخطوات صغيرة. ويجب أن يصبح العيش على هذا الطريق راسخاً في أذهاننا وعاداتنا. ويجب أن ندرك أن الصلاة دون العيش وفقاً للطريق المستقيم أشبه بجسد بلا روح - ناقص ويفتقر إلى الحيوية.

فلنؤمن أن الله معنا دائماً، أقرب مما نتصور، يراقبنا ويعيننا، وفي أوقات الحاجة، من خلال الدعاء الصادق، والجهود المناسبة، والظروف المناسبة، دون الحاجة إلى وسطاء، يمكننا أن نطلب الهداية والمساعدة منه.

فلنكن مواطنين ملتزمين بالقانون، نحترم قوانين الإنسان والله، بل ونسعى إلى التصرف بأخلاق، متجاوزين مجرد الوفاء بالمتطلبات القانونية. ويتطلب تحقيق ذلك مستوى عالياً من الثقافة الشخصية والاجتماعية، والتعليم، وتأسيس مجتمعات مدنية تحترم هذه القيم.

إننا لابد وأن نعطي الأولوية لمصالح المجتمع على مصالحنا الخاصة، وأن نشارك في أي نوع من أعمال المنفعة العامة الممكنة، وأن نساعد أينما دعت الحاجة. وبالإضافة إلى الضرائب الحكومية والقانونية التي ندفعها، لابد وأن نتبرع بما لا يقل عن 2.5% من صافي دخلنا كزكاة للمؤسسات الإسلامية المعينة، للمساعدة في إنشاء مراكز التعليم والتدريب للباحثين عن عمل وتحسين حياة الفقراء الذين لا يستطيعون تحمل تكاليف دفع الزكاة.

في الماضي، كان تراكم الثروة أمراً بالغ الأهمية بسبب عوامل غير متوقعة مثل الحرب والمجاعة والمرض. ولكن في عالم اليوم، يسود العلم، وتكمن الثروة الحقيقية في اكتساب المعرفة. والمعرفة المفيدة والحديثة لا تساعد الأفراد على كسب المال فحسب، بل تخدم الإنسانية أيضاً. فالناس يسعون إلى السعادة والسلام والصحة والعمر المديد لأنفسهم وأسرهم وإخوانهم من البشر. ونحن المسلمون، وخاصة الإيرانيون، شجعنا ودعمنا أطفالنا على السعي إلى التميز الأكاديمي في مختلف المجالات. والجامعات الأوروبية والأميركية تعج بالطلاب الإيرانيين الذين يدرسون العلوم الإنسانية والعلوم الاجتماعية والفيزياء والكيمياء والهندسة والرياضيات والعلوم الطبيعية والطب. ويعكس التعليم الجامعي في إيران التعليم في المجتمعات الغربية، حيث يؤكد على الإنسانية والديمقراطية وحقوق الإنسان والمساواة أمام القانون والفردية والعقلانية والبحث.

إنالتعليم في المدارس الثانوية يعتمد على التساؤل والتفكير النقدي والعلاقاتالسببية والنتيجة والدراسة والمناقشة من أجل تحقيق المساواة فيحقوق المرأة. ومع ذلك، تشير الأدلة إلى أن هذا التعليم غالباً ما يتم السعيإليه لمجرد الحصول على شهادة جامعية، دون أن يترجم إلى تغيير اجتماعيملموس.

تعطيالدول الغربية الأولوية لخمسة جوانب للمجتمعات الناجحة التيتركز على الإنسان، والتي ينبغي أن تكون بمثابة نماذج لنا أيضاً:

1.**سياسي:**رفاهية المجتمع تتحدد من خلال آراءالأغلبية وليس توقعات الأقلية.

2.**اقتصادي**"الحق يعود للمشتري والمشتري."
وهذايعني أنه إذا كنت تريد جذب العميل فاستمع إليه وقدم له الخدمة، وإذاكان لديه انتقادات فلا تعارضه بل صحح المشكلة.

3.**تعليمي:**فكر في عملك وبحثك ودراستك، استشارةالخبراء، وأخيرا اتخاذ القرار بناء على العقل والمعرفة والخبرة والوقتوالاهتمامات.

4.**أخلاقي**:إذا كان لديك شعور جيد بشأن ما تريد القيام به افعل،افعل ذلك - بمعنى آخر، اتبع عقلك الذي وهبك إياه الله والتزم بما هو مألوفوأخلاقي.

5.**جمال**:الجمال نسبي، وما هو جميل بالنسبة لشخص ما لايجوز لشخص أن يفرض رأيه على شخص آخر. وليس من حقنا أن نفرض رأيناعلى الآخرين.

لايمكن للشاب المتعلم الذي يفكر علمياً وعقلانياًأن يقيده قيود الثقافةوالعادات والتقاليد العائلية والخرافات والتقاليد القبلية التي تمتد لآلافالسنين. لقد سمعت كثيراً من الشباب وآبائهم أن المرء يجب أن يتزوجشخصاً من عائلة جيدة ومستقرة، دون أن يعرف الفرد حقاً، أو عندما يسافرونإلى الخارج للدراسة، يُنصحون بالتأكد من تناولهم للطعام.

إنهذه الفتاة، التي تتمتع بقدر أعظم من التعليم وربما الحكمة من والديها اللذينلم يحظيا بالتعليم الكافي، تدرك ما هو مناسب ومفيد لها ولمجتمعها.ولا يجوز أن تعامل مثل أمها التي أُرْغِمتَ على قبول زوج اختارهلها والداها دون مراعاة لمشاعرها أو رغباتها. ولا تحتاج هذه المرأة المتعلمةالمستقلة إلى الزواج من شخص مدمن سيئ الأخلاق، يكبرها بعدةسنوات لتكون خادمة له في المنزل وتعيش كما يشاء وتنجب له الأطفال.

بالنسبةلهؤلاء الشباب، فإن الأمر بالمعروف والنهي عن المنكر باسم الدين،إلى جانب المحرمات التي أوجدتها الثقافات العرقية والقبلية المتخلفةوأحياناً الفقه، لا ينبغي أن يحل محل الأوامر السامية والمتعالية للقرآنالكريم. والنتيجة الطبيعية لمثل هذه السلوكيات من جانب الأسرة والمجتمعهي أنه بدلاً من قبول ما كان طبيعياً قبل جيل من الزمان، فإنهم يبتعدونعن الدين تماماً.

وبدلاً من ذلك، يمكنهم القول إنه بصفته مسلماً في بلد أجنبي، يجب عليهأن يمارس مثال النبي محمد في مكة حتى يتمكن من التأثير على الآخرينبأخلاقه (تم الكشف عن معظم القواعد والقيود بعد الهجرة إلى المدينةوخاصة في السنوات الأخيرة من حياة النبي). يجب أن يكون الشبابقادرين على إعطاء إجابة مقنعة وذكية وعقلانية بناءً على المعلوماتالقرآنية لأسئلة العدد المتزايد من المعارضين الإسلاميين. أخبرهأن يتعلم أساسيات الإسلام القرآني الحقيقي، بعيداً عن الجوانب الفقهيةالمضافة لفرع الشريعة وملحقاتها العديدة التي لا تطبيق لها اليوم. يجبأن يدركوا أن أي مشكلة ليس لها أساس قانوني، يجب أن تكون بمثابةمشكلة.

إن من يخالفون القرآن الكريم لا يعقلون ولا يلتزمون بأعراف المجتمع ويتدخلون في صنع القرار، بل يجب أن يتفهموا الغرض من خلقهم ويجدوا الطريق المستقيم لأنفسهم. ومن خلال الانضمام إلى مجموعات الشباب من أقرانهم والمشاركة في مواضيع دينية مختلفة ودراسة القرآن الكريم والمناقشة في أوقات فراغهم، فإنهم لن يكتسبوا أصدقاء من ذوي الفكر المماثل ثقافياً فحسب، بل سيساهمون أيضاً في تقدم الإسلام القرآني الخالي من كل الخرافات المضافة والقواعد القديمة والمخالفة للقانون.

(قام الشباب المسلم في معظم الجامعات الأمريكية بتنظيم مجموعات للتواصل الاجتماعي وبناء المجتمع، وعلى أمل تحسين معرفتهم بالقرآن الكريم.)

في مختلف أنحاء العالم، وخاصة في الدول الغربية، اعتنق الشباب الدين المسيحي، ولكن لأسباب مختلفة، بما في ذلك مفهوم الثالوث، وافتراض أن الإنسان يولد خاطئاً، وغفران الخطايا بالاعتراف أمام كاهن، وحتى فكرة شراء قطعة من الجنة، فإنهم لا يجدون منطقها مقنعاً. وفي بحثهم عن دين عقلاني، لجأوا في كثير من الأحيان إلى البوذية، لأنه بدون المعرفة القرآنية، بالإضافة إلى مراقبة سلوكيات المسلمين في جميع أنحاء العالم، لم يتمكن الإسلام من جذب هذا النوع من الباحثين عن الدين. واللوم في هذا النقص يقع على عاتق قادة المسلمين وعلماء الدين والجامعات الإسلامية، الذين قدموا في تقديمهم للدين الإسلامي ليس جمال الإسلام المستند إلى القرآن الكريم، بل بناء فقهي ضيق الأفق، وغير متعلم في كثير من الأحيان، ومرتبط أحياناً بالإرهاب.

إن هذا البناء غير مألوف وغريب بالنسبة للمفهوم القرآني لما هو الإسلام الحقيقي وكيف ينبغي للمسلم الحقيقي أن يتصرف.

ومن الجدير بالذكر أن حوالي 4% فقط من القرآن يتعلق بالقوانين والأحكام الإسلامية، وأن تطبيقها بشكل غير محدث أدى إلى معاداة الإسلام وكراهية الإسلام.

لقمان 6/31: ومن الناس من يشتري الأحاديث الباطلة ليضل بها نفسه بغير علم عن سبيل الله ويتخذها هزوا وكان لهم عذاب مهين.

وللأسف فإن 95% من القرآن الذي يدعو إلى اللطف، وفعل الخير، والقدوة للآخرين، والعيش بالاعتدال والعدل، والبقاء على الطريق المستقيم، والتفاهم والتفاعل مع الآخرين، قيل وسمع أقل.

على سبيل المثال: الأجنحة الأربعة للأخلاق في القرآن الكريم، في التعامل مع الأزواج والأبناء العدائيين الذين يمنعون الآخرين من فعل الخير.

التغابن 14/64: يا أيها الذين آمنوا إن لكم من أزواجكم وأولادكم عدوا فاحذروهم وإن تعفوا عنهم وتتجاوزوا عن سيئاتهم وتغفروا لهم فإن الله كان غفورا رحيما

إن السلوك الذي يرضي الله تجاه من أساء إليك من أقرب الناس إليك هو على النحو التالي، بناء على ترتيب أهميته: **العفو، والصفح، والغفر، والرحمة.**

1. العفو يعني عدم الانتقام.

2. التسامح يعني عدم ذكر الأمر حتى؛ حاول ألا تفكر لا تكتفي بالمسامحة بل حاول أن تنساها.

3. التعاطف يعني محاولة السير في أحذيتهم وفهمهم سبب تصرفاتهم

4. كن رحيماً، وافعل الخير في المقابل.

ولاينبغي لنا أن نلوم الشباب على عدم ارتداء الحجاب، وهو الشكل المعتادوالمألوف للزي في المجتمع، بل ينبغي لنا أن نرشد البنات والأولاد في علاقاتهم وصداقاتهم إلى الحد المعقول والمألوف، وأن نترك لهم الحرية، وأن نتعلم من أحكام القرآن في معاقبة المرأة الزانية. ولنعلم أن الله تعالى قد سمح بعامل غفران كبير في الأمور الجنسية بين الرجل والمرأة، وهذا الادعاء يمكن فهمه بسهولة من التأمل في سبل النجاة من عقوبة المرأة الزانية التي أوصى بها القرآن.

اليوم، عندما يبلغ متوسط سن الزواج للنساء في الدول الغربية 28 عاماً، يجب علينا حظر الزواج الشرعي للفتيات دون سن 18 عاماً في الدول الإسلامية. يمكن للفتيات والنساء الأكبر سناً والأكثر تعليماً وثقافة واستقلالية وعاملات أن يصبحن أمهات أفضل وزوجات أكثر جدارة وأقل عرضة للإساءة الجسدية والجنسية من أزواجهن.

يجب علينا أن نحترم الزواج الأبيض الذي أصبح شائعاً في المدن الكبرى في إيران كما في الدول الغربية، إذا كان مبنياً على التفكير السليم والمعرفة والجدية، وليس على الأهواء والشهوات والغباء، ويجب أن نعلم أنه من الأفضل للشباب أن يتزوجوا بموافقة الطرفين، وأن يحترموا القيم والثقافة الإسلامية والعائلية، وأن يعيشوا معاً لفترة من الوقت ويتعرفوا على أخلاقيات بعضهم البعض وقوتهم ونقائصهم، وهذا أفضل من الطلاق بعد إنجاب طفل أو طفلين ومع الكثير من المشاكل (حالياً في إيران، تنتهي واحدة من كل ثلاث زيجات بالطلاق). إن أطفال الأزواج المشاكسين غالباً ما يكونون معقدين مع كل أنواع المشاكل النفسية عندما يكبرون.

غالباً ما تكون هذه العادة غير اجتماعية، ولها آثار سلبية مدى الحياة على الأسرة، وتؤثر على حياتهم بشكل خطير وتضر بالمجتمع. بالإضافة إلى ذلك، في إيران، في حالة الطلاق القسري، إذا كان الزوج غير قادر على دفع المهر، فسيتم إرساله إلى السجن. هناك العديد من الشباب الذين قضوا سنوات عديدة في السجون الإيرانية بسبب هذه القضية. هذه عادة وقانون اجتماعي يحتاج إلى إصلاح عاجل.

لأنفي هذه الفترة، على الرغم من حقيقة أن النساء يعملن، إلا أنه لم يفقد فائدته فحسب، بل إنه يشكل أيضاً عائقاً أمام زواجهن. التسجيل الرسمي والقانوني للزواج هو/كان من أجل دعم نفقة الزوجة والأطفال ومعرفة من هو والد الطفل؟ اليوم، غالباً ما تكون النساء مستقلات مالياً، وبالتدريج سيصبح معظمهن معيلات الأسرة أو يساعدن الأسرة مالياً، وباستخدام اختبار الحمض النووي، يمكن تحديد والد الطفل دون أي شك، لذلك يمكن أن يكون زواج اليوم عيشاً مستمراً وسلمياً معاً يعتمد على سعادة الزوجين. في الدول الغربية، يعد العيش المشترك قبل الزواج الرسمي أمراً شائعاً جداً وحتى إذا لم يؤد هذا العيش المشترك إلى الزواج، فهو بموافقة الطرفين. يمكن للزوجين الذين يعيشون معاً ولكنهما غير متزوجين قانونياً أن يتمتعا بحقوق مثل الميراث لبعضهما البعض، والأب البيولوجي مسؤول عن دفع جزء أو كل نفقات طفلهما المشترك (القوانين واضحة). بالطبع، إذا كان دخل المرأة أكثر، فستتحمل معظم هذه المسؤولية. إن هذا النوع من المعاشرة يمنع الإحباط الجنسي والدعارة والجرائم الجنسية وحدوث وانتشار الأمراض الجنسية الخطيرة مثل فيروس نقص المناعة البشرية/الإيدز وفيروس الورم الحليمي البشري والزهري وسرطان عنق الرحم والعقم وغيرها، والأمراض المنقولة جنسياً التي تم القضاء عليها تقريباً، وهي تظهر بشكل متكرر في بعض المجتمعات والبلدان، بما في ذلك إيران. وسواء أحببنا ذلك أم لا، فإن المجتمعات تتحرك وتتقدم بسرعة، ولا يمكن ولا ينبغي كبح الغريزة الجنسية للشباب بالقوة لفترة طويلة، كما أن تدفق المعلومات والمواد الإباحية العابرة للحدود والمحلية التي يمكن الوصول إليها بسهولة على الإنترنت تغري الشباب المحرومين وتهددهم باستمرار بالدعارة والزنا والأمراض المنقولة جنسياً طوعاً أو كرهاً.

إن الحل المعقول الذي يراعي مصالح المسلمين والمجتمع يجب أن يتم طرحه والعمل به من قبل السلطات، وإلا فإن الشباب سوف يصابون بخيبة أمل أكبر، ويبتعدون عن أسرهم، ويصبحون غرباء ومعزولين عن دينهم وطقوسهم وعاداتهم وثقافتهم، مع ما يترتب على ذلك من عواقب وخيمة.

يجب أن ندرك أن هذا الأسلوب الديمقراطي في التفكير والعيش المشترك لا يناسب الجميع في الوقت الحاضر، بل يتطلب الحضارة والثقافة الاجتماعية والثقافة العالية، ولكن على أية حال، فإن هذا يحدث تدريجياً مع مرور الوقت. إن التغيرات السريعة المستمرة في الاتصالات سوف تظهر للشباب في جميع أنحاء العالم ما هي أفضل طريقة مجربة للزواج في المستقبل.

من وجهة نظر النظام التعليمي، فإن المدارس والجامعات في إيران وغيرها من البلدان الإسلامية ليست أدوات علمية منتجة تؤدي إلى نتائج اقتصادية وتقدم البلاد. غالباً ما تكون المقالات العلمية المزعومة مقلدة أو مزيفة، وهي سلالم للترقية الأكاديمية للمؤلفين. لا يدعم الرأسماليون والحكومة في إيران العلماء والباحثين الحقيقيين. يتم إنفاق الكثير من الأموال على تدريب طلاب المعاهد الدينية، التي تجاوزت تاريخ صلاحيتها، بسبب معرفة القراءة والكتابة في المجتمع ووصول الجمهور إلى الإنترنت.

فلنحاول أن ننفق ميزانية الدولة كما تفعل الدول المتقدمة والناجحة في العالم على الطريق المستقيم المتمثل في التعليم الحقيقي وخلق فرص العمل والحد من الفقر وتصحيح العوامل المدمرة للبيئة والارتقاء بالمجتمع ثقافيا والامتناع عن الاستهلاك المفرط وإهدار المياه والكهرباء. ولنكن صادقين ومطلعين في عملنا ولنتجنب إضاعة الوقت. وأخيرا، لنحترم القانون وننفذ قوانين المجتمع في كل الظروف ودون استثناء.

الفصل14:
الاستنتاجات

بدأهذا الكتاب بسؤال من حفيدي كورش عن الصراط المستقيم، وكل الفصول السابقة تتعلق به. وفي هذا الفصل الأخير سوف أعرض بإيجاز أهم ماجاء في القرآن الكريم عن الصراط المستقيم، وأحاول أن أستخرج منه الدروس العملية.

إن مفهوم الهداية على الطريق المستقيم يستلزم طلب العون المستمر من الله على أساس المعرفة القرآنية (كلمات الله)، والسعي إلى أن نكون معتدلين ومتوازنين وعادلين في جميع أفعالنا، وتجنب التطرف مثل الإفراط أو الإهمال. ونهدف إلى تحسين أنفسنا في حدود قدراتنا أخلاقياً ومالياً وعقلياً وبيئياً وثقافياً وقانونياً.

إن من فوائد الحياة على الصراط المستقيم العلم والفكر الفاضل والكلام الصادق الطيب المبني على الإيمان والمعرفة والعمل الصالح النابع من النية الطيبة، وهؤلاء الأفراد يتميزون بضبط النفس، ويؤمنون بوحدانية الله وعالم الغيب والكتب المقدسة بما في ذلك التوراة والإنجيل والقرآن، كما أنهم يتفكرون في الآخرة ويخشونها.

إنهم يدعمون المحتاجين بسخاء، معتقدين أن الله يراقب ويعلم كل أفعالهم. إنهم يؤدون الصلاة، ويصومون، ويؤدون الزكاة طواعية وبكل يسر (ضريبة دينية لتحسين الظروف الاجتماعية)، ويؤمنون بالقصاص العادل في الدنيا والآخرة. إنهم صبورون، طيبون، كرماء، يوفون بالتزاماتهم ووعودهم، ويحافظون على الصدق، ويتجنبون النفاق والكفر والكفر.

وهم في كل الأحوال يشكرون الله على نعمه ويجتهدون في خدمته معترفين بعلمه وتقدير نعمه، ويسعون إلى الارتقاء بأنفسهم على أساس الصفات المذكورة في القرآن الكريم بشكل مستمر وثابت.

إنهم يصدرون أحكاماً عادلة، ويحافظون على الصلاة اليومية في مواعيدها، ويديرون الأعمال التجارية بالنزاهة، ويحترمون البيئة، ويلتزمون بالقوانين المدنية، ويدعون إلى التغيير الإيجابي من خلال التعليم والمشاركة في العمليات الديمقراطية.

كما أنهم يتجنبون البخل والجبن والحسد والإغراء، ويمتنعون عن الحكم على من يختلف معهم بسرعة، ويعملون كأعضاء موثوق بهم في المجتمع، ويضربون المثل في التقليد.

ورغم كونهم غير مسلمين في الاسم، فقد ساهم العديد من العلماء والمبدعين بشكل كبير في التقدم البشري ويعتبرون من وكلاء إرادة الله على الأرض. ومن بين هؤلاء المخترعين والرواد في مجالات مختلفة مثل التكنولوجيا والطب واستكشاف الفضاء، الذين أدت جهودهم إلى تحسين حياتنا بشكل كبير.

والآن بعد أن تعرفنا على خصائص أولئك الذين على الطريق المستقيم كما هو موضح في القرآن الكريم، وأدركنا توقع الله للبشر لاتباع هذا الطريق، هناك حاجة ملحة للمسلمين لنقل واكتساب فهم مناسب للعمر للطريق المستقيم وفقاً للسياقات العائلية والثقافية والفكرية والاجتماعية والمالية.

يجب أن يبدأ هذا المسعى التعليمي منذ الطفولة ويستمر طوال الحياة. يجب تزويد الأطفال بروتنين منظم للتغذية والنوم والاستحمام واللعب وبيئة هادئة لمنع تطور السلوك الأناني أو العصيان.

ينبغي لنا أن نتعلم من اليابانيين والفنلنديين

بعدأن عشت في الولايات المتحدة لأكثر من خمسين عاماً، نادراً ما رأيت أطفالاً أميركيين يتسببون في اضطرابات في الأماكن العامة مثل المطاعم. ومع ذلك، فإن هذا السلوك أكثر شيوعاً بين الأطفال الإيرانيين/الشرق أوسطيين بسبب ضعف الانضباط الأبوي. فعندما يواجه الآباء سلوك أطفالهم، يتجاهل بعض الآباء المخاوف، ويعطون الأولوية لمتعة أطفالهم على الأعراف المجتمعية، وبالتالي يديمون السلوك المدلل.

إن الطريق المستقيم يبدأ بالصدق. إن التعارف شائع جداً في إيران، وهو في أفضل الأحوال كذبة بيضاء، وفي أسوأ الأحوال يعلم الأطفال منذ الطفولة المبكرة أن هذا الشكل من الكذب والمبالغة ليس مقبولاً فحسب بل ضرورياً. لقد رأيت أطفالاً في السادسة من العمر يتقنون هذا الشكل من المجاملة غير الضرورية دون أن يقصدوا ذلك حقاً. على سبيل المثال، فإن عبارات مثل "من فضلك تعال لتناول العشاء"، أو "أنا صديقك المخلص والمخلص"، أو "سأموت من أجلك" هي أشكال مبالغ فيها من المبالغة عندما ينخرط شخصان يعرفان بعضهما البعض في محادثة. يتعلم الأطفال من والديهم، وهذا السلوك لا يُلاحظ عادة بين الغربيين.

إن اتباع الصراط المستقيم يؤدي إلى النجاح والسعادة في الدنيا والآخرة. ويقال إن جسر الصراط أضيق من الشعرة وأحد من السيف. وفي بعض الأحيان يكون تمييز الصراط المستقيم في موقف معين صعباً للغاية ويتطلب البحث والاستشارة من الخبراء. والناس الذين يلتزمون بشعار الصراط المستقيم هم أكثر نجاحاً في الحياة لأن القوانين الطبيعية والعناية الإلهية تعمل لصالحهم أيضاً.

وفي الأمور الشخصية والعائلية، يتعين علينا أن نتعلم من اليهود أن نتعامل بجدية مع تربية أبنائنا وتعليمهم وأخلاقيات العمل والأخلاق الاجتماعية وتقبل المسؤولية والنقد ومساعدة الآخرين. ويتعين علينا أن نتعلم من الولايات المتحدة عن الديمقراطية واحترام حقوق المواطنين في الحياة والحرية والشعور بالأمان والسعادة والقوانين، وأن نتعلم من مؤسسات مثل مدرسة روكسبري اللاتينية الثانوية كيفية تعليم أبنائنا.

علّموا الأطفال احترام كبار السن وإلقاء التحية عليهم عندما يلتقون وجهاً لوجه مع شخص أكبر سناً في الشارع. هذه العادة التي كانت سائدة في الماضي تخلى عنها الكثيرون تماماً. في أيامنا هذه، يتقاطع الناس دون أن يرفعوا رؤوسهم حتى، حتى الماعز تتوقف وتعترف ببعضها البعض في مثل هذه المواقف. علّموا الأطفال أن الكذب هو أم الخطايا وهو أمر غير مقبول، بغض النظر عن الكيفية التي قد يبررون بها ذلك. شجعوهم على قول الحقيقة، وأن يكونوا شاكرين للطف الآخرين، وأن يكونوا لطفاء، وأن يتقاسموا الألعاب مع رفاق اللعب، وأن يتجنبوا التنمر، وأن يشجعوا القراءة، وأن يقرأوا لهم الكتب لتحفيز قدراتهم الفطرية، وأن يحاولوا تعليمهم آلة موسيقية، وأن يطلعوا على الدين والكتب الدينية والأدب الكلاسيكي على مستواهم، والعادات الثقافية، وأن يغرسوا فيهم حب واحترام الأسرة والأصدقاء والوطن والبيئة. كل هذه الدروس يجب أن تبدأ في مرحلة الطفولة. لا تعتقدوا أبداً أنه من المبكر جداً أن تبدأوا بتعليم هذه الدروس. سوف تندهشون لرؤية مدى ذكاء الأطفال وتقبلهم. لقد لاحظت هذا مع أحفادي. لسوء الحظ، كنت مشغولاً جداً بعملي ولم أتمكن من مشاهدة هذه العملية مع أطفالي وهم يكبرون.

أدركُ أننا نشعر بالسعادة عندما نكون نشطين ومفيدين ومثمرين، وعندما يشعر الآخرون بالسعادة أيضاً. نحن لا نعيش في شرنقة. الحكومات مسؤولة عن توفير البيئة المواتية وفرص العمل، حتى نتمكن من تحقيق أحلامنا، لكن الباقي متروك لنا. في الولايات المتحدة، يتم دفع رواتب المعلمين وضباط الشرطة ورجال الإطفاء والعاملين في البلديات من الضرائب المحلية، بينما يتم دفع رواتب الموظفين الفيدراليين من الضرائب الفيدرالية. أعضاء الكونجرس،

إن أعضاء مجلس الشيوخ والرؤساء ينتخبهم الشعب، ومن ثم فهم مسؤولون أمام الشعب (حكومة الشعب، من قبل الشعب، من أجل الشعب). والشعب هو الذي يوجه الحكومات لصالح الأغلبية ويمنعها من العمل ضد مصالح الشعب، على عكس النهج المعتاد في البلدان الإسلامية غير الديمقراطية.

لحسن الحظ، في إيران، يكمل النفط والغاز ميزانيات الحكومة، مما يسمح للناس بالتمتع بحياة مريحة مع مزايا التقاعد التي تستمر أحياناً لعقود. ومع ذلك، بسبب العقوبات والاختلاس، تعتمد الحكومة بشكل متزايد على فرض الضرائب على الطبقة المتوسطة، مما يدفع العديد من الناس إلى ما دون خط الفقر. تتضاءل إعانات الحكومة للسلع الأساسية مثل الخبز وزيت الطهي والبنزين والشاي والسكر، مما يجعل الحياة صعبة بشكل متزايد. لا يستطيع الكثيرون تحمل تكلفة اللحوم الحمراء حتى مرة واحدة في الشهر، وتتدهور المدارس العامة والرعاية الصحية. يغادر المهنيون المهرة مثل الممرضات والأطباء والمهندسين البلاد بأعداد كبيرة مما يؤدي إلى تفاقم الوضع. يبدو أن المسؤولين الحكوميين بحاجة إلى إيجاد الطريق المستقيم قبل أن يبتعدوا هم والشعب، الذين يكافحون من أجل تلبية احتياجاتهم، عن الوسط. تشهد إيران انحداراً في الجوانب الروحية والمادية والإنسانية والدينية يومياً. تساهم التدابير المعادية للإسلام التي يفرضها المسؤولون على جميع المستويات في هذا التدهور، مما يؤدي إلى عدم الاستقرار الاقتصادي والاضطرابات الاجتماعية وفقدان الثقة في قدرة الحكومة على إدارة البلاد كما ينبغي.

لقد أدت هذه التدابير المتخذة ضد أصحاب العمل، إلى جانب تأمين البطالة الطويل الأجل للعمال على حساب أصحاب العمل، إلى خلق مجموعة من العمال الكسالى الذين يسعون إلى تحصيل إعانات البطالة، بل ويأملون حتى في أن يتم فصلهم من العمل من أجل تحقيق ذلك. كما أن أخلاقيات العمل غائبة، حتى بين الفئات الأساسية مثل المعلمين وقوات الشرطة والأطباء.

أرى المسلمين الإيرانيين في الولايات المتحدة فخورين بعدم اتباعهم للإسلام وانقطاعهم عن السياسة. ونتيجة لهذا،

إنالجالية الإيرانية في الولايات المتحدة تفتقر إلى النفوذ السياسي. ويتعين علينا أن نتعلم من الجاليات اليهودية في أميركا، وأن نشارك بنشاط في المجتمعات المدنية، وأن نتواصل مع الممثلين المحليين والفيداراليين، وأن ندعم انتخاباتهم، وأن نتعرف عليهم جيداً إذا كنا نريد أن يكون لنا دور في تشكيل مستقبلنا السياسي والاجتماعي والاقتصادي. ويتعين على المسلمين أن يدعموا منصات إعلامية موضوعية وصادقة مثل الجزيرة وغيرها من قنوات التواصل الاجتماعي لإعلام المجتمع بالأحداث الجديرة بالملاحظة والتي تخضع للرقابة. إن المشاركة في التجمعات الاجتماعية والسياسية وتقديم التبرعات من شأنها أن تساعد الأفراد والمجتمعات على المدى الطويل، وهي مفتاح نجاحهم.

إن إيران مفلسة في كل المجالات، من الدين إلى الاقتصاد. والسبب الرئيسي وراء هذا هو تعيين أفراد غير مؤهلين، غالباً من الأقارب أو الشركاء، في مناصب مهمة منذ ثورة 1979. وكان هؤلاء الأفراد يفتقرون إلى المهارات الإدارية السليمة، الأمر الذي أدى إلى انتشار الاختلاس والاستنزاف المالي في مختلف المؤسسات. ويكمن نجاح الغرب في تعيين الأفراد على أساس الجدارة وليس العلاقات، مما يضمن الاحتراف والكفاءة والمساءلة.

لقد شهد الناس، وخاصة الجيل الأصغر سنا، فسادا منهجيا وانقلبوا على الدين، وتساءلوا عن القرآن دون أن يقرأوا منه حتى صفحة واحدة. وأصبح بعضهم ملحدين، بينما تحول آخرون إلى ديانات أخرى. ولم يبق من الأجيال الأكبر سنا وبقايا عصر ما قبل الثورة سوى التمسك بإيمانهم. لقد شوهت الجمهورية الإسلامية صورة الإسلام في إيران، وفصلت الناس عن أسسهم الروحية الضرورية. ولإعادة تأهيل الإسلام، لا بد من تقديم تفسير جديد قائم على الرؤية الجديدة للقرآن لإنقاذ الجيل الأصغر سنا من الانحدار الروحي.

في الولايات المتحدة، على الرغم من أن بعض الأفراد لا يتبعون ديناً منظماً أو لا يؤمنون بالله، فإنهم لا يزالون يتمسكون بالمبادئ الأخلاقية ويعيشون وفقاً للطريق المستقيم لأن هذا هو الشيء الصحيح الذي يجب فعله.

من ناحية أخرى، فإن الإيرانيين بعيدون كل البعد عن هذا المثل الأعلى، وبدون دين، فإنهم يخاطرون بالضلال في الطريق الخطأ مع عواقب وخيمة. في عام 1975، عندما انتقلت من جامعة ميشيغان في آن أربور إلى بوسطن للدراسة في مستشفى ماساتشوستس العام بجامعة هارفارد، كان هناك حوالي 30 أسرة إيرانية في منطقة بوسطن. كان لدى المجتمع المسلم مسجد صغير، يرتاده في الغالب مسلمون سنة من لبنان والهند وباكستان. بعد الثورة، هاجر المزيد من الإيرانيين إلى بوسطن، لكن الحضور إلى المسجد لم يزداد. بدا الأمر وكأن العديد من أعضاء الشتات الإيراني نأوا بأنفسهم عن جميع أشكال الإسلام. لم يرغبوا في سماع أي شيء عن الذهاب إلى المسجد.

وبسبب الاضطرابات التي شهدتها الدول الإسلامية، مثل إيران وباكستان وأفغانستان والهند وبنجلاديش وبعض الدول الأفريقية، تزايد عدد السكان المسلمين في منطقة بوسطن. وأصبح مسجد كوينسي صغيراً للغاية بحيث لا يتسع للجميع خلال عيد الفطر وعيد الأضحى. ونتيجة لذلك، قرر المسلمون غير العرب بناء مسجد جديد واسع لأنفسهم. ومع ذلك، تبين أن العثور على عقار مناسب كان أمراً صعباً، حيث رفضت معظم مجالس المدن بيع الأراضي للمسلمين بسبب التصورات السلبية المرتبطة بالإسلام في ذلك الوقت. وفي نهاية المطاف، أقنعت مجموعة من الحاخامات اليهود من بلدة شارون، جنوب بوسطن، مجلس مدينتهم بالسماح ببيع عقار كبير وجميل للمسلمين لبناء مسجد ومركز مجتمعي ومدرسة إسلامية. وقد شاركت بنشاط في جمع التبرعات للمسجد وسافرت إلى جدة للقاء شيخ الحرمين، السيد عبد الله زكي يماني، لهذا الغرض.

وقد نشط هذا المركز، وخرّجت المدرسة الثانوية شباباً وشابات ناجحين، بعضهم يدرسون الآن في كليات الطب وطب الأسنان، وقد استفاد من هذه المدرسة الشيعة اللبنانيون والسوريون أكثر من غيرهم. والجدير بالذكر أن عدد الإيرانيين الذين يرتادون هذا المسجد لم يزد عن بضعة أصابع، رغم أن عددهم عدة آلاف.

قررالشيعة اللبنانيون أنهم يريدون مسجداً خاصاً بهم للصلاة وإقامة شعائرهمكما يفضلون. فاشتروا منزلاً صغيراً في بلدة كوينسي، وكنت أيضاً عضواً في مجلس الإدارة هناك. وهذه المرة، جاء إيراني آخر، ولكن لأن المكانلم يكن فخماً وكان معظم الحاضرين من أصول عراقية ولبنانية مسلمةمن طبقات اجتماعية واقتصادية أدنى، فقد امتنعوا عن العودة.

"لدينا فندق ومطعم في كاشان، وهو مخصص لرعاية الأطفال المعنفينوالأيتام وأطفال الشوارع في كاشان. وفي السنوات الأخيرة، لاحظتزيادة عدد الأفراد والشباب وكبار السن والموظفين الذين لم يعودوا يصومونأو يؤدون الصلاة ويتحدثون بشكل سلبي عن الإسلام. في الواقع، أعطيتالطبعة الأولى من هذا الكتاب، الذي هو باللغة الفارسية مع آيات عربيةمن القرآن الكريم وترجمة فارسية، لصديق شاب طبيب ليقرأه. وعندماسألته بعد عدة أسابيع عن رأيه في الكتاب، أجاب أنه فتحه للقراءة ولكنهأغلقه عندما رأى الكتابات العربية. إنهم يكنون العداء للإسلام وكل ما يتعلقبه، وقد حدث نفس الموقف مع صديق مخلص من الدراويش. على الرغممن كونهم بشراً طيبين ومسلمون حقيقيون، إلا أنهم، مثل إخوانهم في منطقة بوسطن، نأوا بأنفسهم عن الدين المنظم، وليس بفضل سياساتالجمهورية الإسلامية الإيرانية. يبدو أننا، باسم الدين، سمحنا للآخرينبالاستيلاء على اثنين من أغلى ممتلكاتنا ـ بلدنا وديننا. والسبب وراءابتعادنا عن نسختنا من الإسلام بمثل هذه الأعذار هو أننا نحن الإيرانيينلم نكن متدينين على الإطلاق. وأنا أرى جنسيات أخرى، أغلبها من العربالسنة، مؤمنين بحق ويسعون إلى اتباع نسختهم من الإسلام بأفضل مافي وسعهم. ولابد أن أذكر أن هؤلاء الإيرانيين الذين وصلوا حديثاً إلى بوسطنبعد الثورة كانوا أشخاصاً طيبين، ومتعلمين، ومحترمين، وجديرين بالثقة،وكان أغلبهم يشغلون مناصب حكومية وتعليمية عليا في إيران ما قبلالثورة. وعندما جاءوا إلى بوسطن، انخرطوا في قوة العمل في غضون فترةقصيرة وأنشأوا لأنفسهم أعمالاً ناجحة. وكانوا قد غادروا إيران وهم في حالةنفسية سيئة للغاية.

لقدكان الأمر أشبه بمأساة حقيقية، فقد كان لدينا القليل من الممتلكات والقليل من المال، بل وعشنا في فقر مدقع لفترة من الوقت. لقد شعرت بالحزن والأسف على إيران بسبب فقدان مثل هؤلاء البشر الرائعين، الممتلئين بحب وطنهم، والذين ضحوا بحياتهم الإنتاجية في إيران في محاولة لتحسين أنظمتها التعليمية والاقتصادية والصناعية والإنسانية التي أصبحت الآن بمثابة رصيد لبلدهم الجديد.

ولم يكن أغلبهم من المتدينين كما نفهمه نحن على أنه بشر صالحون ومصدر للأعمال الصالحة. وكان هؤلاء الإيرانيون المتعلمون أشبه بنظرائهم في بوسطن ـ ملحدين أو غير متدينين ولكنهم من الخدم الصالحين لله. وقد تركوا إيران لأنهم اعتبروا معادين للثورة، بعد أن عملوا وخدموا الشعب الإيراني في ظل نظام الشاه. وقد طُرِد بعضهم من وظائفهم، وكان من الممكن أن يعدم بعضهم الآخر لو لم يهربوا. لقد تخلوا عن منازلهم وممتلكاتهم لإنقاذ حياتهم. وأُتيحت الفرصة لبعضهم للاختيار بين ارتداء الحجاب المقرر أو الطرد من العمل دون أي فوائد من وظائفهم. وكان لآخرين مثل البهائيين أقارب قُتِلوا على أيدي جماعات ثورية مختلفة والحكومة.

"الدين" يعني القوانين، و"الإسلام" يعني قبول شريعة الله في القرآن والامتثال لها فيما يتعلق بدورنا كممثلين له على الأرض. وقد أضيفت قواعد الشريعة في الغالب من قبل الفقهاء خلال القرون الأربعة عشر الماضية وهي ليست بالضرورة متوافقة مع ما هو موجود في القرآن، وحياة (سنة) النبي (صلى الله عليه وسلم) إذا كان يعيش اليوم. يعيش الله معنا وفي داخلنا من خلال معرفتنا الفطرية بما هو جيد وسيء. يطلب منا الله أن نحاول الاتصال بإلهنا الداخلي خمس مرات على الأقل يومياً وننظر فيما إذا كانت أفعالنا تتماشى مع ضميرنا الصالح، وما إذا كانت عادلة ومعتدلة في طبيعتها، وما إذا كنا نضر بأي شخص أو أي شيء، وما إذا كانت مفيدة ليس فقط لنا ولكن للآخرين أيضاً، وما إذا كانت تقربنا من الله والإنسانية والطريق المستقيم. إذا كانت الإجابة على كل هذه الأسئلة بنعم، فأنت شخص متدين ومسلم، بغض النظر عما إذا كنت تلتزم بطقوس وشعائر الدين المنظم. وإلا، فإن أداء الصلاة في المنزل أو في الخارج أمر غير مقبول.

إن الصيام في المسجد، أو زيارة الأماكن الدينية لرؤية الأئمة والقديسين، أو الحج إلى مكة، أو إطلاق اللحية، وما إلى ذلك، لن يفيدنا، ولن ننطبق على تعريف المسلم القرآني. إن الطقوس التي لا تتضمن أعمالاً صالحة لا تفتقر إلى المكافآت فحسب، بل قد تعُتبر أيضاً خطيئة إذا قام بها شخص متعلم. قد ترشد هذه الطقوس شخصاً غير متعلم إلى تجنب الأعمال السيئة وأن يكون متديناً، وبالتالي يقُبل من الله، ولكن بالنسبة للآخرين ذوي المعرفة، فقد يُنظر إليها على أنها نفاق ونفاق، وحتى أنها تعتبر خطيئة عند الله.

أتذكر أنه في الليلة الأخيرة من شهر رمضان، دعُيت إلى منزل أحد أساتذة جامعة كاشان للمشاركة في تلاوة القرآن الكريم ومناقشة الأخلاقيات الطبية في أمريكا. وبينما كنت أقارن بين الممارسة الطبية والأخلاقيات في الولايات المتحدة وإيران، ذكرت أن بعض هذه الشذوذات فيما يتعلق بالأطباء والمرضى، إذا حدثت في الولايات المتحدة، فقد يفقد الطبيب ترخيص ممارسته إلى الأبد. أخبرني أحد الحاضرين أن لدينا نفس قواعد الأخلاقيات الطبية في إيران. أجبت بأن القواعد، إذا لم يتم فرضها واتباعها، لا تساوي الورق الذي كتبت عليه.

في الولايات المتحدة، لا يجوز لك أن تطلب من المريض أن يدفع أكثر مما يسمح به تعريفة التأمين الصحي قبل أن تعاينه أو حتى تجري له عملية جراحية قد تنقذ حياته، من بين العديد من الأمثلة الأخرى. ولا يجوز للأطباء أن يتلقوا هدايا بأي شكل أو شكل من أشكال شركات الأدوية أو الشركات المصنعة للأجهزة الطبية لوصف أدويتهم أو تفضيل معداتهم الرديئة. ولا يجوز الرشوة أو الاختلاس أو السرقة أو المحاباة أو المحسوبية أو الكسل أو التهرب أو التهرب في العمل؛ وسوف يتم التعامل معهم بشكل عادل ودون استثناء.

إن إساءة معاملة الأطفال والإساءة الزوجية، بما في ذلك اللفظية والجسدية والجنسية والتي لها نطاق محدد واسع، وإساءة معاملة الحيوانات، غير قانونية ولها عقوبات قانونية مناسبة، تتراوح من فقدان امتياز تربية أطفالك إلى السجن أو دفع غرامة.

391

التعدد في الزواج غير قانوني، وحتى إجبار زوجتك على ممارسة الجنس معك يعتبر اغتصاباً. لا يسُمح بالزواج من أقارب الدرجة الثالثة مثل أبناء العم بسبب فرصة زيادة التشوهات الجينية. ينطبق نفس القيد على توظيف أقاربك في وظائئف غير خاصة دون بحث شامل. إن تقديم عطاءات للوظائئف العامة أمر حقيقي وليس مجرد إجراء شكلي. ويرجع ذلك جزئياً إلى هذه القواعد أن الجميع، بما في ذلك النساء، يتمتعون بمكانة عالية في العالم الغربي. تشغل النساء عمداء العديد من الجامعات الكبرى مثل هارفارد ومعهد ماساتشوستس للتكنولوجيا وجامعة بنسلفانيا والعديد من الوظائئف التنفيذية الأخرى، وثلاثة أعضاء في المحكمة العليا من الإناث، بينما في بعض الدول الإسلامية التي تعتبر نفسها مسلمة أصولية، تتزوج الفتيات قبل سن 18 عاماً، ولا يسُمح لهن بالذهاب إلى المدرسة للحصول على التعليم، ومع جماعات مثل داعش وطالبان فإن القتل بدافع الشرف واغتصاب وقطع رؤوس النساء لإظهار تفانيهم الحقيقي والعميق لعلامتهم التجارية من الدين هو حقيقة من حقائق الحياة.

إن مبدأ التغير التطوري هو قانون من قوانين الطبيعة ولا مفر منه. والمجتمعات تتغير نحو الأفضل. وبوسع المسلمين أن يقرروا الانضمام إلى المجتمع أو الإصرار على التفكير والعودة إلى ما قبل 1400 عام والنظر إلى المدينة المنورة وحياة الرسول هناك كنموذج يحتذى به. وفي هذه الحالة سوف يفقدون العلاقات العاطفية والمبادرة في اتخاذ القرارات بشأن أبنائههم. واليوم أصبحت الأجيال الشابة أكثر تعليماً ووعياً بما يجري في محيطها والعالم أكثر من آبائهم. ولن يتصرفوا وفقاً لما يقوله آباؤهم عن الدين وأسلوب الحياة. إنهم يبحثون عن مكان يوفر لهم الأمل والحرية والتعليم الجيد والوظائئف الجيدة والمستقبل المشرق وفرصة الزواج وإنجاب الأطفال وامتلاك سيارة ومنزل. عندما يرون أن أياً من رغباتهم لن تتحقق بسهولة أو حتى ممكنة، إذا كانوا مؤهلين لذلك، فإنهم سيحاولون في أفضل الأحوال ترك الحواجز المحدودة وهي الدين والأسرة والوطن بهذا الترتيب أو البقاء في إيران والانضمام إلى أصدقائئهم الذين يواجهون مصيراً مشابهاً، ومحاولة البقاء على قيد الحياة ويصبحون جزءاً من المجتمع الفاسد في الأفكار والأفعال.

وبما أن الدين والإيمان بقوة عظمى خارجة عن متناولنا ضرورة لصحتنا النفسية وإبقائنا متوازنين، فمن الضروري أن نجعل الشعائر الإسلامية سهلة بقدر ما يسمح الله وأن نكون مسلمين ممارسين في العمل بدلاً من المسلمين الطقسيين الذين يجب عليهم ارتداء الحجاب والصلاة خمس مرات يومياً والصيام لمدة شهر خلال شهر رمضان القمري عندما تكون الأيام أحياناً طويلة جداً وحارة، مما يسبب الجفاف ويمنعنا من بذل قصارى جهدنا لعملائنا كمدرسين وأطباء وممرضات وعمال، إلخ.

إن تغيير الشعائر الإسلامية والفقه بما يتوافق مع القرآن الكريم والعادات وأسلوب الحياة اليوم، وخاصة بالنسبة لأولئك الذين يعيشون في أوروبا الغربية والولايات المتحدة وكندا وأستراليا، لديه القدرة والإمكانات اللازمة لإبقاء الجيل الأصغر من المسلمين على اتصال بأسرهم وثقافتهم وبلدهم وماضيهم من خلال توفير مرساة تبقيهم على الأرض في أوقات الحاجة.

إننا بحاجة إلى أن نتعلم من الماضي لنملأ الفراغ الذي تركه الماضي في واقعه وما ينبغي أن يكون عليه، وهذا لا يمكن أن يتحقق إلا من خلال تقديم نسخة حكيمة ومعقولة ومقبولة من الإسلام، تستند إلى القرآن الكريم، وتكون عملية ومتوافقة مع نمط حياتهم المزدحم.

يجب على المسلمين أن يدركوا أن الأخلاق والعيش الاجتماعي المقبول هو أمر جيد ومفيد لهم ولمجتمعهم، والإسلام الحقيقي يتوقع الاعتدال وخدمة الله بخدمة جميع خلقه.

مهما صلينا في وقتها، وصمنا، وذهبنا إلى مكة للحج، وأجبرنا معارفنا على ارتداء الحجاب "المناسب"، إذا كان النفاق، والغش، والسرقة، والاختلاس، والخيانة، والقمع، أو شهادة الزور، له مكان في حياتنا، فإن كل هذه الطقوس والعبادات لن تقربنا خطوة من الجنة الموعودة.

إن الحكومة بحاجة إلى إدراك أن العيش الكريم والأخلاقي ممكن في بلد حر ومزدهر. وفي بيئة استبدادية ورجعية واستبدادية، قد يضطر الناس إلى التظاهر بالتقوى في الأماكن العامة، لكنهم مجبرون على عيش حياة مزدوجة،

إنهذا الكذب سوف يتغلغل تدريجيا في أعماق نفوسهم وفي كل جوانب حياتهموالمجتمع الذي ينتمون إليه. وعندما لا يوجد مجتمع مدني حقيقي فإنالنفاق سوف يحكم الحياة. وسوف تسلب الأنظمة الدينية الاستبدادية والسلطويةنعمة الله المتمثلة في حب الحرية والسعي إلى السعادة من رعاياها"الدونيين والطفوليين".

لقدتخلت النساء عن دورهن التقليدي في البقاء في المنزل كربة منزل وحاملةللأطفال وفي خدمة الرجال. وكثيراً ما يحصلن على تعليم جيد، ويكسبندخلاً يعادل دخل الرجال أو يفوق دخلهم. ويتزوجن في سن متأخرة منرجال أصغر سناً، وينجبن عدداً أقل من الأطفال، وبعضهن لا يتزوجن أبداًليظللن أحراراً ومستقلات. وفي إيران، انخفض معدل الزواج لأن الرجالغير قادرين على تلبية متطلبات الفتيات من حيث الحصول على وظيفة(غالباً ما يكون الرجال المتعلمون عاطلين عن العمل) ولا يكسبون ما يكفيمن المال لإعالة الأسرة. ولن تتمكن النساء من شراء منزل أو حتى سيارة،ويخشى الرجال دفع المهر التقليدي المطلوب لأنه في حالة الطلاق إماأن يدفع الرجل المهر المتفق عليه أو يذهب إلى السجن. وهناك نسبة ملحوظةمن الرجال أنانيون، أو كسالى، أو مدمنون على المخدرات، أو يعتدونعلى زوجاتهم بسبب تربيتهم الخاطئة، الأمر الذي تسبب في ارتفاعمعدل الطلاق في ثقافة كان الطلاق فيها نادراً في السابق. وكان المثلالفارسي يقول: "تذهبين إلى بيت زوجك مرتدية فستان زفاف أبيض وتغادرينملفوفة في كفن أبيض". كان الزواج من أجل الحياة، سواء كان ذلكللأفضل أو الأسوأ، أو للأكثر ثراءً أو الأكثر فقراً، أو في المرض والصحة. أماالآن، فنادراً ما يتسامح الزوجان مع الشدائئد، وبدلاً من التسوية، أصبح الطلاقوسيلة سهلة للخروج من هذه المحنة. ولا تحتاج الفتيات إلى تحمل زوجمثير للمشاكل؛ إذ يمكنهن إعالة أنفسهن مالياً، أما الأولاد فهم ليسوا ناضجينومسؤولين بالقدر الكافي.

وبطبيعةالحال، فإن الحقوق المتساوية للرجال والنساء تشمل الحقوق المالية، والنفسية،والاجتماعية، والاقتصادية، والجنسية، والعاطفية، والأخلاقية.

البقرة2/187: هنَّ لِبَاسٌ لَّكُمْ وَأَنْتُمْ لِبَاسٌ لهَنَّ...

في إيران، يبدأ التعليم الطبي فور تخرج الطلاب من المدرسة الثانوية.
وعادةما يجتاز طلاب الطب الذين يبلغون من العمر 18 عاماً، والذين
يتسمون بالخجل والانطواء، امتحان القبول الكتابي، وبعد سبع سنوات
يحصلون على ترخيص لممارسة الطب. لا يتمتع هؤلاء الأطباء الشباب بأي
قدر من اللباقة الاجتماعية ولا يتمتعون بأية تجارب حقيقية في الحياة. وقد
دعمهم آباؤهم مالياً حتى الآن. وكان أساتذتهم الأسطوريون الذين حققوا
الكثير من الأموال من المرضى واستثمروا في المستشفيات الخاصة و/أو
أصبحوا من المطورين. ومن خلال هذا الخط من التدريب والتعليم، يصبح
هدفهم هو جني المال بأي ثمن. وفي مجال الطب، من السهل جداً أن
تفعل ذلك إذا كنت غير أمين، بدءاً من الزيارات المتكررة إلى الأدوية غير
الضرورية، والفحوصات المعملية، والتصوير، والإجراءات، وحتى الجراحة.
وتبدأ الكارثة عندما يتم توجيهك للحصول على خدمات رعاية صحية إضافية
وغير ضرورية في مستشفياتهم الخاصة وبعيداً عن إشراف المستشفيات
الجامعية والتعليمية.

في الولايات المتحدة، يبلغ عمر طلاب الطب 22 عاماً على الأقل؛ وهم
حاصلون على شهادة جامعية على الأقل، ويتم اختيارهم على أساس
متوسط درجاتهم الجماعية في اختبار القبول في كلية الطب (الأكاديمي)،
وخطابات التوصية من الكلية السابقة والمدرسة الثانوية، ومقابلة العديد
من أطباء لجنة القبول حول اهتماماتهم وأنشطتهم اللامنهجية. التدريب
صعب للغاية، وهم يدركون أن دخلهم لن يكون أكثر من المتوسط أو عنده.
لا توجد مستشفيات خاصة لتحويل المرضى إليها، ولا توجد رسوم إضافية،
ولا مؤامرة مع شركات الأدوية أو مصنعي الأدوات الطبية. يجب أن يكونوا
أو تغطيتهم متاحة لمرضاهم على مدار الساعة طوال أيام الأسبوع. إنهم
يحبون الطب؛ ولهذا السبب اختاروا هذه المهنة. إذا أرادوا كسب المال،
فكان لديهم العديد من الخيارات الأخرى في البداية. يجب أن يكون الأطباء
والمعلمون ورجال الشرطة في كل مجتمع متعلمين جيداً لوظائفهم،
ومخلصين لما يفعلونه وعملائهم، ومخلصين وآمنين مالياً للقيام
بوظائفهم على أكمل وجه وتجنب الفساد؛ وإلا، يمكن لكل منهم أن يخلق
كارثة في الأمد القريب والبعيد.

يبدوأنه من الضروري في الوقت الحاضر إجراء مراجعة جادة وعلمية ومعرفيةوقرآنية واجتماعية للشريعة الإسلامية. الإسلام بحد ذاته يعني قبولواتباع قوانين الطبيعة الثابتة (الدين الذي وهبه الله). عندما يتعلق الأمربالبشر، مثل بقية المخلوقات، فإن حمضنا النووي يحتوي على هذه المعلومات،لكن الله أعطانا الحكمة والحرية وجعلنا امتداداً له على الأرض لنكونأفضل من الحيوانات والنباتات. لهذا السبب شعر بأنه ملزم بإرسال معلمينوأنبياء لنا ليخبرونا ما هو الطريق المستقيم وأنه إذا ساعدنا مخلوقاتالله، فسوف يكون الله سعيداً بنا ويجعلنا سعداء أيضاً. إذا لم نأخذهذه المهمة على محمل الجد، فإن الأجيال الأصغر سناً من المسلمين سوفتبتعد أكثر فأكثر عن الغوريلا التي تقُدم لهم اليوم على أنها الإسلام، وستكونالعواقب الوخيمة على أولئك الذين كان بإمكانهم ويجب عليهم تحديثالشريعة لكنهم لم يفعلوا.

هناكبعض الآيات القرآنية تتعلق بتوضيح سيولة أحكام الشريعة في عهدالرسول صلى الله عليه وسلم، والتي أصبحت قديمة أو استبدلها الله بناءعلى طلب الناس.

البقرة2/106: "كل ما ننسخه من آية نأتي بما هو خير منها أو مثلها ألم تعلمأن الله على كل شيء قدير"

إنأحكام الله فيما يتصل بالشريعة (الأحكام) تتغير بتغير الزمان والمكانوالناس والثقافة والتعليم والعلاقة بين بعضهم البعض والإنسانية واحترامالقوانين. ونرى أن هذه الأحكام تغيرت منذ عهد موسى إلى عهد عيسىثم إلى عهد محمد (ذرية إبراهيم ونفس العرق السامي في أوقات وثقافاتمختلفة). وبالمقارنة بما كانت عليه الحال قبل 1400 عام في شبه الجزيرةالعربية، فقد تقدمنا آلاف السنين، وتحتاج الشريعة إلى التغيير أيضاً.ولكن هذه المرة لا يوجد نبي. لقد علمنا الله جميعاً وترك لنا الكتاب المباركالذي يسهل فهمه لنقرر فردياً وجماعياً ما هو الأفضل لجميع السكان.

إن كل ما في الأرض، بما في ذلك البشر والنباتات والماء والهواء، وما إلى ذلك، يتوقع الله من كل واحد منا أن يكون ليس فقط خادمه بل خليفته (نائبه) ويده على الأرض. المسلمون هم ما هم عليه اليوم لأنهم ظلوا لقرون في الظلام من قبل الزعماء الدينيين والحكومات للسيطرة عليهم. إن وضع المسلمين في العالم اليوم هو نتيجة لقرون من الكسل واللامبالاة والسلوكيات المسيئة من الزعماء الدينيين وحكامهم. الناس والدول التي ليست مسلمة ولكنها قامت بوظائفها كما هو متوقع من المسلمين هي المسلم الحقيقي في العمل، إن لم يكن بالاسم. نحن مسلمون رمزيون فقط لأننا ولدنا فيها دون أن نعرف أي شيء عنها، بعض المعرفة السطحية بالطقوس مختلطة بالكثير من الخرافات.

البقرة 185/2: "شهر رمضان الذي أنزل فيه القرآن لهداية الناس وبينات من الهدى والفرقان فمن كان مريضا أو مضطرا إلى سفر فليصمه فمن كان مريضا أو مضطرا إلى سفر فعدة من أيام أخر يريد الله بكم اليسر ولا يريد العسر لتكملوا العدة ولتكبروا الله على ما هداكم ولعلكم تشكرون"

إن القرآن هو كتاب الهداية والمتاح للجميع بكل اللغات، ولذلك فليس من الضروري أن يكون الجيل الأصغر سناً، المتعلم، الذي لا يملك الوقت الكافي، والذي يمل بسرعة، والذي يعمل بجهد كبير، والذي يتمتع بتفكير تحليلي مستقل، مقيداً بالعقيدة الدينية التي تنتمي إلى العصور الوسطى. إن هذا المعيار لا يتوافق أحياناً مع حكمة هذا العصر المستنير، بل إنه يتعارض مع ما جاء في القرآن. وهذا أحد الأسباب التي يقدمها الشباب عندما تسألهم لماذا لا يحبون أن يطلق عليهم اسم المسلمين. إن الفقه الديني، إذا أراد البقاء، يحتاج إلى التغيير مع مرور الوقت، وخاصة إذا رأى أن هناك مشاكل وحواجز أمامه.

ومن المؤسف أن الفقه الإسلامي عند أهل السنة والشيعة كان راكداً وتفاعلياً، وخاصة بعد عصر التنوير. ولم يواكب الزعماء الدينيون التغيرات والأفكار التطورية البشرية المركزية، مما تسبب في غرق المسلمين وانحطاطهم في جميع أنحاء العالم. وظلوا متخلفين إلى الحد الذي جعل معظمهم محتلين ومغلوبين على أمرهم من قبل الاستعمار الغربي والغزاة الذين شجعوا التخلف الديني. حتى أنهم منعوا التغيرات التطورية التلقائية المتوافقة مع الإسلام في مختلف البلدان الإسلامية مثل الثورة الإسلامية في إيران.

إن الحضارة الغربية التي أعقبت نهضة الإنسانية والتنوير، والتي انشغلت بإنتاج المعرفة المفيدة القائمة على التجارب والحلول القابلة للتكرار، والإيمان بكارما الفعل ورد الفعل، وقانون السبب والنتيجة، والعقلانية القائمة على المعرفة والخبرة (حكمة القرآن)، أنتجت واكتشفت العديد من الاختراعات والاستكشافات لصالح البشرية. لم يجعلوا الحياة أسهل وأكثر متعة للجميع فحسب، بل تمكنوا أيضاً من جذب المزيد من الناس إلى نوع دينهم. سيشعر الشاب اليوم بالإهانة إذا سألته من هو المجتهد الذي تقلده؟ واتبع كل ما يقوله عندما يتعلق الأمر بالعيش وفقاً للدين. لن يخفي إيمانه أو رأيه (التقية أو الكذبة البيضاء) عندما يكون ذلك ضرورياً، كما تسمح به الشريعة الشيعية، ولن يقبل تعدد الزوجات، ولن يتزوج من فتيات قاصرات. ملايين المسلمين في الغرب، عندما يرون أنهم لا يملكون فرصة للصلاة عدة مرات في اليوم مع الوضوء ومكان خاص للصلاة، لا يستطيعون الاغتسال بعد كل مرة يستخدمون فيها المرحاض، لا يستطيعون الصيام بسبب العمل اليومي الشاق، لا يستطيعون اتباع الحجاب "الإسلامي" الكامل، وإلا فإنهم يفقدون وظائفهم، ويرون أن زملاءهم "الكفار" الذين لا يراعون أياً من هذه "الطقوس"، يعملون بجد، صادقون مع أنفسهم، وعملهم، وأبحاثهم، وهم مفيدون، لا يكذبون، لا يشاركون في الغيبة عن بعضهم البعض، لا يسرقون، لا يتظاهرون، ليسوا أنانيين، يحاولون مساعدة بعضهم البعض

إن التقدم يجعلهم يشعرون بأنهم جزء منهم وليسوا أقل شأناً أو أجانب، ولا يحاولون التأثير على أفكارهم ومعتقداتهم الشخصية، ويعيشون في حدود إمكانياتهم، ويعيشون حياة متوازنة، وكل ما يوصي به القرآن، لكن المسلمين لا يفعلونه، يتحول الوافدون الجدد ببطء ولكن تدريجياً ويصبحون مسلمين بالاسم بدلاً من مسلمين في الفعل والفعل. قد يشعرون بالذنب أو يلومهم آباؤهم وأفراد أسرهم على عدم صلاتهم أو صيامهم أو أخذ حجابهم على محمل الجد، لكن يجب أن يعرفوا ما تعنيه كلمة دين والإسلام ومسلم في القرآن، وتوقعات الله من كل واحد منا بغض النظر عما يسمون أنفسهم به. وهذا يعني أن يكونوا عادلين، وأن يعيشوا حياة متوازنة، وأن يساعدوا الآخرين على فعل الشيء نفسه، ولا يضيعوا وقتهم المحدود على هذه الأرض بالانخراط في مساعٍ عديمة الفائدة لن تعزز حياة الآخرين ولن تعزز سوى أفكارك المتطرفة إلى الجانب الأيمن أو الأيسر من الوسط. إنهم بحاجة إلى أن يكونوا متعلمين بما فيه الكفاية ليعرفوا أنه إذا أرادوا اتباع شعائرهم الإسلامية، بما أنهم يستحمون كل يوم، فقد لا يكون الوضوء ضرورياً، وأنهم يستطيعون الصلاة أثناء العمل مع التفكير فيما يحدث في حياتهم في تلك اللحظة ومحاولة الحفاظ على التوازن، وأن التنظيف باستخدام ورق التواليت أكثر صحة من استخدام اليدين والماء، وأنهم يستطيعون ارتداء الشعر المستعار وارتداء التنانير التي تغطي شعرهم وأرجلهم حتى الكاحلين مثل العديد من النساء اليهوديات الأرثوذكسيات اللواتي رأيتهن في حيي بروكلين ونيوتن في ماساتشوستس. لقد جاء الإسلام ومحمد (صلى الله عليه وسلم) لتحسين السلوك البشري والأخلاق وليس بعض الطقوس التي كانت سبباً للعديد من الاختلافات والعداء حتى بين المسلمين. إن الإخوة المسلمين، أتباع جماعة الإسلام، الوهابيين ومعظم الجماعات الشيعية التي لا تفهم القرآن والدين والإسلام، يعتقدون أن الفقه الإسلامي ثابت ويجب أن يكون كما كان عندما بدأ الإسلام منذ أكثر من 1400 عام، وهذا هو الإسلام الحقيقي، وأي شخص يفكر بطريقة مختلفة فهو ضعيف الإيمان وكسول، بل وحتى كافر. ولكن التاريخ يحكم بطريقة مختلفة؛ فالشريعة والفقه يتغيران بشكل متكرر ولكن ببطء. وحقيقة أن لدينا العديد من الفروع في

إن الإسلام والعديد من آيات الله الذين أصدروا فتاوى مختلفة حول نفس الموضوع يشيرون إلى أن الشريعة قادرة ويجب أن تتغير مع الزمن وحالة المجتمع إذا أرادت أن تكون قائدة في توجيه السكان الذين تخدمهم في الطريق المستقيم وفقاً للزمان والمكان. في زمن النبي، لم تكن هناك قواعد شيعية وسنية وفروع فقهية (فروع الدين). لكي تكون مسلماً، يجب أن تؤمن بإله واحد هو الله (التوحيد) والنبي (النبوة) والمعاد. أضاف الشيعة الإثني عشرية لاحقاً الإمامة والعدل أي ضرورة قبول اثني عشر إماماً هم أبناء علي وفاطمة وراثياً، وحقيقة أن الله عادل فيما يفعله في الثواب والعقاب. إن الضرورات الثانوية للدين والفقه تختلف بين فروع الإسلام المختلفة ولها معاييرها التي تم وصفها في الفصل السابق تحت فروع الإسلام السنية والشيعية. لقد أثرت هذه التفسيرات على المجتمعات وسلوكيات المجموعات وتأثرت بها. في هذه المرحلة، يبدو أن الحاجة ماسة إلى إلقاء نظرة جديدة على ماهية الإسلام وما هي المعتقدات والممارسات التي لا تحظى بالقبول أو التفضيل. وبدون نقل الدم المنقذ للحياة، قد يضيع هذا المريض الذي ينزف. بطبيعة الحال، أعتقد أن الله الرحيم، العليم، القادر على كل شيء سوف يحدث التغييرات كما يراها مناسبة من خلال الصبية والفتيات الصغار المتعلمين، ونأمل أن يصبح المسلمون مرة أخرى خداماً مفيدين لله.

على سبيل المثال، اعتبر علماء الكتاب المقدس وعلماء الدين والفقهاء والزعماء الدينيون، بما في ذلك الإمام علي، المرأة ناقصة العقل وحمقاء، وأن دورها الأساسي هو إنجاب الأطفال وخدمة الرجال في المنزل. ومع ذلك، أثبتت النساء في جميع أنحاء العالم، بما في ذلك في البلدان الإسلامية، أنهن إذا أتيحت لهن الفرصة، يتفوقن في مجالات مختلفة مثل العلوم والرياضيات والبحث والموسيقى والقانون والسياسة والاقتصاد. وفي كثير من الحالات، هن مساويات للرجال أو حتى أفضل. نحن نعرف العديد من النساء المسلمات اللائي حصلن على جوائز نوبل بجدارة، وعملن كقاضيات، وشغلن منصب الرئيس في بلدانهن. لذلك، ليس للشريعة الإسلامية الحق في تقييد حريتهن وحريتهن.

إنهذه المواقف تعيق المرأة من تحقيق كامل إمكاناتها. وقد حرمت هذه المواقفالمسلمين من الاستفادة من الإمكانات الهائلة التي يتمتع بها نصفسكانهم. ويمكن للمرأة المتعلمة أن تساهم في المجتمع من خلال أن تصبحأمهات أفضل وتساعد الرجال اقتصادياً، وبالتالي تجعل الحياة الأسريةأكثر راحة. ويحث القرآن الكريم الناس مراراً وتكراراً على التفكير في أفعالهمويؤكد على أهمية الحكمة، والتي تشمل المعرفة والخبرة.

إنالدين والقرآن ثابتان، ولكن فهمنا وتفسيرنا لهما يحتاج إلى أن يكون حكيماوقابلا للتكيف مع الأوقات والثقافات والمجتمعات المتغيرة.

أقدمجامعة في العالم هي جامعة القرويين في مدينة فاس بالمغرب، والتيتأسست سنة 895م، وقد أنشئت لنشر المذهب المالكي من الإسلامالسني، ومن شروط القبول فيها حفظ القرآن الكريم.

لقدتأسست جامعة الأزهر في القاهرة عام 970م على يد الفاطميين، وكانتذات توجه شيعي في الأصل. ولكن صلاح الدين الأيوبي حولها إلى مركزلدراسة المذاهب السنية والفكر الصوفي. وقد اشتهرت جامعة الأزهر بمعارضتهاللمذاهب الوهابية والسلفية. وفي رأيي أن هذه الجامعات لم تحققمهمتها الحقيقية في تفسير الآيات القرآنية وإنتاج فقه إسلامي موحدوحديث كان من شأنه أن يسهل تقدم المسلمين على مر القرون.

وبالمقارنة،لعبت جامعات مثل هارفارد (التي تأسست عام 1620م)، وييل(1636م)، وأكسفورد (1096م)، وكامبريدج (1209م)، والسوربون (1253م) دوراً كبيراً في تقدم المعرفة وإنقاذ البشرية من ظلام المسيحية فيالعصور الوسطى. لقد قادت البشرية نحو التنوير، حيث أصبح العقل والعلموالإنسانية بنهجها المتمركز حول الإنسان هي المبادئ التوجيهية.

إن النظام الإسلامي القائم على القرآن والعقل (المعرفة والخبرة) وتصويت الأغلبية هو نظام عملي وقادر على التكيف مع الحضارة المتقدمة والأزمنة المتغيرة. وينص الإسلام على الحرية الإنسانية والسلوك الأخلاقي والسعادة والتطور الأخلاقي، ويحمل الأفراد مسؤولية واجبات مهمة، بما في ذلك كونهم عبيداً لله، ويدينون له بالولاء للأرض، وخلفاء له.

إن البشر هم أعظم القوى التي خلقها الله على وجه الأرض، وهم يتمتعون بحرية الاختيار. ومن حقهم وواجبهم توجيه الحكومات ومحاسبتها على تحسين حياتهم. ويعمل العقل والضمير كمرشدين داخليين يوجهان الأفراد نحو الأعمال الصالحة ويبعدانهم عن كل ما هو غير مقبول في المجتمعات الأخلاقية التي تحترم القانون.

إن النظام الاقتصادي القائم على العدالة يعزز الاحترام بين الناس من خلال التعاون العادل. إن الفقر الذي يؤدي إلى الجوع والسرقة والاختلاس والدعارة وغير ذلك من الآفات الاجتماعية مثل الأمية والجهل والازدواجية والنفاق، يجب منعها وحظرها. هذه هي الشرور الحقيقية التي تحتاج إلى معالجة، وليس جوانب مثل الحجاب أو القيود الغذائية أو العلاقات الشخصية.

إن الله يثق في حكامه، وينبغي للسلطات الدينية أن تثق في حكمة الشعب. إن استدانة التعليم والثقافة الإنسانية الليبرالية في المجتمعات الغربية قد حسنت حياتنا اليوم بشكل كبير. إن الرأسمالية، عندما تحترم حقوق كل من أصحاب العمل والموظفين، وتضمن لهم الإجازات، وتقاسم الأرباح، ومزايا التقاعد، والتأمين الصحي للعمال، تتفوق كثيراً على الحكومات التي كثيراً ما تقلل من مزايا الموظفين وتفرض ضرائب أعلى على رعاياها الفقراء على الرغم من معدلات التضخم المرتفعة.

لقد أصبح المسلمون، الذين كانوا في يوم من الأيام من حاملي لواء الحضارة والعلم والإنسانية، للأسف رموزاً لما يعتبر غير مقبول في الحضارة المعاصرة. فممارسات مثل جرائم الشرف،

لقدشوهت زواج القاصرات، وتعدد الزوجات، والتطرف الديني صورة الإسلام.ويتعين على المسلمين أن يشاركوا بنشاط في تحسين حياة كل فردفي هذا المجتمع العالمي من خلال وجهات نظر واضحة، واستشراف، وجهودهادفة. ولن يتوقف التقدم لأنهم غير مشاركين، ولكنه يمكن أن يتسارعمع مساهمة ملياري عقل نشط في ذلك.

عندماخلق الله الإنسان ونفخ فيه من روحه في الوقت المثالي الذي كانتفيه الأرض جاهزة، أنعم على البشرية بمواهب متنوعة، بما في ذلك الحريةوالحكمة والأنبياء والكتب المقدسة واللغة والكتابة والخيال والقدرة على‌التلاعب بالعالم من حولنا. ومع ذلك، فإن إساءة استخدام هذه المواهب،مثل القنابل الذرية واكتشاف الذكاء الاصطناعي مؤخراً، تقدم فرصاًوتحديات لمستقبل البشرية.

لقدخلق الله كل واحد منا عضواً ضرورياً ومفيداً لكي يكون فاعلاً في حياتناالهادفة، ومن هؤلاء آدم، ونوح، وموسى، وعيسى، ومحمد، وحسين بن‌علي، وكونفوشيوس، وبوذا، وسقراط، وأرسطو، ومهاتما غاندي، ومارتن لوثركنج، وفردوسي، ومولانا جلال الدين الرومي، وسعدي، وحافظ، وشكسبير،وبيتهوفن، ونيوتن، وموتسارت، ومايكل أنجلو، وبيكاسو، وتوماس‌أديسون، وألكسندر جراهام بيل، وألبرت أينشتاين، وأوبنهايمر، وستيفن‌هوكينج، وستيف جوبز، وبيل جيتس، ولويس باستور، ويوناس سالك،وإدوارد جينر، إلى جانب آلاف آخرين، كان لهم دور كبير في الارتقاء بالحياةالمادية والروحية للبشر.

إنني‌أتعجب من اعتقاد بعض فلاسفة الإسلام المعروفين في عصرنا أن الله‌لم يكن له قصد أو هدف في خلق الإنسان (آك سروش وهاشم إلهي قمشائي)، معترفين بأن الإنسان "أكرم المخلوقات" وأن الله نفخ فيه من نفسه.ويقولون إن الله رحيم، وإن رحمته الواسعة هي وحدها التي خلقت الإنسان.

المؤمنون115/23: أفحسبتم أنما خلقناكم عبثا وأنكم إلينا لا ترجعون

الآن، إذا قمنا نحن، كوكلاء لله على الأرض، بأداء واجباتنا كخدم (عبد) ووكيل (خليفة) ويدين (يد الله) وعشنا وفقاً للطريق المستقيم، فإن جميع القوى - المرئية وغير المرئية - وفقاً للعناية الإلهية والقوانين الكونية السارية، ستأتي لمساعدتنا. ستؤدي أفعالنا المتوافقة مع هذه القوانين إلى النجاح في مساعينا، مما يجعلنا ناجحين بشكل أسرع وبجهد أقل ومزيد من الفائدة لأننا لا نسبح ضد التيار الطبيعي والإلهي. وعلى العكس من ذلك، إذا كانت أفعالنا تتعارض مع ما هو صحيح وتقودنا نحو الفوضى، اعتماداً على نياتنا وأفعالنا، فقد نضل ونضيع، وقد تكون النتائج، اعتماداً على أفعالنا الفردية أو الجماعية، الفقر والفساد والجوع والبطالة والمرض والاحتباس الحراري مع عواقب مثل الجفاف والمجاعة وإزالة الغابات والفيضانات والعواصف والحرائق والحروب والعديد من المصائب الأخرى لنا وبيئتنا، كل ذلك وفقاً لقوانين السبب والنتيجة الطبيعية.

بالنظر إلى ترجمة وتفسير القرآن الكريم، نجد أنه على مر القرون، كان للأفراد والأمم والحكومات فهم مختلف. والمثال الأبرز هو كيف ينظر الصوفيون وأعضاء تنظيم داعش إلى واجبهم كخادمين ومستعبدين من نفس الآيات. ومن المؤسف أن عوامل مثل الأمية والفقر والبطالة والجهل والتمييز والحسد وما إلى ذلك، تجعل من الممكن في كل دين تفسير كتبهم المقدسة بشكل خاطئ واستخدامها في أعمال شريرة، مثل السرقة والاختلاس والكذب والإيذاء والاغتصاب والقتل والنفاق والحكم والإخفاء والتظاهر تجاه الأشخاص الذين لا يشاركونهم نفس المعتقدات، لمجرد أنهم لا يفكرون بنفس الطريقة في إلههم. وكما أخبرني مفتي سوريا السيد كفتارو قبل عدة سنوات، فإن الدين ملكة جمال، لكن أشخاصاً مثلنا يقدمون غوريلا بدلاً من ملكة جمال.

ومن الواضح أن هذا النوع من السلوك سوف يسبب شرخاً كبيراً في اتباع مثل هذا الدين بين الجيل الأصغر سناً، وهو الجيل الأكثر حكمة،

أكثر تعليماً، وأكثر اطلاعاً على ما يجري في العالم من آبائهم الأقل تعليماً وأقل اطلاعاً.

إن معالجة هذه الردة تبدو سهلة ومستحيلة في نفس الوقت. فهي تتطلب التعليم، والنهج العلمي في التعامل مع الدين وتفسير القرآن، والديمقراطية التي تؤدي إلى حرية التعبير والفكر والمناقشة، وعدم الخوف من الطرد أو السجن أو الإعدام، والمجتمعات المدنية النشطة، والأمة التي يتم فيها تقييم الناس على أساس أعمالهم وليس العرق أو الجنسية أو الصلة الوراثية أو الوضع الاجتماعي أو الروابط الأسرية. وفي المجتمعات التي تعتمد على التعيين (الانتسابي) تكون الديمقراطية العملية قصيرة العمر بسبب الافتقار إلى الجدارة واحترام القوانين والمجتمعات المدنية والصحافة الحرة والتعبير.

إن الأخلاق أسمى من التدين. لقد خلق الله الإنسان حراً، مع خيارات عديدة لتحقيق سعادته. وعندما يكون الإنسان في وئام مع الطبيعة ويعيش باعتدال، ويؤدي واجبه في العبودية لله، فإنه يستطيع أن يأمل في الحصول على فوائد إضافية دائمة في الآخرة. إن الله عادل، وقواعده تنطبق على جميع البشر، وخاصة أولئك المطلعين. إن القوانين الأخلاقية مكتوبة في حمضنا النووي، وأرواحنا على علم بها. إن الخطايا الأخلاقية مثل الكذب والسرقة والقتل والاغتصاب وانتهاك حقوق الآخرين، غير مقبولة، بغض النظر عن الدين الذي يتبعه المرء. ولهذه الأنواع من الخطايا، هناك عقوبات دنيوية أو كارما وعواقب في الآخرة. ولكي يغفر الله للإنسان خطاياه، يجب عليه أن يتوقف عن تكرار هذه الخطايا وأن يطلب المغفرة من الله بعد التوبة.

الدين يعني القوانين، وعلى كل مخلوق أن يطيع قوانين الله كما تتعلق به، بما في ذلك الطيور والنباتات والنجوم والجاذبية والذرات والمواد الصلبة والفراغ والمساحات الفارغة وكل شيء في الكون. الإسلام يعني قبول قوانين الله والعيش وفقاً لها. في الواقع، كل مخلوق يتبع قانون الله هو مسلم، بغض النظر عمن كان أو ما كان.

الصلاةتعني أن تكون في حضرة الله وأن تتذكره دائماً وأن تعيش باعتدالوفقاً لشرائعه. أوصى النبي محمد بأداء الصلاة خمس مرات يومياً من الغسق إلى الفجر وتلاوة السورة الأولى (الفاتحة أو الحمد) عشر مرات يومياً.في هذه السورة، نطلب من الله أن يرشدنا ويساعدنا على البقاء على الطريقالمستقيم، أي أن نكون عادلين وفي الوسط من خلال تجنب التطرف.وفقاً للقرآن، كان إبراهيم وإسماعيل ويعقوب وأولاده وعيسى وزكرياويوحنا المعمدان ولقمان جميعاً يصلون مع الله، ومن الواضح أنهم لميصلوا بالشكل الذي اعتاد عليه المسلمون، وجميع الأنبياء بما في ذلك نوحوموسى وعيسى ويعقوب وإسماعيل وسليمان، وكذلك كل ما نعرفه أو لانعرفه (الجن)، مسلمون. من الواضح أن شكل الصلاة الذي صممه النبي بمساعدةالله كان عبقرياً. لقد جعل المسلمين الجدد يجتمعون عدة مرات يومياً،ويستحمون، ويسترخون، ويصلون إلى الله في جماعة، ويرددون خلاصةالقرآن الكريم (سورة الفاتحة الأولى)، ويذكرون أنفسهم بأن الله هو ربهم(الرافد والمربي)، الرحيم بالجميع، والرحيم بكل واحد حسب أعمالنا. إنهميعترفون بوجود الآخرة ويطلبون منه أن يرشدنا للبقاء على الطريق المستقيم،والاستمرار في النمو واكتساب صفات الله مع تقدمنا   في السن،ومساعدتنا على عدم الضياع والضلال، وتعريض أنفسنا لغضبه (القوانينالطبيعية للفعل ورد الفعل). من الواضح أننا بحاجة إلى النظر في معنىالصلاة ومحاولة العمل بها بدلاً من أداء الصلاة دون الاهتمام بما نقول ومايجب علينا فعله. بعبارة أخرى، يجب أن نسير على نفس النهج بدلاً من مجردالكلام. الزكاة هي ضريبة على الثروة وأصبحت إلزامية أثناء حكم النبي محمدفي المدينة، وفي كثير من الأحيان يوصي القرآن "أقيموا الصلاة وأتوا الزكاة" معاً. في الواقع، القرآن هو كتاب الهداية لأولئك الذين يؤدون الصلاةمن خلال العيش في حياة متوازنة، ودفع الزكاة، والصدقة، والإيمان بإلهواحد والآخرة، والقدرة على التحكم في أنفسهم ورغباتهم. إن الله يحترم الناسحقاً وفقاً لدرجة احترامهم.

ضبط النفس والعمل الصالح بغض النظر عن العرق أو الدين أو الثروة أو الجنس وما إلى ذلك.

يقول الله تعالى في سورة الحجرات 49:13: "يا أيها الناس إنا خلقناكم من ذكر وأنثى وجعلناكم شعوبا وقبائل لتعارفوا إن أكرمكم عند الله أتقاكم".

وهنا يخاطب الله "الناس" وليس المسلمين فقط.

إن الخطايا الشرعية تعتمد على الدين وتتغير مع الزمن والمكان. على سبيل المثال، شرب الخمر، الذي يحرم على المسلمين، مسموح به في ديانات أخرى، أشكال الصلاة تختلف بين اليهودية والمسيحية والبوذية والإسلام. جميع الديانات الإبراهيمية لديها صيام ولكن حكمها مختلف، أكل لحم الخنزير مسموح به من قبل 75٪ من العالم ولكن ليس للمسلمين واليهود، يعتقد بعض المسلمين أن دهن الخنزير مسموح به، الحجاب هو شرط لليهود والمسلمين الحسيديين، ولكن حتى في البلدان الإسلامية، يعتمد على الموقع والثقافة والقبائل والقواعد. العديد مما كان مسموحاً به في زمن النبي في المدينة أصبح غير قانوني الآن مثل العبودية وتعدد الزوجات والطلاق من جانب واحد وزواج الأطفال. تحاول بعض الحكومات والجماعات الإسلامية فرض السلوك الجيد ومنع أو معاقبة ما تعتبره سلوكاً سيئاً، كل ذلك لمنع الخطايا الشرعية التي هي بين الفرد والله. مبررهم السخيف هو أنه من واجبهم الديني أن يرشدوا الناس إلى الجنة بعد وفاتهم. ولكن في الوقت نفسه، تنتشر الخطايا الأخلاقية والاجتماعية التي تنطوي على حقوق الناس في الاختيار والحرية والسعادة والحصول على وظيفة والتمتع بالحياة الأسرية الجيدة والتعليم والرعاية الصحية وانعدام الأمن المالي وما إلى ذلك. وفي أغلب البلدان الإسلامية، أصبحت الرشوة والاختلاس والكذب هي القاعدة مع فرض عقوبات ضئيلة أو معدومة على أولئك المرتبطين بمسؤولين كبار. ومن خلال اختلاس الأموال العامة من البنوك بشكل قانوني أو غير قانوني والإفلات من العقاب، فإنهم يفرغون خزائن الحكومة لخلق فرص عمل دون أن يفعلوا ذلك، ولا يثق رجال الأعمال في الاستثمار وخلق فرص العمل، ويصبح الناس فقراء، ويخسرون المال.

بالإضافة إلى العمل في عدة وظائف، قد يضطرون إلى اختيار أن يصبحوا لصوصاً، أو عاهرات، أو مقامرين، أو محتالين، أو لصوصاً، ويبحثون عن طرق لخداع بعضهم البعض، مما يجعل هذه الدورة المفرغة أسوأ يومياً.

إنما إذا كانت الحكومة الفاسدة تنتج أمة فاسدة أو العكس لا يشكل أي فرق لأن النتيجة واحدة. إن قانون الفعل ورد الفعل يعمل على النحو الصحيح، وكثيراً ما يحظى الناس بالحكومة التي يستحقونها.

لماذا أصبحنا فاسدين وحقيرين على الرغم من وجود أعظم المعلمين الأخلاقيين الذين يجب تقليدهم، مثل النبي محمد، والإمام علي (ابن عم النبي وصهره)، وحفيده الإمام الحسين (ابن علي وفاطمة)؟ لم نحاكيهم إلا لفترة قصيرة؛ وإلا فإننا نسحب ذيل الحصان بدلاً من رأسه. من خلال التشخيص الخاطئ، نستمر في العلاج الخاطئ، وبطبيعة الحال، يزداد مريضنا مرضاً ويقترب من الموت. لماذا المسلمون هم أسوأ أعداء بعضهم البعض، ولماذا سمحت الحكومات الإسلامية بإنشاء داعش (داعش)، الحيوانات الضالة التي تقتل بقطع الحناجر حرفياً، وقطع الرؤوس، والحرق أحياء، والاغتصاب، وكل ذلك في الأماكن العامة؟ أدواتهم المفضلة لنشر نسختهم من الإسلام هي السيف والخنجر والترهيب والوحشية والوحشية والفظاعة والقسوة، وما إلى ذلك. والسبب يكمن في أميتهم، وعدم إلمامهم بالإسلام الحقيقي والقرآن، واستماعهم إلى زعماء أميين مثلهم، وعدوانيين، وفظين، ومتذمرين، ومصابين بعقدة أوديب، وغير أمناء، ومتقلبين. وقد سمحت أفعالهم اللاإنسانية لتحالف أعداء الإسلام والمسلمين بغزو دول مثل العراق وسوريا، والتسبب في تدمير مدنهما القديمة، وسرقة متاحفهما، وإقامة معسكراتهما في الأراضي الإسلامية. ولدهشتي، لم تدين معظم الدول الإسلامية بشدة هذه الأعمال الوحشية للحروب غير المبررة في الشرق الأوسط.

بسبب العقوبات الاقتصادية الشاملة، تحتاج إيران بشدة إلى دولارات السياحة، لكننا نقطع أنفنا رغماً عن وجوهنا، من خلال

إننالا نسمح بتقديم المشروبات الكحولية للسائحين في الفنادق، ونطالب النساءالزائرات بارتداء الحجاب الإسلامي، مع العلم أن فرع الدين الذي ينتمونإليه، أياً كان، يسمح بالكحول وعدم ارتداء الحجاب لتغطية شعرهن. وعلاوةعلى ذلك، ليس لدينا أي واجب في منع ما نعتبره سيئاً وتشجيع الخيرلغير المسلمين. وإذا كنا قلقين من أن يصبحوا قدوة سيئة لمواطنينا،وخاصة الشباب، مع انتشار الإنترنت على نطاق واسع، فإنهم جميعاً يعرفون ما هي القاعدة في بقية العالم فيما يتعلق بالحجاب، وفيما يتعلقبالكحول، فقد تعلم الناس صنع المشروبات الكحولية في المنزل. وتتوفرمعدات صنع النبيذ والفودكا بسهولة للشراء، ويتم توصيل المشروباتالكحولية الأجنبية باهظة الثمن إلى شققهم بواسطة طائرة بدونطيار في أي وقت خلال النهار والليل.

أعرفآلاف النساء المسلمات الفاضلات في بلدان مختلفة يعشن في عفةوشرف وفقاً لعاداتهن المحلية دون حجاب جنباً إلى جنب مع الرجال، ويحظينبالثقة والاحترام. بالإضافة إلى ذلك، في البلدان الأوروبية والأميركية،لا تنتشر الفحش والفساد والبغاء والعلاقات غير الشرعية كما يتمتصويرها في الشرق الأوسط.

وأذكرقبل سنوات أثناء الحرب البوسنية أن سيدة كانت ترأس قسم القرآنالكريم بجامعة تونس كانت تزور الولايات المتحدة لمدة ثمانية أسابيع.التقيت بها في نهاية رحلتها. قالت لي إنها في كل مدينة زارتها في الولاياتالمتحدة كانت تذهب إلى المساجد والكنيسات والكنائس أيام الجمعةوالسبت والأحد على التوالي. وقالت: "لقد رأيت الإسلام في غير المسلمينفي الولايات المتحدة". وقد فوجئت بأن هذه الأماكن المقدسة كانتتكتظ يومي السبت والأحد باليهود والمسيحيين الذين كانوا يأتون للصلاةوالاستماع إلى الخطب المستندة إلى كتبهم المقدسة. وقالت إنها لم تلاحظمثل هذا الاجتهاد في حياتها في المساجد التونسية. وقد ذكرني استنتاجهابنفس المقولة الرصدية لجمال الدين الأفغاني.

إن أغلب المسلمين في أفضل الأحوال يتبعون الجزء الشعائري من الإسلام، مثل الصلاة خمس مرات يومياً، والصيام، والحج. وهذه الأفعال تضفي معنى على حياتهم، وتولد الهدوء، وتحافظ على علاقاتهم التجارية مع الله من أجل المكافأة النهائية المتمثلة في السكنى الدائمة في الجنة بعد الموت. وهم يجهلون حقيقة مفادها أن هذا الموقف الأناني، دون أن يكونوا في خدمة المخلوقات الأخرى كخادم لله، وخليفته، ومساعد في تحسين كل شيء، بما في ذلك أنفسنا، لن يعود علينا بالكثير من الخير. وإذا فتحنا أعيننا وفكرنا، فسوف نرى أن الله ليس راضياً عن أفعالنا كمسلمين، ولكن الأمم الأخرى التي جعلت حياة الجميع أفضل تتمتع بالحرية، والحكومات الجيدة، والوفرة من الوظائف، والرفاهية الاقتصادية، والحياة الطويلة مع الرعاية الصحية الجيدة، والتعليم المناسب، وعدم تكرار المجاعة والجفاف.

إن الإسلام يحتاج إلى ولادة جديدة، والمسلمون يحتاجون إلى نهضة جديدة، ولكن هذا ليس بالأمر السهل بسبب الأمية الاجتماعية لدى المسلمين، وعدم المعرفة الحقيقية بما يعنيه الدين والإسلام والمسلمين في القرآن، وما هو ما يتوقعه الله من المسلمين، بل من كل البشر. إننا بحاجة إلى إعادة اكتشاف كلمات الله والعيش وفقاً للطريق المستقيم كما يوصي القرآن.

إن القادة الدينيين والاجتماعيين والفلسفيين المسلمين ملزمون بواجب عاجل يتمثل في تطوير تفسير جديد للإسلام يركز بشكل أكبر على الأخلاق والخدمات الاجتماعية وأقل على الطقوس. وينبغي أن يكون هذا التفسير متوافقاً مع القرآن الكريم والتعاليم الأخلاقية للنبي وحكمة القرآن. وينبغي أيضاً أن يعكس آراء الأغلبية من الفقهاء المتعلمين وذوي الخبرة الذين سافروا وعاشوا في مختلف أنحاء العالم والذين يعرفون ثقافات مثل اليابانية والأميركية وأوروبا الغربية، والتي تمثل التنوير والخدمة الدنيوية التي تركز على الإنسان بدلاً من التدين التجاري الأناني.

إذا كان الإسلام يهدف إلى خدمة الإنسانية، ومنع الإسلاموفوبيا، وكسب حياة أفضل لأتباعه، فإنه يحتاج إلى تغيير محوري

إنهذا التغيير يجب أن يركز على فهم أفضل لما يعنيه القرآن عندما يتحدثعن الإسلام والصلاة، وحقيقة أن كل مخلوق مسلم، ولكن العديد من المسلمين بالاسم ليسوا مسلمين. يجب أن يتم تطهير الدين مما لا يتوافقمع القرآن والمنطق والحكمة والعناية الإلهية. يجب على المسلمين أنيطيعوا القواعد المدونة ويبتعدوا عن ما تمت إضافته عبر القرون من قبلالأصدقاء غير الحكماء والأعداء الحكماء مثل الحديث والرواية والسنة.

لاينبغي للمسلمين أن يلصقوا بالنبي صلى الله عليه وسلم وأئمته من بعدهأكاذيب لا معنى لها، حتى يعتبر الإنسان العادي كل ما عدا ذلك مما يقولهالإسلام كذباً أو مستحيلاً.

الأحقاف9/46: قل ما كنت أول المرسلين وما أدري ما يفعل بي وبكم إنأتبع إلا ما يوحى إلي وما أنا إلا نذير مبين

لذلك،فإن أي قول عن النبي والإمامة لا يتوافق مع هذه الآية من الله (القرآن) بغض النظر عمن قاله أو عن من، غير مقبول وهو كذب. لقد تمت ترجمةالقرآن وشرحه وتفسيره بشكل نقدي وإعادة صياغته مع التعليقات منقبل العديد من العلماء خلال الـ 1400 عام الماضية، لذلك لا يوجد عذر لأيفرد يمكنه القراءة للاعتماد على هراء غير صحيح ومشوه منسوب إلى الماضي،ولكن لا معنى له الآن، حيث انتهت مدة صلاحيته المفيدة. الإسلامالمستمد من القرآن، والذي هو عقلاني، ومقبول اجتماعياً، وعملي، وليبراليمع حقوق متساوية للجنسين، وموجه نحو الأسرة، هو النوع الوحيد الذيسيبقى بين الأجيال الجديدة الأصغر سناً والمسؤولة اجتماعياً. يمكن تحقيقتوزيع هذه المعلومات بسهولة باستخدام العديد من الإمكانيات المتاحةعلى الإنترنت ووسائئل التواصل الاجتماعي.

إنالشريعة الإسلامية المختلفة لها قواعدها وطقوسها وأحكامها الخاصةالتي لها آثار إيجابية ومرغوبة على أتباعها، والتي سوف تستمر في المجتمعاتالمختلفة حسب ما تراه مناسباً. ومع ذلك،

إن بعض متطلباتهم الخارجية ليست سهلة التحقيق وبالتالي لن يتبعها الجيل الأصغر سناً، وخاصة أولئك الذين يذهبون إلى المدارس ويعملون في أوروبا الغربية وأمريكا الشمالية وأستراليا. لقد أصبح العالم أصغر من عبر طاولات المطبخ. تنتقل المعلومات عبر العالم بنفس السرعة بين الناس طوال الوقت. تتطلب القوانين الاجتماعية والأخلاقية والمدنية أن يتم الوثوق بالجيل الأصغر سناً والسماح له باختيار ما يأكله ويرتديه ومن يرتبط به وكيف يدير علاقاته مع إلهه بحرية. أدرك أنه ليس لديهم خيار في طاعة القوانين المدونة والمعايير الأخلاقية للمكان الذي يعيشون فيه ويكسبون عيشهم. لذا، حاول إزالة أكبر عدد ممكن من العوائق التي تحول دون تمهيد طريقهم المستقيم للتعلم وإنتاج المعرفة والعلم وكسب دخل كافٍ لعيش مريح والمشاركة في الأنشطة الاجتماعية والرياضية وحماية بيئتهم مثل الانحباس الحراري العالمي وتلوث الهواء والمياه النظيفة، حتى يتمكنوا من النمو ومساعدة الآخرين على التقدم اقتصادياً وأخلاقياً وأن يكونوا أعضاء مساهمين وإيجابيين في مجتمعهم.

إن هذه التغييرات يمكن أن تكون سهلة بالطبع إذا تحرك المرء في اتجاه الطريق المستقيم، استناداً إلى الإيمان بالله والآخرة وبالتناغم مع بقية الطبيعة. ويتعين على المسلمين أن يقبلوا المجتمعات التي اختاروا العيش فيها أو ولدوا فيها وأن يكونوا في وئام معها، وأن يحاولوا ببطء ولكن تدريجياً تغيير ما لا يتفق مع خدمة وتقدم حياتهم الأخلاقية والاجتماعية، من خلال إقناع الآخرين بأن أسلوب حياتهم متفوق في إنتاج السعادة الشاملة من خلال التعليم وممارسة حقوقهم في التصويت. والإسلام الحقيقي، استناداً إلى فهمي للقرآن الكريم، لا يعارض الديمقراطية الليبرالية، بل يشجع أشكال الحكم والتعليم والعمل والأيديولوجية (القوانين الدستورية الأميركية) التي عشت بها في الولايات المتحدة. وقد أسفر اتباع هذا البيان عن الصدق والأصالة والعمل الجاد واللطف والمودة والتعليم العام والمجتمعات المدنية والعلوم الإنتاجية والمنطق، والثقافة التي أنتجت شعباً يتمتع بروح التسامح والعدالة.

خدام‌الله وأيديه وممثليه على الأرض، يعملون بلا كلل على تحسين حياتنا يومياً.إن التعليم الليبرالي الحديث يغير الثقافات بين الشباب التي تدعو إلى‌الحرية والدين العملي القائم على العدالة للجميع.

وأخيرا،هناك دين واحد (قوانين كونية شاملة) وإسلام واحد (طاعة القانون‌فيما يتعلق بنا) في العالم المخلوق بأكمله وجميع المخلوقات ملزمة باتباعه،وهم يفعلون ذلك، باستثناء البشر الذين هم أحرار في اتباعه أو عدمه.إذا فعلوا ذلك، ستكون الحياة سلسة وسيكافأون بالسعادة؛ وإلا فسوف‌يرون نتائج عملهم عاجلا أم آجلا، سواء أدركوا ذلك أم لا. وفقا للقرآن،لا توجد تشريعات (شريعة) دينية مختلفة، ولكن الاختلافات على أساس‌الوقت والثقافة. لا سني أو شيعي. لا حاجة للطقوس الفارغة. خذ الصلاة‌حرفيا وكن على اتصال مع الله وضميرك عندما تعيش حياتك. اخدم وأحب‌جميع المخلوقات كما تتوقع أن يكون الله معك. الإسلام الطقسي ليس‌له قيمة تذكر في غياب الخدمة والعدالة واللياقة والتوازن واللطف والمنطق‌والتضحية. العيش من أجل المصالح الذاتية فقط محكوم عليه بالفشل‌لأنه لا يوجد شيء خلق في العالم لهذا الغرض. كل ما نقوم به سيؤثر‌على الآخرين؛ الفيزياء الكمومية تعمل ولا يوجد مفر منها.

أودأن أنهي حديثي بوصف مثال من ما يؤمن به اليهود الإصلاحيون (40% من اليهود الأميركيين) ويعيشون به، كنموذج: "الدين ليس راكداً ولا يتغير،بل هو تقدمي، ووحي الله مستمر. وواجبهم الأكثر أهمية هو الدفاع عن‌حقوق المحتاجين والمحرومين والمعوزين والمعاقين والمضطهدين في المجتمع‌بغض النظر عن عرقهم أو بلدهم الأصلي أو دينهم. يجب أن تكون دائماً‌على دراية بالوحي الذي يقدمه موسى الداخلي الخاص بك وتستمع إليه‌وتحاول تحسين أي نقص موجود في منطقتك يمكن أن يؤثر على جودة حياة‌الأعضاء الآخرين، لأن آلامهم هي وستظل آلامك إذا استمرت. كن يدي الله‌على الأرض لتحسين الجودة في كل مخلوق على الأرض. بقدر ما في وسعك‌منع أو تصحيح

"إن الانحدار والفساد في محيطك. إن الأفراد مسؤولون تجاه المجتمع. والعدالةالاجتماعية مبدأ لدى اليهودي الإصلاحي، فهم يدركون أن الله قلق بشأنأوجه القصور في الحياة الفردية والجماعية ويفضلون أن تحاول أن تجعلهذا العالم أفضل للجميع، بدلاً من أن تقلق فقط بشأن نفسك والآخرة".

الحضارةالإيرانية بثقافتها المتقدمة منذ عهد زرادشت وكروش الكبير، إلىالأدب ما بعد الإسلامي الذي أنتجه العديد من أبرزهم سعدي وحافظ وخياموفردوسي ومولانا جلال الدين الرومي وعطار وسهروردي وسبهري وشبستريوعين القوزاق الهمداني ومنصور الحلاج وسينا والرازي والفارابي في الطب، وهندستها المعمارية التي أنتجت آثاراً "إسلامية" جميلة في جميعأنحاء العالم الإسلامي والتي ليست في الواقع سوى العمارة الإيرانية مثلمسجد الجمعة في أصفهان وقبة مسجد آغا زرغ في كاشان وتاج محل في الهند. كانت الحضارة الإيرانية الثقافة الأكثر تقدماً في إنتاج الفن والأدبوالعلوم والتصوف والطب وحتى الشيعة الإثني عشرية في العالم الإسلامي،ويجب أن تتولى دور الثورة الرائد، هذه المرة في تقديم الإسلام الحقيقيوفقاً لوصايا الله وإرشاداته في القرآن الكريم.

مراجع

١. كل منهج كم و كم بن ه ، كليه الله يغرد كم شين ى. تارتشتنا اردس. قطعة٣٣،
١٣٩٣

٢.راد كل فارس محمد ، دكاستا صلواتنا أن لكم نؤكد ٤٢. راد نعرفكم ١٣٩٢ارق

.

تمنقل جزء من جزيء معين من النحاس بالكامل إلى سمسار محدد، وتم نقلجزء من جزئه بالكامل إلى جزء محدد من المعدن. لقد بدأ بالفعل .لقد تم تقليص عددها

٥. كوپ زاي قناه هي ما الله خمم د تكمالت حدد، ج امد١،١٩٦٣

٦. شهوژپ ش نيم ش براند نآرد. دقلو الله جت فرف تارانتشانيا، موسسا٥،١٣٨٧

7. بن تشاد زد زاك ، كه الله تجنيس إلى تعمد قبل من معتمد مركز. تارانتشانيا شوكوستومي، 1376

٨. المميزة شفرته ، مميزة بملكية متميزCd.اتشارتكنيا١٣٩٢

فرع. نجلة لدائرة مركزديمتري

. سيم زايكا قانون نآرة،1375

11. قانع نار بتاك كمد همد، حنم قانع قدتا فد، فركي قانع1384

١٢ ما جوازها و زام حور ،حمدو محمد محمد ،باكتنيكس بيو شاير، 1384

١٣. بمل و صلاح محمود ،الأفراد يوغو ،شين كينج ١٣٦؟

14. قانون أبسط المعرفة، موسوعة قانون في الأشخاص أصغر،1362

١٥. برن ه ن ق ر نآ ، رعد بن نال فريد ، نينا تارتش ر.ق.م.١٣٥٨

١٦. هد فر ن جيد زا نآار دج ليفر ، كو كوفستر قنطره عازف ، تارتشتنا قنطار لاب،١٣٤٤

١٧. طارس ى نصلى ، اليبى مى مرسل شيرل، ريسمو فارسكگنيسكول طارق،١٣٧٨

١٨. راسا و ثلاثآ رخصة، ريك صلاح, دكسات صلاح إلى الوصول يمكنكم ,فإذاسمحتم ,تجرجر
١٣٥؟، رحمه الله

. 21

٢٢ 1380

23.فلسفة تعليم الإسلام، أحمد ميرزا غلام،منشورات إسلامية دولية، 1989

24.الاتصال المباشر، صلاة الاتصال المسلمة وأحكامها الترميزالرياضي، إحسان رمضان، مطبعة بي إس إم، 2002

25.الكتاب المقدس والقرآن والعلم، الترجمة الإنجليزية، موريسبوكاي

26.القرآن الكريم، العهد الأخير، للستار بانيل، إدارة القرآن، كراتشي،باكستان، ترجم إلى الإنجليزية د. رهاد خليفة، مطبعة الوحدة العالمية،1992

27.يوفال هراري، تاريخ موجز للبشرية، سابينس؛ هاربركولينز، 2015

28.قصة الأصل، تاريخ موجز لكل شيء، ديفيد كريستيان، ليتلبراون وشركاه، 2018

29.ما علمه بوذا، والبول راولا، دار جروف للنشر، نيويورك،1974

30.محمد، كارين أرمسترونج، دار هاربر كولينز للنشر، سانفرانسيسكو، 1992